Rudolf Thommen

Geschichte der Universität Basel

1532-1632

Rudolf Thommen

Geschichte der Universität Basel
1532-1632

ISBN/EAN: 9783743375185

Hergestellt in Europa, USA, Kanada, Australien, Japan

Cover: Foto ©ninafisch / pixelio.de

Manufactured and distributed by brebook publishing software (www.brebook.com)

Rudolf Thommen

Geschichte der Universität Basel

Geschichte

der

UNIVERSITÄT BASEL

1532—1632

von

DR. RUDOLF THOMMEN.

Basel.

C. Detloffs Buchhandlung.

1889.

MEINEN ELTERN

ZUGEEIGNET.

VORWORT.

Die vorliegende Arbeit ist als Preis-Arbeit entstanden. Als solche wurde sie von drei Professoren der
hiesigen Universität geprüft und hat sich des aner-
kennenden Urteils derselben zu erfreuen gehabt [1]). —
Indem ich sie jetzt der Öffentlichkeit übergebe, befinde
ich mich Dank der vorerwähnten Umstände in der für
einen modernen Geschichtschreiber ebenso seltenen
als angenehmen Lage, von der üblichen Darlegung der
Beweggründe und der Berechtigung zur Abfassung
dieser Schrift absehen zu können.

Andererseits erwuchs mir aber aus jener Anerkennung die doppelt strenge Verpflichtung, nach Möglichkeit die Mängel zu beseitigen, welche dem ersten
Entwurfe der Arbeit noch anhafteten. In wie weit mir
dies gelungen ist, muss ich dahin gestellt sein lassen
und kann nur wünschen, dass eine auch in alle Einzel-
heiten eindringende Kritik zu keinem anderen Ergebnis führe, als zu einer abweichenden Ansicht über die
allgemeinen Gesichtspunkte, nach welchen die Arbeit
angelegt ist. Eine vollständige Übereinstimmung nach

----

[1]) Vgl. Anzeiger f. Schweiz. Gesch. 1888, S. 231.

dieser Seite hin ist nicht zu erwarten, überhaupt kaum zu erzielen. Denn das Buch bietet nur eine Lösung eines Problems, welches vermöge der Vielgestaltigkeit und des Reichtums des Stoffes deren mehrere zulässt.

In der Anordnung desselben habe ich mich an die Einteilung gehalten, die Vischer seiner Geschichte der Universität Basel zu Grunde gelegt hat. Da mein Buch als eine Fortsetzung der Schrift Vischers anzusehen ist, schien es mir unpassend, von seiner Einteilung abzugehen.

Ausgeschlossen blieben von meiner Darstellung die Buchdrucker. Auch von Oporin wird nur insoferne er als Lehrer des Griechischen tätig gewesen ist, gesprochen. Ich glaube der Bedeutung von Männern, wie Amerbach und Froben keinen Abbruch zu tun, wenn ich sage, dass eine Schilderung ihrer Wirksamkeit mehr in den Rahmen einer Geschichte der Stadt als der Universität Basel gehört. Zur Polemik fehlte mir glücklicherweise jeder Anlass. Die Berichtigungen, die ich zumal an den Angaben der Athenae Rauricae vornehmen konnte, sind einfach der leichte Sieg des besser Unterrichteten über den schlechter Unterrichteten. Mit Citaten bin ich nicht karg gewesen. Man mag darüber streiten, ob es zweckmässig sei, blosse Verweise auf ungedrucktes Material anzubringen. Meine Ansicht ist die, dass dem Leser unter allen Umständen die Möglichkeit einer Kontrolle dessen, was er liest, offen gehalten sein soll.

Und so erübrigt mir nichts mehr als derer noch zu erwähnen, welche mir während dieser mehrjährigen Arbeit ihre Unterstützung in verdankenswerter Weise haben zu teil werden lassen. Es sind dies mein Freund

Dr. *R. Wackernagel* Staatsarchivar, Dr. *Fr. LaRoche*
Vorstand der Vaterländischen Bibliothek, Dr. *L. Sieber*
Vorstand der Universitätsbibliothek, die beiden Vor-
stände des Universitätsarchivs die Professoren *J.
Wackernagel* und *E. Hagenbach,* der Leiter des Frey-
Grynäischen Institutes Professor *R. Stähelin,* und Pro-
fessor *R. Smend.*

BASEL, 14. Januar 1889.

Der Verfasser.

INHALTS-VERZEICHNIS.

Erstes Kapitel.

Die Wiedereröffnung der Universität.

Wer die Geschichte der Stadt Basel von einem allgemeinen Gesichtspunkte aus betrachtet, muss überrascht sein von dem gleichmässig ruhigen Verlauf, den die politische Entwicklung dieses Gemeinwesens genommen hat. Vielleicht kann keine zweite Stadt des Kontinents bei einer gleich bedeutungsreichen Vergangenheit auf einen ähnlichen stetigen Fortschritt, auf eine so still sich vollziehende, von bürgerlichen Unruhen freie Entwicklung hinweisen wie Basel. Seine Geschichte, voll von Beweisen für die nimmermüde politische Regsamkeit seiner Einwohner, ist arm an Begebenheiten, welche episodenartig den natürlichen Fluss der Ereignisse unterbrechen. Gewaltsame Katastrophen, wie sie anderswo durch eine überragende Persönlichkeit von innen oder durch fremde Einflüsse von aussen hervorgerufen wurden, fehlen fast gänzlich und der historische Bildungsprozess dieses kleinen Staatswesens scheint sich fast nur unter den Impulsen jener elementaren Kräfte zu vollziehen, welche im Schosse jeder Gesellschaft schlummernd, die zwar kaum wahrnehmbaren und doch stets wirksamen Bildner des einzelnen wie der grossen Gesamtheit sind. Bis zum Jahre 1833 wurde diese ruhige Entwicklung nur einmal ernstlich in Frage gestellt und das geschah durch die Reformation.

Luthers Ideen hatten frühzeitig den Weg in die Gegenden am Oberrhein gefunden. In Basel werden seine Schriften schon 1519 gedruckt und verlegt. [1]) 1522 erkühnte sich bereits W. Wissenburger, Prediger an der Spitalkirche, die Messe in deutscher Sprache zu lesen. Da sein Vater Ratsherr war, liess man es ihm wohl oder übel hingehen. [2]) Ihren wirksamsten Vertreter haben die neuen Ideen in Ökolampad gefunden, der im November 1522 zuerst als Stellvertreter für den kranken Pfarrer von St. Martin zu predigen begann. [3]) Inzwischen hatte die Reformation grosse Fortschritte gemacht. Der Reichstag von Worms endete mit der wirkungslosen Ächtung Luthers, Zwingli lehrte ungeachtet aller Mahnungen des Konstanzer Bischofs frei nach der neuen Art. 1523 erfocht er in der ersten Zürcher Disputation den entscheidenden Sieg über seine Gegner, Luther liess seine Übersetzung des neuen Testamentes erscheinen und Ökolampad seinen Traktat über das Abendmahl. 1525 fing er an die Kinder deutsch zu taufen, griff die wirkende Kraft der Messe in seinen Predigten an und stellte manchen Brauch der katholischen Kirche wie z. B. das Weihen der Palmzweige, die Umgänge u. a. ab. [4]) Der Zulauf des Volkes aber war so gross, dass man sich nichts dawider zu tun getraute. Sieben andere Geistliche, darunter Wissenburger, standen ihm in seinem Reformationswerk zur Seite. Die neue Lehre zog unaufhaltsam immer weitere Kreise und 1528 galt sie unbestritten in der ganzen Stadt, Spalenquartier und Kleinbasel ausgenommen, in welchen die Mehrheit der Bevölkerung treu am alten Glauben hing. [5]) Die Gegensätze machten sich in kleinen Reibungen zwischen den verschiedenen Parteien der Einwohnerschaft, in heftigen Ausfällen der Kanzelredner Luft. Der Rat verhielt sich den Ereignissen gegenüber zuwartend passiv. Es war sein Unglück, dass er aus dieser Stellung nie herausgetreten, über ein ängstliches Zaudern und halbe Massregeln nie hinausgekommen ist. Auch die Säkularisation des Kirchen- und Klostergutes, eine für Basel sehr peinliche Frage, weil ein Teil der Güter im

---

[1]) Baur, Geschichte der christlichen Kirche. 4, 81.

[2]) Ochs 5, 436.

[3]) Herzog, Leben Ökolampads. 1, 84. Wirklich angestellt wurde er erst 1525. — Ebend. 1, 291, Anm. 1.

[4]) Ochs 5, 490.   [5]) Ebend. 5, 619.

Machtgebiet der der Reformation gründlich abgeneigten österreichischen Regierung lag, hat er bloss notgedrungen aus
finanz-politischen Gründen vorgenommen;[1] nicht aber war es
seine Absicht, mit diesem Akt, dem einzigen, mit dem er in
jener Übergangsperiode selbsthandelnd auftritt, sich als Pro-
tektor der neuen Lehre hinzustellen. Er gedachte vielmehr in
schöner Unparteilichkeit einen Zustand der Gleichberechtigung
für beide Konfessionen aufrecht zu erhalten, was sich bei der
herrschenden Bewegung als undurchführbar erwies. So wurden
seine Beschlüsse unbestimmt, seine Haltung schwankend. Er
lässt es zu, dass das Wort Gottes nach der neuen Art verkündet werde, aber er erlässt gleichzeitig ein Verbot Fleisch
während der Fasttage zu verkaufen;[2] er gestattet trotz grossen
Geschreis der Herren von der Universität, dass Farel eine
Disputation über die Priesterehe abhält, bestätigt jedoch seinen
Sieg nicht, sondern duldet dieselbe bloss stillschweigend;[3]
er gestattet den Nonnen das Lesen der Bibel, aber andere
Bücher, sie mögen von Luther herrühren oder anderen Doktoren,
sind ihnen verwehrt;[4] er entzieht im Sommersemester 1523
vier Professoren der theologischen Fakultät, welche durch
masslose Angriffe gegen die Reformierten Ärgernis erregt hatten,
die Besoldung, nachdem er am 23. März einen Brief vom Papst
Hadrian erhalten, in dem er dem Rate dankt, dass er den
Ketzern nicht zustimme;[5] er unterstützte die reformatorische
Bewegung auf der Landschaft, um die Macht des Bischofs zu
verringern, obwohl die Leute sich schon 1525 bis zur Be-
seitigung aller Bilder und Ceremonien verstiegen[6], und be-
strafte doch die gleichen Versuche einiger Bürger der Stadt
im Jahre 1528 mit Gefängnis, aber nur, um vor der allgemeinen Entrüstung, welche sein Vorgehen erregte, wieder zu-
rückzuweichen — er gab die Gefangenen sofort frei.[7] Dieses
widerspruchsvolle Benehmen der Regierung, welches die Katholiken kränkte und die Protestanten reizte, muss man teilweise mit der Macht der Tradition entschuldigen. In den

---

[1] A. Heusler, Verfassungsgesch. der Stadt Basel 435. 438 ff.
[2] Ochs 5, 472.   [3] Ebend. 5, 461.   [4] Ebend. 5, 489.
[5] Ebend. 5, 447. — Vischer, Geschichte der Univ. Basel. 230.
[6] Heusler a. a. O. 440 f.   [7] Ochs 5, 606 f.

4

Augen der Ratsherren hatte kluge Zurückhaltung und bedächtiges Vorgehen bis dahin von Basel alle schweren Konflikte fern gehalten und ihm aus mancher verwickelten Lage herausgeholfen. Es war noch kein Menschenalter verflossen, seit die Grundsätze einer schielenden Neutralitätspolitik im Schwabenkrieg sich aufs beste bewährt zu haben schienen. [1]) Begreiflicherweise war man nicht gesonnen, dieselben jetzt aufzugeben und sich entschieden zur Reformation zu bekennen, da es, von allem abgesehen, noch zweifelhaft war ob die Ketzerei sich werde behaupten können. Man wollte warten, wie sich die Dinge auf der grossen Bühne des europäischen Theaters gestalteten, bevor man selbst einen entscheidenden Schritt tat. Auf die Gutachten, welche der Rat über den Wert des Messopfers überhaupt abverlangt hatte, gab er lang gar keinen, endlich gedrängt den ausweichenden Bescheid, er könne in dieser Sache kein eigenes Urteil fällen, man wolle warten, bis dieselbe durch ein allgemeines Konzil in einer für die ganze Christenheit verbindlichen Weise geregelt sein werde. [2])

Aber eben warten wollte die protestantische Partei nicht. Der Rat hatte die Kirchen unter beiden Parteien geteilt, katholischen und reformierten Pfarrern das wechselseitige Verketzern untersagt. [3]) Dies Verbot wurde wenig beachtet und die Protestanten waren des halben Zustandes müde. Ein politisches Moment kam dazu, die Verstimmung zu steigern.

Die Verfassung von 1521 hatte einen oligarchischen Charakter, der in dem Ausschluss der Zunftleute von der Wahl des Rates ausgesprochen lag. Die Bürgerschaft war entschlossen, die vorwaltende Herrschaft desselben zu brechen. Ihr politisches und religiöses Interesse forderten sie gleichmässig dazu auf; dieses letztere aber erscheint als das treibende Moment in den Ereignissen, die bald Schlag auf Schlag folgten.

Schon im Sommer 1528 war die Lage im allgemeinen eine sehr gespannte. [4]) Ende Dezember entstanden so ernst-

---

[1]) Vergl. K. Vischer-Merian, Die Glasgemälde in Meltingen und ihr Stifter Hans Ymer von Gilgenberg. (In den Beitr. zur vaterländ. Gesch., herg. v. d. histor. u. antiquar. Gesellsch. zu Basel N. F. 2, 260 ff.)

[2]) Heusler a. a. O. 440 f.   [3]) Ochs 5, 609.

[4]) »Es stat treffentlich ouch zuo Basel, der gwalt ist ganz un-

hafte Unruhen in der Stadt, dass der Rat freundeidgenössische
Vermittlung nicht ungern gesehen hätte. [1]) Vergeblich lässt
er jetzt im Januar 1529 ein Mandat ausgehen, in dem er sich
endlich entschieden zu gunsten der Protestanten für eine „einhellige Predigt" ausspricht. Die Katholiken weigern sich, das
Mandat anzuerkennen; die Protestanten, misstrauisch und durch
mancherlei, freilich unbegründete, Gerüchte von einer drohenden
Intervention Österreichs aufgeschreckt, sammeln sich in Waffen.
Ihre Abgeordneten begehren ausschliessliche Anerkennung der
neuen Lehre, Austritt der katholischen Ratsmitglieder, Umgestaltung der Verfassung in mehr demokratischem Sinne. Der
Rat zögert mit der Antwort. Aber eine gewaltige Demonstration der ungeduldigen Protestanten liess ihn die Fruchtlosigkeit weiterer Widerstandes einsehen. Bürgermeister
Meltinger entfloh rheinabwärts in der Nacht vom 8. auf den
9. Februar. Die katholischen Ratsherren schieden aus und
der Bildersturm vom 10. Februar versinnbildlichte in roher
Form den vollkommenen Sieg der protestantischen Partei. [2])
Das Resultat der Bewegung fasste diese dann zusammen in
dem Religionsmandat vom 1. April 1529. [3]) Die Altgläubigen
verliessen in grosser Zahl die Stadt.

In diese Katastrophe wurde die Universität unmittelbar mit hineingezogen. Wie fast alle anderen deutschen Hochschulen hatte auch sie von Anfang an dem Vordringen der
Reformation Widerstand entgegengesetzt. Sie hatte sich gegen
die Ankündigung von Farels Disputation und noch mehr
gegen die 1523 erfolgte Anstellung von Pellikan und Ökolampad ablehnend verhalten. Der Widerstand im letzteren Falle
ist wohl ebenso sehr aus dem Zorn über den widerrechtlichen
Eingriff des Rates, welcher der Universität diese beiden Lehrer
aufdrang, als aus der Abneigung gegen diese selbst als Hauptförderer der neuen Richtung zu erklären.

<hr>

ruewig,« schreibt J. Vogler aus Zürich an Vadian am 13. Juli 1528.
Strickler, Aktensammlung z. schweizer. Reformationsgesch. 1, 640,
Nr. 2014.

[1]) Ebend. 1, 708, Nr. 2220 und 709, Nr. 2225.

[2]) Ochs 5, 627—645. — Wurstisen, Chronik 3. Aufl. 393—407.

[3]) Abgedruckt bei Ochs 5, 685—739.

Es war ein Missgeschick, dass dieselbe erst spät einen beharrlichen und dauernden Vertreter gefunden hatte — Ökolampad. Alle anderen, die im gleichen Sinne vor oder mit ihm tätig gewesen sind, waren immer nur kurze Zeit geblieben, so Thomas Wyttenbach, Capito, Pellikan, C. Hedio, Phrygio. [1] Nicht unterschätzen darf man ferner den Umstand, dass Erasmus, mit dem die bedeutendsten Männer der Hochschule, wie Bonifacius Amerbach, in näherem Verkehr standen, sich von der reformatorischen Bewegung mehr und mehr lossagte. So erklärt es sich, dass an der Universität eine protestantische Partei sich noch nicht hatte bilden können und dass, als der Sturm der Revolution einherbrauste, die Hochschule fast in ihrer Totalität davon betroffen wurde. — Den Auswanderern aus der Bürgerschaft schloss sich der grösste Teil der Lehrer und Studenten an. Sie zogen nach dem benachbarten Freiburg, unter ihnen auch Erasmus, der Basel nur ungerne mied. [2]

Für die Universität war die Preisgebung durch ihre eigenen Angehörigen ein Ereignis von weittragender Bedeutung. Es bildet einen Wendepunkt in ihrer Geschichte, welche seitdem in eine von der bisherigen ziemlich verschiedene Bahn ablenkt. Schon die unmittelbaren Folgen waren fühlbar genug.

Wenn die Zurückgebliebenen glaubten, über die vollzogenen Tatsachen sich kurz hinwegsetzen zu können und es faktisch versuchten, den dünnen Faden, an dem das Leben der Anstalt hing, weiterzuspinnen, indem sie sogar noch zur Wahl eines Rektors schritten, so fasste der Rat dieses Vorgehen ganz richtig als eine bedeutungslose Komödie auf und liess sich von seinem geplanten Eingreifen nicht abhalten. Am 14. Juni 1529 liess er durch seine Mittelspersonen, die Deputaten, alle die Gegenstände, auf welche sich symbolisch oder faktisch der normale Bestand der Hochschule und die Ausübung der Funktionen seitens ihrer Würdenträger stützte, mit Beschlag belegen. Er nahm Scepter, Siegel, Statutenbücher, Urkunden und das geringe vorhandene Barvermögen — es beläuft sich nach einem vom letzten Rektor angelegten Inventar auf

---

[1] Vischer, Gesch. der Univers. Basel. 226—230.
[2] Wurstisen a. a. O. 406 f.

etwa 37 Fr., ungerechnet Schuldbriefe und Zinse [1]) — in seine
Verwahrung und überliess im übrigen die Universität vorläufig ihrem Schicksale. Das Vorgehen der Regierung war
gewaltsam, aber es war gerechtfertigt. Sie konnte auf halbem
Wege nicht stehen bleiben und doch hätte sie sich dieses
schlimmsten Fehlers, den eine Regierung begehen kann, schuldig
gemacht, wenn sie die Universität geschont hätte. Die Aus-
wanderung der Professoren und Studenten hatte deutlich gezeigt, welche feste Stütze die katholische Partei an ihr gehabt
hatte. Aber auch die Gesinnung der Zurückgebliebenen war,
wenn man von Ökolampad und dem Mediziner Oswald Bär
absieht, nicht über allen Zweifel erhaben. Bonifacius Amerbach hatte sich schon früher unverhohlen gegen die von der

---

[1]) Der Ausweis befindet sich im hiesigen Staatsarchiv R. II. A
Nr. 2 und lautet:

Gmeiner Überantwortung des Fiscums eim Ersamen Rad durch
die Herrn Deputaten Endschluss. Die gülten so ein Universitet Basel
hat 1529. Item 5 ℔ gelts uff der Mülen zu Leymen gibt Felix Stägman.
>   5 guldin » gelts gibt Hans Thüring Hug von Sulz.
>   5 »   » » Caspar Davit, Simonis und Judä.
>   6 »   „ » Facultas Artium.
      thut zusammen 20 (!) Fl. gelts.
Die schulden so man der Universität Basel soll
    Meister Heinrich Glarean soll 20 ℔ 7 ß 8 ₰.
    Facultas Artium soll   27 ℔. —
Uſständige Zins der Universitet
    Fridlin Mülner. An syner statt gibt yetzt Peter Röllinger 5 ℔,
der cost drob verloffen dryzehendhalb schilling zwen pfennig.
    Barschafft im gemeinen seckel der Universitet ist 19 Goldkronen
und ein Doppelducat. — Item das gross silbern sigel der Universitet.
— Item der silbern Zepter oder stab gemeiner Universitet.
    Uff Erforderung und ernstlich meynung unser Herrn beyd Räd
ist obgesetzter schatz sambt statutbüchern briefen und alles, so ein
Universitet ghabt, überantwort durch gmeynen Rector und Regentz beym
eid darzu beruofft. Actum 1529 1. Juni.
    Auf der Rückseite steht:
    Verzeichnet Inventarium facult. Theol.
    Zween guldin gelts jerlichs. — In Barschaft 40 guldin. — Ein
halb fuder weins. — Das sigill.
    Hat der alt Rector Meister Gregorius noch hinder lm bhalten
4 goltkronen mer zwey pfund uff witterbschaid.

Reformation herbeigeführten Neuerungen ausgesprochen [1]) und
die jüngsten Ereignisse waren sicherlich nicht dazu angetan,
seinen allen Gewaltsamkeiten abholden Sinn umzustimmen.
Wenn aber ein Mann von solchem Einflusse, der zu den
Häuptern der Emigrierten wie Glarean und Erasmus im freund-
schaftlichsten Verhältnis blieb, der bestehenden Ordnung der
Dinge im Herzen gram war — wessen hatte man sich dann
von ihm und seinen Gesinnungsgenossen zu versehen, wenn
sie im Besitze jener Machtzeichen der Universität blieben?
Der Rat folgte einfach nur dem Gebote der Selbsterhaltung,
wenn er Scepter und Privilegien wegnahm, sei es, dass er den
Gegnern den letzten Weg verlegen wollte, auf dem sie ihre
verlorene Stellung allmählich wieder zu gewinnen hätten versuchen können, sei es, dass er verhüten wollte, dass nichts
entwendet werde, wie Wurstisen sich bezeichnend ausdrückt;
denn dies wäre einer Auflösung der Hochschule in Basel und
ihrer Verlegung in eine andere Stadt gleichgekommen.

Die Lage, in welche die Anstalt durch diesen Gewalts-
streich versetzt worden war, war eigentümlich genug und es
ist sehr bedauerlich, dass eine ungemein lückenhafte Überlieferung es unmöglich macht, ein ganz klares Bild von derselben zu entwerfen.

Massgebend wird für die Folgezeit das Verhältnis der
Hochschule zum Rate, der sich durch die gewaltsame Aneig-
nung aller der Rechtstitel, auf die der Bestand der Universität
sich gründete, zum Herren der Situation gemacht hatte. Rechtlich hörte zwar deshalb die Universität nicht auf zu existieren, denn der Rat hatte mit keiner Silbe die Aufhebung
der Hochschule verfügt, wie das doch hätte geschehen müssen.
Andererseits hatte er aber durch die erwähnte Massregel vom
14. Juni deutlich genug die Absicht zu erkennen gegeben bis zu
einer endgültigen Regelung der Sachlage irgendwelche amtliche
Funktionen nicht zuzulassen. Die Universität ihrerseits war
dadurch sowie durch den Mangel an Lehrkräften und Hörern
des Charakters einer Hochschule entkleidet, und doch ist es
ebenso unzweifelhaft sicher, dass trotz alledem Vorlesungen

---

[1]) Heusler a. a. O. 432.

gehalten und besucht wurden, dass diese Vorlesungen als regelrecht öffentliche und nicht als gelehrte Kundgebungen rein privater Natur galten und auch später so angesehen wurden und dass demgemäss die Universität tatsächlich, wenn auch in kaum merklicher Weise fortbestand.

Das Verdienst, die neue Periode mit der abgelaufenen durch dieses schmale Glied zu einer ununterbrochenen Kette historischer Entwicklung verbunden zu haben, gebührt in erster Linie Ökolampad. „Der ausgezeichnete Mann, Johannes Ökolampad, hat, während die Universität durch einige Jahre sozusagen dahindämmerte (quiescente fere per aliquot annos universitate), die theologische Fakultät fast durch drei Jahre vertreten und nichts unterlassen, wodurch die Akademie neu eingerichtet und in ihrem früheren Glanze wieder hergestellt werden möchte" [1] — sagt Pantaleon von ihm und alle anderen Tatsachen, welche uns sonst von Ökolampads Tätigkeit bekannt sind, sind geeignet, dieses Urteil eines wohlunterrichteten Mannes glaubwürdig zu machen.

Ob von den Zurückgebliebenen sonst noch einer Ökolampad in seinem Vorhaben unterstützte, ist nicht bekannt. [2] Erheblich können diese Versuche nicht gewesen sein, wie man aus dem Schweigen aller Quellen wird schliessen dürfen. Der Rat aber, von dem allein die Entscheidung abhing, war von einer solchen durch eine Reihe dringender Angelegenheiten der inneren und äusseren Politik abgehalten, die, wie zurückhaltend man sich auch zeigen mochte, doch dringend zur Teilnahme an gemeineidgenössischen Dingen nötigten. Die Reformation war es in erster Linie, welche das partikulare Interesse in Basel abgeschwächt, den politischen Horizont auf einmal erweitert hat.

Wenige Monate nach der Durchführung der kirchlichen Neuerungen entbrannte der erste Religionskrieg auf schweizerischem Boden. — Basel, das noch im Mai 1529 ein war-

---

[1] Matricula theolog. fol. 40' Basler Universitätsbibliothek.

[2] Herzog, Leben Ökolampads, 2, 178, sagt zwar: »Es scheint, dass um dieselbe Zeit (Sommer 1529) andere alte Herren der Universität ihre Vorlesungen wieder begannen.« Belege für die Annahme giebt er aber keine.

nendes Schreiben an Zürich hatte abgehen lassen,[1]) schickte,
als der Krieg doch losbrach, sein Kontingent aus, welches
mit Zuzügen von Bern, Biel und Mülhausen bei Bremgarten
lagerte.[2]) In demselben Jahre hatte der Rat mit der Ordnung der Rechtsverhältnisse zwischen der Stadt und den Aus-
gewanderten zu tun[3]) und im Winter fanden in Basel die
Verhandlungen zwischen den Abgesandten von Biel, Bern,
Zürich, Schaffhausen, St. Gallen, Strassburg und Mülhausen
statt, die mit dem Eintritt der Städte Biel, Schaffhausen und
Strassburg ins christliche Burgrecht endeten.[4]) Auch im
Jahre 1530 gab vornehmlich die hohe Politik zu tun. Im
März beherbergte Basel die Abgeordneten der evangelischen
Orte der Schweiz; es handelte sich um Stellungnahme zu dem
von Karl V. nach Augsburg ausgeschriebenen Reichstag und
ebenso fanden hier Verhandlungen mit dem Landgrafen von
Hessen und Herzog von Sachsen statt wegen des Beitrittes
zum schmalkaldischen Bund.[5]) Im Innern beschäftigten den
Rat Unruhen auf der Landschaft und besonders die Wiedertäufer, die sich vor ihrem völligen Verschwinden gerade auf
baselischem Gebiet nochmals sehr bemerklich machten.[6]) Endlich wurde Basel nicht wenig durch die für die Reformierten so
unheilvollen Ereignisse des Jahres 1531 in Mitleidenschaft gezogen. Es büsste im Müsserkrieg fast seinen ganzen Auszug
ein und betrauerte den Tod von 140 Bürgern, die in dem Treffen
am Gubel gefallen waren (24. Oktober). Eine ziemlich hohe
Summe, welche es beim zweiten Kappelerfrieden den V Orten
bezahlen musste, nötigte den Rat zur Ausschreibung einer
neuen, wenn auch nur temporären Umlage.[7]) Der Tod Ökolampads am 23. November 1531 giebt dem düstern Bilde der
damaligen Lage der Stadt seinen Abschluss.

Unter solchen Umständen gereicht es dem Rate zur

---

[1]) Hottinger, Schweizergeschichte. 2, 240.
[2]) Henne-AmRhyn, Schweizergeschichte. 3. Aufl. 2, 132.
[3]) Ochs 6, 7 ff.   [4]) Ebend. 6, 13.
[5]) Ebend. 6, 18 und 20. Vergl. auch H. Escher, die Glaubens-
parteien in der Eidgenossenschaft und ihre Beziehungen zum Ausland.
Frauenfeld 1882. 183 ff.
[6]) Vergl. R. Nitsche, Geschichte der Wiedertäufer in der
Schweiz. 103 ff.   [7]) Ochs 6, 53 f.

Ehre, dass er auch in diesen schwierigen Zeitläufen um die
Hochschule sich wieder zu kümmern anfing. Er wandte sich
an Ökolampad mit dem Ansuchen, sich über die Wiederherstellung der Hochschule zu äussern. Mit unverkennbarer
Lust und Liebe entledigte sich derselbe seines Auftrages in
einem längeren Gutachten. [1]) Bezeichnend genug unterlässt
es der Verfasser, Mittel und Wege anzugeben, wie der Universität aus ihrer Scheinexistenz geholfen werden könnte.
Für ihn ist sie vollkommen da und es genügt ihm, in grossen
Umrissen die Grundsätze anzugeben, nach welchen die Hochschule eingerichtet, und die Ziele, die mit dem Studiengange
an den einzelnen Fakultäten erreicht werden sollen. Er
beginnt mit einer schwungvollen Einleitung, in der er zunächst auf die praktischen Vorteile hinweist, welche dem
Staate aus einer sorgsam geleiteten hohen Schule erwachsen,
die ihm gleichsam wie ein ertragreicher Weinberg bedeutende tätige und kenntnisreiche Männer zur Besorgung
seiner Angelegenheiten in Kirche und Schule, geschickte Ärzte
und kluge Schreiber und Redner fürs Gericht und für die
Ratsstube gebe. „Darum ist es nicht zu verwundern, wenn
unsere Voreltern mit der grössten Mühe und nicht geringen
Kosten es sich angelegen sein liessen, dieses Kleinod zu hüten
und als ein ausgezeichnetes Erbteil uns zu hinterlassen, wohl
wissend, wie viel ehrenvoller und um wie viel beglückender
ein solcher Schatz ist als einer von Gold und Silber.“ Leider
habe sich gleich dem Unkraut im Felde auch in den öffentlichen Lehranstalten manches eingeschlichen, was dem Wunsche
der Stifter ganz und gar nicht entspräche; „denn ein unge-
bildeter Hochmut, gleissnerische Sophistik und Titelsucht
herrschen an Stelle der Pflege gründlicher Forschung und
wahren Erkenntisdranges.“ — Diesen Übelständen müsse man
auf jede Weise zu begegnen trachten, bevor das Geschrei
blinder Eiferer, welche die Lehranstalten als ein verderbliches
Gift für die heranwachsende Jugend bezeichnen, die Existenz
derselben in Frage stelle. „Und darum wollen wir mit Hilfe
des Rates einsichtiger Männer alles, was dem frommen Sinn
und dem Nutzen der Studierenden abträglich ist, aus dem

---

[1]) S. Beilage I.

Wege räumen; was aber förderlich ist, darauf werden wir
um so angelegentlicher achten. Soweit sind wir entfernt auf
die Ausrottung der Wissenschaften zu sinnen, wie einige uns
zu verleumden sich erkühnen." Hieran schliessen sich nun
positive Vorschläge, von denen manche ganz vortreffliche Gedanken enthalten, die nicht unverwirklicht geblieben sind.
Ökolampad begehrte: Unentgeltlichen Unterricht, Abschaffung
der Taxen und kostspieligen Gebräuche bei Verleihung der
akademischen Grade, Herabsetzung der Gebühren bei der
Immatrikulation (§ 1—4). Die folgenden Paragraphen handeln dann speciell von den einzelnen Fakultäten. Nachdrücklich dringt er beim Studium des Rechtes auf ein tieferes
Eindringen in die Quellen mit Zurückdrängung der vielen
Kommentare, beim Studium der Medizin auf stärkere Berücksichtigung der praktischen Übungen (§ 6), was freilich
mitunter in einer etwas naiven Weise zum Ausdruck kommt.
Wie dieses Gutachten, welches von dem einen grossen Gedanken: Förderung wahren wissenschaftlichen Strebens, getragen ist, vom Rat aufgenommen wurde, wissen wir leider
nicht. Es wird sich aber zeigen, dass es nicht wie so viele
andere gleichartige Stücke unbeachtet im Archiv verschwand,
sondern in der Folge einen unverkennbaren Einfluss auf diejenigen Personen ausgeübt hat, welche später bei der Wiederherstellung der Universität tätig gewesen sind.

Aus diesem Halbdunkel, in welches die Vorgänge während jener Übergangsperiode, die schon von den Zeitgenossen
mit dem recht zutreffenden Namen „Interregnum" bezeichnet
worden ist, gehüllt sind, treten wir erst mit dem Jahre 1532
in das Tageslicht schärferer historischer Erkenntnis. In der
Zeit der allgemeinen Reaktion, welche naturgemäss der Sturm-
flut der politischen Erregung, wie sie die oben erwähnten Begebenheiten erzeugt hatten, folgte und die jeden Kanton mehr
oder minder wieder auf sich selbst zurückwies, fand der Rat
von Basel die nötige Ruhe, um die so wichtige Frage der
Wiederherstellung der Universität einer endlichen Lösung zu-
zuführen. Leider sind wir auch über die Verhandlungen, die
dem entscheidenden Votum vorangegangen sein müssen, nicht
unterrichtet; wir haben nur das glücklicherweise positive Re-

sultat derselben vor Augen. Donnerstag am 20. September 1532 [1]) wurden die neuen Statuten vom neugewählten Rektor Oswald Bär und einigen Mitgliedern der Universität beschworen. Vom 1. November datiert dann das Sendschreiben, mit welchem der Rektor zum Besuche des neu erstandenen Heims für Wissenschaft und Geistesbildung einlud. [2]) Bemerkenswert ist, dass dieses mit vielem Takt und kluger Berücksichtigung der augenblicklichen Lage abgefasste Programm wesentlich den Gedanken ausführt, dass die Universität nie zu existieren aufgehört habe, dass der Protestantismus durchaus keine der Wissenschaft feindliche Tendenz in sich berge, dass mithin auch die guten Traditionen an der Basler Hochschule keineswegs erloschen seien.

Ein viel weitergehendes Interesse beanspruchen die neuen Statuten, welche der Rat der Universität erteilt hatte.

Auf den ersten Blick muss auffallen, dass in denselben aller früheren Rechte und Privilegien mit keiner Silbe gedacht wird. Das erklärt sich aus der vollständigen Verschiebung, welche in dem Verhältnis zwischen Rat und Universität durch die Reformation herbeigeführt worden war. Dieses Verhältnis ist in der Tat ein so durchaus anderes geworden und erscheint zugleich so sehr als ein Hauptmoment der weiteren Entwicklung der Hochschule, dass es nicht scharf genug ins Auge gefasst werden kann.

Die Universität vor 1532 war die Schöpfung einer über Rat und Regenz stehenden Gewalt — des Papstes. Vor diesem höhern Richterstuhl waren also Rat und Hochschule nur zwei gleichberechtigte und gleichstehende Parteien. In diesem Sinne war das Verhältnis zwischen der Bürgerschaft und den Akademikern auch von den damaligen Leitern des Gemeinwesens aufgefasst worden und sie haben dieser Anschauung an einigen Stellen in den alten Statuten von 1460 Ausdruck verliehen. [3])

Die Universität nach 1532 sollte sein und war eine Schöpfung der neuen Staatsgewalt, deren Träger der Rat war. Damit erhob sich derselbe aus der Stellung einer gleichberechtigten Partei zu der eines bevorrechteten Herren. Aus dem Verhältnis der Gleichordnung war das der Ober- und

---

[1]) S. Beilage II.   [2]) S. Beilage III.
[3]) Vischer a. a. O. Beilage IX. 300 unten, 303 oben.

Unterordnung entstanden und der Rat sorgte dafür, dass dies mit voller Deutlichkeit in den neuen Statuten zum Ausdruck kam.[1] Im Jahre 1460 versprach er der Universität, dass wenn sie untereinander misshellig würden, oder „wenn sonst nach Lauf und Gestalt der Zeit eine Änderung, Besserung, Mehrung oder Minderung zu tun notwendig werden sollte, beide Parteien sich gütlich und freundlich vereinbaren sollten und wollten."[2] Im Jahre 1532 ist von einer solchen Übereinkunft keine Rede mehr, sondern kategorisch erklären Bürgermeister und Rat: sie haben diese Ordnung gesetzt und wollen ernstlich gebieten, dass dieselbe also vollzogen werde"[3] und 1539 behielt er sich ebenso unbedingt vor „diese Ordnung jederzeit mehren, mindern oder abtun zu können, wie sie (die gnädigen Herren) es am besserlichsten befinden würden."[4] — Der angegebene Unterschied tritt in diesen Sätzen klar hervor. Eine wechselseitige Verpflichtung wird einseitiges Recht, Duldung wird Herrschaft. Der Universität gegenüber befand sich der Rat in der Stellung eines Usurpators und er tat folgerichtig, was alle Usurpatoren zu tun pflegen, er suchte die Vergangenheit auszulöschen. Diese Aufgabe wurde ihm zweifellos dadurch erleichtert, dass zwischen Schliessung und Wiedereröffnung der Hochschule jener leere Zeitraum von drei Jahren lag, der die inzwischen eingetretenen Veränderungen ein wenig verschleierte.

Diese Veränderungen waren in der Tat ziemlich tiefgreifender Art und bedeuteten für die Universität eine beträchtliche Einbusse an früher genossener Freiheit.

Wenn in den alten Statuten Schutz und Schirm nicht bloss den Studenten und Lehrern für sich und ihre Diener zugesagt ist, sondern auch diejenigen, welche ein Mitglied der Akademie mit Wort oder Tat verunglimpften, mit einer schweren Geldstrafe bedroht werden,[5] wenn ferner den Uni-

---

[1]) Selbst äusserlich geschah dies, indem durch Erkanntnis vom 5. März 1543 angeordnet wurde, dass die Professoren, wenn sie vor dem Rate zu erscheinen hätten, ihre Vorträge stehend und nicht sitzend halten sollten. Ochs 6, 414.

[2]) Vischer a. a. O. Beilage IX. 303 oben.

[3]) Vergl. Beil. II. Einleitung.

[4]) Vergl. Beil. IV, § 20.   [5]) Vischer a. a. O. 294 f.

versitätsangehörigen in gesonderten Verfügungen Befreiung
von Ungelt und Steuern [1]) jeder Art, Sicherheit des Eigen-
tums [2]) und Schutz gegen Übervorteilung bei Kauf, Zins-
zahlung oder in Geldangelegenheiten [3]) gewährleistet ist, so
heisst es in den neuen Statuten kurz (§ 15), dass alle, die
des Studiums wegen, sei es lehrend oder lernend in der Stadt
verweilen, „des Hütens, Wachens und Dienens wie ander
Gäst frei sein sollen." Dass es mit der alten vollen Steuer-
freiheit auch wirklich zu Ende war, ersieht man deutlich aus
den Streitigkeiten, die sich zwischen der Universität und dem
Stadtgericht über das Recht der Inventarisierung der Verlas-
senschaft verstorbener Akademiker entspannen. Die Stadt
erhob nämlich von Ausländern eine ausserordentlich hohe Erb-
schaftssteuer — 10 % vom vorhandenen Realvermögen [4]) —
deren Zahlung die Regenz im gegebenen Falle verweigerte. —
Es kann nicht zweifelhaft sein, dass sie sich hiebei auf eine
frühere Gepflogenheit berief. 1555 entschied der Rat, dem die
Sache vorgelegt wurde, gegen die Universität [5]); 1564, beim Tode
des Sebastian Castellio, Professors der griechischen Sprache,
für sie. [6]) — Allein der Amtmann kehrte sich an diese Entscheidung nicht und seine Versuche, die Güterbeschreibung
dauernd in seiner Hand zu behalten, wiederholten sich noch
mehrmals. [7]) Endlich beschloss der Rat, diesen Streitigkeiten
durch ein Kompromiss ein Ende zu machen, indem er am
16. Juni 1624 erkannte, dass bei Todesfall eines Universitäts-
angehörigen, gleichgültig ob eines einheimischen oder fremden,
die Verfügung über die hinterlassenen *beweglichen* Güter
der Regenz, über die hinterlassenen *unbeweglichen* Güter hingegen dem Stadtgericht zustehen sollte [8]) mit dem Zusatz,

---

[1]) Vischer a. a. O. 296.

[2]) Ebend. 801.   [3]) Ebend. 297 f., 301.

[4]) Ochs 6, 365. Als beim Tode eines gewissen Eugenius von
Köln aus Mecklenburg a prætore urbis bona eius conscripta essent,
wird den Eltern auf ihre Gegenvorstellungen hin und über Verwendung
der Regenz der Bescheid gegeben, dass sie das Eigentum des Verstorbenen sine detractione decimæ partis erhalten werden. Lib. concl. fol. 72'.

[5]) Ochs 6, 417.   [6]) Lib. concl. fol. 45.

[7]) Ebend. fol. 54' zum Jahre 1576, fol. 58' zu 1578, fol. 72' zu 1587.

[8]) Ebend. fol. 153. A senatu politico controversia quæ inter

dass Streitigkeiten zwischen Kreditoren oder den erbberechtigten
Personen vor dem Universitäts-Konsistorium zum Austrag kommen sollten.[1]) Bei dieser Entscheidung ist es dann auch geblieben.

Wenn ferner früher bei Streitigkeiten zwischen Studenten
und Bürgern die richterliche Kompetenz der Universität anerkannt worden war, für den Fall, dass der Bürger als Kläger
auftritt,[2]) und nur im umgekehrten Falle die Akademiker
vor dem Stadtgericht zu erscheinen haben, so ist jetzt die
Gerichtsbarkeit der Universität statutenmässig (§ 6—9) nur
auf Klagen wegen Geldschulden eingeschränkt und auch da
nur in erster Instanz — in allen andern Fällen greift das ordentliche Stadtgericht ein — und wenn anschliessend daran früher
kein Student ohne Wissen und Willen des Rektors gefangen
gesetzt werden durfte[3]), so wurde diese Freiheit wenigstens
nicht mehr verbrieft, und wenn in den früheren Statuten das
Recht der freien Selbstverwaltung unbedingt eingeräumt ist
(s. o.) so finden sich in den neuen nicht wenige Bestimmungen,
durch welche der Rat im Bewusstsein seiner Machtvollkommen-
heit auch dieses Gebiet betritt. Dahin gehört es, wenn er
Anordnungen trifft über die Dauer der Ferien, Wahl des
Rektors, Immatrikulation neu eintretender Mitglieder, Verteilung der Vorlesungen, Gewährung von Urlaub[4]) — alles

---

iudicium civitatis et illius advocatos ex una parte et Academicos ex
altera de hæreditatibus Academicorum vacantibus duravit, ita fuit composita, ut si defuncti Academici vel nostrates vel peregrini reliquerint
bona inobilia, de illis arbitrio Rectoris et assessorum disponatur, sin
inmobilia vel œdes vel fundos dicasterio civili illud negotium trac-
tandum permittatur vigore senatus consulti magistratus sigillo muniti
et in arca Rectoris reservati.

[1]) Privilegia et statuta Universitatis p. 495 (Vergl. über dieselben
Beil. XII, Nr. 3) und Schwarzes Buch fol. 270 f.

[2]) Vischer a. a. O. 299 f. [3]) Ebend. 298 f.

[4]) Vergl. Beilage II. § 1, 2, 11, 12 und 13. Die Gewährung von
Urlaub wurde durch die Statuten von 1539 als »innere Angelegenheit«
der Regenz resp. dem Rektor überlassen. Nur die Professoren der
Medizin mussten einer Erkanntnis vom 10. Mai 1543 zufolge mit ihrem
Ansuchen um Urlaub sich wieder beim Rat melden, weil dieser mit
Missfallen bemerkte, dass die mit schweren Besoldungen angestellten
Doktoren der Arzney zu vielen Malen von der Stadt reisen, wodurch
diese von Ärzten entblösst wird. Ochs 6, 414.

Dinge, welche in den Rahmen der eigentlichen Universitäts-
verwaltung fallen und zu welchen sich auch in den älteren
Privilegien keine Parallelstellen finden. Ganz offenbar hatte
es der Rat darauf angelegt, das Recht der Selbstverwaltung
nach Möglichkeit herabzudrücken, ein festes Abhängigkeitsverhältnis herzustellen, welches ihm jederzeit gestattete, in
die Angelegenheiten der Hochschule nach Gutdünken einzugreifen.

Das war die zweite Folge der Reformation. Hier wie
überall hatte sie vorläufig nur dazu gedient, die landesherr-
liche Gewalt zu stärken. Wenn die Protestanten den Sieg
von 1529 mit einer Verfassungsänderung krönten, welche die
verwaltende Stellung des Rates einzuschränken bestimmt war,
so hielt diese Freude nicht lange vor. Der demokratische An-
strich fiel schon nach wenigen Jahren weg wie schlechte
Tünche von der Wand. Schon 1533 war der Rat wieder im
Besitz seiner Vollgewalt und das Privileg, das er ein Jahr
früher der Universität gegeben, ist ein unzweideutiges Symptom
des sich vollziehenden Umschwungs. [1]

Was sonst der Rat für die Erhaltung der Universität
und ihrer Mitglieder angeordnet haben mag, wissen wir nicht.
Bezeichnend genug erfährt man auch nichts von einer Eröff-
nungsfeier — still und geräuschlos hielt die Wissenschaft
ihren Einzug in die verödeten Hallen. Unter ungünstigen
Aspekten trat sonach die neue Anstalt wieder ins Leben.
Zwar war der Zulauf nicht eben schwach [2]), aber die alten
Freiheiten waren geschmälert, das Lehrpersonal gering, die
Universität nicht einmal vollständig. Denn entgegen den Angaben, welche Bär in seinem Einladungsschreiben macht, ist
es als unzweifelhaft anzunehmen, dass die philosophische

---

[1] Heusler a. a. O. 445.
[2]) Die grosse Matrikel weist für den ersten Jahrgang 18, für
den zweiten schon 33 neu Immatrikulierte auf; nach einem Rückgang
im Jahre 1534/5 auf 12 stieg die Summe im nächsten wieder auf 33
und hielt sich dann im ganzen auf dieser Höhe bis in die Vierziger-
jahre. Die Bedeutung dieser Ziffern veranschaulicht die Tatsache, dass
in den Dreissigerjahren unseres Jahrhunderts nach Erledigung der
Teilungsfrage die Zahl aller Hörer das Doppelte jener Summe nicht
erreichte. Vergl. Teichmann, die Universität Basel. Basel 1885. S. 62.

Fakultät als solche noch mehrere Jahre überhaupt nicht bestanden hat. Es mögen einzelne Vorlesungen gehalten worden sein; aber als eine den drei andern ebenbürtige Abteilung erscheint sie erst im Jahre 1536. [1])

Im ganzen konnte man sich also nicht darüber täuschen, dass die Erwartungen, welche man an die Wiedereröffnung der Hochschule geknüpft hatte, zunächst nicht in Erfüllung gingen. Indessen, weit entfernt davon sich durch den schlechten Anfang irgendwie einschüchtern zu lassen, ging man vielmehr mit lobenswertem Eifer von beiden Seiten daran, den Gründen nachzuforschen, die das Gedeihen der Anstalt verhinderten.

Es war ganz natürlich, dass man die verborgenen Schäden, welche den Aufschwung der Universität hemmten, zuerst in ihr selbst suchte. Man glaubte, dass es vor allen Dingen sich darum handeln müsste, Umfang und Ziele des Lehrplans in den einzelnen Disciplinen zu prüfen und festzustellen, und es entsprach nur der früher gekennzeichneten Stellung des Rates, wenn er sich berufen fühlte, auch diese Reform an die Hand zu nehmen. Bei den Herren von der Universität fand er nun bereitwilliges Entgegenkommen. Jede der drei bestehenden Fakultäten lieferte ein Gutachten ab, in dem ihre Vertreter sich über Ausdehnung und Anordnung des zu verarbeitenden Lehrstoffes verbreiteten. [2]) Naturgemäss handelt es sich in diesen Ratschlägen nur zum kleinsten Teil um eine quantitative Erweiterung des Lehrstoffes, sondern in erster Linie um eine qualitative Vertiefung der Lehrmethode. Der

---

[1]) Matric. fac. art. p. 87. Anno salutis 1536 disciplinis bonis quasi postliminio reducibus cum iam plus iusta temporum portione non sine multorum iactura incomparabili exulavissent decanatus functionem M. Wolfgango Wissenburg ministrante in ordinem . . magistrorum receptus atque 10 febr. . . . . peractione publica huius ordinis insignibus decoratus est Xistus Birkius Augustanus. Auf dieser Notiz beruht Pantaleons Eintragung im Lib. decretor. fac. art. p. 84. Vergl. ferner Rationar. fac. art.: Anno 1536 die Maii 16 cum iam in illum usque diem omnis totius ordinis philosophici facultas cessasset non modo authoritate sed aerario publico plane dissipatis decanatus officium W. Wissenburg domino magistro Simoni Grineo v. cl. restituit una cum ℔ 2 β 10 quasi fisci novi primitium quod receperat a magisterii insignibus decorato; tum proventus alii huic professioni nulli erant.

[2]) Die drei Gutachten sind abgedruckt in Beilage IV.

Geist Ökolampads weht durch diese Blätter und der Grund-
gedanke seines Gutachtens, Studium der Quellen selbst und
Bevorzugung der empirischen Forschung, lebt mit manchem
praktischen Vorschlag, den er getan, hier wieder auf.

Eine Bereicherung des Lehrstoffes lässt nur das Gutachten der Mediziner erkennen durch die Aufnahme der Anatomie und der Botanik. Der Verfasser betont die Notwendigkeit, „dass man von Jahr zu Jahr oder je in zweien Jahren
einest ein Anathomie halte, dadurch man erkennen lerne die
verletzten Glieder von in- und auswendig des Menschen“ und
befürwortet wie Ökolampad[1] „botanische Ausflüge im Sommersemester in Wald und Wiese, auf dass (die Jungen) der Kräuter
Samen- und Wurzel-Vermischung geleben (d. h. befolgen) und
den Kranken helfen könnten.“ [2] Im übrigen will Sinkeler
das Schwergewicht des Studiums in eine genaue Kenntnis der
Schriften des Galen und Hippokrates gelegt wissen.

In ähnlicher Weise verbreitet sich nun auch das Gutachten der theologischen Fakultät, welches von keinem Geringeren als Karlstadt, Luthers bekanntem Gegner, entworfen
wurde, über Methode und Ausdehnung des Studiums „in heiliger Schrift“. Es werden diejenigen Bücher und Kapitel der
Bibel aufgezählt, welche Gegenstand besonders eindringender
Forschung sein sollten, wenn es auch selbstverständlich im
Eingang heisst „die heilige Bibel sol man durchaus alt und
neu Testament lesen“. Dann folgen Ratschläge, wie bei der
Bibelerklärung, „ob die Schrift mit einfältigen Worten reden
tut oder mit den Tropis scheinbarlich ihre Rede mache“ und
bei Vergleichung der Schrift mit anderen „Geschriften und
schriftlichen Exempeln“ zu verfahren sei. Alle Donnerstag
soll eine Disputation „christlicherweise d. i. ohne Zank und
ohne Gesuch eitler Ehre“ abgehalten werden. Ein schönes
Zeugnis aber für Karlstadts freie Gesinnung ist es, dass er
denkenden Köpfen auch in theologischen Dingen leichte Bewegung gewahrt wissen wollte, indem er mit den Worten
schliesst: „Alle, die nach gehabter Lektion zweifeln oder nicht
ihres Gefallens Bericht empfangen, sollten Fug haben, ihre

---

[1] Beilage I, § 6.   [2] Beilage IV, letzter Absatz.

Mängel freundlicher Weise an den Lehrer zu bringen, Bescheid von ihm zu nehmen."

Das Gutachten der juridischen Fakultät, welches von Peter Pitrellius herrührt und von Bon. Amerbach bloss mitunterzeichnet ist, ist kürzer gefasst. Im ersten Jahre sollen drei Tage in der Woche Institutionen grammatice, d. h. ohne Glossen und an zwei Tagen Expositiones titulorum gelesen und wiederholt und in gleicher Weise mit etwas erweitertem Programm im zweiten Jahr die Institutionen mit Glossen durchgenommen werden. Zwei Jahre eifrigen Studiums der Institutionen befähigen nach der Ansicht des Verfassers den jungen Juristen „jeden Professor in deutschen oder wälschen Landen mit Frucht zu hören. Die Professoren, welche Pandekten und Codicem lesen, sollen vor allem diejenigen Titel und Traktate vornehmen, welche in deutscher Nation am meisten gebraucht und der Praktik dienstlich sind." Auch dieses Gutachten schliesst mit der Mahnung an die Professoren, den Studenten nach Wunsch Rechenschaft zu geben über das was sie vorgetragen haben.

Doch heben gerade die Juristen das treibende Motiv in diesem ganzen Handel am besten hervor, indem sie einleitungsweise bemerken: „so aber durch das Lesen, wie bisher gebraucht, diese Disciplin nicht allein etwas verdunkelt, sondern auch die anhebenden Studiosen erschreckt, beschwert und hinterstellig gemacht (werden) solches zu bessern bedunkt uns geraten." Hier ist, wenn auch in etwas trockener Form wiedergegeben, was die Zeitgenossen bewegte und was Ökolampad, diese Bewegung offenen Auges überschauend, im engeren Kreise angestrebt hatte.

Wie der Rat diese Vorschläge aufgenommen hat, ist nicht bekannt. Über sie hinaus hört alle Überlieferung auf. Zu einer endgültigen Zusammenfassung der in den drei Gutachten niedergelegten Ansichten und einer staatlich autorisierten Kodifikation, wie man vielleicht erwarten dürfte, ist es nicht gekommen. Sie ist von den weiteren Ereignissen überholt worden. Notwendig war sie so wie so nicht. Genug an dem, dass das Bedürfnis, an den Studienbetrieb die bessernde Hand anzulegen, in Universitätskreisen lebhaft empfunden wurde.

Die Besserung herbeizuführen war die Hochschule selbst stark genug, sobald nur einmal die Vorbedingung gegeben war, dass sie die hiefür erforderliche Freiheit erhielt.

Erweiterung ihrer Rechte und Freiheiten, das war das Ziel, dem ihre Leiter in nächster Zeit mit Eifer und glücklichem Erfolge zustrebten.

In dem Vorgehen der Regierung wird man die Anregung suchen dürfen dafür, dass die Universität ihre Kräfte energisch zu entfalten begann, der Korporationsgeist unter den Professoren wieder erstarkte. Gerade im Jahre 1536 hatte sich endlich auch die philosophische Fakultät neu gebildet und damit die Hochschule ihren früheren vollen Bestand erreichte. Es kann doch kein blosser Zufall sein, dass dieses Ereignis in die Zeit jener gesteigerten Lebenstätigkeit der Hochschule fällt. Irgend welcher Zusammenhang muss hier bestanden haben; ihn zu erkennen, ist freilich mangels jeder einlässlicheren Überlieferung nicht mehr möglich. Immerhin war mit der Umbildung der Artistenabteilung, mag sie mit oder ohne Zutun der Regierung vor sich gegangen sein, der Rahmen der bisherigen Verhandlungen nicht überschritten.

Allein bald hernach trat die Universität mit Anträgen und Wünschen hervor, welche freilich dazu angetan waren, der vom Rate eingeleiteten Reformbewegung eine ganz andere Richtung zu geben.

Was die Universität wollte, war nichts anderes als die Wiedergewinnung ihrer ehemaligen bevorrechteten Stellung. Man darf in diesem Bemühen nicht bloss eitle Herrschaftsgelüste sehen, für sie war — was der Rat nicht bemerkte, vielleicht nicht bemerken wollte — eine weitreichende Freiheit tatsächlich eine Hauptbedingung einer segensreichen Existenz. Mit Erfolg konnte die Hochschule in den Wettstreit mit den zahlreichen Schwesteranstalten nur treten, wenn sie nicht bloss berühmte Lehrer aufzuweisen hatte, sondern zugleich von jenem Gefühl der Selbstherrlichkeit durchdrungen war, welches eine Folge der bevorrechteten Stellung war, deren die Universitäten sich damals erfreuten und das besonders stark auf die Studenten einwirkte. Dieses Moment ist auch später noch mehr als einmal von der Regenz mit

Nachdruck hervorgehoben worden, wenn es galt beim Rate etwas für die Studenten durchzusetzen.

Die Aktion, deren Ausgang zweifelhaft war, weil es doch fraglich blieb, ob der Rat in eine Abänderung des Privilegs von 1532, die auf eine Schmälerung seiner eigenen Rechte hinzielte, willigen würde, wurde von der Hochschule am 28. Juli 1538 aufgenommen. Eine Deputation erschien vor dem Rate, um die Wünsche der Universität vorzutragen. Bei der Wichtigkeit des Gegenstandes konnte man auf ein bloss mündliches Referat hin keinen Beschluss fassen. Der Rat verlangte eine schriftliche Eingabe. Dem entsprechend fasste die Regenz ihre Forderungen in einem Memoriale zusammen, das in der Sitzung vom 1. März 1539 verlesen, mit allen gegen die Stimme des Simon Grynäus genehmigt und noch am gleichen Tage der Regierung vorgelegt worden ist. [1]) Der erste Artikel lautete: „Da die Universität eine Versammlung gelehrter Männer ist und solche ohne gute Ordnung keineswegs beständig sein mag, ist von Nöten, dass ihre Regenten Gewalt haben alles Anliegen, der hohen Schule und Künsten anhängig, zu verwalten. Deshalb auch die so einer Regierung sein müssen hiefür billig von einer Universität angenommen sollen werden." Die Sprache war deutlich. Auf das Recht der freien Selbstverwaltung, welches hier uneingeschränkt begehrt wurde, kam den Professoren alles an. Ferner wurde verlangt: fixe Besoldung für den einzelnen, Ausschluss aller Lehrer in heiliger Schrift wie der freien Künste, die der Universität nicht gehorsam sein wollen; Beschränkung der Anstellung in Kirche und Schule auf solche Personen, welche die akademischen Grade entweder schon haben oder doch baldigst anzunehmen sich verbindlich machen, Massregeln gegen Missbrauch der Grade, Errichtung eines Pädagogiums als Mittelglied zwischen den niederen Schulen und der Universität, endlich das Aufsichtsrecht über die ersteren.

Man konnte gespannt sein, ob und inwieweit der Rat auf die Vorschläge eingehen würde. Die Verhandlungen wurden — soviel lässt sich aus einer sehr sprunghaften Überlieferung erkennen — mit Eifer und Nachdruck geführt. Auf

---

[1]) R. II. A. (St. A.) Privil. et statuta univers. p. 152.

ihre Eingabe erhielt die Universität zunächst einen zwar in
allgemeinen Ausdrücken gehaltenen, im ganzen aber zu-
stimmenden Bescheid der Deputaten. [1] Herbst 1538 schickte
die Regenz einen ausführlichen Entwurf der Statuten an Capito
und Bucer nach Strassburg, um ihre Meinung über dieselben
zu vernehmen. Capito antwortete in seinem und seines
Kollegen Namen ziemlich oberflächlich. [2] Er beschränkte
sich auf einige Glossen rein formaler Art. Nur den Paragraph,
der von der Berufung neuer Lehrkräfte handelt, greift er auch
inhaltlich an und befürwortet Mitwirkung der Deputaten an
der Wahlhandlung und Bestätigung der Gewählten durch
den Rat.

Am 12. April 1539 legten nun die Deputaten ihren
Statuten-Entwurf dem Rat vor. Die Eingabe der Universität
war in demselben im vollen Umfange berücksichtigt worden
und er konnte sehr gut als Basis der weiteren Unterhandlungen
dienen. [3] Da muss es überraschen, dass die Regenz ihn in
dieser Form nicht annehmen wollte, sondern ihn an die Deputaten zurückwies. [4] Ein Hauptgrund dürfte wahrscheinlich
gewesen sein, dass das freie Ernennungsrecht der neu anzu-

[1] Privil. et statuta univ. Beiblatt zu p. 154.

[2] Brief Capitos an die Regenz von 14. Oktober 1538. Regenz-
Akten Fasc. 1532—1600. (U. A.)

[3] Ochs 6, 130 ff. und die Publikation »Die Urkunden der
Universität zu Basel. Basel 1801« geben dieses Aktenstück als besondere Erkenntnis resp. als besonderen Freiheitsbrief. Diese Auffassung
ist, wie sich aus dem einleitenden Abschnitt und aus der Vergleichung
dieses Aktenstückes mit den Statuten vom 26. Juli zur Genüge ergiebt,
ganz unstatthaft. Es ist ein blosser Entwurf, der dann vollinhaltlich
und mit verhältnismässig wenigen textlichen Abweichungen in die Erkanntnis vom 26. Juli überging. Ochs selbst hat die Empfindung gehabt, dass zwischen den beiden Aktenstücken ein anderes als das von
ihm angenommene Verhältnis bestehe, sich aber nach seiner Art über
diese Schwierigkeit hinweggeholfen. Vergl. seine einleitende Bemerkung,
6, 130. Übrigens hätte ihn schon der Umstand, dass der Entwurf in
den officiellen Amtsbüchern (Schwarzes Buch, Erkanntnisbuch) nicht enthalten ist, davon abhalten sollen, von einer besondern Erkanntnis zu
sprechen. Ich gebe die textlichen Abweichungen desselben in den
Noten zu Beilage V.

[4] Copia actorum 12 April 1539. Hæc per deputatos universitatis non sunt approbata in articulis quibusdam. Fasc. R. II. A. (St. A.)

stellenden Professoren von den Deputaten im Sinne Capitos beschränkt worden war. Die Regenz aber mag wohl gehofft haben, es durchzusetzen, dass ihr auch dieses Berufungsrecht uneingeschränkt überlassen werde. Allein offenbar ist der Rat über die im Entwurf gemachten Zugeständnisse nicht hinausgegangen und so blieb der Regenz nichts übrig als in die endgültige Kodifikation, welche an dem Entwurfe wenig mehr änderte, zu willigen, wenn sie nicht alles aufs Spiel setzen wollte.

Indessen, trotz dieser kleinen Niederlage, hatte die Universität Ursache mit dem erreichten Resultat zufrieden zu sein. Ein Ziel war doch erreicht worden. In einem wichtigen Satz des dritten Paragraphen dieser Ergänzungsstatuten vom 26. Juli 1539, [1]) welcher lautete: „(Es) sollen Rektor und Regenten der Universität volle Gewalt haben all ander Anliegen der Schulen und Künst halben zu verwalten" war der Hochschule das heiss begehrte freie Verwaltungsrecht wieder gegeben, welches ihr sieben Jahre früher noch vorenthalten worden war. Freiwillig verzichtete der Rat auf seine unumschränkte Herrschaft über die Universität, welche unvereinbar war mit den Traditionen dieser Anstalt. Wenn er in der stürmischen Zeit der Einführung der Reformation „mit der vollen kirchlichen Gewalt bekleidet auch noch diejenige der Universität absorbiert" [2]) und auf diese ihm durch die Umstände zuteil gewordene Allgewalt nicht gleich nach der Neugründung der Hochschule wieder verzichtet hatte, so erklärt sich das hinlänglich aus dem natürlichen Hang der Menschen, erworbene Macht zu behaupten. Allein es war kein Grund vorhanden, diese Macht, deren ungewöhnliche Steigerung auf ungewöhnlichen Verhältnissen beruhte, auch dann noch festzuhalten, als die Verhältnisse ihre gewöhnliche Gestalt wieder angenommen hatten. Auch war der Rat einsichtig genug, die Anzeichen der erwachenden Lebenskraft der Hochschule nicht kurzweg unbeachtet zu lassen. Sein freiwilliger Verzicht auf einen Teil der Herrschaft, welche in ihrer vorwaltenden Art schon als eine Last empfunden wurde, war für die Universität ein Gewinn, ohne doch für ihn zu einem nachteiligen Präjudiz zu

[1]) Abgedruckt in Beilage V.   [2]) Herzog a. a. O. 2, 146.

werden. Immer blieb er noch Quelle alles Rechts und was er gab, war lediglich eigenes Zugeständnis. Deshalb dauerte auch sein Einfluss auf die äusseren Angelegenheiten der Hochschule unvermindert fort und hat sich ihren Mitgliedern noch öfter fühlbar gemacht.

Ausser diesem ersten für die Universität freilich wesentlichsten Artikel ihres Memorials waren aber auch alle anderen siegreich in die neuen Statuten eingedrungen. Nur bezüglich der Anstellung neuer Professoren wurde die Forderung der Regenz nicht ganz erfüllt, sondern die Statuten bestimmten, dass Rat und Regenz hiebei gemeinsam vorgehen sollten. (§ 2.) Wohl aber machte der Rat von selbst einen sehr kühnen Zusatz durch die Bestimmung, „dass niemand angestellt werden dürfe, er sei denn unserer Religion und habe Gemeinschaft mit uns im Nachtmahl unseres Herren Jesu Christi" (§ 1). — Aufs schärfste war damit der Hochschule der Charakter einer im Dienste der neuen Lehre stehenden Anstalt aufgedrückt. 1532 hatte man wohl mit Absicht dies unterlassen, um nicht durch eine solche geharnischte Erklärung die Existenz der Hochschule zu erschweren, wenn nicht geradezu unmöglich zu machen. In diesen Jahren hatte man aber gelernt sich als Partei zu fühlen, ja man wusste sich stark genug, um einen Sammelplatz wissenschaftlicher Arbeiter ausschliesslich für Vertreter der neuen Lehre offen zu halten.

Die weitere Bestimmung, dass niemand angestellt werden darf, der nicht schon die akademischen Grade habe oder dieselben beförderlichst anzunehmen bedacht sei (§ 17), ist wieder auf Wunsch der Regenz aufgenommen worden. In gleicher Weise sind auch die Verfügungen über das Aufsichtsrecht der Regenz über die niederen Schulen (§ 19) und über das zu errichtende Pädagogium (§ 18), ferner die Verfügung über die Verleihung der akademischen Grade (§ 15) in Anlehnung an das von der Regenz entwickelte Programm entstanden und haben die Genehmigung des Rates erhalten.

Das aufrichtigste Entgegenkommen hat die Regenz aber jedenfalls für ihre Forderung gefunden, der Rat möge das Verhältnis zwischen Universität und Geistlichkeit regeln. In der Tat hat er es sich angelegen sein lassen, diese Frage, die

von einschneidender Bedeutung ist, in gründlicher Weise zu
lösen. Die bezüglichen Verfügungen machen den Kern der
Statuten von 1539 aus.

Der Gedanke, die baslerische Geistlichkeit mit der theologischen Fakultät in unmittelbare Verbindung zu bringen,
war bei den Verhandlungen des Jahres 1539 nicht zum erstenmal ausgesprochen worden. Schon in der Reformationsordnung
von 1529 hatte der Rat verfügt, dass alle Priester und Ordens-
geistlichen die Vorlesungen an der theologischen Fakultät besuchen sollten. [1]) Jetzt verlangte die Regenz, dass alle Lehrer
der heiligen Schrift von Basel ausgeschlossen bleiben sollten,
welche der Universität nicht gehorsam sein wollten. — Rat
und Regenz begegneten sich da auf halbem Wege. Ihre
Forderung aber entsprach durchaus den Bedürfnissen des Gemeinwesens. Man darf nicht übersehen, dass in der Zeit, in
der diese Vorgänge sich abspielten, es wohl schon Protestanten
aber noch keine protestantische Tradition gab, dass alle diejenigen, welche sich zur neuen Lehre bekannten, ihre Überzeugung mit einem Abfall von einem alten, die abendländische
Christenheit bis dahin beherrschenden System erkauften. Allein
offenbar musste eine Generation kommen, welche das neue
Bekenntnis nicht als die mehr oder weniger gewaltsame Lösung
eines Widerstreites von Grundsätzen, sondern als die Frucht
einer positiven in sich beruhenden Lehre aufnahm. An Stelle
der den einzelnen ergreifenden spontanen Bewegung musste die
die Gesamtheit beherrschende historische Entwicklung treten,
wenn nicht das Werk mit seinen Urhebern fallen sollte. Und
dazu war es allerdings nötig, dass die Fortpflanzung der Lehre
von einzelnen Persönlichkeiten an eine Schule überging. Dieses
Moment hatte der Rat schon 1529 im Auge gehabt; es konnte
seitdem nur an Gewicht gewonnen haben. Unverhohlen sprachen
es seine Deputaten in ihrem Entwurf aus, dass die Pfarrer in
ihren Predigten nachdrücklich den Wert einer wissenschaftlichen Schulung der heranwachsenden Jugend hervorheben
sollten, „damit die Kirche jederzeit ihre Diener, die in den
Schulen erzogen werden müssen und *an denen jetzt grosser
Mangel ist,* desto besser bekommen möchte.“ [2])

---

[1]) Ochs 5, 696, Nr. III.   [2]) S. Beilage V, § 14 mit Anmerkung.

Zu der getroffenen Massregel bewog den Rat aber auch
eine Erwägung politischer Natur. Ihm, dem es um die Festigung
der bestehenden Verhältnisse in der Stadt zu tun war, welche
wesentlich auf der Erhaltung der gewonnenen kirchlichen Einheit beruhte, die in dem Glaubensbekenntnis von 1534 ihren
lebendigen Ausdruck gefunden hatte, konnte es deshalb auch
nicht gleichgültig sein, wo seine Geistlichen ihre religiösen
Anschauungen sich holten. Eben damals war unter den Protestanten wieder eine lebhaftere Bewegung spürbar. Calvin
hatte 1538 Genf verlassen müssen und hielt sich zu Strassburg auf, der schmalkaldische Bund war im Wachsen, Sachsen
nach dem Ableben des Herzogs Georg (1539) lutherisch geworden. Die Strassburger Reformatoren bemühten sich eifrig
die Vermittlungsformel zu finden, welche die theologisch und
politisch gleich lebhaft gewünschte Einheit zwischen den Reformierten und Lutheranern herstellen sollte, und bahnten das
1540 in Worms freilich erfolglos abgehaltene Religionsgespräch
an. Unter solchen Umständen durfte der Rat von Basel es
wohl für zweckmässig halten, Vorkehrungen zu treffen, welche
verhindern sollten, dass Stadt und Land nicht auch von der
allgemeinen Unruhe mitergriffen würden. Zusammengehalten
mit dem Gang der gleichzeitigen Begebenheiten ist über die
Tendenz der Verfügungen in dem Akt von 1539 kein Zweifel
möglich, auch wenn der Rat sie nicht selbst schon klar und
unzweideutig bezeichnet hätte mit den Worten: „Dieweil die
Theologie in der Universität die oberste und vornehmste Profession ist, darumb denn diese Profession den Kirchendienern
am höchsten von Nöten, dass da alle Kirchendiener in dieser
Fakultät sein sollen, *damit desto weniger Missverstand und
Spaltung unter ihnen entstände, auch die Fakultät desto
stärker sei*, alles das zu fördern, was unserer Religion dienstlich und dem zuvorzukommen, was derselben schädlich sein
möchte." [1])

Sehr klug handelte nun der Rat, indem er auch noch
einige Verordnungen über die Form dieses Anschlusses folgen
liess. Er streifte zwar damit wieder das Gebiet der inneren
Verwaltung und verwickelte sich eigentlich dadurch in einen

---

[1]) Beilage V, § 8. Vergl. auch die bezeichnenden Sätze in § 7.

leisen Widerspruch mit dem übrigen Inhalt der Urkunde —
allein er wollte unzweifelhaft vermeiden, dass die Universität,
wenn sie auf eine allgemeine Verordnung hin die Modalitäten
des Anschlusses mit den Geistlichen hätte vereinbaren müssen,
bei der gereizten Stimmung derselben mit ihnen gleich in
Streit geraten wäre. — Er verfügte deshalb: Alle Kirchendiener sollen fortan der theologischen Fakultät untertan sein
(§ 8). Wenn es im Rat der Fakultät an graduierten Herren
mangelt, soll der Dekan befugt sein, auch die übrigen selbst
ungraduierten Pfarrherren zur Sitzung einzuberufen (§ 10).
Ebenso muss er die vier Pfarrer, ohne Rücksicht ob graduiert
oder ungraduiert, ein- oder zweimal zu den Prüfungen bei-
ziehen (§ 11). Die Kirchendiener sind gehalten, an allen
theologischen Disputationen teilzunehmen, soweit sie das mit
ihren dienstlichen Obliegenheiten vereinigen können — denn
„es ist keiner so hoch gelehrt, er mag sich in denselben noch
hoch verbessern" heisst es in der beherzigenswerten Begründung.
Ebenso sollen sie an den allgemeinen vom Rektor einberufenen
Universitäts-Versammlungen teilnehmen; nur Kirchendienst
kann Fernbleiben entschuldigen (§ 12 und 13).

Die Geistlichkeit widerstrebte dieser Vereinigung mit
der Universität heftig. Der Antistes Myconius verteidigte in
einem schriftlichen Protest diesen Widerstand mit Gründen,
welche einem späteren Geschichtsforscher „erbärmlich" vorkamen.[1]) Myconius erklärte, der Diener der Kirche und der
Diener der Wissenschaft hätten jeder ganz andere Aufgaben
zu erfüllen, der Kreis ihrer Tätigkeiten sei ein verschiedener;
die Wissenschaft verhalte sich zur Kirche wie Homer zu
Jesaias, Aristoteles zu Paulus; dort käme es auf Beförderung
der Wissenschaft als solcher, hier auf Heiligung des Geistes
und Verherrlichung des Wortes Gottes an. Eine Vereinigung
dieser Funktionen sei unstatthaft. Die Geistlichen sollten nach
Analogie der Rechtsgelehrten und Ärzte eine besondere und
unabhängige Körperschaft bilden. Wie man sieht, wird in
diesem Protest diejenige Frage, welche allein dem Widerstand
der Pfarrherren einen realen Boden gegeben hätte, gar nicht
berührt. Das Verhältnis zwischen Staat und Kirche bleibt

---

[1]) O c h s 6, 143 f.

unbesprochen. Es musste auch unbesprochen bleiben; denn
es war schon durch die Reformationsordnung vom 1. April 1529
mit aller wünschenswerten Deutlichkeit geregelt worden. In
eben dieser Verordnung wahrt sich der Staat ein Prüfungs-
und Aufsichtsrecht über die anzustellenden Geistlichen, welches
sich in folgerichtiger Entwicklung dieses Prinzips auch auf den
dogmatischen Inhalt der Lehre bezog, besonders wenn derselbe streitig werden sollte. [1] 1529 hatte der Rat die Möglichkeit einer solchen Erörterung noch ins Auge fassen müssen,
seitdem war dieses Moment hinfällig geworden, da durch die
Glaubensordnung von 1534 eine für alle Staatsangehörigen
bindende Bekenntnisformel geschaffen worden war.

Wenn also die Geistlichen den durch die Reformationsordnung begründeten Zustand anerkannt hatten, so lässt ihr
widerspenstiges Benehmen gegenüber einer Massregel, welche
im Grunde keine wesentliche Neuerung bedeutete, kaum eine
stichhaltige Erklärung zu. Denn die ganze Neuerung bestand
darin, dass der Rat die Obsorge über die jungen Geistlichen
von sich auf die neu gegründete Universität übertrug, indem
er ganz richtig voraussetzte, dass sie, oder enger gefasst die
theologische Fakultät in erster Linie verpflichtet wäre, die angenommene Lehre vor jeder Trübung zu schützen und dadurch
die Einheit des Bekenntnisses zu bewahren. Ja man muss sich
eigentlich wundern, dass Myconius, der in seiner Verteidigungsschrift ganz den Standpunkt des amtierenden Priesters einnimmt, darauf verfiel, den Pfarrer wieder mit der Glorie besonderer Heiligkeit zu umgeben und ihn deshalb von dem
Theologen überhaupt zu sondern. Diese Anschauung ist dem
Protestantismus ganz und gar fremd und ihr plötzliches Auf-
tauchen hier mutet uns an wie ein Nachhall einer sonst über-
wundenen scholastischen Vorstellungsweise.

Wenn sich Myconius ferner auf die Analogie mit den
Medizinern und Juristen beruft, so war auch dieses Beispiel
unglücklich gewählt; denn gerade gegenüber der Universität
waren diese Kollegien nicht unabhängig, sondern nahmen, wie
sie sich beständig aus ihr ergänzten, auch die Methoden der
Forschung und die Technik an, welche jeweilen an der Hoch-

---

[1] Ochs 5, 692 ff.

schule die herrschenden waren. Das gleiche sollte in Zukunft auch bei den Theologen statt haben. Deshalb bestimmte der Rat, dass der Dekan der Theologen zu den strengen Prüfungen auch die Pfarrherren beiziehe, damit „dem so promoviert werden solle, der Lehre und des Lebens halber der Kirche und Schule desto stattlichere Kundschaft gegeben werde." [1]

Im übrigen lassen sich leider auch hier die einzelnen Stadien des so interessanten Zwiespaltes nicht genauer verfolgen. Das endliche Resultat war, dass sich die Geistlichkeit, wenn auch grollend den Geboten des Rates fügte.

Der Rat, der augenscheinlich dem Vorwurf eines despotischen Vorgehens vorbeugen wollte, hatte nicht bloss vorher den eingereichten Protest durch Bonifacius Amerbach beantworten lassen, sondern gestattete auch, dass Universität und Geistlichkeit nochmals über diese Angelegenheit disputierten. [2] Vielleicht erwartete er, dass diese Erörterung noch neue für die Behandlung der Frage wichtige Gesichtspunkte zu Tage fördern könnte. — Das war nicht der Fall und so blieb es bei der einmal getroffenen Entscheidung. Der Rat resumierte das Ergebnis der Verhandlungen in seiner Erkanntnis vom 7. Oktober 1539, [3] in welche er folgende bezeichnende Sätze einfliessen liess: „dieweil ein Ehrsamer Rat vermerkt hat, dass sie (Universität und Geistlichkeit) etwas Widerwillen gegen einander tragen, da sei eines E. R. ernstlicher Befehl: da sie als unsere Vorgesetzten und Vorsteher uns täglich predigen, dass wir allen Neid und Hass unter einander abstellen und einander lieben sollen, so sollen sie sehen, dass sie auch allen Unwillen unter ihnen abstellen. Denn sollte dies nicht geschehen, so werde ein E. R. gegen den, der Schuld daran trüge, dermassen ein Einsehen tun, dass er wollte, er hätte es unterlassen und wäre gehorsam gewesen."

Jetzt erst nach Austragung dieser Angelegenheit war eigentlich die Neugründung der Basler Hochschule vollendet.

---

[1] S. Beilage V, § 11.
[2] Ochs 6, 144. Ferner K. R. Hagenbach in: Leben und Schriften der Väter der reformierten Kirche. 2, 344. Wie Hagenbach zu der Äusserung kommt, der Streit sei zu Gunsten von Myconius Ansicht erledigt worden, ist mir unerfindlich.   [3] Ochs 6, 145 ff.

Wie man sieht, war dies kein spontaner Akt, kein Werk einer hochgehenden patriotischen Begeisterung, die an der wohlwollenden Haltung eines geistvollen und kenntnisreichen Mannes ihre sympathische Stütze findet, — alles Umstände, die der ersten Gründung einen so lebensvollen Hintergrund geben — sondern Jahre haben an der Wiedererweckung der Hochschule gearbeitet, die mehrere Phasen bis zum endlichen Abschluss durchlaufen hat. Von einer Teilnahme weiterer Kreise erfährt man nichts und ein gewisser praktisch-kühler Ton, der den ganzen Prozess der Wiederherstellung durchdringt, ist nicht zu verkennen. Er vollzog sich in einer Periode allgemeiner politischer Erregung und dies muss uns die gewiss auffällige Tatsache erklären, dass das Ereignis, an welches der ununterbrochene Bestand unserer Hochschule geknüpft ist, an den Zeitgenossen vorüberging, ohne einem derselben nur soviel Interesse abzulocken, dass eine, wenn auch kurzgefasste Bemerkung hierüber neben andern Aufzeichnungen ihren Platz gefunden hätte.

Zweites Kapitel.

Die Organisation und äussere Geschichte der Universität.

So bedeutungsvoll die Jahre 1529—1532 für die Hochschule auch gewesen sind, so haben sie doch die Organisation derselben im ganzen und grossen wenig beeinflusst; der Zusammenhang mit den Formen der ersten Periode erscheint ziemlich überall gewahrt. Immerhin fand in dem nun folgenden Zeitraum doch manche Veränderung und Umgestaltung statt und es ist leicht einzusehen, dass diese mit der äusseren Geschichte der Universität im wesentlichen zusammenfallen. Das Verhältnis zwischen Rat und Universität giebt dieser hinwiederum ihr specifisches Gepräge.

Die Universität, gewöhnlich Akademie, manchmal auch Universität genannt, hat die vier Fakultäten, aus welchen sie von Anfang an bestand, in die neue Zeit herübergerettet. Auch die Rangordnung derselben ist unverändert geblieben. Zuerst kommen immer noch die Theologen, dann der Reihe nach die Juristen, die Mediziner, endlich die Philosophen oder wie sie besser genannt werden, Artisten (facultas artium). An der Spitze der Universität stand der Kanzler und Kanzler war der jeweilige Bischof von Basel. Mit der Einführung der Reformation musste die Frage entstehen, wie sich das Verhältnis zwischen dem katholischen Kanzler und der protestantischen Universität gestalten werde. Zwar war der wirkliche Einfluss, den der Kanzler auf die Angelegenheiten der

Hochschule ausgeübt hat, schon in der ersten Periode gleich
Null gewesen; er erschien höchstens bei Promotionen theologischer Kandidaten und liess sich sonst bei solchen Anlässen
durch seinen Vicekanzler, welcher gewöhnlich der Dekan der
juridischen Fakultät war, vertreten.[1] Allein seine Rechte
bestanden auch nach der Einführung der Reformation unzweifelhaft fort und der Rat selbst hat keinen Moment gezögert,
sie anzuerkennen. Nicht bloss der Umstand, dass er die
Gültigkeit der Doktorsdiplome, welche im Namen des Kanzlers
ausgefertigt wurden, durch einen Gewaltstreich in Frage zu
stellen fürchtete [2], sondern mehr noch politische Erwägungen,
die es ihm nahelegten, Bischof Philipp von Gundelsheim nicht
unnötigerweise zu verstimmen — man stand eben in Unterhandlung wegen Erneuerung der Handveste [3] — haben den Rat
bestimmt gleich nach der Wiedereröffnung der Universität
eine Botschaft an den Bischof abzusenden, durch die er um
Ernennung eines Vicekanzlers bat und ihm zugleich die neuen
Statuten vorlegte. Es steht mit diesem Vorgehen in Zusammenhang, dass das Privileg von 1532 den protestantischen
Charakter der Hochschule verschweigt und sie von der vollzogenen Umwälzung gänzlich unberührt sein lässt. Dennoch
kann man es nicht überraschend finden, dass der Bischof die
Boten zwar mit einigen freundlichen Worten empfing und sich
über das Privileg zu äussern versprach, tatsächlich aber keine
Lust bezeugte, sich mit seiner Antwort [4] zu beeilen. Erst
auf eine zweite dringende briefliche Mahnung hin antwortete
Bischof Philipp, versprach in einigen Tagen seinen Kanzler zu
schicken, der die Angelegenheit zum Abschluss bringen werde,
unterliess es aber auch nicht, sein Befremden darüber auszudrücken, dass in den Statuten der ersten Fundation mit keiner
Silbe gedacht sei.[5] Übrigens wurde aus diesem Umstand kein
Kontroverspunkt gemacht, sondern die Verhandlungen endigten

[1] Vischer a. a. O. 90.
[2] So Ochs a. a. O. 6, 410, der in diesem Abschnitt übrigens
alles durcheinanderwirft.   [3] Vergl. Heusler a. a. O. 446 f.
[4] Schreiben des Rates vom 18. Oktober 1532. Bischöfl. Archiv
(früher Maldoner Akten) LXXVII, 2. (St. A.)
[5] Brief Bischofs Philipp vom 27. Oktober. Deputaten-Akten. (St.-A.)
Thommen, Universität Basel.   3

friedlich damit, dass Bischof Philipp durch Urkunde vom 31. Oktober 1532 das Vicekanzleramt den Dekanen der vier Fakultäten auf zehn Jahre und nur mit dem Vorbehalt übertrug, dass dieses Recht jederzeit von ihm oder seinen Nachfolgern könne zurückgenommen werden.[1]

Dieser Ausgleich entsprach den Interessen der beteiligten Parteien so gut und verschleierte das berührte abnorme Verhältnis so geschickt, dass niemals und von keiner Seite der Versuch gemacht worden ist, das Vicekanzleramt der Dekane aufzuheben; sondern regelmässig von zehn zu zehn Jahren[2] begab sich eine Deputation von zwei oder drei Professoren, unter diesen gewöhnlich der Rektor, nach Pruntrut und liess sich gegen Erlag einer Taxe von zehn Goldgulden das Privileg Philipps bestätigen, was immer geschehen ist, bis die französische Revolution der Herrschaft des Bischofs selbst ein Ende machte.[3]

An der Stellung der eigentlich akademischen Behörden hat sich im wesentlichen nichts geändert und es kann daher nur darauf ankommen, die neuen unterscheidenden Momente hier hervorzuheben. Wiederholungen werden sich beim Vergleich mit der abgelaufenen Periode nicht ganz vermeiden lassen.

Oberhaupt der Universität ist der Rektor. Der Kreis seiner Befugnisse, der im Verhältnis zu der hochangesehenen Stellung immer ein kleiner war, ist der gleiche geblieben: Einschreibung der neu eintretenden Studenten, Vereidigung

---

[1] Orig. im U. A. In der Begründung heisst es: Cum ad præsens multis arduis ecclesie nostre negotiis præpediti officium cancellariatus eius dicte universitatis personaliter providere non valeamus . . idcirco . . ad gradus promovendos decanis præsentibus et futuris . . vices nostras hac in re iuxta fundationis supradictæ universitatis tenorem duximus committendos et præsentibus committendos. — Die Fabel von den arduis ecclesie negotiis kehrt mit dieser Arenga in allen folgenden Urkunden wieder.

[2] Darnach ist die etwas zu bestimmte Behauptung von Ochs 6, 411 zu verbessern.

[3] Die darauf bezügliche zwischen Universität und Bischof gewechselte Korrespondenz und die Bestätigungsbriefe befinden sich im Staatsarchiv zu Basel. Bischöfl. Arch. LXXVII, 4—9. — Vergl. auch Lib. concl. fol. 59, 74', 93', 111, 142. — Vautrey in seiner »Histoire des évêques de Bâle« 3. Band lässt dieses Verhältnis ganz unberührt.

auf die Gesetze, Verwaltung des Universitätsvermögens oder
Fiscus rectoris; ferner ist er das vornehmste Organ, dessen
sich die Regenz zur Durchführung ihrer Beschlüsse bedient.
Kraft seiner Stellung ist er ihr Vorsitzender, besorgt als
solcher den Verkehr mit den städtischen Behörden, prüft gemeinsam mit seinem Vorgänger, dem Prorektor, die Rechnungsbücher der einzelnen Fakultäten[1]) und ein Regenzbeschluss
vom Jahre 1562 beauftragt ihn, unter Beiziehung eines Mitgliedes der Regenz hie und da der Reihe nach alle Vorlesungen zu besuchen, um durch sein Erscheinen Lehrer und
Lernende anzuspornen, allfälligen Mängeln durch sofortige
Mahnung entgegenzutreten oder in wichtigeren Fällen sie zum
Gegenstand öffentlicher Besprechung zu machen.[2]) Er beruft
ferner die Regenzialen zu den Sitzungen ein und besorgt die
Eintragung der wichtigsten während seiner Amtsdauer er-
lassenen Verfügungen in das Beschlüssebuch.[3]) Nach Ablauf
seiner Amtszeit erstattet er der Regenz seinen Rechenschafts-
bericht. Scepter und Kassa, welche ausser den Wertpapieren
und dem Bargeld auch die wichtigsten Dokumente und Bücher
der Universität enthält, die er in seinem Hause verwahrt und
die ihm Studenten ins Sitzungslokal tragen[4]), übergiebt er an
diesem Tage seinem Nachfolger.

Gewählt wird der Rektor wie alle Würdenträger der
Hochschule, abweichend vom früheren Brauch, auf ein Jahr.
Die Wahl findet in der ersten Woche des Mai statt.[5]) Wähl-
bar sind nur Mitglieder der Regenz und die Wahl wird auch
bloss von diesen vollzogen. Für die Ernennung zum Rektor
kam lediglich persönliche Qualifikation in Betracht, die Reihen-

---

[1]) Regenzbeschluss von 1566 Lib. concl. fol. 45'. — Laut Regenzbeschluss vom 20. Mai 1584 soll dies an einem Tage der zwischen der
Wahl und dem Bankett liegenden Woche geschehen, ebend. fol. 69'.

[2]) Lib. conclus. fol. 44'.

[3]) Vergl. Beil. XII, Nr. 1.

[4]) Ein stehender Ausgabeposten ist: studiosis (hie und da auch
pedello) qui aream domum tulerunt post acceptas rationes itemque libros
4 (auch 5) β. — fisc. Rect.

[5]) Statutarisch ist zwar der 1. Mai festgesetzt, (Privil. et statut.
Univ. 133), faktisch aber gestaltete sich die Sache doch meistens in der
oben bemerkten Art.

folge der Fakultäten wurde nicht mehr berücksichtigt.[1]) Doch vermied man es, sofortige Wiederwahl eintreten zu lassen. Die sonderbare Verfügung im Privileg von 1532, die dann auch in die Universitätsstatuten überging, dass nämlich der Gewählte, wenn er nicht mit 2 ℔ gebüsst werden wollte[2]), die Wahl unweigerlich annehmen müsse, war schwerlich jemals wirksam geworden. Bis 1570 hat man kein Beispiel dafür und in diesem Jahre wurde sie durch Regenzbeschluss aufgehoben.[3])

So wie die Wahl des Rektors jetzt auf einen kleinen Kreis von Teilnehmern eingeschränkt war und nur mehr einen Punkt in der betreffenden Regenzsitzung ausmachte, hat sie auch im Verhältnis zur früheren Periode am äusseren Glanz[4]) verloren. Doch war es immer noch ein festlicher Augenblick — Blumen schmückten die Aula[5]) und dem neuen Rektor zu Ehren veranstaltete die Regenz ein grosses Bankett, an dem ausser den Regenzialen eine Anzahl Räte, die Deputaten und auch die in Basel wohnhaften Lehrer der niederen Schulen teilnahmen. 1566 wurden aber plötzlich in den Teilnehmern Skrupel rege über ihr üppiges Treiben und man beschloss, fortan das Abendessen wegfallen zu lassen und die Feier mit einem einfachen Mittagsmahl (prandium) zu schliessen.[6]) Allein diese Mässigung blieb mehr oder weniger ein edler Vorsatz[7]) und wir lesen, dass auch dieses frugale Mahl immer noch in Zeiten der Teuerung mit 15 ℔ abgelöst wurde.[8]) Das Geld

---

[1]) Vergl. dagegen Vischer a. a. O. 100 und 103.

[2]) Beilage II, § 1.

[3]) Laut Marginalnote in Privil. et statut. Univ. a. a. O. In tota Regentia hæc lex abrogata est 1570.

[4]) Vischer a. a. O. 101 ff. 109 ff. 115.

[5]) Seit 1598 ein regelmässiger Ausgabeposten: Pro floribus in novi Rectoris electione 5 β.

[6]) Lib. concl. fol. 45ʹ.

[7]) Gegen den herrschenden Aufwand schritt die Regenz öfters offenbar immer mit gleich geringem Erfolg ein: Beschluss vom 24. Juli 1585, Lib. concl. fol. 71: Beschluss vom 31. Mai 1588, ebend. fol. 73ʹ.

[8]) Lib. concl. f. 71ʹ Beschluss vom 20. Mai 1586: Propter annonæ caritatem rectorale convivium ad tempus sit suspendum ita tamen ut 12 fl. (= 15 ℔) pauperibus distribuantur. Ebend. fol. 146ʹ zu 1622, Februar 7.

wurde unter die Armen verteilt. Im 16. Jahrhundert gaben die Studenten zu Ehren des neugewählten Rektors auch dramatische Vorstellungen. „Man hat oft Spiel gehalten zu Augustinern in der Kirche unten, da jetzt es verendert (ist). Allzeit wann der neu Rector das Mal gegeben, haben die Studenten mit Pfeifen und Trommeln in der Herberg ihn sampt der Regenz geladen und ist man in der Procession in die Comödie gezogen," schreibt Felix Platter; er erinnert sich, die Auferstehung Christi, Zachäus und Haman gesehen zu haben. Bedauerlicherweise fehlen anderweitige Notizen, welche seine Angaben ergänzen würden.[1])

Die Bezüge, welche der Rektor neben seinem Gehalt als Professor erhielt, waren dieselben geblieben — ein Drittteil aller dem Fiscus Rectoris zufallenden Einnahmen und festgesetzte Gebühren von den Graduierten.

Der wichtigste Faktor in der Verwaltung der allgemeinen Universitäts-Angelegenheiten ist die Regenz. Sie ist ein Ausschuss der an der Universität tätigen Lehrer. Doch können nur ordentliche Professoren ihr angehören. Laut Gesetz des Jahres 1500 soll sie fünfzehn Mitglieder zählen.[2]) Diese Zahl hat sie aber wohl nur selten erreicht und nie lang behauptet.[3]) Der Rektor und die Dekane gehören der Regenz schon kraft ihrer Stellung an [4]), die übrigen Beisitzer gelangen in den Universitätsrat durch Kooptation. Die Regenz ist die oberste Verwaltungsbehörde und der oberste Gerichtshof.[5])

[1]) Thomas und Felix Platter, herausgeg. von H. Boos. 144 f. Nur im fiscus Rectoris steht einmal: autoribus historiæ Susannæ (1570) und 1580 wurde auf Wunsch der Dekane der Thyestes des Seneca aufgeführt.

[2]) Vischer a. a. O. 123.

[3]) Überliefert ist die Tatsache bloss zweimal, Lib. concl. fol. 72 zum Jahre 1587 und fol. 79' zum Jahre 1592, und der Umstand, dass jedesmal mit den Worten: sic numerus senatorum Academiæ completus (erat) ausdrücklich darauf aufmerksam gemacht wird, rechtfertigt meine Behauptung.

[4]) Erst später 1615 wurde dann umgekehrt der Grundsatz aufgestellt, dass die Wahl zum Dekan nur auf ein ordentliches Mitglied der Regenz fallen dürfe. Lib. concl. fol. 133.

[5]) Vergl. Beilage V, § 3. — Ihre richterliche Kompetenz wird deutlich umschrieben in einer Entscheidung des Rates von 1580, De-

Die richterlichen Funktionen hatte die Regenz von dem ehemaligen Konsistorium übernommen.[1] Das letztere bestand
zwar auch jetzt noch fort, allein sein Wirkungskreis ist beschränkt auf Streitfälle in Geldsachen, sei es unter Universitäts-
angehörigen, sei es zwischen Akademikern und Bürgern.[2]
Über die Form der Verhandlungen, sowie über die Zusammen-
setzung dieses Partikulargerichtshofes sind wir leider nicht
näher unterrichtet, nur das ist sicher, dass mit Beginn des
17. Jahrhunderts unter den Beisitzern desselben im Namen
der Studenten ein studiosus juris erscheint[3]), der so gut wie
die andern vereidigt wurde und sich folglich an der Recht-
sprechung beteiligte. Nach Ablauf eines Jahres ging dieses
Ehrenamt, die Studentenschaft in einer akademischen Behörde
zu vertreten, auf einen andern über. Es ist das der letzte

---

zember, Libr. concl. fol. 62': Academicum senatum communes atque
civiles verborum atque certaminum iniurias punire debere; maiores
maleficia attingentes sicut hactenus ipsis (consulibus) relinquere.

[1] Über dieses vergl. Vischer a. a. O. 118.

[2] Der im Lib. concl. fol. 55 bemerkte Fall aus dem Jahre 1576
»In consistorio cum sententia esset ferenda in negotio Balthsari Wirst
necdum an ex vulnere membri aliqua esset resolutio aut contractio,
constaret, ad chirurgos fuit relegatus, qui sententiam (consistorio) postea
exponerent« spricht nur scheinbar dagegen; denn die Ursache der Ver-
wundung ist nicht angegeben. Die Verhandlungen über diese haben
daher nur zufällige Bedeutung. Als Gerichtshof für Schuldklagen wird
das Konsistorium ausdrücklich bezeichnet. Lib. concl. fol. 71 (1585):
Si creditor debitorem in ius vocet et delictum . . . non sit liquidum,
ad consistorium veniant, ut causa diiudicetur. Auch darf man nicht
übersehen, dass das laut Regenzbeschluss vom 3. Januar 1598 (Lib.
concl. fol. 91) angelegte »Urteilbuch« nur Entscheidungen über Schuldklagen und in Erbschaftsstreitigkeiten enthält.

[3] Die erste Eintragung der Art finde ich im Lib. concl. fol. 99
zum Jahre 1602: W. Sattler stud. iur. præstitit iuramentum assessorum
consistorii Juli 28. Da das Beschlüssebuch schon etwa zwei Jahrzehnte
vorher mit ziemlicher Genauigkeit geführt zu werden beginnt, ist diese
Neuerung unzweifelhaft Ende des 16. oder Anfang des 17. Jahrhunderts
eingeführt worden. Der jährliche Wechsel der jungen Assessoren durfte
mit einiger Sicherheit aus dem Wechsel ihrer Namen in den drei auf-
einanderfolgenden Jahrgängen 1603 bis 1606 — später werden die Berichte wieder lückenhafter — zu folgern sein. Beim letzten heisst es
(Lib. concl. fol. 103): In consistorii assessorum nomine studiosi accitus
(est) Joh. Briswerch Basiliensis.

Rest der Machtherrlichkeit, welche die Studenten in der frühern
Periode rücksichtlich ihrer Teilnahme an der Leitung der
Universitätsangelegenheiten genossen hatten.[1])

Ein sehr wichtiges Recht wurde der Regenz im Jahre
1558 vom Rate erteilt — nämlich die Aufsicht über den
Büchermarkt. Bis dahin war die Zensur vom Rate geübt
worden, der mit derselben durch Beschluss vom 12. Dezember
1524 eine Dreier-Kommission betraute.[2]) Jetzt war jeder
Buchhändler gehalten, ein Exemplar von jedem neu gedruckten
oder in erweiterter Auflage erscheinenden Buch der Regenz
einzuliefern, widrigenfalls er vom Rektor beim Rate eingeklagt
würde.[3]) Je nach dem Inhalt wird das Buch einem der Dekane zur Prüfung übergeben[4]), wofür ihm der Verleger resp.
Druckereibesitzer — denn das war damals identisch[5]) — 6 ₰
per Bogen zu bezahlen und das Recensionsexemplar zu überlassen hatte.[6]) Behufs schärferer Kontrolle wurde ferner bestimmt, dass die Korrektoren durch den Buchdrucker dem
Rektor vorgestellt und von ihm in Eid genommen werden
sollen; sie verpflichten sich ihm gleich den übrigen Univer-
sitätsangehörigen zum Gehorsam und versprechen alles, was
ihnen verdächtig oder als der Stadt Basel abträglich vorkäme,
zur Anzeige zu bringen. Der Rat seinerseits verspricht Rektor
und Dekane gegen alle ihnen etwa erwachsenden Beschwerden geziemend in Schutz zu nehmen. Schuldig befundene
Drucker verfallen in eine Busse von 100 fl. Rh. Trotzdem
sah sich die Regenz schon 1571 veranlasst, weil in der

---

[1]) Vischer a. a. O. 107 ff. 111.

[2]) Strickler, Aktensamml. zur schweizerischen Reformationsgesch. 1, 325. Nr. 946.   [3]) Ochs 6, 362.

[4]) Köstlich ist, wie an der Artistenfakultät die weitere Manipu-
lation geregelt wird, nämlich: ita ut uni alicui quantocumque volumini
tres ex ordine nostro deputentur qui id *divisis inter se aequis partibus*
legant atque recognoscant ita tamen, ut quantum fieri potest eius ma-
teriæ professor unus ex tribus sit *nemini etiam præterito* et ut labores
ita pecunia quoque communia sint. Geld und Bücher sind dem Dekan
abzuliefern und beides wird am Schluss des Jahres unter die Fakul-
tätsmitglieder zu gleichen Teilen aufgeteilt. Lib. Decr. fac. art. p. 108.

[5]) Vergl. Geering, Handel und Industrie von Basel. 328 ff. 391 ff.

[6]) Privil. et stat. univers. p. 225.

Zwischenzeit viele Bücher ohne vorhergegangene Zensur gedruckt worden wären, auch viele neue Druckereien entstanden
seien, das Zensurmandat drucken zu lassen und an die Verleger zu verteilen.[1]) Diese Zensur erstreckte sich seit 1578
auch auf die von Professoren der Hochschule selbst verfassten
Bücher, die den Dekanen im Manuskript zur Begutachtung
vorgelegt werden mussten.[2])

Der Regenz lag ferner ob die Regelung der Ferien. —
Der Rat hatte sie in seinem Privileg von 1532 mit 3—4
Wochen angesetzt für Weihnachten, Ostern, Pfingsten und die
Hundstage zusammen.[3]) — An dieses Ausmass hat man sich
natürlich damals so wenig wie heute gehalten. Zwinger berichtet,[4]) dass Donnerstag immer Ferialtag sei, der Samstag
für Deklamationen und Disputationen verwendet werde, zu
Weihnachten und Ostern je vierzehn Tage, zu Fastnacht,
Pfingsten und Messe je acht Tage Ferien gehalten werden
und die Hundstagsferien $1^1/_2$ Monate, bei den Philosophen einen
Monat dauern.[5]) Schon 1552 mussten aber die Professoren
der Artistenfakultät gemahnt werden, dieselben in den Hunds-
tagen nicht über vier Wochen hinaus auszudehnen.[6]) Das ist
dann doch wieder geschehen und 1598 erklärt die Fakultät,
sie würde von sechs Wochen gerne zwei abgeben, wenn
man ihnen statt dessen acht Tage Weinleseferien bewilligte.[7])
Dies schien so ausserordentlich einleuchtend und zweckmässig,
dass die Regenz diese Ferien noch im gleichen Jahre nicht
bloss an der philosophischen Fakultät, sondern an der ganzen
Hochschule einführte.[8]) Diese Ferien unterscheiden sich
übrigens von den unsrigen dadurch, dass in ihnen kein vollkommener Abbruch alles Unterrichts stattfand, denn an der

---

[1]) Lib. concl. fol. 47'. Privil. et stat. univ. 259. Regenzbeschluss
vom 25. Juli 1571.

[2]) Privil. et stat. univ. 259. Regenzbeschluss vom 28. April,
nachdem Peter Perna, welcher wegen Drucklegung der Dialoge des
Castellio gefänglich eingezogen worden war, sich damit zu schirmen
vermeinte, dass Castellio sel. Professor gewesen sei, welche ihre Bücher
nicht zum Censieren geben.

[3]) Vergl. Beilage II, § 12.
[4]) Methodus apodem. 212.
[5]) Vergl. Beilage VIII, Nr. 4.
[6]) Lib. concl. fol. 42.
[7]) Lib. decr. fac. art. fol. 142.
[8]) Lib. concl. fol. 93.

Artistenfakultät pflegten in den Hundstagferien besonders tüchtige Laureati, also die erst Graduierten, Vorlesungen übungsweise zu halten. Ob sie sehr besucht waren, steht dahin, wenn man liest, dass später beschlossen wurde, der Dekan sollte denselben, um ihnen mehr Ansehen zu geben, beiwohnen.[1]) Auch an der medizinischen Fakultät sind solche Sommerkurse abgehalten worden.[2])

Zu manchen unangenehmen Verwicklungen hat die Befugnis der Regenz geführt, Studiengang und Lehrplan auch an den niederen Schulen zu beaufsichtigen.[3]) Es gab deren in Basel damals vier, nämlich auf dem Münsterplatz (Schule auf Burg), bei St. Peter, Barfüsser und St. Theodor in Kleinbasel. Das Niveau, auf welchem sie standen, war jedoch gerade in jener Zeit ein sehr niedriges und der Rat bemühte sich ernstlich um ihre Verbesserung. Auf seine Mahnung legte die Regenz noch im Jahre 1540 einen Reorganisationsentwurf vor, in welchem sie vorschlug, die Schule auf Burg in eine vierklassige Vorbildungsschule für die Universität umzuwandeln, während die drei anderen Anstalten nur aus einer Klasse bestehen sollten, die der ersten Klasse der Schule auf Burg entsprach.[4]) Der Entwurf kam aus unbekannten Gründen nicht zur Ausführung. Doch wurde der Gedanke, die Schule auf Burg in erster Linie zu berücksichtigen, auch später noch beibehalten. Dieselbe erhielt endlich im Jahre 1542 in Thomas Plater, dem genialen Autodidakten, der zumal durch G. Freytag[5]) in mancher Hinsicht zu einem Charaktertypus seiner Zeit gemacht worden ist, einen zwar nicht methodisch geschulten, aber unzweifelhaft fähigen und energischen Leiter.

---

[1]) Lib. decr. fac. art. fol. 164 zu 1622: ut lectionibus canicularibus, qui per electos laureatos studiosos haberi solent, maior accedat authoritas et amplior ipsarum frequentatio, Decanus aut omnibus aut plerisque interesto.

[2]) In diebus canicularibus pro inveterata consuetudine per septimanos sex existentibus feriis docuit. A. P. Ryff, Histor. colleg. medicor. 40.

[3]) Beilage V, § 17. Vergl. für das folgende A. Fechter, Gesch. des Schulwesens in Basel. Zwei Teile. Basel 1837 u. 1839.

[4]) Entwurf gedruckt bei Fechter a. a. O. 51 ff.

[5]) Bilder aus der deutschen Vergangenheit. 2°. 2. Teil. 13 ff.

Da seine Anstellung über die Köpfe der Herren von der Universität hinweg erfolgt war, geriet er von vornherein in eine feindliche Stellung zur Regenz. Die Gegensätze verschärften sich noch, als die Artistenfakultät mit Plater wegen seines Unterrichtsplanes direkt in Kampf geriet. Sie gab nämlich dem zwei Jahre später gegründeten Pädagogium, beziehungsweise ihrer ersten Klasse, einen Lehrplan, der fast ganz mit dem der vierten Klasse von Platers Schule zusammenfiel. Die Folge war, dass, da Plater sich grosser Beliebtheit erfreute, das Pädagogium wenig besucht wurde. Die jungen Leute zogen es vor mit Übergehung desselben direkt in die zweite Abteilung der Artistenfakultät überzutreten. Die Regenz stellte 1546 das Verlangen, Plater solle seinen Schulplan herabsetzen, Dialektik, die er in denselben aufgenommen, fallen lassen, überhaupt nicht so viel und nicht so schnell mit seinen Schülern lesen. Wir bemerken, dass also damals schon jene zwei Prinzipien einander schroff gegenübergestellt wurden, zwischen welchen auch heute noch keine richtige Vermittlung gefunden worden ist. Plater will seinen Schülern möglichst grosses positives Wissen beibringen, die Universität dringt mehr auf formale Schulung. Auch in betreff der Prüfungen bei Übertritt auf die Hochschule entspannen sich Streitigkeiten, bis endlich im Jahre 1549 zwischen beiden Parteien ein Vertrag zustande kam, der dieselben in einem der Universität im ganzen günstigen Sinne beendigte. [1]) In demselben gewann die Universität auch ihr Oberaufsichtsrecht wieder, welches ihr durch Mandat vom Jahre 1542 entzogen und den vier Pfarrherren übertragen worden war — sie hatte dasselbe, weil es ihr nicht zugestellt worden war, allerdings auch nie anerkannt. [2]) Eine bessere Gliederung von hoher und niederer Schule wurde endlich durch Errichtung des Gymnasiums 1589 erzielt, mit welchem auch das vorhin erwähnte Pädagogium verschmolzen wurde.

Dieses Pädagogium hat seine eigene, ziemlich bewegte Geschichte. Seine Entstehung fällt in das Jahr 1544 [3]) und

---

[1]) Fechter a. a. O. 76.
[2]) Privil. et stat. univ. 369.
[3]) Vergl. Beilage XI.

nimmt ihren Ursprung in jenen Verhandlungen, welche zwischen Rat und Regenz in betreff der Reorganisation der Hochschule geführt wurden und mit der Abfassung der Ergänzungsstatuten vom 26. Juli endigten. Die Regenz war es, die zuerst den Gedanken der Errichtung eines Pädagogiums in ihrem Memoriale vom 1. März 1539 aussprach. Sie bezeichnete dasselbe deutlich als ein Zwischenglied zwischen Hochschule und den niederen Schulen und begründete die Notwendigkeit einer solchen Anstalt mit dem Hinweis darauf, „dass die jungen Burschen gar frühe den hohen Schulen zugesendet werden." — Im übrigen sprach sie sich über Einrichtung, Dauer und Umfang dieses Vorbereitungskurses nicht näher aus. Doch erkennt man, dass die Herren von der Regenz sich diese Anstalt losgelöst von der Hochschule und von einem eigens für sie bestellten Präceptor oder Regenten geleitet dachten.[1]

Der Gedanke fand Anklang in den Kreisen der Regierung. — Nur lehnte man es aus finanziellen Rücksichten ab, aus demselben eine eigene Anstalt zu bilden. Schon der Entwurf der Deputaten vom 12. April zielte darauf hin, das Pädagogium mit den vorhandenen Lehrkräften zu besetzen und in gleichem Sinne entschied sich auch der Rat.[2] Indem er in den Ergänzungs-Statuten vom 26. Juli verfügte, dass Rektor und Regenz das Pädagogium „auf das allernutzlichste von den

---

[1] Memoriale von 1539 März 1, § 5 (St. A. R. II. A.). — Domitt nun uff satte fundament gebawen (werde) ouch ze fürkummen der jungen torichte meynung, als so sy on federen understond ze fliegen, und ze unseren ziten gar jung den hohen schulen zugesendet werden, wirt nüzlich und von nöten sin ein Pedagogium ze verordnen, welches dann die mittelschul zwischen den minderen und der Universitet sin wirt. In dises Pedagogium soll keiner uss den minderen schulen angenommen werden, er habe dann zuvor verstand und gnugsame fundament der lateinischen Grammatik, domit man nit leer strow trösch. Uff das ouch die frömbd und heimsche jugent ir zit und wil, cost und arbeit wol anlege, sollen die jungen bevor examiniert und verhört werden. In disem Pedagogio soll ein oberster preceptor oder regent verordnet (werden), welchem alle handlung bevolhen werde. Derselbe soll gwallt haben sine mithelffer ze heissen und derselbigen ein jeden ze ordnen zu demjenigen, so den jungen allernützlichst und ze vörderist von nöten ist.

[2] Vergl. Beilage V, § 18, Anm. 3.

jetzt Besoldeten anrichten sollen, darzu ihnen seine Deputaten mit ungespartem Fleiss beholfen sein werden", war deutlich ausgesprochen, dass dasselbe durchaus als eine Abteilung der Hochschule zu gelten habe. Wirklich wurde dann das Pädagogium als erste Klasse den schon vorhandenen zwei Klassen der Artistenfakultät angeschlossen, mit der es dann bis 1589 vereinigt blieb. In diesem Jahre wurde es von der Artistenfakultät abgelöst und mit dem neu errichteten Gymnasium auf Burg verbunden. In den Verhandlungen, welche dieser Umbildung der Schule auf Burg zu einem eigentlichen Gymnasium vorangingen, machte zwar die Universität einen schwachen Versuch, das Pädagogium zu halten. Allein der Rat, der den von der Regenz schon im Jahre 1583 ausgearbeiteten Entwurf, in dem nur ein fünfklassiges Gymnasium vorgesehen war, sonst vollinhaltlich angenommen hatte, bestand darauf, dass das Pädagogium aufgelassen oder genauer als sechste Klasse zum Gymnasium gezogen werden solle. [1])

Mit diesem Gymnasium hat für den hier behandelten Zeitraum die Regenz nur einmal noch zu tun bekommen, als sie nämlich im Jahre 1618 sich an eine Revision seines Lehrplans machte. In der revidierten Form blieb derselbe dann bis zum Jahre 1666 gültig. [2])

Äussere Gründe werden es gewesen sein, vor allem der Vorteil einer einfacheren und billigeren Geschäftsführung — denn die Teilnahme an einer Sitzung wurde ebenso bezahlt mit 1 β 8 ₰ bis 1609, dann mit 2 β, wie unentschuldigte Abwesenheit oder auch nur das Zuspätkommen gebüsst wurde — welche bald zu einer Einschränkung der Tätigkeit der Regenz geführt haben. 30. November 1539 wurde nämlich beschlossen, die Besorgung der allgemeinen Universitätsangelegenheiten und zwar in demselben Umfang, in welchem sie die Regenz geübt hatte, dem Rektor allein mit den vier Dekanen zu überlassen und nur, wenn dieser Ausschuss im Zweifel über den in einem bestimmten Falle einzuschlagenden Weg wäre, sollte grosse Regenzsitzung stattfinden. [3]) Indes, so praktisch diese Neuerung

---

[1]) Fechter a. a. O. 86.
[2]) Fechter a. a. O. Abteil. II. 13 f. Er hat für ihn nur Worte des Tadels. [3]) Lib. concl. fol. 33'.

auch war, so hat sie doch erst zu Anfang des 17. Jahrhunderts recht durchgegriffen. [1])

Den Verkehr zwischen Regenz und Rat vermittelten die Deputaten. Auch ihre Stellung war durch die früher geschilderten Ereignisse stark beeinflusst worden. Von der unbeschränkten Gewalt, die sie vordem der Hochschule gegenüber besessen hatten[2]), ist jetzt keine Spur mehr vorhanden. Der seinerzeit unabhängige Unterrichtsrat ist zu einem Ausschuss des Rates von drei[3]), seit dem Anfang des 17. Jahrhunderts von vier Mitgliedern herabgesunken, welcher durchaus nicht mehr befugt ist, selbständig vorzugehen. Ihr Amtskreis hatte sich zwar erweitert, denn es unterstand ihnen jetzt alles, was unter dem Titel „Angelegenheiten der hohen und niedern Schulen und der Kirchen" vor dem Rate zur Verhandlung kommen sollte. Allein eben der Rat behielt sich auch hier das entscheidende Wort jetzt vor — sie hatten bloss die notwendigen Vorarbeiten zu liefern. Für die Universität war ihre Wirksamkeit hauptsächlich in zwei Fällen wichtig, einmal bei der Anstellung neuer Lehrkräfte und bei der Inanspruchnahme des Staatssäckels für die Besoldungen.

Wenn es sich um Neubesetzung einer Lehrkanzel handelte, ergriff die Universität die Initiative, indem sie diese Frage auf die Tagesordnung einer Regenzsitzung setzte. Zu derselben mussten aber die Deputaten als Vertreter des Rates zugezogen wer-

---

[1]) Seit 1607 werden die Dekanssitzungen so häufig, dass in den Rechnungsbüchern der Rektoren die für Diäten verausgabten Summen in zwei Rubriken »Ausgaben für Conventus Decanorum« und für »Conventus Academicos seu Regentiæ« gebucht werden.

[2]) Vischer a. a. O. 46 ff.

[3]) Das, was Ochs 6, 76 über die Anzahl der Deputaten bemerkt, scheint mir ganz richtig, wie folgende Stellen beweisen dürften: Lib. concl. fol. 73' zu 1587 . . . convocatis amplissimis civitatis Basiliensis quatuor capitibus *et tribus deputatis* etc.; ebenda fol. 95 zu 1599 cum in regentia nomine vacantis professionis iuridicæ indicta (Nov. 22) comparuissent pro more domini deputati cum proto-scriba; ebenda fol. 148 zu 1629: Scolarchæ Luc. Iselin, Heinr. Hoffmann, Heinr. Werenfels, Friedr. Ryhiner, der 1614 ausdrücklich als reipublicæ cancellarius bezeichnet wird ohne Zusatz, und ebenda fol. 152 zu 1624 schon bloss »præsentibus dominis deputatis *quatuor*«. Dadurch wird auch die Zeitangabe bei Ochs a. a. O. berichtigt.

den.[1]) Vor und mit ihnen wurden dann die jeweiligen Vorschläge
erörtert. Bei der Abstimmung entschied das absolute Mehr,
doch durfte in demselben das Votum der Deputaten nicht
fehlen. Von ihnen wurde dann der Vorschlag dem Rate zur
definitiven Entscheidung vorgelegt, die übrigens, wie leicht
erklärlich, niemals im negativen Sinne erfolgt ist. War die
Bestätigung seitens des Rates, gewöhnlich schon am nächsten
Tag eingelaufen und nahm der Kandidat die Wahl an, dann
leistete er vor der Regenz den Professoreneid und wurde dadurch Mitglied der Fakultät.

Die gewöhnliche Form der Besetzung eines freien Lehr-
stuhles war übrigens die, dass man von den Doktoren und
Magistern, welche ohne dem Lehrkörper anzugehören Vorträge
an der Universität hielten, wozu sie ihr Titel berechtigte und
die man insoweit mit den jetzigen Privatdozenten vergleichen
kann, einen zum Ordinarius beförderte. Bedingnis war, dass
er schon einige Semester Vorlesungen an der Basler Hochschule
gehalten haben musste[1]) — aber auch davon hat man hie
und da Umgang genommen, z. B. bei Basilius Amerbach.
Auf diese Weise hatte man sich schon von der Lehrfähigkeit
und den Kenntnissen des Aufzunehmenden überzeugt, doch
musste er überdies durch einen Probevortrag noch vor der
Aufnahme einen förmlichen Befähigungsnachweis erbringen

---

[1]) Beilage V, § 2. In der Erkanntnis vom 19. Nov. 1544 (Ochs
6, 415 f.) ist wieder nachdrücklich von dem alleinigen Ernennungsrecht
des Rates die Rede, während E. E. Regenz nur vergönnt sein soll »wenn
ordentliche Leser mangeln, eine oder mehrere Personen, die solche
Lektionen zu versehen geschickt, anzuzeigen und zu präsentieren«.
Allein diese Verordnung ist, soviel man sieht, nie zum Vollzug gekommen, sondern die Wahl neuer Professoren hat doch immer die Form
beibehalten, die sich aus den Statuten von 1589 herleiten liess und die
oben beschrieben wird.

[2]) So beschlossen die Mediziner am 26. Oktober 1571, dass keiner
in die Fakultät aufgenommen werden solle, der nicht wenigstens drei
Jahre an der Fakultät beständig tätig gewesen sei. 1584 wurde dieser
Beschluss erneuert, aber zugleich beigefügt: sed quod gratiæ denegatur,
id virtuti eruditioni et merito singuli interdum tribui posset collegæ
censuerunt. Histor. coll. medicor. I. 44. Die Juristen verlangten zwei,
für auswärts Promovierte vier Semester. Statuta fac. jurid. p. 5: für die
Theologen und Artisten fehlen mir allerdings die Belege.

(specimen dexteritatis dare); den Probevortrag mussten auch
von auswärts berufene Gelehrte halten. Solche Berufungen
waren jedoch überaus selten. Unter den vielen Namen, welche
uns im Laufe dieser Geschichte begegnen werden, sind es etwa
nur ein halbes Dutzend, deren Träger in die eben bezeichnete
Rubrik gehören. Ein kleiner Teil gehört Männern an, welche
zwar aus der Fremde stammen, aber hier in Basel zum Teile
wenigstens ihre Studien absolviert haben. Die weitaus grösste
Zahl von Namen ist in den Stammbäumen alter heimischer
Geschlechter zu finden und ihre Inhaber begannen entweder
oder beendeten ihre Lernzeit an der Basler Hochschule, um
dann Schritt für Schritt die erwählte akademische Laufbahn
zurückzulegen, gewiss ein Umstand, der unsere Beachtung ver-
verdient und unsere Teilnahme erregt. Denn er ist ein deutlicher Beweis dafür, welch grosses geistiges Kapital damals
in diesem kleinen Gemeinwesen sich angesammelt hatte, so
dass die Hochschule, die doch in erster Linie über dasselbe
verfügte, imstande war, mit ihm fast allein die ungeheuren
Kosten wissenschaftlicher Arbeit zu bestreiten. Eine Schar
ausgezeichneter Gelehrter, die fast alle diesem engeren Kreise
der Heimat durch Geburt und Erziehung angehörten — man
denke an Amerbach, Zwinger, Pantaleon, Plater, Wurstisen,
Buxtorf — hob den Ruhm der Anstalt auf eine Höhe, die
sie nicht mehr oft erreicht und in gleicher Dauer nie mehr
behauptet hat.

Die Professoren wurden vom Staate besoldet. Dies ist
auch ein Punkt, in dem sich der Umschwung der Zeiten
bemerklich macht. Eine systematisch durchgeführte staat-
liche Besoldung war der ersten Periode der Universitätsge-
schichte vollkommen fremd. Die Universität war ihrer Anlage nach eine geistliche Stiftung, die Lehrer gehörten dem
geistlichen Stande an und so wurde auch ihr Unterhalt aus
geistlichen Mitteln bestritten. Pius II. hatte in einer eigenen
Bulle die Besoldungsfrage durch Überlassung der Einkünfte
mehrerer Präbenden erledigt [1] und es war nicht seine Schuld,
wenn die bisherigen Inhaber derselben ihr Wohlbefinden nicht
einem abstrakten Idealismus opfern wollten. Daher kam es,

---

[1] Vischer a. a. O. Beilage IV, 271; vergl. auch S. 48.

dass die Universität mit Ausnahme des ihr 1463 einverleibten
Peterstiftes niemals in den Besitz jener Pfründen gekommen
ist.[1]) Wenn also die Stiftung überhaupt Leben und Bestand
gewinnen sollte, so war es notwendig, dass der auf diese
Weise verursachte materielle Ausfall durch den Rat gedeckt
wurde. Das zu tun, hat er allerdings auch nicht unterlassen,
allein den Charakter eines Notbehelfs haben diese Subsidien
nie ganz verloren. Zwar wurden die Besoldungen der Professoren zu Anfang des 16. Jahrhunderts fast ganz aus dem
Staatssäckel bestritten, weil auch die Kanonikate von St. Peter
missbräuchlich der Hochschule entfremdet worden waren —
aber auch dann hat man nicht daran gedacht, von dem allgemein üblichen Vorgang, mit jedem Professor einzeln einen
Vertrag zu schliessen, abzugehen. Eben das ist aber in der
Periode nach der Wiedereröffnung geschehen. Zwar nicht von
Anfang an, wie denn in dem Memoriale von 1539 die Regenz
sich noch folgendermassen vernehmen lässt: „Nachdem in
allen Universitäten den Professoribus je nach ihrem Fleiss
oder Unfleiss, auch je nachdem ihre Zuhörer an Lehre, an
Kunst, an der Menge und Zahl zu- oder abnehmen, also auch
denselben ihre Besoldung gebessert oder gemindert wird, wäre
es gut, dass der Universität ein jährliches Einkommen geschöpft würde, je nach dem Verdienst der Lehrer, wie oben
gemeldet ist, auch nach Gelegenheit der Profession, Zeit, Person zu Nutz und Frommen einer Universität auszuteilen.“ —
Der Rat hat auf diese Forderung direkt keine Antwort gegeben, aber doch in ihrem Sinne gehandelt, was einer Bei-
behaltung des bisherigen Gebrauches gleichkam. Erst allmählich macht sich das Bestreben geltend, die Honorare un-
abänderlich von der Lehrkanzel und nicht mehr von den
wechselnden Inhabern abhängen zu lassen.[1]) Am frühesten erscheint dieses System in der philosophischen Fakultät durchgeführt. Pantaleons Zusammenstellungen zeigen schon vom Jahre

---

[1]) Vischer a. a. O. 50 f.

[2]) Die einzige Quelle, aus welcher wir (von einigen Urkunden
abgesehen) die Kenntnis dieser Verhältnisse schöpfen können, sind die
Ausgaben- und Einnahmenbücher der Deputaten (St. A. Bischofshof).
Vergl. über diese Beilage XII, Nr. 4.

1544 an eine ziemliche Gleichmässigkeit in der Höhe der Bezüge.[1]) Mit Bewusstsein erfasst und vollständig durchgedrungen
ist das System der gleichen Besoldung jedoch erst in den sech-
ziger Jahren des 16. Jahrhunderts. Die unmittelbare Veranlassung zur Einführung der neuen Ordnnng wird in der Notlage zu suchen sein, in welche die Professoren geraten waren,
indem bei der damals stetig fortschreitenden Geldentwertung
der sich gleichbleibende Gehalt zur Deckung der Lebens-
bedürfnisse nicht mehr hinreichte. Schon 1561 machten die
Professoren eine Eingabe an den Rat, in der sie das Princip
der regelmässigen Besoldung ziemlich eingehend behandelten.[2])
Sie stellten es als wünschenswert hin, dass jedem Professor
der drei oberen Fakultäten — zwei Theologen, drei Juristen,
zwei Medizinern — je ein Kanonikat bei St. Peter zugewiesen werde. Eine solche Pfründe wurde gleichgesetzt einer
Besoldung von 80 fl. und 20 Viernzel Getreide. Die drei
noch übrigen Kanonikate sollten solchen Männern vorbehalten
bleiben, welche E. E. Stadt Basel und ihren Schulen so lange
gedient, dass sie „billig ihrer getanen Arbeit geniessen mögen."
Es war da also ein Anfang zur Einführung von Pensionen.
Dafür sollten die Pensionäre die Haushaltung bei St. Peter
versehen, auf die Schaffner aohten, von denselben sich jährlich
am St. Johannestag Rechnung legen lassen, wie sie selbst
auf Verlangen den von der Regierung gesetzten Pflegern des
Klosters über ihre Haushaltung Bericht zu erstatten verpflichtet
sein sollen. Ferner wurden für die Professoren der Artistenfakultät, „damit sie bleiben täten", fixe Bezüge empfohlen,
und zwar wurde beantragt, für die vier Professoren der obersten
oder dritten Klasse je 70 fl. und 14 Vrzl. Korn, für die vier
der zweiten Klasse 60 fl. und 12 Vrzl. Korn und für die
zwei der ersten Klasse beziehungsweise des Pädagogiums, deren
jeder alle Tage zwei Lektionen versehen musste, ebenfalls je
60 fl. Endlich wurde beantragt, für den Lehrer des Hebräischen 60 fl., der Musik 16 fl., des Gesanges 6 fl., für den
Pedell 16 ℔.

In diesem Gesuche sind drei verschiedene Momente zu

[1]) Vergl. Beilage IX.
[2]) St. A. Fascikel Deputatenakten X.
Thommen, Universität Basel.   4

unterscheiden. Erstens die Regelung der Pfründenverleihung.
Bisher waren die Kanonikate in jedem einzelnen Fall vertrags-
weise vom Rate verliehen worden[1]), gewöhnlich zwar an
aktive Professoren, allein rechtlich bestand in dieser Hinsicht
kein Zwang für ihn, wie denn wirklich noch 1549 und 1550
Pfründen an andere Personen, die nicht Professoren waren, vergeben wurden.[2]) Nunmehr sollte aber grundsätzlich jeder
Inhaber einer der Lehrkanzeln der oberen Fakultäten an und
für sich Anspruch auf eine Chorherrenpfründe, sonst aber auf
keine weitere Bezahlung aus Staatsmitteln haben. Zweitens
wurde durch diese Vorlage die Besoldung sämtlicher Professoren in eine feste Ordnung gebracht. Unzweifelhaft bedeuteten beide Momente, wenn der Rat die Supplikation bewilligte, eine Schmälerung seines Einflusses. Indes die Einsicht in die Notwendigkeit einer Reform überwog jede andere
Rücksicht.

Die Universität hatte, nachdem das von Wolfgang Wissenburg verfasste Schriftstück[3]), in welchem einleitungsweise die
Rechtsfrage über die Verwendung des angesammelten Kirchen-
guts zur Erhaltung der Schulen behandelt wird, in der Regenzsitzung vom 12. August 1561 allgemeine Billigung gefunden
hatte, am nächsten Tage eine Deputation bestehend aus den
Herren Bonifacius und Basilius Amerbach, Johann Huber, Simon
Sulzer und C. Secundus Curio an den Rat abgeschickt. Das
Gesuch wurde verlesen und von Amerbach und Sulzer noch
in besonderen Reden warm befürwortet. Der Rat behandelte
die Sache als dringlich und schon Tags darauf brachten die Deputaten die Antwort, das Gesuch sei im wesentlichen zustimmend
jedoch mit Abstrich der Naturallieferungen erledigt worden.
Das Korn kann nicht bewilligt werden in dieser Zeit[4]),
hiess es kurz. Aber eben an diesen Lieferungen war den

---

[1]) S. Beilage VI und VII.
[2]) Abscheidbuch zu den angegebenen Jahren.
[3]) Die Original-Ausfertigung mit Amerbachs Glossen in den Au-
tiquit. Gernler. 1, 187.
[4]) Erkanntnus E. E. Rats auf die Supplication so ein Erwürdige
Universität eingeleitet hat. — Deputatenakten X. (St. A.) Koncept und
Reinschrift.

Professoren viel gelegen. Denn in ihnen kommt das dritte
und eigentlich wichtigste Moment zur Erscheinung — die
Gehaltserhöhung. Sie war, verglichen mit den Ausweisen
aus den vierziger Jahren, unbedeutend. Indem man sie ver-
sagte, war die Besoldungsfrage mehr angeregt als erledigt.
Die Lage der Professoren wurde bald wieder eine schwierige.
Verstimmung, selbst Nachlässigkeit im Dienst die unausbleibliche Folge. Bezeichnend ist es, dass es den Professoren
gelang, die Deputaten selbst, die inmitten dieser verlangenden
und verweigernden Parteien keine beneidenswerte Stelle hatten,
für sich zu gewinnen. Auch waren die Lehrer der Hochschule
nicht die einzigen, welche mit Gesuchen um Gehaltsaufbesserung
zu ihnen kamen. Von verschiedenen Seiten wurden sie besonders in den Jahren 1575 und 1577, in welcher die allgemeine
ökonomische Notlage allerdings einen bedeutenden Grad erreicht
haben muss und zu der sich im Jahre 1577 noch die Pest
gesellte [1]), mit Bittschriften gleichen Inhalts bestürmt. Die
Pfarrherren und Diakonen, die Schullehrer auf Burg und der
Schulmeister bei St. Theodor, der Propst des oberen Kollegs [2])
erklärten nacheinander übereinstimmend, dass sie mit dem
bisherigen Gehalt nicht mehr auskommen könnten. Die Deputaten nahmen sich ihrer Schützlinge nach Kräften an und
ihre Bemühungen, beim Rate eine Erhöhung ihres Einkommens
durchzusetzen, waren in der Tat von Erfolg begleitet. Dass
die Professoren der Hochschule wenigstens zum Teil der
gleichen Wohltat teilhaftig wurden, ist zwar merkwürdigerweise nicht direkt überliefert, lässt sich aber mit Sicherheit
erschliessen. [3]) Es wurde nun den Professoren der dritten
Klasse der Artistenfakultät sowie dem Hebräisten der Gehalt

---

[1]) Vergl. Ochs 6, 522.

[2]) Die betreffenden Akten befinden sich unter den Deputatenakten
Fascik. X. St. A. Im Deputaten-Ausgabenbuch von 1589—1605 finden
sich die Abschriften folgender Supplikationen: 1) der vier Pfarrherren
vom 22. Dez. 1574. 2) Derselben und der Diakone vom 5. Febr. 1582.

[3]) Direkt überliefert ist es nur vom Lehrer für Musik, der durch
Ratserkanntnis vom 11. Februar 1577 zu seinen früheren 16 fl. noch
8 Vrzl. Dinkel und 8 Saum Wein erhält »Wenn nun diese Frucht zu
gelt und nemblich jedes Stukh zu 2 fl. angeschlagen wird, macht das
in Summa — 48 fl. Für das übrige vergl. Anm. 3 auf S. 51.

von 70 fl. auf 90 fl., denen der zweiten Klasse von 60 fl. auf 80 fl. erhöht. Allein auch diese Aufbesserung hat, abgesehen davon, dass sie nur einem Teile des Lehrkörpers zu gute kam, schon in kurzer Zeit nicht mehr genügt. Wie bedenklich die Stellung manches Mitgliedes desselben immer noch gewesen sein muss, zeigt die Eingabe, mit der die Deputaten schon im Jahre 1586 das erneuerte Ansuchen der Regenz[1]) um Gehaltserhöhung eindringlich beim Rate befürworteten. Der Rat möge sich der hohen Schule annehmen, heisst es da, damit sie nicht in Abgang komme. Man müsse gute Professoren haben, aber um solche zu bekommen, müsse man sie auch gut bezahlen, damit sie nicht davon gehen, wie solches schmählich genug geschehen[2]), oder aber mit andern Sachen ausserhalb der Schule, als mit Predigen und in den Druckereien korrigieren, umgehen. Die jetzige Besoldung sei zu klein, „denn wenn man vor 40 Jaren, wie vielen bewusst, ein Gulden für ein Stuckh angeschlagen, da diesmal fünf und sechs kümmerlich gelangen, zu geschweigen anderer Sachen, so dem Menschen notwendig, welche alle in sehr hohem Wert sind und, wie zu vermuten, also bleiben oder wohl so bald aufsteigen werden." Sie vermeinen jedoch, dass, wenn die Besserung in den obersten Fakultäten alle Fronfasten einem jeden auf 17½ fl. beschehe, so würde ihnen das genügen. In der Artistenfakultät könnte man den Lehrern in der zweiten und dritten Klasse 7½ fl. und 3 Vrzl. Korn zu dem frühern Gehalt geben[3]); ebenso könnte man es mit des Professoris Hebraici Addition auch halten. Indem sie endlich noch die Errichtung und angemessene Dotierung einer dritten medizinischen Lehrkanzel in Anregung bringen, schliessen sie mit

---

[1]) In demselben Ausgabenbuch Nr. 5: Bitte um Gehaltsaufbesserung von Rektor und Regenz vom 2. Mai 1586.

[2]) In der Supplikation der Regenz wird direkt erinnert an Franz Hottomann, Joh. Jac. Grynäus, Dr. Hippolyt v. Collibus und Philipp Scherb.

[3]) Da die Deputaten die Summe dieser früheren Gehälter nicht wie in der Eingabe von 1561 (s. o. S. 50) steht mit 70 resp. 60 fl., sondern mit 90 resp. 80 fl. angeben, so folgt daraus unzweifelhaft, dass inzwischen eine »Addition« stattgefunden haben muss. Deputaten-Akten X. (St. A.)

dem Hinweis darauf, dass diese Addition „nicht den Fremden, sondern Bürgern und Bürgerskindern, wenn sie fleissig studieren, zum besten dienen wurde. Sonst ist es gewiss, dass in anderen Städten, wo alles viel wolfeiler ist, als zu Wittenberg, Tübingen und Heidelberg die Professoren mehr als nochmals so stattlich besoldet werden."

Die Vorschläge wurden nun wirklich vom Rate im Jahre 1589 genehmigt[1]) und die vermehrten Ansätze blieben in dieser Höhe ziemlich alle in Geltung bis in die Mitte des 17. Jahrhunderts. Die Klagen verstummen. Doch soll nicht verschwiegen werden, dass 1601 der Rat sich darüber beschwert, dass viele Professoren ihre Lektion schlecht versehen und oft das ganze Jahr nicht lesen. Er erteilt deshalb dem Rektor Gewalt, einen solchen im Wiederholungsfall sofort abzusetzen und einen anderen zum Nachfolger vorzuschlagen.[2]) Indessen dazu ist es nie gekommen.

Die Mittel zur Bestreitung der namhaften Auslagen nahm der Rat aus dem Vermögen der im Jahre 1525 säkularisierten Stifter und Klöster[3]), das er grossherzig und praktisch

---

[1]) Deputaten-Ausgabenbuch a. a. O.

[2]) Erkanntnisbuch V, fol. 78.

[3]) Vergl. Lichtenhahn, Die Säkularisation der Stifter und Klöster Basels, in den Beiträgen zur vaterländ. Geschichte, 1, 94 ff. — In welcher Weise die Beiträge, die die einzelnen geistlichen Stiftungen zu leisten hatten, verteilt wurden und wie weit man allmählich in den Ansprüchen an ihre Zahlungsfähigkeit gegangen war, zeigt folgende Zusammenstellung:

Einnahmen der Deputaten — Fronfasten Cinerum 1541.

	₰	β		₰	β
Presentz auf Burg...	35	—	Gnadental	12	10
Schaffner auf Burg ..	11	14	Augustiner	26	—
Cottidian	15	—	St. Martin	18	10
St. Peter	69	—	St. Leonhardt	10	—
Dreierherren vom elenden			Klingental	37	—
Kreutz	11	10	St. Clara	24	10
St. Alban......	10	—	St. Theodor	4	—
Steinen	10	—	Carthause......	10	—
	162	4		142	10

Summa 304 ₰ 14 β.

Das macht im Jahr eine runde Summe von 1200 ₰. Dazu kamen

von Anfang an Unterrichts- und Kultuszwecken zuzuwenden

dann in den ersten Jahren Zinsen von vorübergehend angelegten Kapitalien, welche für die genannten Fronfasten eine Höhe erreichten von 14 ℔ 15 β 6 ♂.

Die Gesamtsumme der Einnahmen für Fronfasten Cinerum beträgt daher 319 ℔ 9 β 6 ♂.

Diesen Einnahmen stehen folgende Ausgaben gegenüber:

	℔	β		℔	β
D. Grynäo	50	—	Aninio	25	—
D. Amerbachio	31	5	Wildio	12	10
D. Albano	31	5	und als Probst im		
D. Sebastiano	25	—	Collegio	4	7,ₛ
D. Oswaldo	18	15	Hugwaldo	12	10
D. Jemuseo	17	10	Medero Präposito Au-		
Retho	17	10	gustiniano	7	10
Vito	15	12,ₛ	Wicken	4	—
Münstero	18	15	Nicola bei St. Martin	4	—
	225	12,ₛ		69	17,ₛ

Summa 295 ℔ 10 β.

Vor der 1589 vorgenommenen Erhöhung betrug das Jahreseinkommen 962 ℔ 10 β. Der Rückgang erklärt sich daraus, das ein Teil der Stifter keine Beisteuern zur Unterhaltung der Universität mehr leistete. Die übrig bleibenden wurden dafür um so stärker belastet und zwar erhielten einen fronfastenlichen Zuschlag:

	℔	β		℔	β
Schaffnerei auf Burg	156	5	Karthause	18	15
Quottidian	31	5	Steinen	12	10
Klingental	31	5	Augustiner	3	2,ₛ
St. Alban	12	10	St. Clara	3	2,ₛ
Gnadental	6	5			

Summa 275 ℔.

Das macht per Jahr eine Mehreinnahme von 1100 ℔ und mit den früher ausgewiesenen 962 ℔ 10 β eine Totaleinnahme von 2062 ℔ 10 β, was bei der damals üblichen Verzinsung von 5 % einem Kapital von 41,250 ℔ entspricht.

Ausserdem waren einige Klöster noch zu Kornlieferungen verpflichtet. Vor 1589 betrugen dieselben zusammen 40 Vrzl. 1589 wurden dieselben erhöht bei Quottidian fronfastenlich um 5,ₛ Vrzl.

Dompropstei	»	» 7,ₛ »
Klingental	»	» 5 »
Gnadental	»	» 2 »

zusammen fronfastenlich 20 Vrzl.

beschlossen hatte.[1]) Die Professoren wurden „ab dem Brett“,

mithin jährlich 80 Vrzl.; macht mit den früherbezogenen 40 Vrzl. zusammen 120 Vrzl.

Die Einnahmen wurden nun folgendermassen verteilt:

J. J. Grynäus } Theol.
Joh. Brandmüller }

Saml. Grynäus }
Joh. Gut } Jur.
Lud. Iselin }

Felix Plater }
Nicl. Stupa } Medic.

Jeder derselben hat ein Kanonikat bei St. Peter, dessen Ertrag fronfastenlich geschätzt wurde auf 25 ℔ 3 Vrzl. 12 Kl. Korn, 1 Vrzl. 4 Kl. Hafer.

Dazu erhielt nun jeder eine Aufbesserung in Geld von 17¹/₂ fl. fronfastenlich = 21 ℔ 17 ß 6 ₰, macht für die 7 Professoren per Jahr

$$4 \times 7 \times 21 \text{ ℔ } 17{,}₅ \text{ ₰} = 612{,}₅ \text{ ℔}$$

Professori Hebräo } giebt man fortan
Casp. Bauhin, Anat. Prof. } 37,₅ ℔ und 3 Vrzl. Korn = 300 ℔ 24 Vrzl.

Den Professoren der III. Klasse:

H. Pantaleon Physik }
P. Ryff Math. } fortan 37 ℔ 10 ß und
Th. Coccius Ethik } 3 Vrzl. Korn = 600 ℔ 48 Vrzl.
H. Justus Organ }

Den Professoren der II. Classe:

M. Chmieleck Dial. }
S. Holzach Rhet. } fortan 34 ℔ 7 ß 6 ₰ und
V. Prall Eleq. } 3 Vrzl. Korn = 550 ℔ 48 Vrzl.
C. Utenhoven Griech. }

Summa der Ausgaben 2062 ℔ 10 ß 120 Vrzl.

[1]) In welcher Weise die Verwaltung dieses Kirchen- und Schulgutes geregelt war, darüber haben sich, scheint es, keine bestimmten Nachrichten erhalten. Mir ist nur die »Haushaltungsordnung« des Stiftes St. Peter bekannt geworden. Allein dieselbe wird wegen der gesonderten Stellung, welche dieses Stift gegenüber der Universität einnahm, kaum als Regel für die Verwaltung der übrigen Kirchengüter gelten dürfen. Laut Protokoll von St. Peter 1594 Jan. 1—1618 St. Peter K IV (St. A.) haben die Haushaltung des Stifts *von Altersher* zwene Schaffner und ein Buchhalter versehen. Die Schaffner haben alle gfell und zinss an gelt und früchten eingezogen und dem Buchhalter überliffert. Der Buchhalter hat solchen den Amtspersonen (d. h. Professoren) ussgetheilt. Was Vorrhat gewesen uff die Kästen und in die Keller getan, das abgelöst in Wechsel gelegt. Neben diesem ist einem Herren der Bauw vertrauwet worden, dem andern die Schull und haben alle rechnung järlichs ihres empfahens und aussgebens gethon. Und ward also bey dieser ordnung wol Hauss gehalten und kam die Stift in gross Reichthumb.«

d. i. der Zahltisch der Dreierherren,[1]) bezahlt und zwar vierteljährlich an jeder Quatember. Anfangs kassierten sie ihre Beiträge selbst oder durch ihre Frauen ein; seit 1547 überliess
man das vornehmerweise dem Pedell.

Es dürfte wohl mit den eben geschilderten Verhältnissen
zusammenhängen, dass die Universität selbst den Versuch
machte, die Stellung ihrer Lehrer in finanzieller Beziehung zu
bessern. Sie tat das in der seltsam berührenden Form von
Prämien oder sogenannten Fleissgeldern.

Die Einführung derselben wurde principiell von der Regenz
am 26. Februar 1589 beschlossen und dabei bestimmt, dass zu
den vier Fronfasten, d. i. am Aschermittwoch, Johannis Baptistä,
Kreuzerhöhung und Lucia, den ordentlichen Professoren aus den
Einkünften der Akademie — ausgenommen war der Lehrer des
Hebräischen und der Musik — 2 ꝑ ausgezahlt werden sollen.
Nachlässigkeiten im Dienste sollten durch Schmälerung, eventuell gänzlichen Entzug dieser Zulage bestraft werden. Eine
Erhöhung wurde in Aussicht genommen, sobald die Mittel des
Fiscus Rectoris es erlaubten und zugleich ausdrücklich betont,
dass dieses Fleissgeld nur an solche Mitglieder der Lehrerschaft abgegeben werden könnte, welche schon einige Zeit eine
Professur bekleideten.[2]) Dieser Fleisspreis bildete einen nicht
zu verachtenden Zuschuss zum eigentlichen Gehalt, da er in
ziemlich schnell folgenden Intervallen stetig erhöht wurde;[3])
1620 betrug er bereits 7 ꝑ 10 β per Quartal, also 30 ꝑ jährlich, bei welcher Summe man dann längere Zeit stehen blieb.
Diese Nebeneinnahme steigerte sich nun beträchtlich, als auch
die Fakultäten die klingende Anerkennung geleisteter Verdienste bei sich einführten (s. unten S. 64). Mit dem Entzug dieser Gelder hatte man zugleich ein kräftiges Strafmittel
für nachlässige Professoren in der Hand. Klagen über mangel-
hafte Disciplin waren übrigens schon sehr früh laut geworden.
Bereits 1540 sah sich die Regenz auf eindringliche Mahnung

---

[1]) Derselbe ist noch erhalten und ziert gegenwärtig das Arbeits-
zimmer im Staatsarchiv.

[2]) Lib. concl. fol. 74' und fol 87'.

[3]) 1604 auf 4 ꝑ, 1609 auf 6 ꝑ. Fiscus Rector. zu den angegebenen Jahren.

der Deputaten genötigt zu beschliessen, dass jedem Professor,
der Stundenversäumnisse nicht durch Krankheit, einen Trauer-
fall in der Familie oder Staatsgeschäfte entschuldigte und sich
nicht anheischig machte, die versäumten Stunden nachzuholen,
strafweise von seinem Gehalt die auf einen Tag entfallende
Quote so vielmal sollte abgezogen werden, als er Stunden ver-
säumt habe.[1]) Das Geld fiel dem Universitätsfiskus zu. Vorher noch hatte die Regenz von sich aus einen Versuch gemacht,
der Pflichtversäumnis zu steuern, indem sie bestimmte, dass
jeder Professor fronfastenlich die Zahl der versäumten Lehr-
stunden vor der Regenz anzugeben habe (examen negligentiæ),
um zum warnenden Beispiel für die anderen die verdiente
Strafe zu empfangen.[2]) Man war in dieser Beziehung strenger
bei uns, als an irgend einer anderen deutschen Universität.
— Die Bestimmung über das Examen negligentiæ wurde später
in einer noch viel wunderlicheren Weise abgeändert. — Es
sollte nämlich der Pedell jeden zweiten Samstag[3]) bei den
einzelnen Herren vorsprechen und sie fragen, ob sie fleissig
gewesen seien. Sie sollten ihm die Zahl der versäumten
Lektionen wahrheitsgetreu angeben und er händigte die gesammelten Notizen dem Rektor ein, der mit der Regenz dann
alle Vierteljahr das Strafgericht ergehen liess.[4]) In diesem
nachlässigen Benehmen der Professoren wird man auch den
Grund der Verleihung des dem Rektor 1562 übertragenen Auf-
sichtsrechtes (s. oben S. 35) erblicken dürfen. Aber trotzdem
hörten die Beschwerden wegen Nachlässigkeiten im Dienste und
die Verordnungen, die dagegen erlassen wurden,[5]) erst auf, als

---

[1]) Lib. concl. fol. 34': Decretum, ut professori extra ferias statutis
comprehensas non legenti tantum de salario decedat, quantum pro rata
portione eo die fuerat habiturus.

[2]) Lib. concl. fol. 34. Item decretum (1540) ut singulis angariis
professores singuli suas negligentias in legendo indicent, que pro mo-
deramine aliorum multande veniant.

[3]) Seit 1573 postrema cuiuscunque hebdomadæ lectione ea qua
profitentur hora. — Lib. concl. fol. 52.

[4]) Regenzbeschluss vom 19. Dezember 1547. Lib. concl. fol. 38.

[5]) 1571 wurde eine neue ausführliche Verordnung von der Regenz publiziert, die u. a. zuerst fixe Geldstrafen einführte. Darnach
zahlt ein Professor der oberen Fakultäten für eine versäumte Lektion

die Erhöhung des Gehaltes und die Einführung der Fleissprämien den Professoren die Erfüllung ihrer Pflichten nicht
mehr durch die Sorge um ihre Existenz erschwerte.

Man erkennt übrigens aus alledem, wie streng die Aufgabe der Professoren den Studenten gegenüber gefasst wurde
und wie sehr man darauf bedacht war, einen ununterbrochenen
Fortgang der Studien zu ermöglichen. Dahin gehört die Verfügung, dass jeder Professor, der zu lesen verhindert sei, für
einen Ersatzmann zu sorgen habe, [1] dahin ferner die drakonische
Bestimmung, dass jeder verpflichtet sei, auch nur vor einem
einzigen Hörer zu lesen, [2] was später noch soweit verschärft
wurde, dass man jedem Professor untersagte, wegen Mangels
an Hörern zu Hause zu bleiben; vielmehr müsse er sich zu
der für die Vorlesung gewählten Stunde im Hörsaal einfinden
und dort bis zu einer halben Stunde warten, ob nicht vielleicht ein Hörer sich hereinbegeben würde. [3] Ebenso suchte
man Vorsorge zu treffen, dass auch durch Todesfall die Studien
eine möglichst geringe Unterbrechung erführen. Nur über die
Dauer jenes Trimesters, in welchem der Professor gestorben
war, sollte sein Platz als Zeichen der allgemeinen Trauer unbesetzt bleiben. Im nächsten sollten dann aber entweder die
Kollegen die Stellvertretung übernehmen oder die Fakultät
sollte einen Bewerber um die erledigte Lehrkanzel mit dem
Vikariat betrauen, jedoch nur mit Einwilligung der Regenz. [4]
Im Laufe des vierten Trimesters sollte der Nachfolger gewählt werden. [5]

Den Witwen und Waisen eines verstorbenen Professors
wurde seit dem Ende des 16. Jahrhunderts eine obgleich beschränkte Pensionsberechtigung zuerkannt. Ein am 19. Juli
1594 von der Regenz gefasster und vom Rate genehmigter
Beschluss lautete dahin, dass die Witwe mit ihren Kindern

1/2 fl., einer der III. Kl. der Artisten-Fakultät 5 Batzen, der II. 4 Btz.,
der I. 3 Btz. Lib. concl. fol. 47'. — Neuerlich eingeschärft 1573 Mai 1,
ebend. fol. 53'; 1576 Dezbr. 10, ebend. fol. 55'; 1578 Juli 21, ebend.
fol. 60. — Wer zum Examen negligentiæ nicht erschien, zahlte 5 β
Lib. concl. fol. 35.

[1] Beilage II, § 13.   [2] Lib. concl. fol. 34.
[3] Ebend. fol. 67'. Beschluss der Regenz vom 11. März 1583.
[4] Ebend. fol. 83' und 113'.   [5] Ebend. fol. 157'.

den Gehalt ihres Mannes durch ein Jahr beziehen sollte, wobei aber das Trimester, in dem er starb, schon mitgerechnet wurde, und dass es in ihrem Belieben stehe, im letzten Semester den stellvertretenden Professor zu honorieren oder nicht. [1]) In gleicher Weise wurde ihnen auch das Fleissgeld anfangs auf ein Trimester [2]) seit 1610 ebenfalls für die Dauer eines Jahres ausbezahlt. [3])

Es wurde im vorstehenden teilweise schon das Verwaltungsgebiet der Regenz verlassen und das der Fakultäten gestreift. Die Geschäftsführung derselben steht in vollkommener Parallele zu der von Rektor und Regenz. Dieselbe lag hauptsächlich in den Händen des Dekans, der an der Spitze eines Fakultätsrates (consilium facultatis) stand, aus dessen Mitte er von den Mitgliedern desselben gewählt wurde. Durch diese Fakultätsräte waren die Fakultäten in administrativer Beziehung sehr unabhängig gestellt. Sie konnten Bestimmungen treffen über Annahme der akademischen Grade, Eintritt in die Fakultät, Wahl und Obliegenheiten des Dekans, über Höhe der Bussen, mit welchen auch sie säumige Professoren straften, sowie der Gebühren, welche die Studenten bei der Inskription und sogar bei der Promotion zu bezahlen hatten. [4]) Ihr Votum wurde respektiert bei der Neubesetzung einer erledigten Lehrkanzel [5]) und sie selbst konnte den Neugewählten nach Gutdünken in den Fakultätsrat aufnehmen oder nicht; denn zwischen Fakultätsrat (consilium fac.) und Fakultätsverband (collegium fac.) wird ein scharfer Unterschied gemacht. Diesem gehörten nicht bloss diejenigen an, welche Talent und Neigung der akademischen Laufbahn zuführte, sondern überhaupt alle Gra-

---

[1]) Lib. concl. fol. 83'.

[2]) Regenzbeschluss vom 15. März 1595. — Ebend. fol. 83'.

[3]) Regenzbeschluss vom 6. Dezbr. 1610. — Ebend. fol. 113.

[4]) So erhöhte die medizinische Fakultät ohne weiteres die Promotionstaxe von 20 fl. 15 β auf 21 fl. mit der Begründung »quo Fiscus sumptibus magni theatri (anatomici) causa habitis aliquo modo sublevetur« der dann zu dem gewöhnlichen 12^1/$_2$ β noch weitere 10 β erhielt. Histor. colleg. Medicor. p. 56. Beschluss vom 23. Okt. 1589.

[5]) Lib. concl. fol. 70. 1584 Okt. 16 erhielt in academico senatu Hyppolytus a Collibus *ordinis iuridici consensu* die Professur für Institutionen. Ähnlich öfter.

duierten, die an der Hochschule selbst oder sonst in der Stadt
tätig waren. Dem Verbande der medizinischen Fakultät gehörten also sämtliche in Basel praktizierenden Ärzte an, obwohl nur ein Bruchteil derselben theoretische Studien trieb,
Vorlesungen an der Universität hielt und den Fakultätsrat
bildete.[1] Für die Aufnahme in den Fakultätsrat war eine
nicht näher bestimmbare Taxe zu bezahlen, was gewöhnlich
wenigstens bei den Juristen nachgesehen wurde, wofür sich
der Eintretende hinwiederum durch eine bedeutende freiwillige
Spende erkenntlich zeigte.[2]

Die Zahl der Mitglieder eines Fakultätsrates war auf
zehn festgesetzt.[3] Die Zahl ist sehr hoch gegriffen; wurde

---

[1] Collegium medicorum i. e. societas medicorum in hac urbe
medicinam facientium heisst es in Leges ordin. Medicor. von 1570 p. 4.
(U. A.). — Histor. colleg. Medicor. heisst es zum Jahr 1537 Hieronymus
Gemusæus artium et Med. Dr. ord. prof. Physices inter medicos Basileæ
floruit; is tamen semper facultatis artium consilio permansit. *Est enim
aliud esse in facultati aliud in consilio facultatis.* Dieser Satz gilt jedenfalls für alle Fakultäten, obwohl die Mediziner die einzigen sind, welche
auch Namen solcher bloss dem Fakultätsverband angehöriger Doktoren
in ihrer Histor. colleg. medicor. aufgezeichnet haben. — Mir sind folgende begegnet: 1575 Pascarius Jacob p. 30. — 1578 Monfetus Thomas
aus England p. 36. Derselbe liess seine Thesen, in denen er sehr heftig
gegen Thomas Erastus und auch Galen loszog, ohne Wissen des Dekans
drucken. Der Fakultätsrat liess hierauf sämtliche sowohl unter den
Professoren ausgeteilte als auch noch beim Drucker befindliche Exemplare durch den Pedell konfiszieren. Dem Dekan wurden so 136 Exem-
larè zugestellt. — 1596 Cherler Heinich p. 72. — 1600 Pantaleon Max
und Lucas Justus p. 79; letzterer, später Helfer bei St. Martin, erklärt
sich gegen Sulzer (vergl. Hagenbach, Gesch. der Basler Konfession.
108.) — 1601 Ryhiner Heinrich und Kraft Konrad, 1602 nach Neuburg
berufen p. 80 f. — 1605 Doinavius Kaspar und Fleisser Johann p. 86. —
1607 Gavirel Thimotheus und Hummel Johann Beat p. 87. — 1625 Sereta
Johann p. 111.

[2] Vergl. z. B. Matric. Fac. Jurid. p. 67 zum Jahre 1571. Basilius
Amerbach una cum collegis recepit in consilium J. C. seu collegium Dr.
Sam. Grynæum gratis ob demandatam institutionum professionem; hic
tamen dedit fisco facultatis aureum Belgicum duplacem. Und so öfter.

[3] Histor. colleg. Medicor. p. 10 zum Jahre 1560. Sub hoc decanatu
(Pantaleonis) fac. Medic. tandem integrum numerum decem doctorum
adepta atque hac ratione *prima* completa fuit. Matric. fac. art. p. 91
zu 1548 nach der Aufnahme des Th. Grynæus: post multos annos . . .

auch von der juridischen und theologischen Fakultät nie erreicht, von der medizinischen und philosophischen zwar erreicht aber nie lang behauptet. [1])

Wie der Rektor das exekutive Organ der Regenz, so war der Dekan das des Fakultätsrates. Auch sein Geschäftskreis ist derselbe. Die Wahlen fanden um die gleiche Zeit statt ; [2]) der Ehrenschmaus durfte auch nicht fehlen. Nach Ablauf seines Amtsjahres musste er ebenfalls vor dem Fakultätsrat Rechnung legen; die Bücher wurden vom Rektor und Prorektor überprüft, wenn Unregelmässigkeiten sich ergaben, auch den anderen Dekanen zur Kontrolle vorgelegt. Sofortige Wiederwahl war nichts seltenes. Bücher und Kassa, die zwei Fakultätssiegel [3]), verwahrt der Dekan in seinem Hause. — Für seine Mühewaltung wurde er durch Nebeneinnahmen, die sich ähnlich wie beim Rektor, hauptsächlich aus Anteilen an Prüfungsgeldern, Bussen und sonstigen Sporteln zusammen-

denarius magistrorum numerus perfectus est. — 10 consiliarii werden genannt in den Statuten der juridischen Fakultät fol. 4 (Copie von 1787 (U. A.). Nur für die theologische Fakultät kann ich diese Zahl nicht direkt nachweisen. Doch scheint mir ein indirekter Beweis darin zu liegen, dass es in den Dekreten dieser Fakultät vom Jahre 1540 (Matric. facult. Theolog. fol. 61 in dem Abschnitt Decani electio et officium) heisst: er soll consilium cogere, sententias rogare, quidquid vel omnibus vel pluribus visum est concludere: *Pastores* etiam urbis quatuor, *si id doctorum paucitas exigat*, in consensu vocare.

[1]) Bei den Medizinern nur 1560—1564, Histor. colleg. Medic. p. 10. Bei den Philosophen nur von 1548—1550, Lib. decret. fac. art. fol. 103.

[2]) Die Zeit ihres Amtsantrittes war aber verschieden in verschiedenen Perioden und den verschiedenen Fakultäten. Den frühesten und ziemlich konstant festgehaltenen Termin hatten die Artisten (5.—23. Mai). — Derselbe galt einige Zeit auch bei Juristen und Medizinern, etwa bis Anfang der siebziger Jahre; dann wurde er auf den Juni verschoben (12.—23. d. M.), bis endlich kurzweg die Bezeichnung Tag- und Nachtgleiche herrschend wird; diese Daten ergeben sich aus den Rechnungsbüchern. (U. A.)

[3]) Jede Fakultät hatte ein grösseres, das nur bei wichtigen Urkunden z. B. Dektordiplomen gebraucht wurde, und ein kleineres. Lib. decr. fac. art. p. 110 zu 1562. Hoc tempore restituitur facultati sigillum argenteum super annos 88 in Academiæ fisco retentum und ebenda der Beschluss über Verwendung dieses grösseren silbernen Siegels. Seit 1582 durfte sich der Dekan überhaupt nur mehr des kleineren Siegels bedienen. — Ebend. fol. 121.

setzen, entschädigt, [1]) die Theologen gaben ihm ausserdem eine Vergütung von 1 fl. jährlich, die Artisten ein Kanzleipauschale von 4 fl. per Jahr,[2]) die Mediziner überliessen ihm seit 1620 ein Dritteil der Immatrikulationsgebühren.[3])

Jede Fakultät besass ferner ihr eigenes Vermögen (fiscus facultatis), das sie selbständig verwalten konnte. Die vorzüglichsten Einnahmsquellen, auch für diese fisci bildeten die Anteile an den Promotionsgebühren, die Taxen, welche die Professoren bei der Aufnahme in den Fakultätsrat zahlten, Bussgelder, Beiträge aus dem Universitätsfiskus und endlich die Zinsen der angelegten Kapitalien, welche in 5 % verzinslichen Schuldscheinen an einheimische und fremde Privatpersonen sowohl, wie auch an Korporationen und Gemeinden abgegeben wurden.[4]) Natürlicherweise standen die Fakultäten

---

[1]) Über die Taxen der Rigorosanden vergleiche unten. Von anderen Sporteln führe ich beispielsweise an: nomine sigilli von einem Studierenden der Artisten-Fakultät 2 β, von einem Bacc. 3 β, Magister 4 β und seit 1622 ohne Unterschied 6 β (Lib. decr. fac. art fol. 165), für eine ausserordentliche Disputation 5 β (ebend. fol. 159), für ein conventus examinis negligentiæ 2 β (ebend. fol. 149), für die Aufsicht in den Hundstagsferien 1 β (ebend. fol. 164) für eine Dekanssitzung 1½ β seit 1623 (ebend. fol. 165). — Bei den Medizinern erhielt er von jedem neuen Fakultätsmitglied 7½ β und für jedes von ihm geleitete Rigorosum ¼ fl. — 6 β 3 ϑ von jedem Rigorosanden. Lib. decr. fac. med. fol. 15.

[2]) Lib. decr. fac. art. fol. 160.

[3]) Histor. colleg. Medicor p. 105.

[4]) Als ein in mancher Hinsicht bezeichnendes Beispiel will ich folgendes anführen. Herzog Ulrich von Würtemberg hatte ein Anlehen von 4200 fl. bei der Universität aufgenommen — es war dies das Erasmische Stipendium — hielt aber die Zinsen durch dreizehn Jahre zurück; sie waren zu einer Summe von 2730 fl. aufgelaufen. Die Universität war durch dieses Hinhalten nicht wenig in Verlegenheit geraten. Schon 1599 wurde beschlossen die einzelnen Stipendien, in welche Erasmus die Hauptsumme behufs Aufteilung unter die einzelnen Fakultäten hatte zerfallen lassen — wenn eines frei werden sollte — so lange nicht auszugeben, bis der Herzog die rückständige Summe bezahlt hätte. (Lib. concl. fol. 95.) Das geschah erst 1608 und bis dahin hatte der Stipendienfonds schon 1200 ℔ vom Universitätsfiskus geborgt (ebend. fol. 111'), die er nun in kleinen Raten von 60 ℔ wieder zurückbezahlen musste. Dem Herzog gegenüber half man sich damit, dass die Summe der Zinsen zum Kapital geschlagen und ein neuer Schuldschein, der auf 7140 fl. — 8975 ℔ lautete, ausgefertigt wurde

auch hinsichtlich ihres Vermögens nicht auf gleicher Höhe.
Die Mediziner waren die reichsten. Obwohl erst im Jahre 1571
ins Leben gerufen, wuchs der Fiskus bei der gegen Ende des
Jahrhunderts rasch sich mehrenden Frequenz doch sehr schnell.[1]
Das kleinste Vermögen besass die Artistenfakultät, die ja als
die idealste unter den vier Schwestern aufs Geldverdienen von
jeher sich am wenigsten verstanden hat. Die Theologen und
Juristen standen ungefähr in der Mitte.[2]

Aus diesen fiscis mussten laufende Kosten bestritten
werden, als: kleinere Reparaturen an den Hörsälen, für welche
die Fakultäten selbst aufzukommen hatten, Honorar für den
Pedell, Diäten für die Professoren, Ausgaben für die von den
Medizinern veranstalteten botanischen Ausflüge, das anatomische
Theater und den botanischen Garten, endlich hauptsächlich die
auch von den Fakultäten nach dem Beispiel der Regenz angenommenen Fleissgelder. Am frühesten folgten die Mediziner,

---

Aber auch dann wurden die Zinsen nur unregelmässig bezahlt. (Rat.
fisc. legator. zum Jahre 1602 und 1608.) — Vergl. ferner folgende Beispiele: 1591 schuldet Nic. Stupa der Universität 250 ₰. (Rationar. fac.
Medic.) 1595 erscheint Bern mit einem Schuldbrief von 1000 fl. (Rationar.
fac. jurid.) Basel durch längere Zeit mit einem solchen von 4000 ₰.
(Rationar. fisci legator.) 1620 wurden von der juridischen Fakultät auf
der Zunft zu Weinleuten angelegt 250 ₰. (Rationar. fac. iurid.) u. s. f.

[1] Histor. colleg. Medicor p. 23. 157½ III° decanatu Theod. Zwingeri.
Qui superiore anno leges ex antiquis tabulis novas fecerat, utine legibus sua deessent organa, ad nervos collegii animum adjecit propi-
tioque adeo Mercurio Fiscum Medicum, qui per centum et plus annos
nihil proprii ostendere potuit quatuor librarum Basiliensium anno reditu
adauxit.

[2] Die Vermögensverhälinisse der vier Fakultäten möge folgende
Tabelle veranschaulichen:

Jahr	Medizin	Jus	Theologie	Philosophie
1571	80 ₰	80 ₰		Jahr 1535 —
1581	651 » 13 β 8 ϑ	600 »		2 ₰ 10 β.
1592	1541 » 15 » 6 »	1280 »		Jahr 1576 noch
1602	2280 » 14 » 9 »	2340 »	800 ₰	nicht 250 ₰.
1612	3713 » 16 » 10 »	2760 »		

Bei den Theologen ist wegen einer überaus verworrenen Buch-
führung leider keine andere Summe mit Bestimmtheit zu ermitteln.

welche durch Fakultätsbeschluss vom 8. März 1589 — also
nur vierzehn Tage später — die Auszahlung einer Fleissprämie von einer Krone alle Vierteljahr festsetzten; [1] sie ver-
doppelten diese Summe acht Jahre später und fügten dann fast
jährlich ein Pfund hinzu, so dass anno 1632 jeder Professor
mit 20 ₰ pro Quartal beteilt wurde. Er erhielt also aus
seinem Fakultäts- und dem Universitätsfiskus eine Zulage,
welche mit der Summe von 130 ₰ seinem ganzen Gehalt fast
gleich kam. [2] Den Medizinern zunächst standen, entsprechend
dem, was von den einzelnen fiscia bemerkt wurde, die Juristen, [3]
dann die Theologen, [4] endlich die Artisten. [5]

Die übrigen aus den Sporteln herfliessenden Nebenein-
künfte können nicht bedeutend gewesen sein — höchstens die
Gebühren für Anwesenheit bei den Prüfungen, Depositionen
und Promotionen warfen noch ein kleines Erträgnis ab.
Kollegiengelder wurden nicht behoben. Als Ersatz kann man
die relativ sehr hohen Prüfungstaxen ansehen.

Sehr zu bedauern ist es, dass uns nur spärliche Nachrichten über die von den Professoren eingehaltene Lehrweise
vorliegen. Ein klarer Einblick in das Tun und Treiben
während eines Arbeitstages ist aus ihnen nicht zu gewinnen.
Ganz vereinzelt ist die Mitteilung, dass Bauhin einmal auf
Bitten seiner Hörer einen ausserordentlichen Cyklus von Vorlesungen über Anatomie gehalten hat, der vom 16. Januar bis
22. April währte. [6] Basilius Amerbach wundert sich, als er

---

[1] Histor. colleg. Medicor p. 53.

[2] Ebend. p. 73. 90 und 126.

[3] Von diesen wurde die Fleissprämie eingeführt durch Beschluss
vom 7. August 1591 mit 2 fl. fronfastenlich. Zehn Jahre später betrug
es 8 ₰ 15 β, 1620 endlich 15 ₰. (Rationar. fac. zu den angegebenen
Jahren.)

[4] Die Theologen erlaubten sich bloss eine jährliche Remuneration zu Weihnachten von 2 ₰ 10 β, bis 1630 erhöhten sie diese
Summe langsam auf 12 ₰. (Matr. fac. theol. fol. 60' und Rationar. fac.
theol. zu 1601, 1610 1625 und 1630.)

[5] Die Artisten bezogen erst 1597 eine vierteljährliche Fleissprämie von 1 fl. — 1 ₰ 5 β aus ihrem Fiskus, stiegen damit 1603 auf
2 ₰ und dann weiter im Laufe der nächsten zwei Decennien bis zu 5 ₰.
Lib. decret. fac. art. fol. 139, 147 und 163.

[6] Histor. colleg. medicor. 55 zum Jahre 1589: in auditorio Medico

in Tübingen studiert, dass die Professoren ihren Zuhörern die
Vorlesungen förmlich diktieren; wir können daraus abnehmen,
dass die Vorlesungen in Basel sich mehr unseren Begriffen
gemäss müssen gestaltet haben. Allein über Art, Umfang
und Dauer der Vorlesungen erfährt man doch weiter nichts.
Hier mag nur noch bemerkt werden, dass Rektor und Regenz zu Beginn des Schuljahrs berieten, welche Bücher in
allen Fakultäten „zum Nützlichsten gelesen werden möchten"[1]
und dass sie darauf zu achten hatten, dass die Professoren
nicht immer die gleichen Autoren und Gegenstände behandeln,
sondern gebührend fortschreiten. [2]

Eine Vereinigung geselliger Natur war die von den Professoren im Jahre 1571 gestiftete „Neue Gesellschaft" (societas
nova). [3] Man wollte „einen bestimmten Platz haben, um dort
in Zukunft die feierlichen Akte und Gelage abhalten, Mässigkeit walten und den öffentlichen Lokalen Valet sagen zu
können." Mitglieder der Gesellschaft konnten alle Professoren,
Docenten, Lehrer und litterarisch tätigen Personen werden.
Die Mitglieder wählen aus ihrer Mitte jährlich den Vorsitzen-
den — Prytanen — der die Aufnahmen besorgt, das Silber-
geschirr verwahrt und auch ein wenig den Sittenrichter spielen
musste. [4] Er hatte nach Ablauf des Amtsjahres, das mit dem
der übrigen akademischen Würdenträger zusammenfiel, dem
alten und neuen Rektor und den Dekanen Rechnung zu legen.[5]
Hierauf wurde natürlich gemeinsam getafelt. Für seine Mühewaltung erhielt der Prytane seit 1605 eine Remuneration von
4 fl. jährlich. [6] — Die Mitgliedsbeiträge wurden einmal ge-

---

ad horam primam totumque anatomen methodo anatomica tradidit ad
tabulus Vesalii instituit et sectionibus publicis privatisque comprobavit.

[1]) Vergl. Beilage II, § 11.

[2]) Lib. concl. fol. 34'.

[3]) Das Nachstehende ist dem Statutenbuch (Matricula novæ societatis Acad. Basil. institute 17. Febr. 1571) und dem Rechnungsbuch
der Gesellschaft Fiscus Prytanei (beide im U. A.) entnommen.

[4]) Illi (Prytanes) vero rite omnia per administros disponant atque
eo respiciant, ut frugalitas atque temperantia conservetur ac tria circiter
fercula proponantur. Matric. nov. soc. 1.

[5]) Lib. concl. fol. 46'.

[6]) Ebend. fol. 105'. Regenzbeschluss vom 25 März.

Thommen, Universität Basel.   5

leistet und waren derart abgestuft, dass die Professoren der
drei oberen Fakultäten 8 fl., die der philosophischen Fakultät
4 resp. 2 und 1 fl. bezahlten. Als Versammlungsort diente
der grosse Speisesaal im Augustinerkloster, das Refektorium,
auch Hypocaustum genannt, weil es im Winter geheizt werden konnte. Hier wurden fortan alle akademischen Gelage
abgehalten, welche dem neugewählten Rektor und Dekanen
zu Ehren oder nach einer Promotion oder anlässlich des
feierlichen Empfanges berühmter Persönlichkeiten von der
Universität veranstaltet wurden. Die Graduierten durften
sogar ihren Ehrenschmaus nirgendwo anders als im Prytaneum
geben, [1]) weil man die Erfahrung gemacht hatte, dass es in
Gasthäusern zwischen den erhitzten Studenten und den übrigen
Gästen öfters zu unangenehmen Auftritten gekommen war.
Die Graduierten zahlten für die Benützung des Saales und
Tischgerätes eine Gebühr an den Fiskus des Prytaneums. [2])

Es war vorhin vom Augustinerkloster die Rede. Dasselbe,
an dessen Stelle sich jetzt das Museum erhebt, diente seit 1538[3])
als Wohnung für Studenten und man unterschied es als
Collegium Augustinianum oder superius vom alten Universitäts-
gebäude, collegium inferius oder kurz collegium genannt.
Während dieses noch immer Lehr- [4]) und Wohngebäude in

---

[1]) Regenzbeschluss von 1571 Febr. 17. Matr. nov. soc. 2.

[2]) Der erste Ansatz war: Ein Doktor 1 fl., jeder weiter dazu-
kommende ¹/₂ fl., ein oder zwei Magister 1 fl., jeder weitere 10 β; die
Baccalaurii (einer oder mehrere) 1 fl.

[3]) Vergl. Beilage X, Nr. 13. Nicht später, wie Fechter a. a. O.
47 annimmt. Die ebenda Anm. 42 angezogenen Stellen sind nicht be-
weisend, denn die Ernennung des Lepusculus fällt noch auf den 8. Febr.
1538 — der Umzug muss also zwischen Februar und Mai stattgefunden
haben — die Klage der Deputaten kann ebensogut in die beiden ersten
Monate dieses Jahres fallen und Erzberger wird 1541 allerdings Kollege
des Lepusculus, aber nirgends collega Lepusculi *apud Dominicanos* genannt. Vergl. dagegen Lib. concl. fol. 34' zu 1540 Joh. Meder acceptus
fuit in preposituram collegii sancti Augustiniani.

[4]) Vischer a. a. O. 83 giebt gestützt auf eine nicht amtliche Quelle
(vergl. Anm. 60) die Zahl der Hörsäle auf 4—5 für die Artisten und
Theologen, 2 für die Juristen und 1 für die Mediziner an. Das mag
für die erste Periode vielleicht richtig sein, für die hier behandelte hat
man für die drei höheren Fakultäten je einen Hörsaal (Aula oder lec-

einem war, diente jenes hauptsächlich nur als Wohnhaus.
Ausser den Stuben für die Studenten und einer Wohnung des
Abwarts (præpositus) — ein solcher wohnte auch im Kolleg
— befand sich noch der Karzer ¹) und sonderbarerweise auch

torium), für die Artisten wohl schon seit 1551 (vergl. Beilage VIII,
2, letzter Absatz) jedenfalls seit 1599 zwei Hörsäle, einen im untern und
einen im obern Kollegium, anzunehmen. Man vergl. folgende Stellen:
Lib. concl. fol. 144' zu 1620 Cum in *auditorio philosophico* iuferioris
collegii subsellia fracta essent et ab aliquot annis nullæ in eo habitæ
lectiones sicut *incertis locis* philosophi docerent, wird auf Reparatur ge-
drungen. Auch der Hörsaal im oberen Kolleg wurde repariert. Hiemit
ist der im Jahre 1599 unter dem Hypocaustum (dem grossen Speisesaal)
hergestellte Hörsaal gemeint: er wurde für Vorlesungen über Rhetorik
benützt (Lib. concl. fol. 93'). (III. maii auditorium philosophicum novum pro lectiones Rhetorices paratum, in quo IX iunii prima fuit habita
lectio.) — Lib. concl. fol. 49. Regenzbeschluss vom 19. August 1572 ut
cum propter frequenter promotiones aule a civibus non sine difficul-
tate impetrari possent, . . . aula artium exornaretur ornatu decente
quæ semper clausa esset, Philosophis vero, *uti locum profitendi haberent*,
aula a triumviris (Deputaten) *parata aulæ subiecta Juris* consultorum.
Also hatten auch die Juristen nur einen Hörsaal. 1592 August 14 Beschluss der 4 Dekane, dass die Fenster der Aula medica auf Kosten
des akademischen Fiskus gemacht werden sollen, da die Theologen auch
ihre Disputationen und der Professor für Physik dort seine Vorlesung
halte. Endlich Lib. concl. fol. 91 zum 3. Jan. 1598. Abschlägige Antwort der Theologen auf die Petition der Mediziner, ihnen die Aula
Theologica zu überlassen, in welcher sie (die Mediziner) schon mehrere
Jahre Vorträge hielten, nachdem die Theologen einen neuen Hörsaal
in Cathedrali templo hätten. Diese antworteten, ohne Zustimmung der
Deputaten dürften sie das nicht tun und würden den Saal auch nicht
gerne geben wegen der Unsicherheit ihres neuen Besitztums. Doch gewähren sie ihnen gerne die fortdauernde Benützung ihres Auditoriums
bis auf Widerruf. Vergl. auch Zwinger, methodus apodem. 212.
Über die Lage dieser Lehrzimmer orientiert uns ungefähr folgende
Notiz: Lib. concl. fol. 123 zu 1613. Cum auditorium philosophicum
et consequenter iuridicum et medicum prope fundamentum ab aquis
præterfluentibus plurimum vitiatum esse deprehensum esset, ideo in
senatu conclusum, ut hac de re dominos deputatos serio monerem
(Rector Chmieleck).

¹) Zu Anfang des 17. Jahrhunderts wurde der Schuldturm an
der Rheinbrücke als Karzer verwendet (Lib. concl. fol. 116). Da er nicht
stark genug erschien, wurde der Karzer durch Regenzbeschluss von
1612 Juni 5 (ebend.) wieder in das Augustinerkolleg verlegt (cum iam
prius carcer sit in collegio superiori). Er befand sich also niemals, wie

durch einige Zeit das Ehegericht[1]), auf dessen Entfernung die Regenz erst im Jahre 1626, ich weiss nicht mit welchem Erfolge, antrug und seit 1589 das anatomische Theater darin. Über die Einteilung des Gebäudes sind wir sonst nicht näher unterrichtet. Der Hof enthielt einen Garten, in dem ein laufender Brunnen sein Plätschern hören liess.

Von den drei Verwaltungsbeamten der Universität aus der ersten Zeit haben sich bloss zwei erhalten, der Notar und der Pedell. Ein Syndikus kommt in der neuen Periode nicht mehr vor. Seine Obliegenheiten[2]) sind ganz an den Pedellen übergegangen, der sehr in Anspruch genommen wurde. Er musste bei den Promotionen und Disputationen zugegen sein, bei den akademischen Gelagen aufwarten, die Zinsen der an Basler Parteien ausgeliehenen Gelder und die Bussen von den Professoren einkassieren, den Rektor in seinen sittenrichterlichen Funktionen unterstützen u. s. f. Er bezog den verhältnismässig ansehnlichen Gehalt von 20 fl. und seit 1625 hatte er auch freie Wohnung im unteren Kolleg. — Seine Haupteinnahme bildeten die Sporteln, die ihm seine verschiedenen dienstlichen Verrichtungen eintrugen, und die Taxen, welche ihm die Graduierten bezahlen mussten. Seit 1620 hatte er z. B. einen $1/2$ % Anteil an allen von ihm einkassierten Zinsen. [3]) Es gab Jahre, in welchen er das Doppelte seines Gehaltes verdiente. In Zeiten grosser Teuerung fanden seine Bitten um Zuschuss auch immer williges Gehör bei den Oberen, die es nicht versäumten, für erprobte Diener, welche ihre Entlassung nahmen, durch Pensionen Sorge zu tragen. [4])

Buxtorf (Basler Stadt- und Landgesch. 4, 117) angiebt, im unteren Kolleg. — Das städtische Gefängnis, die sogenannte Bärenhaut, drohte nur mehr denjenigen Studenten, welche dem Urteil der Regenz sich nicht fügten und gegen die dann die städtische Polizei einschritt. (Lib. concl. fol. 141'.)

[1]) Regenzbeschluss vom 5. Mai 1626. Lib. concl. fol. 158. Ehe- und nicht Obergericht, wie es im Basler Jahrbuch 1886 S. 131 heisst.

[2]) Vischer a. a. O. 126.

[3]) Regenzbeschluss vom 16. Mai. Lib. concl. fol. 144'.

[4]) Ebend. fol. 150 und 87.

Für die Ausfertigung amtlicher Schriftstücke urkundlichen
Charakters bediente sich die Universität eines Notars. Bis 1609
hatte sie ihren eigenen Notar. In diesem Jahre wurde diese
Stelle mit der des städtischen Notars vereinigt. [1] — Für seine
Geschäfte erhielt er eine Abfertigungssumme von 6, seit 1623
von 15 ß [2] und dazu Nebengebühren, die sich durch eine in
solchen Dingen seltene Konstanz auszeichnen. Für die Unter-
fertigung und Besiegelung eines Diploms musste ihm jeder
Graduierte der drei oberen Fakultäten ½ fl., ein Magister
3 β, ein Baccalaureus 1 β 8 ₰ zahlen, für die Verlesung des
Eides vor der Promotion ½ fl. Wenn er auch den ganzen
Text des Diploms selbst schrieb — meistens wurde das von
einem geschickten Schreiber, z. B. einige Zeit hindurch vom
Musiklehrer der Hochschule besorgt — so bekam er für das
Pergament und seine Mühe noch 1 fl. Wollte der neue Doktor
ein schön in Gold und Farben ausgeführtes Zeugnis seiner
Kenntnisse, so musste er sich mit dem Notar über den Preis
selbst einigen. [3]

Damit kommen wir nunmehr zu dem eigentlich Leben
spendenden Element der Hochschule — den Studenten. Unter
ihnen muss man diejenigen, die schon an einer Universität
gehört hatten, scheiden von den neu Eintretenden. Für die
ersteren waren die Formalitäten der Aufnahme sehr einfach.
Sie zahlten für die Einschreibung in die Matrikel die Gebühr
von 6, seit 1613 von 10 β [4] und leisteten dem Rektor den
Eid. Ältere Herren und Vornehme kauften das akademische
Bürgerrecht wohl auch um einen freiwillig erhöhten Preis.
Dann meldeten sie sich noch beim Dekan der Fakultät, die
sie besuchen wollten, der ihre Namen in die Fakultätsmatrikel
eintrug, wofür auch eine Gebühr zu entrichten war [5] und

---

[1] Ratserkenntnis vom 1. März. — Bruckners Fortführung der
Chronik Wurstisens. 3. Aufl. 560. — Öffnungsbuch VIII. fol 176.

[2] Lib. concl. fol. 148.

[3] Regenzbeschluss vom 11. März 1550. Lib. concl. fol. 63'. —
1609, ebend. fol. 109', wird diese Summe auf 3 ß und wenn mit Erlaubnis des Dekans Goldbuchstaben und Farben verwendet wurden,
auf 4 ß festgesetzt.

[4] Lib. concl. fol. 118'. Regenzbeschluss vom 6. Mai 1613.

[5] Dieselbe muss bei verschiedenen Fakultäten verschieden gewesen
sein. Bei den Medizinern betrug sie ½ ü. Histor. colleg. Medicor. p. 14.

hatten alle Formalitäten erfüllt. Die Immatrikulation fand das ganze Jahr hindurch statt und war nicht wie heutzutage wenigstens vorzugsweise auf einen bestimmten Termin zu Beginn eines Semesters beschränkt. Bezeichnend für die verwaltende Stellung des Rates ist es, dass er noch im Jahre 1583 den Versuch machte, eine von ihm aufgesetzte Eidesformel, nach der die Studenten schwören sollten, in Aufnahme zu bringen und nicht minder bezeichnend ist es, dass die Regenz nicht aus principiellen Gründen und unter Berufung auf die Urkunde von 1539, sondern erst nach längerer Debatte die Formel wegen ihres Inhalts zurückwies. [1]

Diejenigen, welche aus den Mittelschulen an die Hochschule erst übertraten, hatten sich vor der eigentlichen Immatrikulation noch der sogenannten Depositio rudimentorum zu unterwerfen, [2] Einheimische [3] so gut wie Fremde. Da die jungen Burschen zuerst in die philosophische Fakultät eintreten mussten, bevor sie ihre Studien an einer der drei oberen Abteilungen beginnen konnten, lag die Leitung dieser wunderlichen Ceremonie in den Händen des Dekans der Artisten und des Verwalters eines der beiden Kollegien, welche sich auch davon überzeugen mussten, ob der Knabe die entsprechende Vorbildung besitze, d. h. ob er des Lateinischen in Wort und Schrift mächtig war und einen nicht zu schwierigen griechischen Autor lesen konnte. [4] Die Depositionen waren

---

[1] Lib. concl. fol. 68. Consultatio, utrum clausula nova, quam magistratus studiosorum iuramento annectendam censuerat . . accipi posset.

[2] Die Ceremonie habe ich gestützt auf ein seltenes Büchlein, das den Titel führt: Ritus depositionis, Strassburg Peter Aubry, 1666, 8°, mit 20 Kupfern von H. Rapp, und sich im Besitze meines Freundes Dr. Rud. Wackernagel befindet, ausführlich beschrieben im Basler Jahrbuch 1886 S. 94 ff.

[3] Durch Regenzbeschluss wurde die Deposition in Bezug auf die fremden Studenten derart erweitert, ita ut auditores philosophicarum lectionum in quibuscumque academiis, in quibus ritus depositionis non est in usu, qui ad nos concedant, rudimentorum depositioni obstricti omnino esse debeant. Lib. concl. fol. 134. Die Deposition war an französischen und italienischen Hochschulen nicht üblich, wohl aber an deutschen. Im Lib. decr. fac. art. p. 120 wird sie eine consuetudo antiqua omnibusque Germaniæ gymnasiis recepta genannt.

[4] Lib. decr. fac. art. fol. 105. 135. 137. Die Schüler des Basler

öffentlich, konnten auf Wunsch aber auch privatim abgehalten werden gegen Erlag der doppelten Taxe (1 ₰ statt 10 β). [1] Über die Deposition wurden mit dem Dekanatssiegel versehene Zeugnisse ausgestellt, [2] auf Grund deren erst die Immatrikulation vorgenommen werden konnte. [3] Befremden muss, dass die jungen Leute die Immatrikulation vernachlässigten, denn die Freiheiten der Hochschule waren damals ein begehrtes Gut und wurden missbräuchlich auch von Leuten in Anspruch genommen, die ans Studieren nicht im entferntesten dachten 1544 mahnt deshalb der Rat die Regenz auf die Vaganten acht zu geben, die sich unter „dem Schein der Studiosen einschleichen möchten," dieselben „in Pflicht zu nehmen oder wenn sie sich ihrem Gehorsam sperren" dem Rat zu verzeigen. [4] — Ebenso beschwerte sich der Rat später durch die Deputaten, dass Leute mit ihrer Familie herkämen und in die Matrikel eingeschrieben würden, obwohl sie im Verdachte stünden, nicht der Studien wegen sich hier aufzuhalten. [5] Die Regenz aber, welche wusste, wie behutsam

---

Gymnasiums resp. der Schule auf Burg hatten sich so wie so vor dem Übertritt einer Klassenprüfung zu unterziehen. Vergl. Fechter, Schulwesen. 1, 77.

[1] Ärmere brauchten bloss 6 β zu bezahlen, ganz Arme waren überhaupt befreit. Lib. decr. fac. art. fol. 93. Die Verteilung der 10 β resp. 20 β war folgende:

Fisco facult. . . .	2 β 8 ₰	bezw.	4 β
» Alumnorum .	2 »		4 »
Depositori	1 »		2 »
Decano	2 »		4 »
Præposito	1 »		2 »
Corregenti. . . .	1 »		3 »
Pedello	4 ₰		1 »
	10 β		1 ₰

1622 wurde diese Taxe doppelt so hoch angesetzt. — Ebend. fol. 165.

[2] Ein auf Papier geschriebenes kostete 10 β, ein pergamentenes 14 β. Lib. decr. fac. art. fol. 133.

[3] Ebend. fol. 129.

[4] Ochs 6, 417.

[5] Lib. concl. fol. 43 zum Jahre 1559. Bezeichnend für das Übergewicht des Rates ist es, dass auf diese Beschwerde die Regenz mit dem Beschlusse antwortete, dass kein solcher mehr ohne Zustimmung des Rates aufgenommen werden sollte.

sie in der Wahrung ihrer Freiheiten dem Rate gegenüber sein musste und welche deshalb ein lebhaftes Interesse daran hatte, dass die Liste der akademischen Bürger möglichst genau und vollständig sei, suchte durch strenge Verordnungen dem törichten Benehmen der Studenten entgegenzutreten. Schon 1541 wurde ein Beschluss bekannt gemacht,[1] dass jeder Student binnen Monatsfrist sich ordnungsmässig inskribiert haben müsse, widrigenfalls er vom Besuch der Kollegien ausgeschlossen würde, und dieser Beschluss wurde des öftern aufgefrischt. Im Jahre 1613 verfiel man sogar darauf, durch den Pedell einen Katalog der Hörer anlegen zu lassen, der als Kontrolmittel dienen sollte[2] und fronfastenlich dem Rektor eingehändigt werden musste. Im Genuss der akademischen Rechte blieb jeder, so lange er mit der Universität in direkter Verbindung stand und, wenn er Basel verliess, noch weitere sieben Jahre, wie dies an andern Hochschulen auch gehalten wurde.

Über die Lebensweise der Studenten sind wir im ganzen wenig unterrichtet. Diejenigen, welche auf eigene Kosten wirtschafteten, wohnten zerstreut in der Stadt. Es war ein grosser Vorzug und nur durch persönliche Empfehlung möglich, dass ein Student bei einem Professor Unterkunft fand.[3] Die freie Vereinigung mehrerer Studenten unter einem selbst gewählten Leiter zu einer Burse[4] war nicht mehr gestattet. Als 1581 einige französische Studenten beim akademischen Senat ein Gesuch einreichten, man möge ihnen die Bildung einer nationalen Burse gestatten, deren Mitglieder vorkommende Streitigkeiten untereinander entscheiden und Beiträge an eine gemeinsame Kasse zahlen sollten, welche vor allem zur Unterstützung armer und kranker Studierender ihrer Nation dienen würde, wurde dasselbe abschlägig beschieden. Man begründete dies damit, dass zwischen den einzelnen Stämmen Eifersüchte-

---

[1] Lib. concl. fol. 35. Beschluss vom 8. Aug. 1541.

[2] Ebend. fol. 119.

[3] Die in der Universitäts-Bibliothek aufbewahrte Briefsammlung enthält unzählige solcher Empfehlungsschreiben, die an die verschiedensten Gelehrten gerichtet sind.

[4] Wenn daneben auch das Collegium Augustinianum zeitweise Burse genannt wird, so beweist dies nichts gegen diese Behauptung, sondern spricht nur für einen freieren Gebrauch des Wortes Burse.

leien und Zwistigkeiten entstehen würden. In einem freien
Staate sollten auch die Privilegien frei sein und die Gesellschaft nicht durch private Verbindungen zerrissen werden.
Sie sollten sich mit den Vorrechten der übrigen Studenten
begnügen, ausbrechende Streitigkeiten würden unparteiischer
von akademischen Richtern geschlichtet werden. Wenn sie
einen Fiskus für den angegebenen Zweck einrichten wollten,
könne sie daran niemand hindern, aber vernünftiger sei es,
das Geld bei den Kirchenältesten der gallikanischen Kirche
zu deponieren als bei jungen Leuten, die nie zu Hause sind. ¹)

Die Verordnungen, welche bestimmt waren, den Stadt-
frieden gegen den tollen Übermut der Studenten zu schirmen,
und die übrigen Sittenmandate bewegen sich in dem gewöhnlichen Geleise. Das Herumschwärmen des Nachts mit oder
ohne Licht, das Tragen von „zerhauenen" Kleidern, das
Waffentragen des Nachts, noch mehr aber das Tragen der
Schwerter unter dem Arm oder auf der Achsel — eine Unsitte, die in den Siebziger Jahren des 16. Jahrhunderts auf-
kam — war streng verboten, nicht eben mit besonderem Er-
folg.²) Unzählbar sind die Regenzsitzungen, welche wegen
nächtlicher Ruhestörung abgehalten worden waren, auch an
blutigen Zusammenstössen mit Bürgern hat es nicht gefehlt,
allein im ganzen scheinen sich die Basler Studenten von
wilden Excessen, wie sie an anderen Universersitäten häufig
genug vorkamen ³), freigehalten zu haben.⁴)

---

¹) Lib. concl. fol. 65. Beschluss vom 24. Oktober 1581.

²) Diejenigen, welche dem letztgenannten Verbote zuwider han-
delten, sollten 5 β Busse zahlen, ja man verstand sich sogar dazu, die
sonst so sorgsam gehüteten Privilegien preiszugeben durch die Verfügung, dass die Universität solche von den Stadtwächtern erwischte
Schwertträger nicht weiter schützen werde. Regenzbeschluss 30. Juli
1582 Lib. concl. fol. 66' und vom 5. August 1586; ebend. fol. 71.

³) Für Tübingen z. B. hat Robert von Mohl in seiner Broschüre
»Sitten und Betragen der T.-Studirenden während des 16. Jahrhunderts« eine grosse Anzahl solcher Fälle zusammengestellt, welche die
dortige Studentenschaft in einem entschieden ungünstigeren Licht erscheinen lassen.

⁴) Hier ist ein Schluss ex silentio gestattet. Im ganzen sind
es zwei oder drei Fälle, in welchen von groben Excessen der Studierenden gehandelt wird.

Unangenehmer waren die zwischen Bürgern und Studenten entstehenden Verwicklungen wegen Geldsachen. Unter den Studenten befanden sich damals eine stattliche Zahl vornehmer, zum Teil der höchsten Aristokratie des Auslandes und selbst Fürstenhäusern enstammender junger Männer.[1] Man kann sich denken, dass diese Edelleute mit Geld nicht gespart haben, und unzweifelhaft hat dies manchen andern verlockt, ihr Beispiel zu seinem finanziellen Verderben nachzuahmen. Das führte zum alt-üblichen Schuldenmachen, endlich aber auch zu unwürdigen Prellereien, indem die Betreffenden davongingen, ohne ihre Gläubiger befriedigt zu haben. Dieses einfache Verfahren scheint endlich Dimensionen angenommen zu haben, die den Senat bewogen, ernstlich dem Unfug zu steuern. Er glaubte das am besten zu erreichen, indem er in die Eidesformel, nach der die Studenten in Pflicht genommen wurden und welche einige allgemeine Wendungen enthielt, die sie gegen Stadt, Lehrer und Schule verbinden sollten, die specielle Bestimmung einschaltete: „wenn hier Schulden gemacht worden seien, nicht ohne Einwilligung des Rektors und der Gläubiger aus Basel fortzuziehen." Als notwendige Ergänzung wurden auch die Strafen festgesetzt, welche den Eidbrüchigen treffen sollten: Austreichen aus der Matrikel, Verlust der Grade, öffentlicher Anschlag des Urteils, durch das der Flüchtling für meineidig erklärt wird, Namensnennung durch den Universitätsnotar am Tage da die Statuten in grosser Versammlung verlesen werden.[2]

---

[1] Vergl. die lange aber bei weitem nicht vollständige Liste, welche Buxtorf in den »Baslerischen Stadt- und Landgeschichten « XVI, 3, 64 und XVII, 1, 113 ff. giebt.

[2] Regenzbeschluss vom 26. Juli 1612: Academiæ et reipublicæ Basiliensis commoda per omnia curare contra nihil moliri, non solum hic agens sed et in posterum officium suum diligenter exequi, præceptoribus obedire ac ere alieno hic contracto absque Rectoris et creditorum consensu hinc non abire. Lib. concl. fol. 117. Mit einem ähnlichen Eide war übrigens die Artistenfakultät schon im Jahre 1548 (Lib. decr. fac. art. fol. 48) vorangegangen. Mit diesem Verfahren stand die Basler Hochschule nicht allein. Auch in Heidelberg war eine solche Bestimmung in den Eid aufgenommen; vergl. Thorbecke, Geschichte der H.-Univertität. 1, 53.

Dies scheint gefruchtet zu haben; wenigstens wird nichts von einer in die erwähnten Formen gekleideten Verurteilung gemeldet.

Im übrigen war der Strafkodex ein sehr einfacher — es hiess schlechtweg: Zahlen bei jeder Gelegenheit. In dieser Beziehung war man musterhaft praktisch. Vom Schwänzen der Kollegien angefangen bis herauf zu grober Tätlichkeit war alles mit meist ganz willkürlich von Fall zu Fall bestimmten Geldbussen belegt.

Was bisher von der Basler Studentenschaft erzählt wurde, sind bloss mehr oder weniger differenzierte Formen des studentischen Lebens, wie es an allen deutschen Universitäten sich in jener Zeit beobachten lässt. Eine für Basel ganz specifische Erscheinung bilden jedoch die sogenannten Alumnen (Stipendiaten oder Bursanten). Unter diesem Namen begreift man eine Gruppe von Studenten, die ihre Studien auf Staatskosten machten. Der Gedanke, mittellose junge Leute von Staatswegen ausbilden zu lassen, um sie dann auch von Staatswegen zu gebrauchen, also die Einrichtung einer Art Konvikt, ist neu in jener Zeit und für lange hinaus ohne Beispiel. In grossem Stil und mit nachhaltigerem Erfolg haben ihn einige Jahrzehnte später die Jesuiten für ihre Zwecke zur Ausführung gebracht.

Bald nach der Wiedereröffnung der Hochschule wurde ein dahin abzielender Plan im Rate erörtert und in seinen allgemeinen Grundzügen genehmigt, indem den Deputaten überlassen wurde, eine Anzahl armer Knaben mit samt einem Pädagogen anzunehmen.[1]) Zur Bestreitung der Kosten sollten

---

[1]) Beschluss vom 1. April 1533. Erkanntnisbuch IV. fol. 116. Ochs 6, 77 Anm. 2 erhebt eine meines Erachtens ganz überflüssige Schwierigkeit, wenn er für das Jahr 1532 sechs Deputaten namhaft macht und nun verwundert fragt, wie diese doppelte Namenreihe erklärt werden könne. Soviel ich sehe, nimmt er die erste Liste (S. 75) — Rudolf Frey, Fridolin Ryf und Heinrich Ryhiner — aus Wurstisens Chronik, 3. Aufl., S. 430. Bei aller Achtung vor Wurstisens Leistung wird man ihn aber doch korrigieren dürfen, wenn er mit offiziellen Quellen in Widerspruch gerät wie das hier der Fall ist. Das schwarze Buch (p. 28) nennt ausdrücklich als Deputaten für den 1. April 1533, mithin für das Amtsjahr Johanni 1532 bis Johanni 1533: Theodor Brand

die aus dem Kirchengut bezogenen Pensionen dienen, welche
durch Absterben ihrer bisherigen Inhaber frei wurden. Auf
diese Weise hoffte man mit der Zeit eine Anzahl von vierundzwanzig Knaben verpflegen und unterrichten lassen zu
können. Die Deputaten vollzogen ihren Auftrag und brachten
acht Alumnen im Predigerkloster unter. So trat das Collegium
alumnorum, fälschlich Erasmianum genannt, ins Leben. Doch
scheint das Institut anfangs nicht recht geblüht zu haben —
es war ein tastender Versuch. Genauere Nachrichten über
die Organisation und Leitung des Instituts fehlen ganz. Im
Jahre 1538 wurde den Stipendiaten das Augustinerkloster
eingeräumt, welches sich durch seine vorteilhaftere Lage in
der Nähe der Universität und des Münsters empfahl.[1]) Im
Jahre 1545 endlich reifte der Plan vollkommen aus. Ein
vom Rektor und Regenz ausgearbeiteter Entwurf wurde dem
Rate vorgelegt und genehmigt.[2]) Zur Erhaltung des Kirchen-
und Schuldienstes sollen zwölf Knaben, die im Kanton Basel
geboren und so weit ausgebildet sind, dass sie die Vorlesungen an der Hochschule mit Nutzen hören können, angenommen werden. Dieselben erhalten ihre Wohnung im Augustinerkolleg und von den jüngeren jeder einen ihn beaufsich-
tigenden Präceptor von Rektor und Regenz zugewiesen. Sie
sind verpflichtet, „dieweil man der Theologen insonders zu

Konrad Schmitt und Kaspar Schaller. Ochs, der die Authentizität dieser
Quelle vollkommen zu würdigen weiss, hätte also einfach Wurstisen
darnach korrigieren sollen. Er hätte dies um so mehr tun können,
nachdem er auf S. 75 Anm. 1 seine Angabe über den Namen des Basler
Ratschreibers für das Jahr 1532 berichtigt, wobei er die Quelle von
Wurstisens Irrtum geschickt aufdeckt. Er hätte diese Berichtigung
verallgemeinern und auch die von Wurstisen genannten Deputaten ins
Jahr 1539 stellen können, wohin sie gemäss dem von Ochs selbst citierten Aktenstück gehören (vergl. Beil. V, Anm; Ochs 6, 131). Dass
Wurstisen solche ergänzende Kontrolle hie und da ertragen kann, zeigt
unter anderm die a. a. O. gegebene Liste von Rektorennamen, welche
hinsichtlich der angeführten Namen zwar richtig, aber unvollständig
ist. Man sieht daraus, dass er die beste Quelle, die grosse Matrikel
nicht benützt hat.

[1]) Vergl. oben S. 66.
[2]) März 18. Privil. et stat. univers. p. 297. Lib. stipendiatorum
fol. 85, 89 f.

Stadt und Land mehr notdürftig (hat), für und für die Lektionen der heiligen Schrift fleissig zu hören. Wenn einer in einer andern Fakultät bass zu gebrauchen wäre, so soll ihm die Möglichkeit des Übertrittes nicht genommen sein," doch muss das mit Wissen und Willen von Rektor und Regenz und der Deputaten geschehen und „soll sich niemand durch sein eigen Gutbedünken der Theologie entfremden." Jeder Stipendiat ist gehalten, in erster Linie seinem Vaterlande zu dienen und „keiner fremden Oberkeit, sei es in der Kirche oder in der Schule, sich zu verdingen." Es ist den Eltern oder Anverwandten nicht gestattet, die Knaben, die sie in die Anstalt getan haben, ohne Einwilligung der Obrigkeit wieder herauszunehmen, bei Strafe der Ersetzung aller bis zu dem Zeitpunkt aufgelaufenen Kosten.

In Ergänzung dieses Planes wurde ferner dem Rate noch ein anderes Projekt einer Aufnahme von Stipendiaten, welche nicht Einheimische sind, vorgelegt. „Weil unser Kirchengut — heisst es in der Begründung — auch zum guten Teil von den Fremden und Ausländischen herfliesst, wollen wir auch etlichen der Fremden — bis in die acht — an einem geringen Tisch, so man nennt das Bursal, erhalten, damit die Frucht des Evangeliums von uns durch sie auch in die Fremde verbreitet wird." Diese Stipendiaten fremder Abkunft wurden im unteren Kollegium untergebracht.

Dass sich unter den Stipendiaten nicht bloss unreife Knaben, sondern auch herangewachsene junge Männer befanden, ersieht man aus den vielen nachdrücklichen Verordnungen, die sich, etwas überraschend für den Leser, gegen die Heiratsgelüste der Kandidaten richteten. Wer ohne Genehmigung der Regenz den Lockungen der Liebe nachgab, wurde seines Stipendiums beraubt und zahlte die bisherigen Kosten. Wenn einer vor dem 24. Jahre heiratet, soll diese Ehe nach den Bestimmungen des Ehegerichts ungültig sein. Wer mit ehrbarer Leute Kind seinen Mutwillen treibt, hat schwere Strafen an Leib und Gut zu gewärtigen.[1]) Dessenungeachtet hat Amor auch diese Schrecknisse mehr als einmal überwinden helfen und die Wiederholungen dieses Ge-

---

[1]) Privil. et statut. univers. p. 311 f.

setzes sind, wie es scheint, ohne wesentliche Wirkung geblieben.[1]

Beim Eintritt mussten die Stipendiaten einen Revers unterschreiben, in dem sie versprachen, sich den vorstehenden Verordnungen zu fügen, gegen die Entscheidungen der Regenz sich nicht aufzulehnen, sich stets an die Basler-Konfession zu halten und des zur Sicherung alle ihre liegende und fahrende Habe zum Pfande einzusetzen.[2] Während ihrer Studienzeit bezogen sie von den Deputaten ein Stipendium, dessen Höhe sich in der ersten Zeit nach dem Grade des Belehnten richtete — ein Magister erhielt 20 fl., ein Baccalaureus 18 fl., ein Student 16 fl.[3] im Jahr — und welches 1594, als infolge der früher erwähnten Preissteigerung eine grosse Not unter den Stipendiaten einriss, die Lockerungen der Disciplin herbeiführte und „die jungen Leuten zwang, sich mit Schreiben, Kindererziehen, Saitenspiel und selbst Feldarbeit den nötigen Lebensunterhalt zu beschaffen,“[4] auf 20 fl. für alle gleichmässig festgesetzt, und 1624 nochmals auf 36 ℔ (28 fl. 20 β.) gesteigert worden ist.[5]

Rücksichtlich der Zucht und Hausordnung unterstanden die Stipendiaten denselben Vorschriften wie die Studenten, welche in den beiden Kollegien wohnten. Die Aufsicht führte hier wie dort ein Präpositus (Propst, Präfekt, Corregens) und ein Oeconomus (Haushalter). Die beiden Stellen wurden zeitweilig nur von einer einzigen Person versehen. Der Ökonomus hat das Kollegium im Winter um 6 Uhr, im Sommer um 5 Uhr zu öffnen und um 9 Uhr resp. um 10 Uhr abends

---

[1] Die Bestimmungen gegen Stipendiaten, welche »zu früh in den Ehestand treten«, finden sich schon im Statuten-Entwurf von 1548 (Privil. et stat. univers. p. 294); sie wurden erneuert 1554 (a. a. O.). Vergl. Ochs, 6, 429.

[2] Privil. et stat. Univ. p. 299.

[3] Festgesetzt durch Ratserkanntnis von 1561 Aug. 13. Antiq. Gernler 1, 195 ff.

[4] Aus einem Gutachten der Regenz, in dem sie gegen den vom Rat erhobenen Vorwurf mangelhafter Disciplin die Stipendiaten in Schutz nimmt. Privil. et stat. univers. p. 319, nicht datiert. Die Einreihung ergiebt sich aus den notierten Preisen.

[5] Deputaten-Ausgabenbücher und -Akten (St. A.) zu den angegebenen Jahren. Die wöchentliche Quote beträgt nach dem letzten Ansatz 14 β per Kopf. Derselbe ist in Geltung geblieben bis 1647.

zu schliessen. Die Schlüssel muss er bei sich behalten oder
darf sie höchstens einem geschworenen Diener (iurato famulo)
anvertrauen. Ausserhalb dieser Zeit soll er keinen Studenten
ohne schwerwiegende Gründe weder hinein noch herauslassen.
Er sorgt für die Reinhaltung der Gänge, Stuben und des Tischgerätes, für gute Küche und Keller. Mit einer Glocke giebt
er das Zeichen zum Mittagessen, das um 10 Uhr, zum Nacht-
essen, dass um 6 Uhr eingenommen werden soll. Er darf
keinen Wein ausserhalb der zwei Mahlzeiten den Studiosen oder
andern in die grosse Stube bringen, auch keinem fremden Gesellen zu trinken setzen, damit der Rat nichts am Ungeld ver-
liere, ebensowenig Studenten, die nicht im Kolleg wohnen,
in Kost nehmen, noch den eingelagerten Wein hinausverkaufen.
Er soll den Studenten ein gutes Beispiel geben, sich nicht
übertrinken oder sonst mit schwerem Übel beladen. Wenn er
etwas Unzucht unter den Studenten bemerkt, soll er es ihnen
wehren, und wenn sie nicht folgen, es dem Propst oder dem
Dekan verzeigen. Der Propst, welcher gewöhnlich aus der
Reihe der Professoren der Artistenfakultät gewählt wurde,
hatte über Fleiss und Betragen der Schüler zu wachen. —
Unziemliche Spiele, z. B. mit Würfeln und Karten sind verboten, ebenso lautes Gespräch bei Tisch. Vom Morgengebet
soll niemand wegbleiben und das Gebet vor und nach dem
Essen nicht vergessen werden. Unter seiner Leitung be-
gaben sie sich in die Kirche, Sonntags zwei-, jeden Wochen-
tag einmal.[1]) Den Erwachsenen liess man mehr Freiheit;
man erwartete, dass sie dieselbe nicht missbrauchen würden.
Für ihre Mühewaltung erhielten der Präfekt und Corregens
eine Zulage von 24 fl. welche 1594 auf 40 fl. erhöht wurde.
Später noch einen Beitrag von 4 ℔ zum Ankauf von Brenn-
holz und von 2 ℔ zum Ankauf von Kerzen für die Erleuch-

---

[1]) Das Vorstehende ist entnommen der Matricula infer. colleg.
(Univers.-Bibl.) von 1547—1626. Auch diese Statuten sind mehrfachen
Änderungen unterworfen worden, woraus sich erklärt, dass diese Dar-
stellung mit jener im Basler Jahrbuch 1887 S. 126 ff. gegebenen nicht
genau übereinstimmt. Diese ruht hauptsächlich auf den Statuten des
Jahres 1571, Privil. et stat. univers. p. 389 f., Regenzakten zum Jahre
1594, Lib. concl. fol. 41 u. 120, Sammelband von 1732 zu 1555 (U. A.)
Vergl. auch Beilage X, Nr. 14 u. 21.

tung des Hypocaustums, damit die Studenten auch abends arbeiten könnten.[1]

Der Präpositus hat auch denjenigen, welche im Kollegium zu wohnen wünschten, ihre Zimmer anzuweisen. — Für ein heizbares Gemach waren 2 fl., für ein unheizbares 1 fl. fronfastenlich zu bezahlen. Die Stipendiaten und armen Bursanten, welche frei gehalten wurden, mussten es sich gefallen lassen, zu zwei und drei in ein Zimmer zusammengelegt zu werden. Der Dekan der Artistenfakultät inspizierte mit zwei Magistern vierteljährlich die Wohnungen,[2] sammelte den Zins ein, der an die Deputaten abgeliefert wurde, und liess etwaige Schäden auf Rechnung der Bewohner herstellen.

Im Laufe der Zeit ist ohne eine näher angebbare Veranlassung im akademischen Senat der Plan gereift, beim Rate eine Vereinigung der beiden Kollegien zu beantragen. Nach einem vergeblichen Versuch im Jahr 1594 drang er damit im Jahre 1624 durch. Die Bursanten wurden alle ins Augustinerkolleg gebracht. Der eine sie beaufsichtigende Präpositus erhielt fortan 50 fl. Gehalt, vier Wagenladungen Tannen- und Eichenholz und 400 Rollen (fasciculi) Kleinholz. Das Hypocaustum wurde zu einem theologischen Hörsaal umgewandelt, den jedoch auch andere Professoren benutzen durften. Der Pedell, der infolge der Übersiedlung eine Naturalwohnung im untern Kolleg erhielt, hatte für Reinigung und Beheizung desselben zu sorgen. Zur Aufrechterhaltung einer guten Disciplin unter den Bursanten wurde später beschlossen, dass zwei Professoren im Laufe eines Halbjahrs mehrmals unangemeldet Inspektion halten und eventuell an die Artistenfakultät oder in wichtigeren Fällen an die Regenz Bericht machen sollten.[3]

---

[1] Lib. concl. fol. 84 zum 21. August 1594 und Privil. et stat. univers. p. 319. Lib. stipend. fol. 11' zu 1612. — 2 ₰ pro 12 libris candelarum emendis quo hiberno tempore singulis septimanis apparitori præter debitam candelam libram mediam det ad studia continuanda.

[2] Rationar. habitationum utriusque collegii 1547—1624. (U. A.) § 2. Ex singulis hypocaustis duos florenos ex cubiculis vero unum florenum exigunto — Ex ædibus collegio adiectis per anum 5 ₰, ex ædibus Augustinianis adiectis 6 ₰ expetunto. — Vergl. Lib. decr. fac. art. p. 135.

[3] Vergl. Lib. concl. fol. 155. Regenzbeschluss vom 14. Sept. 1624.

Zum Präpositus wurde Reinhard Ryff, Sohn des Peter Ryff, bestimmt; die Hausordnung sollte nicht mehr bloss verlesen werden, sondern sie wurde aufgeschrieben und im Ess-Saal angeschlagen. Ende Dezember 1624 war die Vereinigung vollzogen.

Neben diesen Staats-Alumnen gab es aber auch noch eine Anzahl armer Stipendisten, welche nicht aus öffentlichen Geldern unterstützt wurden, sondern die Besserung ihrer Lage der langsam erwachenden Teilnahme der Bürger für die Hochschule verdankten. Diese Teilnahme drückte sich aus in der Stiftung von Legaten und den ersten Anstoss dazu gab die zehnmonatliche Pest von 1564. — Das Beispiel des Erasmus, der die Summe von 4200 fl. für Studienzwecke und Angehörige verschiedener Fakultäten legiert hatte, war vorher ganz vereinzelt. Aber noch in demselben Jahr 1564 hatte das Stiftungskapital die Höhe von 1600 fl. erreicht und war gegen Ende unserer Periode im Jahre 1624 bis auf 19,360 fl. gestiegen. Den Löwenanteil von diesen Stiftungen (15 von 33) haben natürlich die Theologen davongetragen, auf die Mediziner entfielen drei, auf die Artisten vier, auf die Juristen bloss eine, zehn waren unbestimmt gehalten und die Austeilung hing von der Entscheidung der Regenz ab. [1]) Die

---

[1]) Vergl. das im Jahre 1564 angelegte Legatarium. Als Kuriosum verdient bemerkt zu werden, dass die Zinsen des im Jahre 1565 durch Kaspar Hellet gestifteten Stipendiums von 1000 ₰ noch immer ausbezahlt werden. Auffallenderweise ist das im Lib. concl. fol. 74 erwähnte Losische Stipendium mit 2400 ₰ nicht eingetragen. Im Lib. concl. a. a. O heist es: Eodem conventu (25. Sept. 1588) Losii stipendii executio sic est definita. Stipendiatorum duorum Losii electio sit penes Rectorem Decanum Theologiæ et summi templi parochum, quorum suffragiis hi decernantur quibus angariatim Rector stipendium sexaginta librarum persolvat. Pauperibus civibus sexaginta alias libras et leprosis pannum distribuant duo a Regentia quotannis, cum alia officia conferuntur, electi, qui angariatim a Rectore quindecim libras in usus pauperum distribuendas accipiant, pannum pecunia a rectore petita pro leprosis coëmant dividant, rationes sigillatim expensarum annuatim reddant et quotannis iuxta senatus Academici decretum vel mutentur ambo vel unus. Quorum salarium in singulos florenorum sit duorum. — In das Legatar sind auch alle jene Stiftungen aufgenommen, deren Zinsen nicht Studenten, sondern Schülern und Schullehrern der mindern

Thommen, Universität Basel.   6

Bewerber wurden auf Empfehlung der Präpositi, welche am
ehesten Gelegenheit hatten die Würdigkeit eines solchen be-
urteilen zu können, gewöhnlich von der Fakultät vorge-
schlagen; [1] bei gleicher Tüchtigkeit sollte das Los entscheiden. [2] Man sah darauf, dass die Inhaber solcher Stipendien
sich durch tadelloses Betragen und durch Fleiss auszeichneten
und schuf sogar ein eigenes Aufseheramt, dessen Träger
(episcopus stipendiatorum) alle Vierteljahr den Dekanen und
dem Rektor über diese Punkte Bericht erstatten sollte. Ulrich
Coccius war der erste, der diese Stelle erhielt. [3] Die Stipendisten waren ihrerseits zu nichts anderem verpflichtet, als
ihre Studien in einem gewissen Zeitraum — gewöhnlich 6 bis
8 Jahre zu Ende zu bringen. Einem Missbrauch der Stipendien suchte die Regenz auch durch fleissige Mahnungen und
durch die Art der Verleihung — immer nur auf ein Jahr —
vorzubeugen.

Es war ein guter Gedanke mehrerer Erblasser, ihre
Stipendisten zu verpflichten, dass sie, sobald sie in Amt und
Stellung gekommen seien, einen Teil der empfangenen Summe
in kleinen Raten zurückzuzahlen verbunden sein sollten. Der
Betrag war freilich äusserst gering [4] — allein er deckte doch
die Kosten der Verwaltung und barg zugleich ein ethisches
Moment in sich, indem er der Spende den Charakter eines
Almosens nahm und den Empfänger noch über die Universi-
tätsjahre hinaus mahnte, wie viel er der Anstalt dankte, die
er verlassen hatte. Bei manchen theologischen Stiftungen
bestand endlich noch die Verpflichtung, dass, wenn der betreffende Inhaber sich einem andern Studium zuwendete, er
gehalten sein sollte, die bis dahin genossenen Zinsen wieder
zurückzuzahlen.

Schulen und städtischen Armen und Kirchen zu Gute kommen sollten,
wofern die Regenz die Austeilung durch Testamentsbestimmung übernehmen musste.

[1] Lib. concl. fol. 52'.
[2] Lib. stipend. fol. 3'.
[3] Regenz-Beschluss vom 4. Mai 1575. Lib. concl. fol. 53'.
[4] Das Sulzer'sche Stipendium betrug 1030 fl. — die 5% Zinsen
also 52 fl. — die Rückzahlungsquote 2 fl. und nur für so viel Jahre
als das Stipendium benützt worden war.

Die Verwaltung der Fonds besorgte bis 1600 der Rektor.
Dann wurde der fiscus legatorum vom fiscus Rectoris abgelöst
und von einem eigens bestellten und jedes Jahr aus einer
andern Fakultät gewählten Kurator besorgt. Auch er hatte
dem Rektor und den Dekanen Rechnung zu legen am Schlusse
seiner Amtsperiode. Für seine Mühewaltung erhält er eine
Entschädigung von 12 fl. [1])

Der Studiengang aller Universitätshörer endigte mit der
Ablegung der strengen Prüfungen, welche zur Annahme des
Magistertitels bei den Artisten, des Doktortitels bei den drei
oberen Fakultäten führte. [2])

Wie jetzt, so war auch damals jedem zur Bedingung gemacht, eine gewisse Anzahl von Semestern, die für die einzelnen
Fakultäten verschieden bemessen waren, [3]) gehört zu haben. —
Der Kandidat meldet sich beim Dekan seiner Fakultät, welcher
eine Fakultätssitzung einberuft. Vor dem Fakultätsrat musste
der Kandidat eidlich versichern, dass er ehelicher Abkunft [4])
und unbescholten sei und musste sich mit Zeugnissen über

---

[1]) Lib. concl. fol. 96'. Regenzbeschluss vom 14. Juli.

[2]) Das Baccalaureat wurde an den drei oberen Fakultäten fast
gar nicht mehr verliehen — »quorum Baccalaureorum creatio a ma-
ioribus usitata nostro seculo inter medicos plerosque evanuit« heisst es
geradezu in den Leg. medic. von 1570 p. 7 — und selbst die Artisten
konnten seit 1603 mit Erlaubnis des Fakultätsrates ohne Prüfung gleich
in die oberste Abteilung (III. Kl.) aufsteigen gegen Erlag einer Taxe
von 2 ₰ (Lib. decr. fac. art. fol. 147.)

[3]) Die Theologen verlangten den Magistertitel oder jene Kenntnisse, welche zur Annahme desselben in jedem Augenblick befähigten
und ein fünfjähriges Studium der Theologie (Matric. Theol. fac. fol. 42
und 62'), die Artisten vier Semester bis zum Baccalaureat, sechs bis zum
Magisterium (nach 1589 je 3½ Sem.), die Mediziner ein 5—6jähriges
Studium, je nachdem einer Magister artium war oder nicht. Merkwürdigerweise liegen für die juridische Fakultät für diese Periode gar
keine Aufzeichnungen vor. Ich kann nicht einmal sagen, ob die alten
Bestimmungen in Kraft geblieben sind oder nicht. Vgl. Vischer a. a.
O. 234 ff.

[4]) Als im Jahre 1576 ein unehelich Geborener sich zum Examen
meldete, wurde der Fall sogar in einer Dekanssitzung behandelt. Man
liess den Bewerber endlich zu, weil er eine Legitimation des Kaisers
beibrachte, auch sonst empfohlen war und besonders cum doctrina
naturæ defectum suppleret. — Lib. concl. fol. 55'.

seinen bisherigen Studiengang ausweisen. Nach dieser „censura" entschied der Fakultätsrat, ob der Kandidat zur Prüfung zuzulassen sei oder nicht. Wurde im bejahenden Sinne entschieden, dann entrichtete der Kandidat die Prüfungstaxe [1]) und gelobte Gehorsam gegen jede von der Fakultät ausgehende Erkanntnis. Die Prüfung selbst setzte sich aus vier Teilen

---

[1]) Die Prüfungstaxen und deren Verteilung stellen sich für die einzelnen Fakultäten folgendermassen:

Kosten des Doktorats in heyliger geschrifft (1533 Matr. Fac. Theol. fol. 66).

Erstlich diewyl jetz zumal die collegia der Doktoren nit so viel sind sol man under die Doctores ussteilen	5 fl.
Item darnach dem fisco Universitatis	2 »

Nemlich den einen für den Cancellarium, diewyl jetz ein jeder Decan Vicecanzellarius siner Facultet ist, damit man hernoch die Losung des Vicecancellariats der Universitet uss dem fisco widerumb erholen möchte, wann die zeit daz widerumb erforderet. — Wo aber widerumb ein gmeiner Cancellarius wurdt, so soll man dem Viceсancellarius von disen zweyen guldin ein halb guldin volgen lan, das ander dem fisco.

Dem fisco facultatis, darin einer doctoriert	2 »
Dem Rectori	¹/₂ »
Dem Decano seiner facultet	¹/₂ »
Notario	¹/₂ »
Pedello	¹/₂ »
Einem yetwederen Promotori, deren gewonlich zwen sind	2 »
Summa	13 fl.
Darnoch daz imbissmal mit sinen gesten tut ungeverlich	7 »
Also wirt der gantz custen ein Doctorats thun nit mehr dann	20 fl.

Diewyl aber ettlich actus und andere disputationes uff die theologos witer dann uff andere gond, so soll ein yeder über die vorgeschriebene summ

einem yeden patri, der ihm die regiert und präsidiert, geben	3 fl.
der facultät theologiä	1 »
dem fisco Universitatis	¹/₂ »
dem Pedello	¹/₂ »

Also thut das Doctorat der heilgens gchrifft in summa 25 fl. Beim Imbissmal und bei der Totalsumme steht noch die Bemerkung Was einer über dise costen haben wolte, möcht man in nit weren.

Ganz analog ist die Einteilung bei den Medizinern, Juristen und Artisten, die am wenigsten bezahlen (Arch. Academ. 1, 86):

zusammen, dem Tentamen [1]) — eine zweistündige mündliche Prüfung aus den leichteren Anfangsgründen der Disciplin, dem Examen — eine dreistündige Prüfung mit gesteigerten Anforderungen. — Hieran reihte sich die öffentliche Disputation[2]) über die Thesen, welche der Kandidat am Sonntag vor dem Tag der Disputation an den Kirchtüren und der Universität hatte anschlagen lassen. Sie begann nach dem Gottesdienst um 9 Uhr und sollte nicht über zwei Stunden in Anspruch nehmen. Befreit war derjenige, der sich ausweisen konnte, dass er schon während seiner Studienzeit mit Erfolg disputiert hätte. Die Thesen mussten vorher vom Dekan durchgesehen und genehmigt worden sein[3]) und wurden im Fakultätsfiskus

Mediziner und Juristen.	
Den Consiliariis . . .	5 fl.
(seit 14. Mai 1563 10 fl.)	
Dem Universitätsfiskus	2 »
» Fakultätsfiskus .	2 »
» Rektor	¹/₂ »
» Dekan	¹/₂ »
» Notar.	¹/₂ »
» Pedell . . .	¹/₂ »
Jedem Promotor 1 fl. .	2 »
	13 bezw. 18 fl.
Der Doktorschmaus 7	»
Summa 20 bezw. 25 fl.	

Artisten.

	Magisterium		Baccalaureat		
Den Magistris vom	fl.	β	fl.	β	ϑ
Concilio	1	—	¹/₂	—	—
Den Examinatoribus	¹/₂	—	—	8	—
Dem Univ.-Fiskus .	1	—	¹/₂	—	—
» Fakult.-Fiskus.	2	—	1	—	—
» Rektor . . .	—	4	—	2	—
» Dekan . . .	—	2	—	1	—
» Notar. . . .	—	3	—	1	8
» Pedell . . .	—	6	—	3	—
» Promotor . .	¹/₂	—	—	8	—
	5¹/₂	—	3 bezw 3		
Das Mahl ungefähr	5	—	2	—	—
Summa	10¹/₂	—	5	—	—

[1]) Bei den Theologen konnte das Tentamen übrigens durch 3—4 zwischen dem Examen und der Disputation eingeschobene Probevorlesungen ersetzt werden.

[2]) Die Disputation wurde wieder von den Medizinern im gleichen Sinne wie von den Theologen öfters übergangen. Histor. coll. med. p. 49 und 58.

[3]) Die Regenz regulierte auch den Preis für den Druck solcher Thesen: Nach einem Beschluss vom 12. Januar 1580 sollten die Drucker nicht mehr als 12 Batzen = 1 ℔ pro pagina verlangen (Lib. concl. fol. 63). Später wurde auf Klage über hohe und ungleiche Preise der Druck der Thesen dem Buchdrucker J. J. Genath in Accord vergeben. — Er erhielt den Titel Typographus Academicus und damit Zutritt zu den convivia doctoralia. Lib. concl. fol. 133'. Regenzbeschluss vom 9. Juni 1615. Vgl. auch S. 60, Anm. 1.

aufgehoben. [1]) Bei der Disputation musste der Dekan zugegen
sein und wenigstens einer der ordentlichen Professoren, ferner
die Stipendiaten. Nach der Disputation erfolgte dann die
öffentliche Ernennung zum Doktor oder die Promotion. [2]) Als
ein typisches Beispiel kann die des Felix Plater gelten, die er
in seiner Selbstbiographie ausführlich beschreibt. [3]) Bezeichnend
für den leeren Formalismus, in welchen diese Dinge schon
damals ausgeartet waren, ist es, dass die Studenten nach-
drücklichst dazu verhalten wurden, ihre Promotionsrede auswendig herzusagen und nicht herabzulesen. Dieses Verbot galt
übrigens auch für die Redeübungen (declamationes), welche
während des Jahres stattfanden. Übertreter desselben wurden
streng gebüsst, ein Doktor mit 2 fl., ein Magister mit 1 fl.,
ein Baccalaureus mit ½ fl. Trotzdem sah sich die Regenz genötigt, mehr als einmal darauf zurückzukommen.[4]) Bezeichnend
aber auch für das zwischen Professoren und Studenten bestehende patriarchalische Verhältnis ist es, dass die Mediziner
und Artisten, um die Gefahr des Durchfallens möglichst zu verringern, beschlossen, jeder Kandidat sollte sich vor der Censur vom
Dekan privatim prüfen lassen, damit dieser unter Umständen
ihm freundschaftlich abrate, sich zum Examen zu melden. [5])

Unter den Promovierten hatte einer an jeder Fakultät,
der seine Studien mit besonderem Erfolg zurückgelegt hatte
oder mittellos war, über Vorschlag der Dekane Anwartschaft
auf eine Prämie, welche die Deputaten aus eigenen Mitteln
ausgesetzt hatten. [6])

Den Beschluss des Ganzen bildete der Doktorschmaus.
Derselbe war obligatorisch und für die ärmeren Studenten eine
schwere Last. Allein er wurde auch solchen, welche um

---

[1]) Die vaterländische Bibliothek in Basel besitzt noch einen ganzen
Stoss solcher Thesen.

[2]) Zwinger in der Methodus apod. p. 212 erwähnt aula promotionibus nova 1573 data darin die beiden von Vesal und Plater ge-
schenkten menschlichen Skelette, sowie das eines Affen.

[3]) Thomas und Felix Plater, herg. von Boos, 308 ff.

[4]) Beschluss vom 29. Dezember 1572, Lib. concl. fol. 51, erneuert
am 28. Mai 1576 ebend. fol. 55', am 9. Januar 1578 ebend. fol. 57', am
5. August 1585 fol. 71 und 12. November 1592 ebend. fol. 81.

[5]) Histor. coll. medic. p. 27 zu 1572, wiederholt 1591 und 1613
p. 61 und 97; und Lib. decret. fac. art. p. 142.

[6]) Lib. concl. fol. 51' zu 1572.

Nachlass baten, nie ganz geschenkt, sondern dieselben konnten höchstens mit einem einfachen Mittagsmahl (prandium) statt der grossen Hauptmahlzeit durchkommen. [1]) Nur in Zeiten grosser Teuerung konnte auch der Doktorschmaus wie die anderen akademischen Gelage mit einem Betrag zu gunsten der Armen abgelöst werden. [2])

Umsomehr bot das Convivium den reichen Studenten Gelegenheit zu prunken und zu glänzen. Gegen den überhand nehmenden Luxus erhob sich nicht bloss eine starke Opposition unter den minder bemittelten Studenten, die sich nicht gerne in den Schatten gestellt sahen, [3]) sondern die Regenz selbst fand sich veranlasst einzuschreiten, aber auch hier mit keinem durchschlagenden Erfolg. [4])

Was die Freqeuz der Hochschule anbetrifft, so sind in dem hier zu behandelnden hundertjährigen Zeitraum im ganzen 8806 Hörer immatrikuliert worden. Am stärksten war der Besuch in dem letzten Jahrzehnt des 16. und dem ersten des 17. Jahrhunderts, — er erreichte das Maximum von 175 Immatrikulationen im Jahre 1580, das Minimum fällt in das Jahr 1541 mit 10 Einschreibungen. [5])

---

[1]) Histor. colleg. medicor. p. 26.

[2]) Lib. concl. fol. 71 zu 1586 mit 3 fl. von einem Doktor, mit 2 fl. von einem Magister und 1 fl. von einem Laureaten, ebenso zu 1622 fol. 146' und 1624 fol. 154.   [3]) Lib. concl. fol. 104'.

[4]) Ebend. fol. 46', 49, 105, 123' dienen zugleich als Belegstellen für die genaueren Ausführungen im Basler Jahrbuch 1887, 120 ff.

[5]) Eine genauere Specialisierung dürfte nicht ohne Interesse sein:

Jahre	Gesamt-Frequenz	Maximum	im Jahre	Minimum	im Jahre
1532—1542	332	68	1542	10	1541
1543—1552	457	76	1548	32	1543 u. 45
1553—1562	778	109	1562	66	1555
1563—1572	831	174	1568	39	1564
1573—1582	1044	175	1580	53	1573
1583—1592	1004	137	1591	75	1588
1593—1602	1265	156	1599	83	1593
1603—1612	1136	146	1606	52	1610
1613—1622	1085	130	1618	88	1622
1623—1632	884	110	1626	64	1624
	8806	175	1580	10	1541

Der Ruhm der Lehrer und die politischen Begebenheiten, die gegen Ende des Jahrhunderts ausbrechende reaktionäre Bewegung und der aus ihr sich entwickelnde dreissigjährige Krieg, welcher der Schweiz viele Flüchtlinge aus dem Auslande zuführte, erklären den vermehrten Besuch ebenso, wie die schrecklichen Wirkungen des Krieges sich im langsamen aber stetigen Sinken des Besuchs ausdrücken. [1])

Der dreissigjährige Krieg war es auch, welcher den ruhigen Gang der äusseren Geschichte der Universität sowohl als der Stadt, der seit der Reformation niemals merklich erschüttert worden war, rauh zu unterbrechen drohte. Die enge Verbindung des Elsass als östreichisches Vorland mit der durch den Ausbruch des Krieges zunächst gefährdeten Dynastie, die Anwesenheit eines so tatkräftigen und entschlossenen Verwalters dieser Gebiete wie Herzog Leopold, die natürliche Gegnerschaft des Bischofs von Basel, die unselbständige Haltung der befreundeten und durch Religionsgemeinschaft verbündeten Nachbarstadt Mülhausen — alles das schärfte die Gegensätze in den oberrheinischen Gebieten und machte Basels Lage von Beginn des Krieges an schwierig. [2]) Als es nun schon im Jahre 1621 im Elsass zum Schlagen kam, [3]) trug der Rat Sorge, sein Gebiet gegen den Einfall fremder Truppen zu beschützen. Er entfaltete eine lobenswerte Energie. Die Stadt wurde mit neuen Befestigungswerken umgeben, Schanzen aufgeworfen, die alten Mauern gebessert. Durch Verordnung vom 21. Juni 1621 wurde die ganze Bevölkerung zum Frondienst herangezogen. [4]) Die Herren von der Akademie glaubten anfangs, ihre Bequemlichkeit mit ihren Privilegien schützen zu können. Der Rat versprach ihre Teilnahme an der Arbeit nie als Präjudiz geltend machen zu wollen, bestand im übrigen allen Ernstes auf Er-

---

[1]) Dies zeigt schon die vorstehende Tabelle. Die Abnahme setzt sich fort in dem nächsten Jahrzehnt und die Frequenz erreicht den tiefsten Stand mit 42 Immatrikulationen im Jahre 1640, — dann hebt sie sich wieder, erreicht aber bis zum Schlusse des Jahrhunderts nur dreimal Zahlen über 100.

[2]) Vgl. Alb. Burckhardt, Basel zur Zeit des 30jährigen Krieges. Basler Neujahrsblatt von 1880. S. 6 f.

[3]) Ochs 6, 586.   [4]) Ebend. 6, 589.

füllung seines Mandats, dem die Regenz sich endlich auch
weislich fügte. [1] — Opferwilliger zeigte sie sich, als der Rat
zur Deckung der bedeutenden Unkosten ein Zwangsanleihen
von den Bürgern erhob. [2] Allerdings muss man berücksichtigen,
dass der Rat für die ihm verabfolgten Gelder 5 % verzins-
liche Schuldscheine ausgab. Dem einzelnen war also, wenn
er halbwegs Vertrauen in die Zukunft hegte, eine Gelegenheit
zu vorteilhafter Kapitals-Anlage geboten. [3] Demgemäss erhielt der Rat von den Professoren allein nachweislich eine
Summe von 31,630 fl. und am 19. August desselben Jahres
wurden ihm noch 2470 fl. 10 β [4] als Erträgnis einer Sammlung von ausserordentlichen Beisteuern der Universitäts-Ange-
hörigen eingehändigt, an der sich nur diejenigen nicht beteiligt
hatten, welche durch Errichtung der Befestigungswerke auf
ihrem Grund und Boden zu Schaden gekommen waren und
durch freiwillige Abtretung desselben ihren Beitrag geleistet
hatten. [5] Wie vorsichtig man auch immer in diesen Kreisen
auf die Wahrung der Gerechtsame dem Rate gegenüber Bedacht nahm, im Momente der Gefahr überwog das Interesse
für das allgemeine Wohl doch jedes Gefühl strenger Selbstherrlichkeit.

Nebenanstalten.

In der Organisation einer Hochschule nehmen heutzutage
die Nebenanstalten einen breiten Raum ein. Die Ausweitung

[1] Lib. concl. fol. 147. Regenzbeschluss vom 21. Oktober 1622.
[2] Ochs a. a. O. 6, 588.
[3] Die Originale der Schuldbriefe befinden sich im St. A. — Es
ist ein Zeichen der sorgfältigen Finanzwirtschaft des Rates, dass er
schon im Jahre 1636 imstande war, den meisten Gläubigern ¼ des geliehenen Kapitals zurückzuzahlen (das erhellt aus den Dorsual-Notizen
auf jenen Schuldscheinen). Die letzte Abzahlung an einen Akademiker
erfolgte 1661 — 750 fl. an Johann Gut.
[4] Laut Regenzbeschluss vom 30. Juni 1623 sollte das Geld ein-
gesammelt werden nach den sex urbis socictates, in welche die Burgerschaft eingeteilt war. Lib. concl. fol. 149.
[5] Lib. concl. fol. 149'.

der naturwissenschaftlichen Disciplinen hat die Herstellung
von Instituten und Sammlungen der verschiedensten Art notwendig gemacht, die Mediziner benötigen grosse Seciersäle
und Kliniken und ein für die gesamte Hochschule unentbehr-
licher Faktor ist der Bestand einer grossen Bibliothek geworden. Mit Ausnahme dieser letzteren, sowie des anatomischen
Theaters und des botanischen Gartens sind diese Institute
jedoch durchaus neueren Ursprungs; nur diese drei reichen mit
ihren Ansätzen bis in unsere Periode zurück.

Das anatomische Theater und der botanische Garten wurden beide auf Anregung Th. Zwingers [1]) im gleichen Jahre
(1588) gegründet. Die Deputaten und Regenz überliessen der
medizinischen Fakultät über ihr Ansuchen einen kleinen Trakt
im unteren Kolleg, gegen den Rhein zu gelegen, zur Herstellung
der genannten Institute. [2]) — Der Platz wäre gut gewählt
gewesen; allein, da die Kosten des Umbaus, zu welchem der
Rat, die Universität und die Fakultät zusammensteuerten,
ziemlich beträchtlich gewesen wären, gab man der Bitte der
Mediziner, diesen Platz mit dem damals durch die Errichtung
des Gymnasiums leer gewordenen Pädagogium tauschen zu
dürfen gerne nach. Bis November 1589 war dann wirklich
die neue Anlage im Augustinerkolleg fertig gestellt. [3]) Dort
ist sie während des hier behandelten Zeitraums auch geblieben.

Reichhaltiger sind die Nachrichten über die Bibliothek.
Als die Universität wieder eröffnet wurde, fand sie einen
Bücherschatz von nur etwa zweihundert Bänden vor. [4]) Immerhin war damit ein Grundstock gegeben, an den sich Neu-
anschaffungen zweckmässig anschliessen konnten. Indem man
darauf Bedacht nahm, die Vermehrung dieses Bücherbestandes
nicht mehr von bloss zufälligen Schenkungs-Akten abhängen
zu lassen, sondern ihr regelmässige Bezugsquellen zu eröffnen,
tat man den notwendigen Schritt, um aus dieser Sammlung

---

[1]) Histor. colleg. Medicor. p. 50.
[2]) Ebend. p. 53. 1588 Dezember 17. A Regentia et scholarchis
domuncula posterior collegii inferioris concessa est facultati Medicinæ,
ut ædificent pro Anatomia habenda et horto Medico. Vgl. auch Lib.
concl. fol. 73' und 74.   [3]) Histor. colleg. Medicor. p. 56 v.
[4]) Vischer a. a. O. 137.

eine Bibliothek zu machen. Rat und Regenz bemühten sich
um dieselbe. Bereits 1549 wiesen die Deputaten der Bibliothek
einen Jahresbeitrag von 12 ℔ 10 β zu, der in den üblichen
Quatemberraten ausbezahlt und auf das Einbinden von Büchern
verwendet werden sollte. [1]) 1593 wurde der Betrag um 1 ℔
erhöht und 1616 beschloss die Regenz ihn durch einen entsprechenden Zuschuss aus dem fiscus legatorum auf 40 ℔ ab-
zurunden. [2]) Diese Summe ist bis 1730 beibehalten worden.
1559 wurde der Bücherbestand ansehnlich vermehrt durch die
Einverleibung der Bibliothek des Dominikanerklosters, die auf
den Antrag des Deputaten Heinrich Petri hin vom Rate verfügt wurde. Im gleichen Jahre wurden auch aus der Bibliothek
des Domkapitels 180 Bände, darunter viele wertvolle Handschriften, der Universitätsbibliothek übergeben, die zugleich
auch ein eigenes Lokal im unteren Kollegium erhielt. [3]) Die
Bibliothek war schon so ansehnlich geworden, [4]) dass die
Regenz zwei Bibliothekare mit der Aufsicht zu betrauen für
notwendig erachtete. [5]) Am meisten kam ihr zu statten, dass
die Buchhändler verpflichtet wurden, ein Exemplar eines jeden
in Basel neu gedruckten Buches an die Bibliothek abzuliefern.
Sie erhielten dafür später auch die Vergünstigung Bücher aus
der Bibliothek entlehnen zu dürfen. [6])

---

[1]) Lib. concl. fol. 40. Vgl. auch die Festschrift zur Einweihung
des Museums zu Basel, 26. November 1849, p. 7.

[2]) Fiscus Bibliothecæ zu den angegebenen Jahren (U. A.) und
Lib. concl. fol. 135. Beschluss vom 14. Mai.

[3]) Festschrift 7. Ochs 6, 419.

[4]) In der Festschrift a. a. O. wird ihr damaliger Bestand auf ca.
830 Bände angeschlagen.

[5]) Ein Verzeichnis der Regenzialen von 1585 Lib. concl. fol. 70'
nennt als Bibliothekare Christian Wurstisen und Beatus Hälius. Das
geschieht so beiläufig, dass die Annahme, die Wahl zweier Bibliothekare
sei schon längere Zeit üblich gewesen, kaum von der Hand zu weisen
sein dürfte.

[6]) In der Bibliotheksordnung von 1591 (s. unten) heisst es: et
quorumlibet novorum hic excusorum librorum exemplarium typo-
graphi *more consueto* Bibliothecæ inferant, *operam danto* (*bibliothecarii*).
Daraus geht doch hervor, dass die Bücherzustellungen der Buchdrucker
wohl mehr den Charakter einer vielleicht durch ein Übereinkommen
geregelten Verpflichtung als einer ganz freiwilligen Spende (Festschrift
a. a. O.) tragen.

Gleichwohl brachte erst das Jahr 1590 [1]) ein Ereignis, welches für die weitere Entwicklung der Universitätsbibliothek von grundlegender Bedeutung wurde. Damals fassten nämlich die Deputaten den Beschluss, die bis dahin in den verschiedenen Klöstern zerstreuten Bücherschätze in der Universitätsbibliothek zu vereinigen. Demgemäss wurden im Juni dieses Jahres die in der Karthause vorhandenen Bücher (ca. 2100 Bände), im August die dem Domkapitel gehörige Sammlung, etwa 300 Bände, und im September die Sammlung von St. Leonhard, auch etwa 300 Bände, mit den Wandkästen und Arbeitspulten abgeliefert. — Auf Wunsch der Verweser von St. Leonhard wurden die theologischen Werke ausgeschieden und dem Kloster gelassen. Mit einem Schlage war durch diese Massregel [2]) die Universitätsbibliothek um 2700 Bände bereichert worden. Eine grosse Anzahl Ketten, mit denen die Bücher in den Kloster-bibliotheken an ihre Unterlage angeschmiedet waren, wurden später verkauft und aus dem Erlös neue Werke angeschafft.[3]) Ebenso verfuhr man mit einer Menge überschüssiger Missale, von welchen man nur einige zurückbehielt.[4]) Das für die übrigen eingelöste Geld wurde der theologischen Fakultät zu Büchereinkäufen übermittelt.

Die Verwaltung dieser so vergrösserten Sammlung wurde vorläufig auf dem alten Fusse belassen. Nur musste einer der beiden Bibliothekare — in diesem Jahre waren es Nicolaus Stupa und Peter Ryff — auch die Verwaltung des zur selben Zeit gebildeten Fiscus Bibliothecæ übernehmen.[5]) In ihm kommt der selbständige Charakter, den das Institut gewonnen hatte, recht eigentlich zum Ausdruck. Als es sich zeigte, dass zwei Bibliothekare den vermehrten Anforderungen nicht mehr genügten, beschloss die Regenz am 1. September 1592 versuchsweise eine viergliedrige Kommission einzusetzen, in welche jede Fakultät einen Vertreter wählte, der dann die

---

[1]) Ochs 6, 419 unrichtig zu 1592.

[2]) Dieselbe war durch Ratsbeschluss vom 11. Juni genehmigt wor-den mit dem Bemerken, dass jedem Kloster ein Verzeichnis der von ihm empfangenen Bücher zugestellt werde. Erkanntnisb. V. fol. 162.

[3]) Lib. concl. fol. 107. Regenzbeschluss vom 1. Mai 1607.

[4]) Ebend. fol. 96' und 97. Regenzbeschluss vom 25. August 1600.

[5]) Darnach zu berichtigen. Festschrift S. 10.

Aufsicht über die seiner Fakultät zugehörige Bücherabteilung
übernahm. [1]) Dieses Provisorium hat sich lange behauptet
und war jedenfalls ganz zweckmässig, bis die notwendige Ordnung in den plötzlich massenhaft angewachsenen Bücherschatz gebracht war. Dann jedoch war ein solches viel-
köpfiges Aufsichtsorgan überflüssig, wenn nicht geradezu hin-
derlich. In der zweiten Bibliotheksordnung von 1622 wurde
es deshalb auch beseitigt. Der akademische Senat ernannte
fortan jährlich [2]) einen Bibliothekar aus seiner Mitte, die
Wahl fiel bis zum Schlusse dieser Periode immer auf den
Dekan der juridischen Fakultät. Er allein mit dem Rektor
erhält die Schlüssel zur Bibliothek; den anderen Dekanen
bleibt aber noch ein Aufsichtsrecht und die Verrechnung der
Büchereinkäufe, die jeder für seine Abteilung besorgt. Die
Rechnungen werden konform den übrigen auf Mitte Juni fertig
gestellt und ebenfalls von Rektor und Prorektor überprüft.
Vor Schluss des Schuljahrs hat eine Revision der Bibliothek
stattzufinden durch den Rektor und die Dekane. Etwaige
Abgänge muss der Bibliothekar ersetzen. Für seine Mühewaltung bezieht er einen Gehalt von 12 ₰. — Für die Benützung der Bibliothek war im gleichen Jahre 1594 von der
Regenz ein Regulativ [3]) entworfen und genehmigt worden mit
folgenden wesentlichen Bestimmungen: die Schlüssel zur
Bibliothek dürfen nur in der Hand des Rektors und der
Dekane sein. Das Ausleihrecht wird auf Professoren, Pfarrer,
Ratsherren und Buchdrucker beschränkt. Der Entlehner haftet
für den Schaden, der durch schlechte Behandlung oder Verlust des Buches entsteht. Deshalb muss er auf dem Leih-

---

[1]) Lib. concl. fol. 80 v. Zum Schlusse heisst es: quod si tamen
minime commodum fuerit, rursus ad binarium redeundem. Die Scheidung der Bücher nach den einzelnen an den Fakultäten vertretenen
Fächern ergiebt sich aus folgenden zwei Stellen: Fiscus bibl. zu 1594/5
Coccius pro studioso cuius opera usus fuit in disponendis et registrandis
libris medicis 10 ₰ und ebend. zu 1625/6: An Müller so zwen Catalogos
Bibliothecæ Juridicæ geschrieben, bezahlt 8 ₰.

[2]) Vorher blieben die Bibliothekare, wenigstens der, der auch
den Fiskus besorgte, längere Zeit im Amt, so Peter Ryff von 1590—93,
sein Nachfolger Iselin bis 1601.

[3]) Basler Mandate I./8, § 1 b, Nr. 1. (St. A.)

schein den Preis des geliehenen Buches bemerken, den ihm
der Bibliothekar angiebt und der wenigstens das Doppelte einer
entsprechenden Schätzungssumme betragen soll. Manuskripte
und seltene Werke dürfen nur an gut bekannte Personen und
nur mit Bewilligung des Rektors abgegeben werden. Wenn
ein Buch über die Bannmeile der Stadt hinaus verlangt wird,
so muss der Petent ein Gesuch bei der Regenz einreichen,
geeignete Bürgen stellen oder Pfänder geben. Länger als ein
Vierteljahr darf niemand ein Buch behalten oder er muss um
Fristverlängerung bei der Regenz einkommen. Aus diesen
Bestimmungen spricht die ängstliche Besorgnis, welche man
für die Erhaltung der neugewonnenen Schätze hegte. Die
Engherzigkeit, mit der man das Benützungsrecht und den
Leserkreis einschränkte, wich jedoch bald einer freieren Auffassung. 1622 wurde von der Regenz über Abänderung dieser
Statuten beraten und eine neue Bibliotheksordnung entworfen
und gutgeheissen.[1] Bezüglich der Benützung der Bibliothek
wird jetzt verfügt: Anlage eines Ausleihbuches, Wertbe-
stimmung eines verlorenen oder beschädigten Buches durch
die Regenz, wenn Schadenersatz gefordert werden muss, Erlaubnis für die Professoren ein Buch auch über ein viertel Jahr
behalten zu dürfen, Erweiterung des Ausleihrechtes auch auf
die Doktoranden und die fremden Studenten, doch müssen sie
eine Empfehlung des Dekans beibringen und Bürgen stellen.
Diese Statuten wurden in Druck gelegt[2] und sind bis Ende
des 17. Jahrhunderts in Kraft geblieben. Da der Bibliothekar
jetzt einen regelmässigen Gehalt bezieht, wird man annehmen
dürfen, dass er auch regelmässig Amtsstunden gehalten hat.
Bedauerlicherweise sind wir hierüber, sowie über die Benützung
der Bücher an Ort und Stelle nicht näher unterrichtet.[3]

---

[1] Lib. concl. fol. 146 zum 24. April 1622.

[2] Ein Exemplar in der Sammlung der Basler Mandate L/8,
§ 1b, Nr. 2. (St. A.)

[3] Der in Privil. et stat. univ. p. 87 stehende von den Besuchern
der Bibliothek zu leistende Eid gehört, wie aus der Fassung desselben
und spec. aus dem Ausdruck »birredates«, der nach der Reformation
nicht mehr gebraucht worden ist, hervorgeht, in die frühere Periode.

Drittes Kapitel.

Die theologische Fakultät.

————

Die Geschichte dieser Fakultät[1]) knüpft an den Namen eines Mannes an, welchen, obgleich er bloss den kleinsten Teil seines Lebens in Basel verbracht hat, diese Stadt jetzt doch zu ihren grössten Bürgern rechnet — Ökolampad.[2]) Ökolampad hatte Basel zum erstenmale im Jahre 1514 betreten[3]), als ihn Bischof Christoph von Utenheim als Prediger an die Kathedrale berief. Der Bischof war ein Freund der neuen Richtung in den Wissenschaften, Gönner des Erasmus und ehrlich bemüht, dem tiefgefühlten Bedürfnis einer Kirchenreform nach Kräften entgegenzukommen. In beiden Richtungen fand er an Ökolampad, der schon als Prediger in seiner

———

[1]) Für die Geschichte der theologischen Fakultät im allgemeinen ist auch zu vergleichen: K. R. Hagenbach, Die theologische Schule Basels und ihre Lehrer. Basel 1860.

[2]) Ökolampads Leben ist mit aller wünschenswerten Sorgfalt und Berücksichtigung der älteren Litteratur beschrieben von Herzog, Das Leben Johannes Ökolampads, Basel 1843, und K. R. Hagenbach im 2. Band der Sammlung: Leben und ausgewählte Schriften der Väter und Begründer der reformierten Kirche, herausg. von J. W. Baum etc. Elberfeld 1857—62, S. 1—188. Hier sind auch auf S. 191—806 ausgewählte Schriften veröffentlicht. Sollte man es jedoch für möglich halten, dass es uns bis jetzt an einer kritischen Gesamtausgabe seiner Werke gebricht?

[3]) Vergl. Mähly in der Alsatia herausg. von Stöber, Bd. 1856/57, S. 235, Anm. 1, in der das von Herzog a. a. O. 1, 118 gegebene Datum (1515) berichtigt wird.

Vaterstadt Weinsberg seine Stimme gegen einzelne Entart-
ungen des religiösen Kult erhoben hatte, einen bereitwilligen
und verständnisvollen Förderer seiner Absichten. Ökolampad
verliess aber Basel schon im nächsten Jahre, um in ein
Augsburger Kloster zu treten, wozu ihn der Mangel innerer
Ruhe und Zufriedenheit antrieb, ähnlich wie Luthern. —
Da er die gesuchte Befriedigung in den stillen Klosterzellen
nicht fand, vielmehr durch die Selbständigkeit seiner Ansichten bald in heftige Opposition zu den übrigen Brüdern
geriet, entwich er. 1518 finden wir ihn wieder auf einige
Wochen in Basel. Damals half er Erasmus bei der Ausgabe
des Neuen Testamentes und machte seine griechische Grammatik druckfertig, die 1520 bei Kratander erschien.[1]) Aber
erst 1522 kehrte er zu dauerndem Aufenthalte hieher zurück.

Es ist hier nicht der Ort darzustellen, was er als Reformator geleistet hat, zu dem ihn die Verhältnisse mehr als
eigene Neigung gemacht haben. Denn, ohne seine grossen
Verdienste um die Ausbreitung der Reformation in Basel
schmälern zu wollen, wird man sagen dürfen, dass unter allen
Reformatoren Ökolampad diejenigen Eigenschaften am wenigsten
besass, welche zusammen den Reformator erst ausmachen. An
den Männern, welche an der Spitze der neuen Partei stehen,
bemerken wir Energie, Kühnheit, Temperament, Kampfesmut
— Ökolampad war friedliebend, bedächtig, kühl, nachdenklich.
Die Führung seiner Partei hat er nie angestrebt, sie fiel ihm
zu, weil er der talentvollste, edelste und vor allem kenntnisreichste Vertreter des neuen Princips innerhalb der Mauern
Basels gewesen ist. Er hat von diesem halb unbewusst über-
nommenen Principat stets den massvollsten Gebrauch gemacht.
Gewiss wünschte er so lebhaft als irgend einer die Verwirk-
lichung des Ideals, das er im Herzen trug. Allein wenn
Zwingli dieselbe auf jede Weise erstrebte, die sich ihm als
Theologe, Bürger und Staatsmann darbot, so hoffte Ökolampad
alles von der selbstwirkenden Kraft des Wortes Gottes.[2]) Er
hat die Zauderpolitik des Rates oft und laut beklagt, er war

---

[1]) Hagenbach a. a. O. 186.
[2]) Bezeichnende Stellen aus Briefen und Reden giebt Hagenbach
im Basler Neujahrsblatt von 1868, S. 16 und 22.

über die Stimmung der Bürgerschaft wohl unterrichtet — aber
er hätte seiner Natur untreu werden müssen, wenn er diese
Stimmung mit Energie zu gunsten der von ihm vertretenen
Lehre hätte ausbeuten wollen. Die Ereignisse vollzogen sich
ohne sein Zutun und in den Tagen der Krisis trat er fast
gar nicht hervor.[1]

Sein Verdienst aber ist es, dass er, sobald einmal die
Reformation obgesiegt hatte, seine ganze Kraft einsetzte, um
den schwankenden Zuständen des Überganges möglichst rasch
ein Ende zu bereiten. Ebenso war es für die äussere Geschichte der Stadt von Wichtigkeit, dass Ökolampad auf die
Form des Bekenntnisses der Bürger einen dauernden Einfluss
ausgeübt hat. Er hatte sich selbst, dogmatisch betrachtet,
zu einer Auffassung der neuen Lehre durchgearbeitet, welche
besonders in der so entscheidend gewordenen Frage über die
Bedeutung des Abendmahles der Zwinglischen Ansicht näher
kam, als der Luthers, und dieses sein Bekenntnis ist, wenn auch
in etwas veränderter Form, durch die erste Basler Konfession
Gemeingut aller Bürger geworden. Dadurch war der spätere
Anschluss Basels an die reformierte Partei vorbereitet, ein Umstand, der für die Stärkung der politischen Beziehungen der
Stadt zur Eidgenossenschaft, welche in dem Bündnis von 1501
eine neue staatsrechtliche Grundlage gewonnen hatten, nicht
ohne Bedeutung war.

Ökolampads Tod (23. November 1531) war ein schwerer
Verlust für die Stadt, aber ein noch ungleich schwererer für
die Universität. Denn unzweifelhaft wäre sie der Schauplatz
gewesen, auf dem Ökolampad seine Fähigkeiten am besten
hätte entfalten können. Er besass alle Eigenschaften eines
guten akademischen Lehrers, reiches Wissen, unparteiisches
Urteil, Rednergabe. Er hätte jedenfalls, wenn ihm beschieden

---

[1] Zwingli in dem an die Basler Geistlichen gerichteten Brief vom
5. April 1525 sagt: Habetis Öcolampadium virum eruditione incomparabili circumspicientia vero tali, ut si altera parte peccet cunctatione
potius quam precipitatione istud faciat. Schuler u. Schulthess, Zwingli
opera 7, 392. Janssens unwürdige Darstellung (Gesch. des deutschen
Volkes 3, 91 ff.) im einzelnen zu widerlegen, muss ich mir hier versagen.

98

gewesen wäre, länger zu leben, Schule gemacht.¹) Seine
ersten Vorlesungen über den Propheten Jesaias waren, wie
ein Zeitgenosse berichtet, von gegen dreihundert Zuhörern
besucht, Studenten, Geistlichen und Bürgern.²) Es war
schon davon die Rede, welchen regen Anteil er an dem Schicksal der Hochschule genommen hat. Seit dem Jahre 1523
war er an ihr tätig gewesen.³) Vor der Katastrophe hatte er
ausser über Jesaias auch über den Römerbrief Pauli gelesen;
nach der Reformation hören wir von einem Vorlesungsprogramm
zum Propheten Daniel.⁴) In nachhaltiger Weise sich dem Lehramt zu widmen, verhinderten ihn die vielen Geschäfte, in die
er durch die Neuordnung des Gemeinwesens verwickelt wurde.
Er kann vor Juni 1531 überhaupt kaum zum Abhalten von
Vorlesungen gekommen sein.⁵)

Die Wiederaufrichtung der Hochschule betrachtete er als
eine Ehrensache für die reformierte Partei. Das Gutachten,
das er dem Rat übergab, ist nicht nur ein Zeichen von tiefer
Einsicht in das Wesen des Studiums, das nach seiner Meinung,
die von seinen Nachfolgern vollinhaltlich angenommen wurde,
überall unvermittelt aus den Quellen schöpfen soll, sondern auch
ein lauter Protest gegen die Zumutung der Katholiken, als sei
der neue Glaube den Wissenschaften feind. Es basiert auf dem
Grundgedanken, dem er an einer andern Stelle Ausdruck verliehen hat mit den Worten: „Wir leben der Überzeugung, dass
die Wissenschaften Gaben Gottes seien, die die Guten auch
zum Guten gebrauchen können." ⁶) Er sollte die Freude nicht
mehr erleben, die Hochschule verjüngt wieder erstehen zu
sehen; aber die Zukunft hat seine Worte erfüllt und ihnen Bedeutung und Wert verliehen.

Ökolampads nächste Sorge war, für die Universität
tüchtige Lehrkräfte zu gewinnen. Auch in dieser Beziehung

---

¹) Vergl. auch Hagenbach, theolog. Schule Basels. 13.
²) Brief Ceporins an F. Brennwald vom 13. April 1523. Strickler, Aktensammlung z. schweiz. Reformationsgesch. 1, 208 u. 590.
³) Vischer a. a. O. 230; darnach zu verbessern Ochs 5, 463.
⁴) Hagenbach im Neujahrsblatt S. 14 u. 36.
⁵) Herzog a. a. O. 2, 176.
⁶) Hagenbach in: Leben und Schriften etc. 2, 129.

galten seine Anstrengungen nicht bloss seiner Fakultät, sondern der Hochschule im ganzen. Es gelang ihm auch in der
Tat die Berufung von drei Gelehrten, von welchen zwei zu
den bedeutendsten litterarischen Grössen ihrer Zeit zählen,
durchzusetzen — Simon Sulzer, Sebastian Münster, Paul
Konstantin Phrygio (Seidensticker). Unter diesen war Phrygio am besten mit den Basler Verhältnissen bekannt. Er war
geboren in Schlettstadt[1]), hatte in Basel studiert und 1510
bereits einen biblischen Kurs eröffnet. 1513 wurde er zum
Doctor theologiæ promoviert.[2]) Mit Wyttenbach gehört er
zu denjenigen, welche einer freieren Richtung in der Schrift-
auslegung Bahn brachen. Er wurde später [3]) Pfarrer in seinem
Geburtsort. Hier trat er auch der von Wimpheling gebildeten litterarischen Gesellschaft bei, zu deren geachtet-
sten Mitgliedern er zählte. „Beim ersten Anblick hielt ich
ihn für einen gewöhnlichen Pfaffen," schreibt Brunfels an
Beatus Rhenanus, „und empfing ihn nicht sehr höflich; allein

---

[1]) Sein Geburtsdatum konnte ich nicht ausfindig machen, wie
überhaupt seine Biographie noch viele Lücken aufweist, die nur die
lokale Forschung schliessen kann. Ich stelle hier zusammen, was mir
von gedrucktem Material bekannt geworden ist: Iselin, Lexikon. Basel
1726. 3, 929 und Splt. 2, 662 (hier ist die ältere Litteratur angegeben).
— Jöcher, Allgem. Gelehrten-Lex. 3, 1538. — J. Fr. Roos, Reform.-
Gesch. Auszug der Histor. Lutheranismi von Seckendorf. Anm. zu § 71.
— Röhrich in Illgens Zeitschr. f. histor. Theologie 1834: 4, 199 ff.
erwähnt bloss, dass Phrygio Mitglied der gelehrten Gesellschaft in
Schlettstadt gewesen sei (S. 211) und dass seine Reformationsversuche
unterdrückt worden seien (S. 216). — Böcking, opera Hutteni. Splt. 2,
477. — Ath. Raur. 18. — Hagenbach, theol. Schule Basels. 9. — Her-
zogs Realencykl. f. prot. Theologie. 18[2], 177 u. 285; 4, 436 u. 595
bloss vorübergehend erwähnt. — Röhrich, Gesch. der Reformat. im
Elsass 1, 400. — K. Hartfelder, Zur Gesch. des Bauernkrieges in
Südwestdeutschland. 111—115. — Die hier erwähnte Schrift von Dorlan
war mir nicht zugänglich und in dem Aufsatz desselben in der Revue
d'Alsace 1855, Bd. 6, wird Phrygio nicht genannt. — Horawitz und
Hartfelder, Briefwechsel des Beatus Rhenanus. 414, Nr. 289 (Brief
Phr. an Rh.) und sonst.

[2]) Vischer a. a. O. 226.

[3]) Den genaueren Zeitpunkt vermag ich nach den mir zu Gebote
stehenden Quellen nicht anzugeben. Jedenfalls ist dies vor 1520 geschehen, wie aus dem in der folgenden Anmerkung citierten Brief hervorgeht.

wie beredt, wie fein, wie gebildet zeigte er sich im Verlaufe
unserer Unterredung."[1]) Zu Rhenanus, Wimpheling, Zasius
stand er in nahen persönlichen Beziehungen. Als der Johanniter-
Komtur in Strassburg Wimpheling einladet, theologische Vorlesungen zu halten, lehnt dieser ab und empfiehlt Phrygio
als einen charakterfesten und kenntnisreichen Theologen.[2])

Über die bloss humanistischen Tendenzen seiner Freunde
hinausgehend, schloss sich Phrygio dann mehr und mehr der
reformatorischen Bewegung an. 1521, also in der Zeit, da
der Wormser Reichstag die Gemüter in eine gewaltige Aufregung versetzte, erschien eine jener damals so zahlreichen
Flugschriften voll heftiger Ausfälle gegen Rom, den Papst
und die herrschenden Misstände auf geistlichem und weltlichem
Gebiete. Als ihr Verfasser wurde Phrygio vom Humanisten
Spiegel beim Kardinal Aleander namhaft gemacht.[3])

Auch in seiner priesterlichen Tätigkeit ist Phrygio von
da ab für die neue Lehre mit grösserem Nachdruck eingetreten. Sie gewann trotz der ablehnenden Haltung der Behörden zusehends an Boden in Schlettstadt. Aber der unglück-
liche Ausgang des Bauernkrieges gab hier der reaktionären
Strömung wieder die Oberhand.[4]) Der Rat liess die vertriebe-
nen Mönche zurückkehren und stellte den katholischen Gottesdienst möglichst wieder her. „Deshalb will Sapidus nicht länger
mehr dort bleiben," schreibt ein Schlettstadter an Rhenanus[5]),
„und ebensowenig Phrygio, wie es heisst, nachdem der Rat
seine Kollegen gezwungen hat die Stadt zu verlassen."

Die Berufung nach Basel enthob Phrygio einer unhaltbaren oder gab ihm vielleicht überhaupt erst wieder eine
Stellung.[6]) — Zunächst wurde er Pfarrherr bei St. Peter.[7])

---

[1]) Briefwechsel des B. Rh. 199, Nr. 145.

[2]) Schmidt, Hist. littéraire de l'Alsace 1, 86.

[3]) Vergl. hierüber Geigers Vierteljahrschrift 1, 396.

[4]) Vergl. hierüber Hartfelder a. a. O.

[5]) Brief des Kilian Clemens an Beatus Rhenanus vom 21. Aug.
1525. — Briefwechsel des B. R. 231, Nr. 239.

[6]) Auch für die Jahre 1525—1529 fehlen mir bezügliche Nachrichten über Tun und Aufenthalt Phrygios.

[7]) Brief Ökolampads an Zwingli vom 28. März 1529, gedruckt
bei Schuler u. Schulthess, opera Zwinglii 8, 273, Nr. XXV.

Nach der Wiedereröffnung der Universität erhielt er die Professur für Altes Testament, die er bis 1535 versah. 1533 wurde er zum Rektor gewählt und ausnahmsweise auch für das folgende Schuljahr in dieser Würde bestätigt. 1535 folgte er einem Rufe des Herzogs Ulrich von Württemberg an die Hochschule Tübingen [1]) und hier ist er als Professor und erster Stadtgeistlicher am 1. August 1543 gestorben. Als eifriger Zwinglianer hatte er übrigens keine ganz leichte Stellung und manchen Verdruss, wie denn z. B. sein Kollege Forster, ein ebenso eifriger Lutheraner, das Abendmahl nicht von ihm gereicht haben wollte. Als Schriftsteller ist Phrygio nicht in hervorragender Weise tätig gewesen. Interessant ist die von ihm verfasste Chronik. Dieser Titel ist eigentlich für das Buch nicht zutreffend, weil es seiner Anlage nach eine blosse Zeittafel und in erster Linie zu Studienzwecken bestimmt ist.[2]) Aus der Vorrede erhellt, dass der Plan zu diesem Werke ursprünglich von Simon Grynäus gefasst worden war. Er scheint dann der Arbeit müde geworden zu sein und trat seine Materialien an Phrygio ab. Offenbar hielt er ihn dazu für befähigter als Rhenanus, der mit unverkennbarem Hohn von dem Vorhaben Phrygios spricht; er meint: Phrygio sei zwar kein übler Mensch, aber doch nicht mit der für ein solches Werk nötigen Urteilsfähigkeit ausgerüstet, um von anderen Erfordernissen gar nicht zu reden. Erwähnung verdient noch, dass Phrygio aus eigenem Antrieb, wie es scheint, in die Verhandlungen über die Reorganisation der Hochschule einzugreifen versucht hat. Wenigstens ist von ihm ein „Ratschlag" überliefert, welchen er im Juli 1535, also kurz vor seinem Abgang verfasst hat.[3]) Dieses Gutachten ist übrigens sehr unbedeutend, beschäftigt sich vornehmlich nur mit der

---

[1]) Urkunden zur Gesch. d. Universität Tübingen. 660. Sept. 1535.

[2]) Chronicon regum regnorumque omnium catalogum et repertorium ab exordio mundi temporum seculorumque seriem complectens ... P. C. Phrygione autore Basilee apud Joh. Herwag 1534. In der Vorrede heisst es p. III: Deinde singulis regnis suas adscripsi quæ in eo factæ fueræ historias, ut quid in singulis regnis eodem tempore qualis reipublicæ facies fuerit cernere possis et quæ ab diversis autoribus scripta quasi tabula una ob oculos depicta habeas.

[3]) Aufbewahrt in der Universitätsbibliothek.

ökonomischen Seite der Frage, wobei Phrygio sonderbarerweise auch auf die alten der Hochschule seit jeher bestrittenen Pfründen in Zürich, St. Ursanne und Zofingen zu sprechen kommt. Bei genauer Überlegung hätte er sich sagen müssen, dass unter den vollkommen veränderten Verhältnissen an eine Geltendmachung jener Ansprüche füglich nicht mehr gedacht werden konnte.

Phrygio war der erste ordentliche Professor für Altes Testament in Basel. Neben ihm nennt als Professor für Neues Testament das Programm von Bär den Oswald Mykonius. Die Verteilung des theologischen Lehrstoffes auf zwei Lehrkanzeln, die der älteren Periode der Glaubenseinheit natürlich fremd ist, war frühe, schon in der Reformationsordnung von 1529 geplant worden.[1]) Ob Ökolampad damit einverstanden war, ist zweifelhaft. Es muss auffallen, dass er in seinem Gutachten von einer solchen Scheidung nicht direkt spricht und er selbst hat sich jedenfalls, wie aus früher Gesagtem erhellt, nicht daran gehalten. Sie war übrigens immer ziemlich formeller Natur, da die Theologen des Griechischen und Hebräischen hinlänglich mächtig sein mussten, um ihre exegetischen Übungen über alle Teile der Bibel ausdehnen zu können. Später behauptete der Professor für Altes Testament einen gewissen Vorrang vor dem für Neues Testament, wie man daraus ersieht, dass im Falle des Ablebens des ersteren der Professor N. T. nachrückte und erst dessen Platz mit einer frischen Kraft besetzt wurde.

Oswald Mykonius[2]) — ins ehrliche Deutsch übertragen heisst der Mann Geisshüsler — war geboren 1488 in Luzern, besuchte die Schule in Rottweil, kam 1510 an die Basler Universität, wurde 1514 Baccalaureus artium, hierauf Schullehrer bei St. Theodor in Klein-Basel und später bei St. Peter. Er verkehrt mit den bedeutendsten Männern der Stadt, Amerbach, Erasmus, Holbein. In seinem Hause fand Holbein jenes Exemplar des Lobes der Narrheit von Erasmus, das er in

---

[1]) Ochs 5, 696, Abschnitt III.
[2]) Auch über ihn hat mit Herzuziehung alles bekannten Materials gehandelt K. R. Hagenbach in: Leben und Schriften der Väter der reformierten Kirche 2, 308 ff.

kongenialer Weise mit den Produkten seiner geistreichen Ein-
fälle schmückte.[1]) 1516 geht er als Lehrer nach Zürich und
dann in gleicher Eigenschaft nach Luzern. Hier aber hat er als
ein Mann, der notorisch mit den Ideen der religiösen Neuerer
sich befreundet hatte, von Anfang an einen schweren Stand.
Die Anfechtungen mehrten sich und schliesslich sah er sich
trotz einer erfolgreichen Tätigkeit in der Schule genötigt, mit
einigen gleichgesinnten Freunden Luzern zu verlassen. Merkwürdigerweise fand der wegen seines Glaubens vertriebene Mann
eine Zufluchtstätte im Kloster Einsiedeln, dessen damaliger Administrator Diebold von Geroldseck teils aus eigenem Interesse
an der reformatorischen Bewegung teils aus persönlicher Zuneigung zu Geisshüsler ihn einlud, den Mönchen in der Schule
Vorlesungen zu halten. Der etwas schiefen und auf die
Dauer unhaltbaren Stellung machte glücklicherweise ein Ruf
an die Fraumünsterschule in Zürich ein Ende, welchen Mykonius der Vermittlung seines von ihm so hochverehrten
Zwingli verdankte (1522). Jetzt fing er auch an, für die
neue Lehre, der er selbst schon lange anhing, durch sogenannte
Bibelstunden öffentlich tätig zu sein. Nach dem Tode Zwinglis
verliess er Zürich und ging nach Basel zurück, wo er zunächst
die erledigte Pfarrstelle bei St. Alban erhielt (Dez. 1531).
Durch seine bisherige Wirksamkeit und durch jene Bibelstunden, in welchen er den Text der Schrift in einfacher Weise
zu erklären wusste, hatte er sich eine natürliche Beredsamkeit angeeignet, die ihm jetzt sehr zu statten kam. Seine
Antrittspredigt wirkte selbst auf Männer wie Sulzer und
Grynäus mit erstaunlicher Gewalt und so mag es sich wohl
erklären, dass er nach einem kurzen, nur wenige Monate
umfassenden Aufenthalt zum obersten Seelsorger und Pfarrherren in Basel erwählt wurde (August 1532), nachdem Simon
Grynäus die Wahl abgelehnt und erklärt hatte, sich lediglich seiner Professur widmen zu wollen. So hatte die Kraft
einer festwurzelnden Überzeugung den armen Schullehrer zu
einer der angesehensten Stellen in Basel emporgehoben.
    Als die Universität eröffnet wurde, übernahm er die Pro-

----

[1]) Dieses Exemplar bildet noch heute eine Zierde der im hiesigen
Museum befindlichen Holbeinsammlung.

fessur für Neues Testament. Sein Verhältnis zur Anstalt war
übrigens nicht das beste. Zuerst weigerte er sich den Doktortitel
anzunehmen. Er wusste eine persönliche theologische Schrulle
hinter einigen allgemeinen Redensarten geschickt zu verbergen.
Er meinte, dass das Christentum, welches ein Graduierter
predige, doch nicht um ein Haar besser sei als das welches
ein nicht Graduierter verkündige, wobei er und wie es scheint
auch seine in ihre Theologie vertieften Gegner ganz über-
sahen, dass mit dieser Behauptung das eigentliche Objekt des
Streites wegeskamotiert war. Denn nicht um das Christentum
handelte es sich in diesem Falle, das von keiner Seite her
bezweifelt wurde, sondern um die Beobachtung eines alten
zweckmässigen Herkommens, und Mykonius rückt mit der Erklärung, er wolle lieber die Professur niederlegen, als den Grad
annehmen, sein Verhalten in kein besseres Licht. Es war kon-
sequent, aber trotzig. Der jungen Regierung, die ihn doch nur
ungern hätte zurücktreten sehen, bereitete er sichtlich Ver-
legenheiten. Man einigte sich endlich dahin, dass für Mykonius in dem theologischen Hörsaal ein besonderer Katheder
aufgeschlagen werde, da er den der Graduierten nicht betreten
durfte. Unzweifelhaft sind aber diese Zwistigkeiten die Veranlassung geworden, dass bei der Reorganisation der Hochschule auch die Frage über die Annahme der Gradus ins
Programm aufgenommen wurde. Die Regenz stellte in ihrem
Memoriale die Forderung auf, dass die Lectores „jeder in
seiner Fakultät den Gradum hab oder zum fürderlichsten
empfahe", und die Regierung gab dieser Forderung gerne gesetzlichen Boden. In der Fassung dieses Abschnittes der Ergänzungsstatuten von 1539[1]) klingt die Erregung noch nach,
welche der Streitfall erzeugt hatte.

Von dem schlimmeren Konflikte, den er durch seine
Weigerung, in die Union der Geistlichkeit mit der Universität
zu willigen, die doch weder eine Unterordnung noch eine
Preisgebung specieller Interessen an den Staat bedeutete —
war schon früher die Rede. Seine Wirksamkeit als Professor
fällt in eine für die Geschichte bedeutungsvolle Zeit. Bald
nach seiner Wahl zum Antistes dürfte er die (erste) Basler

---

[1]) S. Beil. V, § 17.

Konfession ausgearbeitet haben, in Anlehnung an jene Grundsätze betreffend Auffassung des Abendmahles, welche Ökolampad in seiner letzten Rede vor der Synode des Jahres 1531
entwickelt hatte. In diesem Glaubensbekenntnisse hat Ökolampad seine frühere Ansicht, wonach das Abendmahl als
eine lediglich symbolische Handlung ohne alle sakramentliche
Bedeutung aufzufassen sei, dahin abgeschwächt [1]), dass er eine
gewisse göttliche Gnadenwirkung für die Gläubigen zuliess,
während natürlich mit Zwingli an der leiblichen Abwesenheit
Christi im Gegensatz zu Luther festgehalten wurde. Die Konfession ist jedoch erst 1534 im Druck erschienen. An den, besonders von dem unermüdlichen Strassburger Prädikanten Bucer
geleiteten Versuchen, eine Verständigung über eine alle Protestanten einigende Glaubensformel herbeizuführen, hat Mykonius lebhaften Anteil genommen und die Art, wie er sich zum
neuen Glauben durchgearbeitet hatte, der auch für ihn eine
Frucht eigener Studien unter Zwinglis Anregung und teilweiser
Leitung war, befähigte ihn einigermassen dazu. Ein erstes
Resultat dieser Einigungsbestrebungen ist die sogenannte zweite
Basler oder erste helvetische Konfession (10. Januar 1536).
Der Anteil des Mykonius an dieser Arbeit lässt sich im ein-
zelnen nicht mehr feststellen.[2])

Nach dem Zustandekommen der Wittenberger Konkordie
wurde er und Simon Grynäus von den Strassburgern aufgefordert, Gutachten über dieselbe abzugeben und dann auch
gebeten, die Verhandlungen mit den Führern der Reformierten
in Zürich zu beginnen, um diese zur Annahme der Formel
zu bewegen. Dieses wünschenswerte Ziel wurde nicht erreicht, weil die Reformierten, aufgebracht über Bucers Nach-
giebigkeit, infolge deren die entscheidende Stelle über das
Abendmahl eine ziemlich starke lutherische Färbung angenommen hatte, diese Wittenberger Konkordie zu unterschreiben
sich weigerten. Vielmehr stellten sie in dem zwischen Bullinger und Calvin vereinbarten Consensus Tigurinus vom
Jahre 1549 Dogma wider Dogma, indem hier nochmals jede

---

[1]) Herzog a. a. O. 1, 322 ff.
[2]) Vgl. K. R. Hagenbach. Gesch. d. Basler Konfession. Basel
1827, S. 66 ff.

räumliche und leibliche Gegenwart Christi im Abendmahl entschieden von der Hand gewiesen wurde.[1]) Die Trennung der lutherischen und reformierten Kirche war damit kanonisch bis auf unser Jahrhundert herab festgestellt.

Auch schriftstellerisch ist Mykonius tätig gewesen. Wir besitzen ausser einer Anzahl von Briefen mehrere Traktate und Kommentare theologischen Inhalts, vor allem aber eine treffliche, vom kräftigen Eindruck des unmittelbar Erlebten und von einem Tone warmer Freundschaft durchzogene Darstellung des Lebens Zwinglis.[2]) Ein schönes Zeichen seiner vorurteilslosen Gesinnung war es, dass er den Druck des Koran, welchen Ceporin bei Kratander verlegen wollte und der bei Rat, Geistlichkeit und Universität alle möglichen Befürchtungen erregt hatte, mit wenigen Gleichgesinnten lebhaft befürwortete.[3]) Der Rat entschied endlich in Mykonius Sinne.

Dem Charakter nach war Mykonius das gerade Gegenteil zu seinem Vorgänger Ökolampad — energisch, lebhaft, aufbrausend, starrsinnig, im Genusse der Gegenwart lebend und grübelnder Spekulation abgeneigt. Als eine dazumal seltene Eigenschaft wird an ihm sein Hang zur Wohltätigkeit und seine Hilfsbereitschaft gerühmt. Er bewies sie Leuten gegenüber, vor welchen unduldsamere Zeitgenossen ihn warnen zu müssen glaubten, so vor David Joris und Lälius Socin, dem Stifter der unitarischen Sekte. Mykonius starb am 15. Okt. 1552[4]) an der Pest, nachdem ihn schon anderthalb Jahre vorher, während er predigte, ein Schlaganfall getroffen, von dem er sich nicht mehr vollständig erholte.

Nach dem Abgange des Phrygio wurde des Mykonius

---

[1]) Hagenbach, Basler Konfession. 77.

[2]) Mykonius Schriften sind vollständig aufgezählt in Athenæ Rauricæ p. 68 f. Was dort p. 69 von der angeblichen Übergabe der Basler Konfession am Augsburger Reichstag erzählt wird, hat schon Hagenbach a. a. O. 26 ff. als unhistorisch nachgewiesen. . . . . Ein bisher unedierter Brief Zwinglis an Mykonius ist publiziert in der theologischen Ztschrft. aus d. Schweiz 1885, S. 216. Desgleichen drei Briefe an Beatus Rhenanus im Briefwechsel des B. Rh., herg. von Horawitz und Hartfelder, Nr. 87. 100. 115.

[3]) Hagenbach in: Leben und Schriften der Väter der reform. Kirche 2, 373.   [4]) Vgl. Basler Chroniken 1, 167.

Amtsgenosse der als Urheber des Abendmahlstreites und Luthers
erster Gegner bekannte Andreas Bodenstein von Karlstadt, ein
origineller Denker, aber ein fahriger Mensch ohne Einheit in
Wesen und Lehre. Als er 1534 an der Basler Hochschule
immatrikuliert und Prediger bei St. Peter wurde, hatte er
seine Rolle bereits ausgespielt. Januar 1535 wurde er in
die theologische Fakultät aufgenommen. 1536 übernahm er
an Phrygios Stelle das Dekanat, das er durch vier Jahre bekleidete und 1537 wurde er sogar zum Rektor gewählt. Er
starb 24. Dez. 1541[1]). Mit seinem Kollegen Mykonius stand
er nicht auf bestem Fuss. In dem zwischen Rat und Geistlichkeit entbrennenden Streit im Jahre 1539 trat er zwar
auf die Seite des Antistes, aber doch wird hauptsächlich auf
ihn die Aufhebung des im Jahre 1532 eingesetzten Kirchen-
rates und die Zuweisung seiner Gerechtsame an die weltliche
Behörde zurückgeführt.[2]) An den Ausgleichsverhandlungen
im Jahre 1536 hat er auf direkte Einladung der Strassburger
Prediger, von denen Capito lieber mit ihm als mit dem „starr-
köpfigen" Mykonius zu tun haben wollte, teilgenommen. Es
ist merkwürdig, dass es Bucer gelang, Karlstadt und Grynäus
halb und halb für die Wittenbergerformel zu gewinnen.[3]) An
den weiteren Ereignissen hat Karlstadt keinen, wenigstens
keinen für uns erkennbaren Anteil mehr genommen. Litterarisch ist er auch nicht mehr bedeutend hervorgetreten[4]),
und so hat im Grunde Luther recht behalten, als er zu Bucer
sagte: Wenn man ihn (Karlstadt) gebrauchen will, so lasse
man ihn an der Universität zu Basel lesen und disputieren;
da schadet er dem gemeinen Mann nicht und findet wohl, die
ihm antworten werden.[5])

---

[1]) Vgl. Chronik des Fridolin Ryff in Bd. 1 der Basler Chroniken,
S. 163, deren bestimmte Angaben allen Zweifeln ein Ende machen.
Merkwürdigerweise enthält auch Tonjola Basilea sepulta p. 118 die un-
richtige Jahreszahl 1543. — Jäger, C. F. Andreas Bodenstein von
Karlstadt, Stuttgart 1856, S. 503, hat das richtige Jahr, jedoch kein
Tagesdatum.

[2]) Hagenbach in Leben und Schriften etc. 2, 349.

[3]) Derselbe. Gesch. d. Basler Konfession. 70.

[4]) In Basel publizierte er nur noch zwei Schriften (s. Ath. Raur.
22) und seine Disputationsthesen.   [5]) Jäger a. a. O. 504.

Noch ein anderer Gegner Luthers fand ziemlich gleichzeitig mit Karlstadt nach wechselnden Schicksalen einen letzten
Ruhepunkt in Basel, Martin Borrhaus oder Cellarius, wie er
sich vorher genannt hatte. Zwischen beiden Männern stellt
sich ungesucht ein gewisser Paralellismus her. Beide gaben
im Laufe der Zeit ihre extremen Ansichten, welchen sie im
Beginne ihrer Laufbahn gehuldigt hatten, auf — und das
gilt von Borrhaus fast noch mehr als von Karlstadt — und
beide schliessen ihren inhaltsreicheren Lebensabschnitt mit dem
Beginne ihrer akademischen Tätigkeit in Basel.

Borrhaus[1]) war geboren in Stuttgart 1499, studierte
in Tübingen[2]), bildete sich unter Reuchlin hauptsächlich in
Sprachen aus, zog dann Melanchthon, den er hier kennen gelernt hatte, nach Wittenberg nach, geriet jedoch dort in die
radikale Strömung, wie sie von den Zwickauer Propheten
ausging, denen er sich anschloss. Dies hatte seine Entfernung
aus Wittenberg und selbst eine vorübergehende Haft zur Folge,
die der Kurfürst von Brandenburg über ihn wegen seiner Um-
triebe verhängte.

1536 kommt er nach Basel, muss sich anfangs kümmerlich mit Glashandwerk fortbringen; 1538 wird er aber inskribiert und erhält 12. Dez. 1541 die Professur für Rhetorik
und Oratorik, in die er sich mit Oporin teilt.[3]) Frühjahr
1542 wird er in den Fakultätsrat der Artisten aufgenommen.[4])
Herbst 1544 wird er zum Professor für Altes Testament ernannt, promoviert aber erst 9. Juli 1549 zum Doctor theologiæ.
Er starb an der Pest 1564 Okt. 11.

Seine wissenschaftliche Stärke liegt auf philologischem
Gebiete[5]), wie er sich denn auch vornehmlich mit der Erklärung alter Klassiker, besonders des Aristoteles beschäftigte.

Unter seinen Kollegen standen ihm Sulzer und die
Amerbachs nahe. An Basilius Amerbach hat er, während

---

[1]) Vgl. Hagenbach in Herzogs Realencyklop. f. protest. Theologie
wo auch die ältere Litteratur verzeichnet ist, 3², 166.

[2]) Urkunden z. Gesch. d. Univ. Tübingen, 558 Nr. 115.

[3]) Deputatenrechnungsbuch I. Darnach sind die Ath. Raur. p. 24
und 283, welche 1536 haben, und die ihnen folgenden Autoren zu verbessern. Vgl. Beil. X, Nr. 11.   [4]) Lib. decr. fac. art. p. 91.

[5]) So Hagenbach, theolog. Schule Basels. 1860, 11.

dieser in Padua studierte, zwei recht nichtssagende Briefe gerichtet, in welchen er ihn zum fleissigen Studium ermuntert.[1] Der Universität erwies er sich dankbar, indem er ihr bei seinem Tode seine Bücher vermachte.[2]

Ungleich bedeutender tritt uns Simon Grynäus[3] entgegen, geboren in Vehringen (Hohenzollern-Sigmaringen) 1493. Seine Eltern waren unbemitttelte Bauersleute. Vierzehnjährig kam er an die Stadtschule nach Pforzheim, wo er unter Georg Simler eifrig dem Studium des Griechischen oblag. Zu seinen Studiengenossen zählte Melanchthon und Berthold Haller, der Reformator von Bern. 1512 ging er nach Wien, wo er durch die Kenntnis der drei alten Sprachen Aufsehen erregte.[4] Hier muss er auch jene Verbindungen angeknüpft haben, die ihn nach Ofen in Ungarn führten, wo der Impuls zu wissenschaftlicher Tätigkeit, den Korvinus gegeben hatte, noch fortwirkte. Grynäus erhielt das Rektorat einer Schule, das er mehrere Jahre bekleidete. Endlich vertrieben ihn von dort die Verfolgungen der Dominikaner, die er sich als Anhänger der humanistischen Richtung, in welche auch er ausgehend von rein philologischen Studien geraten war, zuzog. Sie brachten ihn sogar ins Gefängnis. Vor weiteren Gefahren schützte ihn der Einfluss höherer ungarischer Magnaten, deren Gunst er

---

[1] Cod. Bas. G. I, 18. Brief vom 1. Oktober 1553 und April 1554.

[2] Ochs 6, 419.

[3] Seine Biographie hat mit Benutzung aller ihm zugänglichen Hilfsmittel Th. Streuber geschrieben, Basler Taschenbuch von 1853, 1—44. — Derselbe hat auch den Artikel in Herzogs Realencyklop. f. protest. Theologie 5[3], 452 f. geliefert. — Ihm folgt Bursian i. d. Allg. deutsch. Biogr. 10, 72. — Dsslb. Gesch. der klassischen Philologie in Dtschld. 1, 159 ff. Streuber hat auch in zweckmässiger Auswahl Briefe des Gr. herausgegeben. S. Grynæi epistolæ Basileæ 1847.

[4] Aschbach, Gesch. der Wiener Univ. 2, 63. In Anm. 3 heisst es: 1512 Baccalaureus Simon Griner ex Feringen peritus in lingua latina græca et hebraica. Dass er in Wien auch den Magistergrad erworben und sogar Vorlesungen über die griechische Sprache gehalten haben soll, berichten zwar schon die Athen. Rauric. p. 69 und darnach wohl alle anderen — ich habe aber für beide Nachrichten keine unzweifelhaften Belege gefunden und die Stelle bei Aschbach scheint mir sogar ausdrücklich gegen die Richtigkeit wenigstens der letzteren Behauptung zu sprechen.

sich erfreute. Grynäus begab sich hierauf nach Wittenberg,
wo er das freundschaftliche Verhältnis zu Melanchthon erneuerte und im Verkehr mit ihm und Luther ganz für die
Reformation gewonnen wurde. 1524 erhielt er die Berufung
als Professor für griechische Sprache nach Heidelberg. Hier
wurde er mit Ökolampad bekannt und dieser vermittelte seine
Berufung in gleicher Eigenschaft nach Basel[1]) (1529), welche
Grynäus hauptsächlich deshalb annahm, weil er mit seiner
Familie in Heidelberg von einer kleinen Besoldung nur küm-
lich lebte. Er hatte 1526 zu seiner griechischen Professur
auch noch die der lateinischen Sprache übernommen, wozu
ihn, wie er selbst sagt, nicht bloss das Interesse an der
Sache, sondern vornehmlich seine Notlage und die Höhe der
Schulden zwang, und erhielt für beide Lekturen bloss 80 fl.[2])
Als er von Heidelberg schied, übernahm es der Rat von Basel,
die inzwischen angewachsenen Schulden im Betrage von 50 fl.
zu bezahlen. Grynäus siedelte sehr wahrscheinlich noch im
Sommer desselben Jahres an seinen Bestimmungsort über.
Da jedoch die Verhältnisse der Universität zur sofortigen Er-
öffnung einer akademischen Tätigkeit nicht einladend waren,
benützte er die freie Zeit und unternahm 1531 eine Reise nach
England, von Erasmus warm empfohlen, vom berühmten
Kanzler Heinrich VIII. Thomas Morus zuvorkommend aufgenommen, überall ein gefeierter Gelehrter. Vom Könige erhielt er den Auftrag, die Gutachten der schweizerischen Theologen über die beabsichtigte Scheidung von Katharina von
Aragonien ihm mitzuteilen. Diesem Auftrage ist er mit Hin-

---

[1]) Ath. Raur. 392 sagen: S. Gr. suscepit a. 1541 professionem
organi Arist. et legit in eius topica lib. 8. Das letztere ist richtig,
das erstere nicht. Denn Lepusculus sagt in seiner Vorrede zu der von
Grynæus veranstalteten Ausgabe jenes 8. Buches, Basel 1545, p. 2 nur: S.
Gr. hunc 8. librum ... in academia Basiliensi diligentissime enarravit.
Der Schluss, welchen die Ath. Raur. daraus ziehen, dass Grynäys Professor für Organon geworden sei — eine andere Nachricht hierüber
liegt, soviel ich sehe, nicht vor — ist mithin als übereilt zurückzu-
weisen. Die Sache wird die sein, dass Gr. sich freiwillig erboten
haben wird, über Organon zu lesen, da die Professur hiefür erledigt war.
[2]) Winkelmann, Urkundenbuch der Univers. Heidelberg 1, 222
Nr. 167 und 2, 83 Nr. 761.

zufügung seines eigenen Votums nachgekommen. Die Aufgabe war dankbar, da die frommen Zweifel der Prediger mit der wollüstigen Laune des Königs glücklich übereinstimmten. Anfang Juli 1531 kehrte Grynäus nach Basel zurück. Nach dem Tode Ökolampads, mit dessen Biographie er dem Freundschaftsverhältnis, das beide Männer verbunden hatte, ein dauerndes Denkmal setzte, erhielt er zu seiner griechischen Professur noch die Professur für Neues Testament, nachdem er die Wahl zum Antistes bescheiden abgelehnt hatte.

Der rasche und unvermittelte Übergang vom Linguisten zum Theologen darf nicht befremden in einer Zeit, in der der dogmatische Inhalt der neuen Lehre noch keinen festen Niederschlag bildete, sondern alles noch in lebendigem Fluss und die exegetische Behandlung freigegeben war. Grynäus selbst war sich der Tragweite dieses Schrittes vollkommen bewusst und die Zweifel, die ihn beunruhigten, wünscht er von einem seiner Freunde beschwichtigt zu sehen.[1]) Nach kurzer Tätigkeit erhielt er 1534 vom Herzog Ulrich von Württemberg, der in der Verbannung zum Protestantismus übergetreten war und in der Anerkennung der in seinen Landen schon weit verbreiteten neuen Lehre das wirksamste Moment zur Sicherung seiner Herrschaft erblickte, den Auftrag, ihm bei der Durchführung der Reformation und der damit verbundenen Reorganisation der Universität Tübingen behilflich zu sein.[2]) Er war jedoch nach beiden Richtungen nicht besonders glücklich. Von der Reformation der Landeskirchen hielt er sich bald ferne, da er mit seinem Mitarbeiter Schnepf in einen Streit über die dogmatische Bedeutung des Abendmahls geriet, dieser aber das volle Vertrauen des Herzogs genoss. Ebenso stiess die Reformation der Hochschule auf grössere Schwierigkeiten, als man geglaubt hatte, indem fast sämtliche noch anwesende Professoren von einer Umgestaltung der Universität nichts wissen wollten. Seiner Arbeit müde, kehrte Grynäus Juli 1535 nach Basel zurück.[3]) Ungern liess ihn der Fürst ziehen, der

[1]) Epistolæ Gryn. ed. Streuber 10, Nr. 7.
[2]) Stälin, Württemb. Gesch. IV/1, 389 und 400. Vgl. auch Urkunden z. Gesch. d. Univers. Tübingen. 157 ff. und 170 f.
[3]) Die Korrespondenz unter den Rats-Akten (St. A. 73 B) be-

vergeblich um eine Verlängerung des Urlaubs für Grynäus nachsuchte, worin ihn die Strassburger unterstützten. Aber man hegte in Basel die gegründete Besorgnis, es sei darauf abgesehen, Grynäus für immer in Tübingen zu behalten. Der Herzog war über den negativen Bescheid sehr erbost, man machte die Regierung in Basel für die Stockung der Reorganisation der Tübinger Hochschule verantwortlich, Bucer konnte den Herzog mit Mühe beruhigen. Er selbst hätte die Anwesenheit des Grynäus bei den Verhandlungen gewünscht, die später zur Wittenberger Konkordie führten, von denen sich jedoch Grynäus, zumal nach dem Besuche, den er mit Bucer Luthern gemacht hatte, nicht allzuviel versprach. Er hat übrigens an dem Tübinger Religionsgespräch über die Schwenkfeldische Lehre und an den Verhandlungen, die der Abfassung der ersten helvetischen Konfession (Jan. 1536) voraufgingen, teilgenommen, ebenso an den in Worms 1540 [1])

ginnend mit einem Brief des Herzogs vom 30. Jan. 1535 und schliessend mit einem Schreiben der XIII von Strassburg an Basel vom 28. Oktober 1535. Vgl. auch Missiven Bd. 31, 307 ff.

[1]) Buxtorf, Baslerische Stadt- und Landgeschichten 1, 75 giebt eine Erzählung: Wie der spätere Basler Prof. S. Grinäus durch einen Schutzengel aus den Händen seiner Verfolger befreit ward 1529, mit dem Zusatz: Aus Gast nach Melanchthon. Tatsächlich findet sich der lateinische Urtext bei Gast Sermones convivales tom. II, 158 ff., allein ohne jede Andeutung, das G. diese Geschichte, sei es mündlich, sei es schriftlich, von Melanchthon habe. Buxtorfs Angabe wird nun um so zweifelhafter, als sich auch in den bis jetzt bekannten Schriften und Werken des Melanchthon, so viel ich sehe, kein einziges Wort findet, das auf jenes wunderbare Ereignis bezogen werden könnte. Auffallend ist, dass Gast die Geschichte als etwas selbst Erlebtes erzählt. Relicto Fabro ad nos (Grynäus) venit... Vix assederat mensæ .. cum ego .. evocor etc. Darnach hätte er selbst mit dem warnenden Boten in Melanchthons Haus gesprochen. — Schon dieser Umstand verdächtigt aber die Erzählung, da man nicht recht begreift, wie der unbedeutende Basler Pfarrer zu einem offiziellen Colloquium nach Speier und in Melanchthons Haus kommt. Vollends bedenklich wird die Sache aber dadurch, dass Grynäus selbst nirgends mit einer Silbe auf dieses sein Abenteuer zu sprechen kommt. Ich habe allerdings nicht alles, was Grynäus geschrieben hat, gelesen, aber das ist für die obige Annahme belanglos, weil das Gegenteil derselben unzweifelhaft schon vor mir konstatiert worden wäre. Das Stillschweigen zweier wesentlich beteiligter Personen bestimmt mich daher, die ganze Geschichte ins Reich der Fabel zu

gemachten Unionsversuchen zwischen Katholiken und Protestanten. Die protestantischen Stände rühmten in einem Dankschreiben an den Rat die Begabung des Vertreters von Basel, der übrigens den Auftrag hatte, an den Debatten nur mit beratender, nicht mit beschliessender Stimme teilzunehmen, weil Basel nicht ordentlich eingeladen worden sei und deshalb sich nur vertreten lasse, um die Einigkeit der eidgenössischen Kirche zu bezeugen. In Basel hatte er noch einen erregten Auftritt mit Karlstadt, der mit Grund darauf hinwies, dass Grynäus den Doktortitel annehmen sollte, wenn er Theologie vortragen wolle. Es ist unentschuldbar, dass Grynäus, dem Beispiele des Mykonius folgend, dem klaren Wortlaut des Gesetzes entgegen den Titel anzunehmen sich beharrlich weigerte. Wir hören aber nicht, dass irgend welche Massnahmen gegen ihn ergriffen wurden.[1] Er starb an der Pest am 1. August 1541. Seine wissenschaftlichen Leistungen bestehen in Ausgaben und Erkärungen griechischer Schriftsteller mit einer auch für jene Zeit nicht gewöhnlichen Vielseitigkeit philosophische, medizinische, geographische, astronomische und lexikographische Werke umfassend.[2] Ein bleibendes Andenken auf philologischem Gebiete hat er sich aber dadurch gesichert, dass ihn ein günstiger Zufall die ersten fünf Bücher der fünften Dekade des Livius in einem Kodex des Klosters Lorsch finden liess.[3]

---

verweisen. Als Erklärung dafür, wie denn Buxtorf dazu gekommen sei, die Erzählung dem Melanchthon zuzuschreiben, wird man vielleicht den Umstand geltend machen können, dass in dieser Geschichte die Ath. Raur. p. 70, die, wie eine Vergleichung der Texte zeigt, aus Gast geschöpft haben, den Melanchthon handelnd einführen.

[1] Streuber a. a. O. 37 meint, dass Grynäus teils aus Bescheidenheit, teils weil die Bestätigung damals noch vom Bischof ausging und Gr. der römischen Kirche keine Autorität in Religionssachen zugestehen wollte, dies getan habe. Über die Richtigkeit des ersteren Motives lässt sich streiten, das zweite hingegen entbehrt nach dem, was oben S. 42 auseinandergesetzt ist, jeder Grundlage.

[2] Das Verzeichnis derselben in den Ath. Raur. p. 72, dazu noch Streuber im Anhang zu den epistolæ, s. oben Anm. 47. Vgl. auch Bursian, Gesch. der Philologie 1, 156 ff.

[3] Der Kodex sæc. V befindet sich jetzt in der Hofbibliothek zu Wien. — Grynäus zeigte den glücklichen Fund dem Melanchthon in

Thommen, Universität Basel. 8

An Grynäus Stelle wurde Wolfgang Wissenburg berufen. Über die Lebensverhältnisse dieses Mannes sind wir
schlecht unterrichtet. Geboren in Basel 1496 studiert er unter
Glarean hauptsächlich Mathematik und wird auch als Lehrer
für diesen Gegenstand 1520 an der Universität angestellt.[1]
Er wendet sich dann theologischen Studien zu, wird 1522
Priester, 1524 Pfarrer am Spital und trat sehr bald als ent-
schiedener Anhänger der von Ökolampad eingeleiteten reformatorischen Bewegung auf. Er war der erste, der die Messe
deutsch zu lesen anfing.[2] In der Auffassung unterschied er
sich von Ökolampad, indem er mehr zur lutherischen Ansicht
hinneigte. Doch kam es trotz eines ziemlich ablehnenden
Urteils, welches er über Ökolampads Traktat vom Abendmahl abgab, zu keinem ernsthafteren Konflikt zwischen beiden
Männern. Einträchtigen Sinnes traten sie vielmehr 1525
den Wiedertäufern und 1526 den Katholiken in Baden entgegen.[3] Nach der Einführung der Reformation erhielt Wissenburg die Pfarre Klein-Basel und nach der Wiedereröffnung
der Universität wieder die Lehrkanzel für Mathematik, und
als sich 1536 die philosophische Fakultät als solche konsti-
tuierte, war er ihr erster Dekan.[4] Ihr hat er auch einen
grossen Teil seiner Bücher [5] geschenkt. Währenddem setzte
er seine theologischen Studien unentwegt fort, wurde 1540
zum Doctor theologiæ promoviert — der erste an der prote-
stantisch gewordenen Fakultät — und zugleich in die Fakultät aufgenommen.[6] Nach dem Tode Karlstadts wird er
Pfarrer bei St. Peter, giebt jedoch nach zehnjähriger Wirksamkeit das Predigeramt wegen Gedächtnisschwäche und
Heiserkeit auf und beschränkte sich auf seine Tätigkeit als
akademischer Lehrer. 1554 zieht er sich auch von dieser
zurück, wird aber, obwohl er jener Gebrechen wegen ablehnte,

---

einem Widmungsschreiben vom 8. September 1527 an. Haupt, opuscula
2, 117 ff.

[1] Vischer a. a. O. 200. [3] Herzog a. a. O. 1, 309.
[2] Herzog a. a. O. 1, 96. [4] Vgl. S. 18 Anm. 1.
[5] Item 15 ₰ geben Petren Kistlen von allerlei Büchern ze binden, so in des Collegio library kommen, welche Dr. W. von seinem
Stipendium dahin verehrt hat. Deputatenrechnung zu 1549.
[6] Matric. fac. theol. p. 42.

1557 zum drittenmale zum Rektor gewählt. Hochbetagt starb
er am 9. März 1575. Als Schriftsteller ist Wissenburg nach
keiner Richtung hin bedeutend hervorgetreten [1]); er war mehr
ein Mann der Tat und praktischen Wirkens. Uns wird er
hier wichtig dadurch, dass er die Reihe derjenigen Theologen
schliesst, welche man die Dogmatiker im engeren Sinne
nennen könnte. Durch seine kleine Schrift über das Abendmahl hat er teilgenommen an dem Ausbau der Fundamente,
auf welchen die neue Kirche ruhte. In dieser Beziehung hat
er keinen Nachfolger mehr in Basel gefunden. Die Periode
der Dogmenbildung war für die baslerische Kirche abgeschlossen und die Lehrer, die ihr fortan angehörten, wandten
sich ausschliesslich der Exegese und Bibelerklärung zu.

Die von Wissenburg niedergelegte Professur übernahm
Simon Sulzer.[2]) Er war der uneheliche Sohn des Propstes
Beatus Sulzer von Interlacken (geb. 22. Sept. 1508), verlebte
eine entsagungsvolle Jugend zuerst auf den Alpen seines Hei-
mattales (Oberes Haslital) später als Student in Basel, Luzern
und Bern. Hier musste er sich sogar nach dem Tode seines
Vaters als Barbiergeselle verdingen, weil ihm die Mittel fehlten,
um weiter zu studieren. Aus seiner bedrängten Lage befreite
ihn der Reformator Berns, Haller, der ihm ein Staatsstipen-
dium verschaffte. In Strassburg und Basel setzte er hierauf
seine humanistischen und theologischen Studien fort. 1537 [3])
wird er in Basel zum Magister promoviert, dann in Bern

---

[1]) Zu den in den Ath. Rauric. 73 f. und bei Leu Supl. 6, 349 angeführten Schriften kommt noch hinzu die Ausgabe der von ihm mit
Vorwort versehenen Antilogia Papæ, Basel 1555, und die Ausgabe des
Traktates: Matthäus de Cracovia de squaloribus Romanæ curiæ, Basel
1551, zugleich mit den canonibus de emendatione ecclesie von Petrus
de Alliaco. Diese letztere Schrift kenne ich jedoch nur aus dem Citat
in der Vorrede zur Antilogia p. 1 und aus Walch Monum. med. ævi I
præfat. p. XXX.

[2]) Athen. Rauric. p. 26 ff., 74, 332. 443 f. — Hagenbach in der
Real-Encyklop. f. protest. Theologie, 15⁸ 61, wo auch die ältere Litteratur
angegeben ist.

[3]) Matric. facult. art. fol. 87, 1. Jan. 1537 nicht 1538 wie Ath.
Raur. p. 26 haben. Übrigens führt ihn schon das Einladungsschreiben
des Rektors Bär von 1532 als Professor für Dialektik (Athen. Raur.
p. 332 für Logik) an und gleichzeitig war er Propst des unteren Kollegs.

als Lehrer der alten Sprachen angestellt. Nach dem Tode
Hallers soll er im Auftrage des Rates mit den Strassburger
Theologen wegen der Wahl eines Nachfolgers unterhandeln.
Er nimmt aber zugleich auch an den Ausgleichsverhandlungen
lebhaften Anteil. Entscheidend wurde seine Reise zu Luther
(1538). Sie befestigte seine theologische Lehrmeinung, welche
in der Anerkennung der protestantischen Dogmen in luther-
ischer Fassung wurzelte. In der Beharrlichkeit, mit der er
darnach strebte, das augsburgische Glaubensbekenntnis zum
allein herrschenden zu machen, soweit dies seine Macht und
sein Einfluss[1]) erlaubten, liegt die eigentümliche Bedeutung
Sulzers. Man kann nicht sagen, dass sein Versuch in Basel,
wo er seit 1548 verweilte, 1553 Antistes, 1554 Professor
des Neuen Testaments geworden war,[2]) aussichtslos gewesen
wäre. Die anderen Pfarrherren hatte er bald auf seiner Seite,
der heftige Widerstand, welchen ihm einzig und allein der
Diakon von St. Peter, Heinrich Erzberger, leistete[3]), wurde

[1]) Es kam ihm dabei zu statten, dass ihm der Markgraf von
Baden-Durlach Karl II. im Jahre 1556 die Oberaufsicht über die
vier oberländischen Diöcesen Röteln, Schopfheim, Mülheim und Hoch-
berg übertrug. Vierordt, Gesch. der Reform. in Baden 1, 423 und
Hagenbach, theolog. Schule Basels. 15.

[2]) 1563 Febr. 28 promoviert er zum Dr. theol. Er hatte gewisse
Schwierigkeiten zu überwinden, weil das Gesetz bestimmte »ut nemo
in professorum theologiæ collegium nisi legitime natus cooptetur.« Er
half sich aus der Verlegenheit mit der Erklärung: patrem suum ut
cœpisset divina benevolentia evangelii luce collustrari confessum, cœli-
batum ab adversario Christi mandatum, et testatum se Margaretham
Bärthli ex qua natos aliquot sustulisset uxoris loco habere proximioque
tempore quoque coniugium se cum illa contraxisse declaraturum, quod
suum propositum, nisi morte preventus e vivis excessisset, executus
fuisset. Matric. fac. theol. fol. 46. Laut Regenzbeschluss vom 18. Febr.
1578 wurde ihm seines Alters und seiner Verdienste wegen, obwohl er
schon ein Kanonikat bei St. Peter inne hatte, doch auf sein Ansuchen
die Professur für hebräische Sprache auch noch übertragen, an Stelle
des verstorbenen Lepusculus, für den er vikariert hatte. Lib. concl.
fol. 58, darnach zu korrig. Ath. Raur. p. 443, Nr. 6.

[3]) Sohn des Severin Erzberger (s. Beil. X, Nr. 19), welcher Professor der griechischen Sprache am Pädegogium war. — Heinrich E. ist
geboren 1547 Februar 5 in Basel, gestorben ebenda 1576 November 21.
— Vgl. Ath. Raur. p. 281 ff.

nicht ohne Gewaltsamkeit unterdrückt, in der Bürgerschaft
und im Rate scheint er sich eines ansehnlichen Anhangs er-
freut zu haben; denn noch 1597 konnte Amandus Polanus
schreiben, dass „einige Ratsherren und Kirchendiener von dem
Sulzerischen Giftstoff noch nicht ganz frei seien".[1] Unzweifel-
haft bedeutete es schon einen Erfolg für diese lutherisierende
Partei, dass es ihr gelang, die Annahme der helvetischen
Konfession zu verhindern (1566).[2] Sie tat das geschickter
Weise, indem sie vorgab, dass ihr alles an der Erhaltung der
Basler Konfession gelegen sei. Schliesslich scheiterten aber
Sulzers Bemühungen an der Überzeugungstreue eines Mannes,
der, indem er mutvoll für die bekämpfte Konfession in die
Schranken trat, die unterdrückte Tradition wieder weckte
und dadurch rasch die Anhänger der alten Ordnung, die immer
in der Mehrzahl sind, um sich scharte. Dieser Mann war
Johann Jakob Grynäus. Als Sulzer 1578 dem Bürgermeister
Brun sein Glaubensbekenntnis überreichte[3], stand er auf dem
Höhepunkte seiner Laufbahn. 1575 war Grynäus als Professor für Altes Testament an die Hochschule berufen worden.
Als Sulzer am 24. Juni 1585[4] starb, musste er die Augen
mit dem niederdrückenden Gefühl schliessen, seinen eigentlichen Lebenszweck nicht erreicht zu haben.

Sein triumphierender Gegner J. J. Grynäus[5] war ge-

---

[1] Quidam ex Senatoribus et ministris in quibus fermentum
Sulzerianum adhuc hæret. Cod. Bas. G² I 28, fol. 7.

[2] Ochs 6, 257.

[3] Hagenbach, Basler Konfession. 119 ff.

[4] Chronik Peter Ryffs in den Basler Chroniken 1, 188.

[5] Stammtafel der Familie Grynäus:

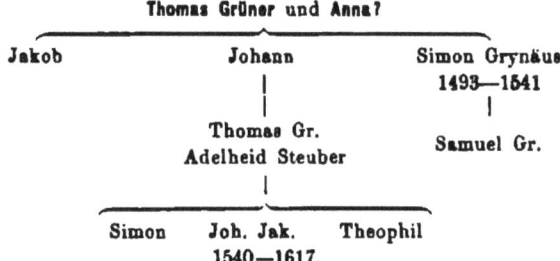

Über Joh. Jak. Grynäus vgl. J. J. Grynæi vita et mors ex varii s

boren am 1. Oktober 1540 in Bern. Seine Eltern waren
Thomas Grynäus, Prediger daselbst, und Adelheid Steuber aus
Zürich. Nach ihrer Übersiedelung nach Basel (1546) besuchte
er die Schule auf Burg und trat 1551 zugleich mit seinem
Bruder Simon, seinem Vetter Samuel und Felix Platter in
die Artistenfakultät ein.[1]) 1558 beginnt er seine theologischen
Studien unter Borrhaus und Sulzer. Seine Biographen wissen
es nicht laut genug zu beklagen, dass er durch die von diesen
beiden Männern empfangene Anleitung, „welche die Lehre
vom heiligen Abendmahl mit mehr Sicherheit und Beifall als
mit Wahrheitsliebe (sinceritate) vortrugen, in ein Labyrinth
von Irrtümern geraten sei, aus welchem er sich erst zehn
Jahre später herausgefunden habe." Dieser Satz ist ein deutlicher Reflex der Stimmung, welche die beiden protestantischen
Parteien seit Ende des 16. Jahrhunderts beherrschte und die
nach den erfolglosen Unionsbestrebungen feindseliger war
als jemals zuvor. Neunzehnjährig wurde Jakob Grynäus Diakon in Röteln, wo sein Vater schon drei Jahre vorher als
Pfarrer vom Markgrafen von Baden war angestellt worden.
Bei einem im Jahre 1561 stattfindenden Religionsgespräch
im Schlosse Röteln gewann der junge Grynäus die Zuneigung
des Fürsten in solchem Masse, dass er ihm ein Stipendium
von 100 fl. zur Fortsetzung seiner Studien anbot, von welchem
dieser jedoch aus unbekannten Gründen keinen Gebrauch
machte. Zu seiner weiteren Ausbildung begab er sich dann
nach Tübingen. 20. Januar 1563 kam er, von seinem Vater
und seinem ehemaligen Lehrer Sulzer an Jakob Heerbrand
und Jakob Andreä sorglich empfohlen, in dieser Hauptburg
des Luthertums an. Er wurde ein eifriger Schüler von Heerbrand und Schnepf, welchen er unstreitig viel Anregung verdankte und die er auch später, nachdem er schon lange von
der von ihnen vertretenen Richtung sich abgewandt hatte,

---

eius scriptis collecta et edita a duobus nepotibus Joh. Jacobo et Hieronymo
a B r u n n, Dr. Med. & LL.C. Basilee 1618. — Ath. Raur. p. 27 (mit den
biographischen Angaben) und p. 75. — W. Th. S t r e u b e r s Artikel in
der Real-Encyklop. f. protest. Theologie 5³, 454 f. — H a g e n b a c h,
theol. Schule Basels. 16 ff.

[1]) Felix Platters Selbstbiographie, herg. von Boos S. 170.

als Lehrer rühmte.[1]) Ausserdem hörte er noch Ethik bei
Heiland und Physik bei G. Liebler. Am 31. Oktober 1564
wurde er zum Doktor promoviert. In demselben Jahre verlor
er seinen Vater durch die Pest, welche damals die Bevölkerung von Basel besonders schwer heimsuchte. Er wartete daher in Tübingen, bis die Seuche nachgelassen, und trat dann
die durch den Hinschied seines Vaters erledigte und ihm
vom Markgrafen Karl übertragene Pfarrei Röteln an. 1569
vermählte er sich mit Lavinia Catalani, der Tochter eines
Bürgers von Bologna, welche Pflegekind des Erastus in Heidelberg war und deren treffliche Eigenschaften sein Bruder Simon
ihm gerühmt hatte.[1]) Er lebte mit dieser Frau in vierzig-
jähriger glücklicher Ehe, welche aber durch den Verlust aller
Kinder bis auf zwei Töchter,[2]) Maria und Anna Polybia, getrübt wurde. — Für uns ist seine Amtsperiode in Röteln dadurch wichtig, dass sich während derselben der grosse Um-
wandlungsprozess in seinen dogmatischen Anschauungen voll-
zieht, der seinen endlichen Abfall vom Luthertum herbeiführt
— ein schönes Beispiel ehrlichen Forschungseifers. Seine
Zweifel galten der Lehre von der Ubiquität Christi. Er selbst

---

[1]) Exomologesis von 1590 p. 274 sagt er: Heerbrandum .. magni
faciebam, quod is Melanchthonis ... vestigiis insistens assidue et
dialectice doceret et Mosis .. libros fideliter nobis explicaret nec in-
sectaretur ex prescripto verbi dei reformatarum ecclesiarum doctores et
pastores. Snepfium diligebam propter acumen iudicii, floridum dicendi
genus et quod Augustini pias quasdam cogitationes discentibus præter
alia inculcaret essetque alienus a fanatica homolochia et a studio car-
pendi conservos. Von dieser Gelassenheit ist viel auf Grynäus übergegangen.

[2]) J. J. Gryn., vita et mors p. 18, hört von seinem Bruder de
pietate et industria Laviniæ a Canonicis Bononiensis civis Catalani et
Lucretiæ Florentinæ filiæ quam D. Erastus per octennium aluerat. Wenn
O. Frank, Gesch. d. protest. Theologie 1, 305 sagt, dass »Sulzer, so
notieren die Lutheraner, dem Grynäus seine höckerichte Tochter ver-
lobte», so beruht das auf einer Verwechslung mit dem Verwandtschafts-
verhältnis zwischen Grynäus und Polanus. Denn dieser heiratete eine
der beiden Töchter des Grynäus, die allerdings als ausgewachsen
(gibberosam) bezeichnet wird. Vgl. Apinus Epistolæ LXVI J. J. Gryn.
ad Christ. A. Julium Norimberg 1720, p. 165.

[3]) Irrig exceptam unam in Ath. Raur. 30. Vgl. dagegen ebendort 37 und 158.

bekennt, dass ihm Gott die Augen geöffnet habe, da er in erster Linie die heilige Schrift, dann die Aufzeichnungen einiger älterer und neuerer Schriftsteller gelesen und mit gelehrten und wahrheitsliebenden Männern sich besprochen habe. [1]) 1573 lenkt er offenbar schon ein, da er Sulzern zu bewegen weiss, den Ton einer Streitschrift gegen die Reformierten, die er ihm zur Durchsicht eingesandt hatte, zu mildern. [2]) — Es lassen sich leider die einzelnen Stadien dieses Gesinnungswechsels nicht weiter verfolgen — genug an dem, dass der Bruch mit den bisher von ihm adoptierten Anschauungen vollzogen war, als er 1575 [3]) den Ruf an die Basler Hochschule erhielt. 1577 weigert er sich, die Konkordienformel zu unterzeichnen und es wird auf seinen Einfluss zurückgeführt, dass der Rat ein allgemeines Verbot in gleicher Richtung ausgehen liess, und 1578 erklärt er öffentlich auf der Synode in Liestal, er habe sich mit seiner früheren Auffassung vom Abendmahl geirrt.

Grynäus ganzes Streben war überhaupt jetzt darauf gerichtet, die Spuren von Sulzers lutheranisierender Tätigkeit zu verwischen und den reformierten Glauben in aller Reinheit wieder herzustellen. Das Verbot, die Konkordienformel zu unterzeichnen, wird besonders den Stipendiaten gegenüber streng aufrecht erhalten. In ihrem Revers erscheint die Bestimmung, dass sie versprechen müssen, sich niemals mit den sächsischen Theologen etwas zu schaffen zu machen. Grynäus gab ferner die Basler Konfession von 1534, die sein

_____

[1]) Exomologesis von 1590, p. 278. Benignus Deus oculos mentis mihi aperuisti legenti maiore cum attentione Biblica imprimis scripta deinde et veterum et neotericorum quorundam hypomnemata et conferenti cum viris doctis veritatem inquirentibus. Unter diesen kann sich sehr wohl sein Schwiegervater Erastus befunden haben, den Hottinger (helvet. Kirch.-Gesch. 3, 908) ausschliesslich die Gesinnungsänderung des Grynäus bewirken lässt; wie andererseits die Vita p. 19 dieselbe lediglich der Wirkung der Bibellektüre beimisst. Vgl. Vierordt 2, 15.

[2]) Indicium tuum magni facio et proinde quæ requirebas mitigavi in scripto, ut vides. Zwinglii solius semel facio mentionem in re omnibus nota, sectæ nomen taceo, schreibt ihm Sulzer am 22. Oktober 1573 (Cod. Basil. G. I 33, fol. 8).

[3]) 23. Okt. Matr. fac. Theol. p. 45.

Vorgänger langsam hatte beseitigen wollen, neu und mit
allen Glossen heraus. [1]) Gemeinsam mit seinem Kollegen
Polanus verteidigte er ihren Glauben gegen die Angriffe des
Superintendenten von Röteln, Weininger, der sonderbarer
Weise eine Trauungsrede, die er bei der Hochzeit eines
Badensers mit einer Baslerin in Weil hielt, mit polemischen
Auslassungen gegen die reformierte Kirche würzte. [2]) — Aus
dieser Stimmung heraus lässt es sich auch erklären, weshalb
Grynäus anlässlich der 1592 geplanten und 1597 auch durch-
geführten Restaurierung des Münsters mit einem bei ihm
nicht gewöhnlichen Ungestüm darauf drang, dass nicht bloss
die neu angebrachten Malereien, die er anstössig fand, sondern
auch die alten Statuen des Martin und Georg abgetan
würden. [3]) Er musste sich eine ziemliche Zurechtweisung
seitens des Rates gefallen lassen und drang mit seinem Begehren nicht durch. Doch erreichte er soviel, dass durch
einige nicht näher bezeichnete Veränderungen der Charakter
der beiden Figuren verwischt und der heilige Martin in einen
unbekannten König verwandelt wurde — eine halbe Massregel, über die Polanus [4]) weidlich spottete. Von Seite der

[1]) Hagenbach, Gesch. d. Basler Konfession, S. 142 ff.

[2]) Diese Predigt liess Weininger drucken und schickte Exemplare
derselben nach Basel. Darauf antworteten Grynäus und Polanus mit
der Schrift: Christliche und trewhertzige Warnung der Pfarrherren und
Theologen zu Basel an die Gemeine Gottes daselbst. . von einer Schmach-
predigt, so zu Weil 1598 gehalten ist worden, Basel 1599, und diesen
wieder Weininger mit: Gründlicher Bericht der 14 Columnien, welche
Dr. J. G. und A. P. M. Weiningern ungebürlich angedichtet. Da dann
sonderlich drey Articul erklärt werden: 1) Von der ewigen Wahl Gottes.
2) Von unseres Herrn Jesu Christi Herrlichkeit. 3) Vom Abendmal
Tübingen. Die Schrift ist dem Fürsten G. Friedrich von Baden zugeeignet. (Vaterl. Bibl. 42,1.) Vgl. auch R. Linder, der Weininger'sche
Handel i. d. J. 1598—1600 in d. Ztschr. f. histor. Theologie 39, 404
bis 432, wo die Trauungsrede grösstenteils abgedruckt ist.

[3]) Vgl. R. Wackernagel in den Beitr. z. Gesch. des Basler
Münsters I. — Die Eingabe des Grynäus ist da abgedruckt, S. 11—16,
vgl. auch S. 31.

[4]) Polanus schreibt an den Fürsten Johann von Radziwill am
7. September 1597: monuitque (Grynæus) destruenda potius idola esse
quam renovanda et ornanda, quam falsi dii sint quos Papani coluerint
atque etiamnum urbem transeuntes venerentur. Ut destruerentur ob-

Lutheraner wurde der Konfessionswechsel dem Grynäus natürlich sehr verübelt und er war der Gegenstand mancher ge-
hässiger Angriffe, die er geduldig hinnahm. Diese Wider-
sacher sind nicht bloss ausserhalb, sondern auch innerhalb
Basels Mauern zu suchen; zeitweise scheinen sie auch im
Rate die Oberhand gehabt zu haben.

Unter solchen Umständen kam Grynäus die vom Pfalzgrafen bei Rhein Johann Casimir ausgehende Berufung an die
Heidelderger Universität sehr gelegen (1584) [1]). Bei dieser
Berufung handelte es sich vor allem um seine Mitwirkung
bei der Wiedereinführung des reformierten Glaubensbekennt-
nisses. Der Fürst stiess da auf grosse Schwierigkeiten.
Kein Wunder! Binnen dreissig Jahren war dies die vierte
Glaubensänderung, welche den Pfälzern von oben herab
dekretiert wurde. Der Kurfürst, der nichts unterlassen wollte,
um die öffentliche Meinung zu gewinnen, hatte eine Disputation angeordnet, [2]) bei welcher Grynäus als Verteidiger der
zwinglianischen Auffassung vom Abendmahl auftrat. Die
Antipathien gegen die Reformierten entluden sich bei dieser
Gelegenheit in heftigster Weise. [3]) Als das Schiedsgericht
nach achttägiger Redeschlacht Grynäus als Sieger ausrief,
brachen die Studenten in ein lautes Gelächter aus. An dieser
spontanen Gesinnungsäusserung nicht genug, liessen sie auch
noch eine schriftliche Erklärung gegen Grynäus ausgehen, die
sehr charakteristisch ist. [4]) Seine Ansicht über die Eucharistie,
heisst es da, habe ihr Missfallen von Anfang an erregt und
sie hätten demselben durch Kopfschütteln und Stampfen mit
den Füssen schon während der Disputation Ausdruck ver-

tinere non potuit, mutatum est dumtaxat eorum schema et ex Martino
episcopo rex nescio qualis factus. O ineptias! — Cod. Basil. G ª I 28, fol. 7.

[1]) Durch Schreiben vom 26. Febr. 1584 zeigt der Rat von Basel
dem Pfalzgrafen an, dass er den erbetenen Urlaub dem Grynäus bewilligt
habe. Missiven Bd. 60.

[2]) Sie fand am 4, 6.—11. und 13. April statt.

[3]) Grynäus selbst schreibt an J. Camararius: Non vidi per onmem
meam vitam usque adeo ὁλοσχίνους et intractabiles, addam etiam indoctos
theologos. Bezold, Briefwechsel d. Kurf. Joh. Casimir 2, 204, Nr. 271.

[4]) Abgedruckt in Winkelmann, Urkundenbuch der Univ. Heidelberg 1, 819 Nr. 210.

liehen. Sie fänden sich jedoch veranlasst, ihre Kritik auch
schriftlich dahin abzugeben, dass Grynäus nicht die Rolle
eines Disputators, sondern die eines Verleumders, nicht die
eines Theologen, sondern eines Sophisten gespielt, nicht sachlich geantwortet habe und mit seiner stammelnden Beredsamkeit nur Schwachköpfe für seine Ansicht habe gewinnen
können. Weit entfernt davon, sie von ihrem heiligen Glauben
durch seine unschmackhaften Phrasen abwendig gemacht zu
haben, habe er sie vielmehr in der Behauptung der Wahrheit ge-
festigt. Sie schlossen mit dem Ausdrucke des Bedauerns, dass
ungewöhnliche Talente und Kenntnisse sich in den Dienst
einer schlechten Sache gestellt hätten. — Ein Exemplar
dieses zierlichen Schriftstücks wurde ihm zugeschickt; er begnügte sich, darunter zu schreiben: „uss diesem stylo erkennt
man den Autoren, wie den Vogel uss den Fädern." Übrigens
hat er direkt in die die Pfalz bewegenden kirchenpolitischen
Angelegenheiten nicht mehr eingegriffen. — Einen Angriff des
Jacob Andreä, [1] der dabei an die vorhin erwähnte Disputation
anknüpfte, wies er in einer Apologie [2] zurück. Bezeichnend
für ihn ist, dass er auf dem weitläufigen Titel auch anführt,
„die schwerwiegenden Gründe, wegen welcher weder er noch
andere ehrenwerte Männer dem J. Andreä auf seine unge-
heuerlichen Beschuldigungen künftighin mehr antworten
werden" und dass er sich bei dem Leser entschuldigt für den
Fall, dass dieser die Erwiderung zu scharf finde; er möge
aber bedenken, „dass auch eine Ameise Galle besitze."

Durch eigene Verfügung des Pfalzgrafen war ihm die
erste Professur in Theologie übertragen worden; [3] er begann
mit Vorlesungen über Neues Testament. Ein glücklicher Griff
von ihm war es auch, Vorlesungen über Geschichte anzu-
kündigen. Mit historischen Studien hatte er sich schon als

---

[1] Die Regenz der Basler Hochschule hatte vergeblich den akademischen Senat in Tübingen ersucht, ne liber ille dentatus, quem Andreä in Grynaeum moliri fama ferebat, vulgaretur. Beschluss vom
26. Juni 1584. Lib. concl. fol. 70.

[2] Die Apologia brevis J. J. Grynaei etc. befindet sich in dem
Sammelband Disputationes Theologicae pars II, 54 ff.

[3] Winkelmann a. a. O. 2, 150 Nr. 1280.

Pfarrer in Röteln abgegeben, wie sich aus der von ihm 1569
veranstalteten Ausgabe der Chronik des Klosters Hersfeld
von Lambert ergiebt. [1]) Die Ankündigung begegnete jetzt in
Heidelberg einer lebhaften Teilnahme nicht bloss unter den
Studenten, sondern auch in bürgerlichen Kreisen und selbst
bei Hofe, so dass der kurfürstliche Administrator der Regenz
befahl, Grynäus einen eigenen geräumigen Hörsaal zur Verfügung zu stellen. [2]) Er hat dieses historische Kolleg in
Heidelberg eingeführt und es fand solchen Anklang, dass
einige Jahre später die Studenten mit Berufung auf das von
Grynäus in so „glücklicher und förderlicher Weise" gegebene
Beispiel die Wiederherstellung der seit seinem Abgang unbesetzt gebliebenen Professur für Geschichte erlangten. [3])

Zugleich hatte sich Grynäus des grössten Wohlwollens
seitens des Kurfürsten zu erfreuen. Er wurde neben andern
Männern mit der Erziehung seines Mündels, des späteren
Kurfürsten Friedrich IV. betraut, dem er Vorträge über Geschichte hielt und in der Treue zum reformierten Glauben
festigen sollte. [4]) Der Kurfürst hatte ihm ferner ein kleines
Haus mit Garten eingeräumt [5]) und wünschte nichts mehr,
als Grynäus dauernd an Heidelberg zu fesseln und Grynäus,
dem es erklärlicher Weise in Heidelberg wohl war, liess sich
gerne halten. Der Fürst weiss, schreibt er, dass ich Basel
zu nichts verpflichtet bin. [6]) In Basel, wo sein Abgang merklich empfunden wurde, [7]) wusste man wohl, warum Grynäus
der Stadt nicht freundlich gesinnt war. Es erwachte nun die
Befürchtung, er könnte der Hochschule dauernd entfremdet

---

[1]) Brief des Grynäus an Henric Petri vom 23. Jan. 1569. (Cod.
Basil. I, 20 b.) Seine Ausgabe des Lambert war schon die fünfte.

[2]) Winkelmann a. a. O. 2, 151 Nr. 1288.

[3]) Ebendort 1, 324 Nr. 215.

[4]) Hagen, Briefe von Heidelberger Professoren und Studenten vor
300 Jahren S. 37, Nr. 15.

[5]) Vgl. Epistolæ J. J. Gr. edid. Apinus 99 f.

[6]) Ebend. p. 107 quam sciant me non obligatum urbi.

[7]) So schreibt Heinr. Justus an Ludwig Iselin nach Bourges 26. Mai
1584. Quantum enim huius viri discessus Academiæ et ecclesiæ nostræ
allaturus esset, non prolixa eget explicatione. Cod. Bas. G. I. 12, fol. 40.
Vgl. Apinus l. c. 107 und 118.

werden und sein ferneres Verhalten liess diese Befürchtungen
vollauf gerechtfertigt erscheinen. Im Mai 1584 hatte auf
Ansuchen des Kurfürsten der Rat, wenn auch widerwillig, in
eine Verlängerung des Urlaubs auf ein weiteres halbes Jahr
gewilligt, „doch mit der Bescheidenheit, dass, sobald die
selbige Zeit vorüber, (Grynäus) sich unfehlbar wiederum all-
hier stelle. [1]) Allein der Termin verstrich und Grynäus kam
nicht, sondern bloss zwei Briefe, welchen er, wie um einen
Zornausbruch zu verhüten, auch ein Exemplar des von ihm
mit so glänzendem Erfolg abgehaltenen und in Druck ge-
legten Kollegiums beilegte. Da schrieb ihm der Bürgermeister Bonaventura von Brunn ärgerlich: „obwohl wir gerne
gehört, dass ein solches Werk durch euch ausgerichtet worden,
haben wir doch mit sonderem Bedauern vernommen, dass ihr
euch bei S. f. Gnaden wider euer gegebene Bewilligung
länger zu halten eingelassen." [2]) Gleichwohl musste der Rat
es durchgehen lassen, dass Grynäus noch in Heidelberg blieb.
— Inzwischen geriet aber die theologische Fakultät in Basel
durch den Abgang vieler Studenten, welche Grynäus nach-
zogen, die Erkrankung von Grynäus Kollegen Coccius und
Sulzers Tod (22. Juni) in die übelste Verfassung. Aber eben
Sulzers Tod eröffnete die willkommene Möglichkeit, Grynäus
die Rückkehr nach Basel zu erleichtern. Der Rat gab ihm
zu verstehen, man werde ihn zum Antistes ernennen, wenn
er sich entschliessen würde, seine Stellung aufzugeben. Jedoch
selbst dieses ehrenvolle Anerbieten machte auf Grynäus nicht
den erwarteten Eindruck. Er antwortete ausweichend, [3]) ja,

---

[1]) Missiven 60. Brief vom 30. Mai 1584. (St. A.)

[2]) Ebend. Brief vom 5. Oktbr. 1584.

[3]) Brief vom 29. Juli 1585 an die Deputaten als Antwort auf ein
Schreiben vom 13. Juli. (Cod. Basil. 3 I 26 fol. 83.) Hier heisst es
u. a.: »Wiewohl ich aber darfür halt, das ich zu spat Euer Ehrenvest
berichte — dieweil ich glaub, das nunmer iemandts von euern Kirchendienern zu Seelsorger im Münster geordnet sey — das ich von meinet-
wegen nichts beger oder hoffe, dan ich nicht gern mich zu schwer be-
lade,« und fol. 83ᵛ kommt er nochmals darauf zurück: »So vil aber
meinen Dienst und sonderlich das Predigamt belangen thut, hab ich
mich in meiner Antwort an einen Ehrsamen Rhat resolviert, als nemlich,
das ich für meine Person keins Diensts in den Kirchen begere.« Doch

er war unaufrichtig genug, sich dem Kurfürsten schriftlich zu
verpflichten, gegen eine entsprechende Erhöhung seines Gehaltes in Heidelberg zu bleiben. [1] Das geschah am 25. August
und noch im November schreibt Heinrich Justus an Ludwig
Iselin ganz entrüstet von den Winkelzügen, durch welche
Grynäus seine Rückkehr nach Basel hinauszuschieben suche. [2]
Endlich scheint aber die am 14. Dezember erfolgte Wahl [3]
zum Antistes auch bei Grynäus alle anderen Rücksichten
überwogen und den Entschluss in ihm gereift zu haben, seine
glänzende Stelle in Heidelberg aufzugeben. Selbst die Aus-
flucht, welche der Pfalzgraf noch anwendete, indem er Grynäus
zuerst bloss zur Abhaltung einer Probepredigt entliess, damit
man sähe, ob des neuen Antistes Stimme in dem neuen Hause
auch vernehmlich sei, und indem er die Besorgnis äusserte,
dass der neue Beruf ihm „wegen Schwäche und Blödigkeit
der Person“ zu schwer ankomme, [4] verfing nicht mehr. Der
Rat schrieb dem Pfalzgrafen, „dass Dr. Jacob in Beisein einer
grossen Menge Volkes mit genugsam heiterer und klarer
Stimme und mit aller zuhörender Personen Wohlgefallen ge-
predigt habe“, [5] er möge ihm also endgültig seine Entlassung
geben. Am 14. März 1586 verliess Grynäus endlich Heidelberg — schweren Herzens. Gerne hätte ich meine Tage dort
beschlossen, sagte er selbst später, [6] doch musste ihm der
überaus ehrenvolle Empfang, der ihm bereitet wurde, sein
Los bald in freundlicherem Lichte erscheinen lassen. „Du
würdest kaum glauben“, schreibt er einem Freunde, „welchen
Umschwung der Gesinnung ich hier wahrnehme. Der Rat

---

stelle er die Sache anheim »Gott dem Herrn und E. E. Rhat den Com-
munien und andern die dazu reden sollen« fol. 84.

[1] Winkelmann a. a. O. 2, 153 Nr. 1304. Die Zulage sollte betragen 50 fl.. ein Fuder Wein und zehn Malter Korn.

[2] Cod. Basil. G. I 12, fol. 43.

[3] Basler Chroniken 1, 188.

[4] Missiven 63. Undatiertes Concept. Es gehört aber in den
Zeitraum zwischen 23. Jan. (Datum der Probepredigt, Basl. Chroniken
1, 189) und 26. März 1586, Datum der Abmeldung des Grynäus durch
Johann Kasimir bei der Universität in Heidelberg. Winkelmann a. a. O.
2, 155 Nr. 1314.

[5] Missiven 63 ebendort.   [6] Apinus l. c. 111.

verkehrt mit mir in liebenswürdigster und zuvorkommendster Weise. Selbst diejenigen, die mir feindlich gesinnt waren, vertrauen ihr Seelenheil jetzt mir gerne an." [1])

Das gute Einvernehmen zwischen dem Kirchenvorstand und seiner Gemeinde ist denn auch durch nichts mehr getrübt worden. Grynäus hat späterhin Basel nur zweimal — von einem flüchtigen Besuche Heidelbergs (1602) abgesehen — verlassen. Im April 1587 beteiligte er sich an dem Religionsgespräch in Bern, auf welchem die Lehre des Pfarrers Samuel Huber von Burgdorf, der an dem grausamen Dogma der calvinischen Prädestination Anstoss nahm und demselben den Satz von Gottes allerbarmender Gerechtigkeit entgegenstellte, indem er erklärte, „Gott habe von Ewigkeit her alle Menschen erwählt und verordnet zu Leben und Seligkeit" von dem Züroher Stuki, Grynäus, dem Berner Musculus und besonders von Beza bekämpft und verworfen wurde. [2]) — Im Juni desselben Jahres ging er als Abgesandter des Rats nach Mülhausen. Hier waren Unruhen ausgebrochen, die ihren Grund in der Aufkündigung des Bündnisses der Stadt mit den Eidgenossen seitens der katholischen Kantone hatten. [3]) Man bezichtigte die Stadthäupter des Verrats, kerkerte den Bürgermeister ein; die Bürgerschaft spaltete sich in zwei Parteien, von denen die eine deutlich den Anschluss an Österreich betrieb, die andere die Verbindung mit den Eidgenossen aufrecht erhalten wollte. Mehrfache Gesandtschaften, die sowohl von der Tagsatzung als auch von der österreichischen Regierung zur Vermittlung entsendet wurden, blieben erfolglos, eine vollständige Anarchie riss ein. Da beschlossen die protestantischen Kantone Bern, Basel, Zürich und Schaffhausen, um dem Vorort sich und in ihm die protestantische Religion zu erhalten, die bewaffnete Einmischung. Am 10. Juni 1587 wurde Mülhausen von ihren vereinigten Kontingenten nach

---

[1]) Apinus l. c. 118 und 124.

[2]) Vgl. Frank, Gesch. d. protest. Theol. 1, 272.

[3]) Vgl. Kraus in den Beitr. z. vaterl. Gesch. Basels, herg. von der histor. Ges. 1, 246 ff. speciell 295. — Der Stadt Mülhausen Gesch. von Jakob Heinrich Petri, herg. v. Graf 1838, S. 390—454. — Metzger A., La république de Mulhouse. Bâle 1884, S. 36 ff.

schwerem Kampf erstürmt, die Empörer zur Ruhe gebracht, das alte Regiment wiederhergestellt. Grynäus aber suchte „in einer schönen Vermahnung, des Alten zu vergessen, aus dem andern Kapitel Pauli an die Philipper" die aufgeregten Gemüter zu beruhigen.

Viel stärker wurde Basel und sein Antistes berührt durch die ziemlich gleichzeitigen gegenreformatorischen Bestrebungen des Bischofs Christoph Blarer. Als dieser tatkräftige Kirchenfürst, dessen Absichten durch die damals besonders energischen Lebensäusserungen des Katholicismus wesentlich gefördert wurden, begann einige Gemeinden im Birs- und Leimental, welche im Jahre 1529 zur protestantischen Kirche übergetreten waren, zur Annahme des katholischen Kultus zu zwingen, da begegnete er einem lebhaften Widerstande, der von Basel aus, mit welchem diese Gemeinden verburgrechtet waren, genährt wurde. Wie überall, so war auch hier die Frage, welche von den beiden Konfessionen die herrschende sein sollte, keine Rechts-, sondern lediglich eine Machtfrage. Sache der Politik blieb es, ihre gewöhnliche Aufgabe zu erfüllen, d. h. ein fehlendes Recht zu substituieren. Dieses fand der Bischof in seinen Hoheitsrechten, Basel in dem mit den Gemeinden abgeschlossenen Burgrecht. Allein die Stadt fand sich in ihrem Vorgehen dadurch behindert, dass der Bischof die Zahlung derjenigen Pfandsummen anbot, durch deren Ablösung er in den ungeteilten Besitz des ganzen seiner Zeit den Bischöfen gehörigen Territoriums und längst verjährter Herrschaftsrechte über die Bürgerschaft selbst gelangt wäre. Die Lage war kritisch; die Eventualität eines Krieges wurde von den Basel befreundeten Kantonen noch stärker empfunden als in Basel selbst. Aber die politische Ermattung, in welche die protestantischen Parteien damals verfallen waren, widerriet auch in diesem Falle jeden energischen Schritt. Bischof und Stadt kompromittierten auf ein aus den katholischen und protestantischen Kantonen zu gleichen Teilen besetztes Schiedsgericht, durch welches vor allem die Pfandschaftsangelegenheiten geregelt wurden. In demselben Badener Vertrag vom 11. April 1585 wurde unter Aufhebung des Burgrechts den erwähnten Gemeinden Glaubensfreiheit gewährleistet. Allein in einer Zeit, die das Princip der Duldung nur vereinzelt hatte aussprechen hören, war der geschaffene Zustand in Praxi unhaltbar. Ohne sich um den Badener Vertrag weiter zu bekümmern, zwang Bischof Blarer die Gemeinden Therwyl und Ettingen den protestantischen Kultus abzutun. [1]) Eben damals kehrte Grynäus von Heidelberg zurück. Durch ihren Pfarrer wandten sich die Gemeinden hilfeflehend an ihn. Allein die Zeiten, da die Prediger auch Politiker waren, waren vorüber. Grynäus gab gute Worte, mahnte zur Ausdauer und treuem Zusammenhalten und vertröstete auf die Unterstützung des Rates. Das an diesen gerichtete Schreiben ist nüchtern und trocken [2]) Die Unterwerfung der bedrohten Gemeinden unter die römische Kirche hat denn auch nicht mehr lange auf sich warten lassen.

Glücklicher war Grynäus in seinen Bemühungen um die Verbesserung der Baslerischen Mittelschulen. Er war ein eifriges Mitglied jener Kommission, welche im Auftrage des Rates mit der Reorganisation der Schule auf Burg sich befasste, die in der Erweiterung derselben zu einem sechsklassigen Gymnasium mit Einverleibung des Pädagogiums gipfelte. [3]) Ihm wird auch die Einführung von Fleissprämien in den niederen Schulen zugeschrieben. Am 10. März 1593 hat er zum erstenmale Geld und zwar aus seinem Eigenen unter die Knaben bei der Schlussprüfung ausgeteilt und das hat dann die Obrigkeit zu einem feststehenden Brauch erhoben.

Grynäus starb am 30. August 1617 nach kurzer Krankheit. Die ganze Bürgerschaft trauerte über seinen Hinscheid, und er wurde mit den grössten Ehren, wie der Stadthäupter einer, beerdigt. — Grynäus war einer der berühmtesten Männer, die Basel jemals gehabt hat, bemerkt der Chronist. [4])

---

[1]) Die Verhältnisse sind an der Hand der Urkunden eingehend dargestellt worden von Antistes J. Burkhardt: Die Gegenreformation in den ehemaligen Vogteien Zwingen etc. Basel 1855.

[2]) Burckhardt a. a. O. 133 und 155, Brief des Grynäus vom 17. Juni 1588 und 25. Juli 1595.

[3]) Fechter, Gesch. des Schulwesens in Basel 1, 85 und 98.

[4]) Bruckner in d. Fortsetzung von Wurstisens Chronik. 3. Auflage 586.

Dem entspricht es, dass wir ihn z. B. auch mit dem Astronomen
Tycho Brahe im Briefwechsel stehen sehen.[1]) Die Universität verlor in ihm jedenfalls einen ihrer besten Lehrer. Seine
Biographen rühmen an ihm Geist, Scharfsinn und ein vortreffliches Gedächtnis, das ihn in den Stand setzte seine
Predigten und Vorlesungen, von welchen besonders die historischen Kollegien über alte Geschichte u. z. Kirchen- und
Profangeschichte sehr zahlreich besucht wurden,[2]) bis wenige
Wochen vor seinem Tode abzuhalten, obwohl ihm in den
letzten fünf Jahren seine von Jugend auf schwachen Augen
den Dienst zum Lesen ganz versagten. Dem Ruhme, den er
bei seinen Zeitgenossen erntete, entspricht jedoch die Nach-
wirkung nicht, die er auf die folgenden Generationen ausübte.
Er war kein origineller Denker und seine zahlreichen exegetischen und kommentierenden Schriften[3]) finden heute wohl
kaum mehr einen geduldigen Leser. Sein Verdienst ist es
die heimische Tradition unter widrigen Verhältnissen behauptet
und fortgeführt zu haben, wodurch er Verwicklungen vor-
beugte, die sonst schwerlich zwischen Basel und den andern
reformierten Ständen ausgeblieben wären. Seine Bedeutung
beruht also auf seinem persönlichen Einfluss, den er in besondern Verhältnissen wirksam geltend zu machen wusste.

Eine eigentümliche Fügung war es, dass des Grynäus
berühmtester Schüler Jakob Arminius wurde, der wie kein
anderer den Kampf gegen die Prädestinationstheorie noch

---

[1]) Ein Brief T. Br. an ihn vom 8. Okt. 1597 in d. Beil. z. Jahres-
bericht des Basler Gymnasiums 1886/7 (Fr. Burckhardt: aus T. B. Briefwechsel); da heisst es S. 11 Constitueram olim Basileæ Astronomiæ
restitutionem mobiri vor der Berufung nach Dänemark 1576.

[2]) Vgl. Apiuus l. c. 21 und 34.

[3]) Zu den in Ath. Raur. p. 33 genannten Schriften will ich hier
noch hinzufügen: Aphoristica epistolæ beati apostoli Pauli ad Colossenses
explanatio anno 1585. — Da sagt er von sich selbst: Non gigno nova
dogmata nec etiam amplector prodigiosas quorumdam hominum inquie-
torum opiniones, pro quibus . . quidam nunc certant, quorum ut vulnera
ipse quoque sentis (womit wohl Arminius gemeint ist). — Explanatio
Danielis prophetæ quinque primorum capitum 1583. Synopsis historiæ
hominis seu de prima hominis origine eiusque corruptione etc. Basel
Oporin 1579. Auch hinterliess er eine grosse Anzahl Predigten. Basel,
Sebastian Henricpetri 1587.

einmal mit grossem Nachdruck und nachhaltigem Erfolge aufnahm. [1]) Arminius verweilte vom August 1582 bis Ende
November 1583 in Basel[2]) und Grynäus ist entzückt von den
bedeutenden Anlagen des Jünglings. [3]) — Wie bitter musste
es ihn daher kränken, als er zehn Jahre später schon die
ersten missbilligenden Äusserungen über ihn vernehmen und
die Besorgnis aussprechen hören muss, dass des Arminius
Lehren Zwietracht erwecken werden. [4]) Auch diese hat er
noch selbst erlebt. Nicht unerwähnt darf endlich gelassen
werden, dass Grynäus es war, der den jungen Buxtorf, den
nachmals berühmt gewordenen Hebräisten, in Basel zu bleiben
bewog. Die Darstellung des Lebens und der Tätigkeit dieses
ausgezeichneten Gelehrten gehört der Geschichte der philosophischen Fakultät an, obgleich der Endzweck seiner Arbeiten ein theologischer war. Denn er setzte seine ganze
ungeheure Gelehrsamkeit ein, um die Ursprünglichkeit des
Textes der heiligen Schrift und damit ihre unbedingte Glaubwürdigkeit zu erweisen.

Unter den Nachfolgern [5]) des Grynäus ragt zunächst

---

[1]) Frank a. a. O. 1, 403.

[2]) In der Matrikel ist er sonderbarerweise nicht eingetragen.
Aber der angegebene Zeitraum ist bestimmt nach dem Datum der
Disputationen, die er an der Basler Hochschule gehalten hat und deren
Programme noch vorhanden sind. (Basl. Vaterl. Bibl. M 63 a.) Die
erste: de vetustate doctrinæ papisticæ 1582 Kal. Sept. Die letzte: de
hostibus diligendis vom 21. Nov. 1583. — Die Biographie des Arminius
von Petrus Bertius (opera Arminii præf.) enthält keine Daten über dessen
Aufenthalt in Basel.

[3]) Arm .. mire ingeniosus iuvenis sic respondit, ut omnibus fuerit
et voluptati et admirationi eius in disputatione subtilitas schreibt Grynäus. Apinus l. c. p. 67.

[4]) Martin Lydius aus Frankero Frisiorum (Frauekeva) an Gr.
1592, Febr. »Arminius quidem nostris displicet collegis. Videtur enim
de quibusdam præcipue religionis capitibus nobiscum non sentire de
prædestinatione et quæ his adhærent... Metuo hinc extitura dissidia.
Cod. Basil. G. I 33, fol. 65.

[5]) Gleichzeitig mit Grynäus war Professor für N. T. Ulrich Coccius
(vgl. über denselben Beil. X, Nr. 7), dessen Nachfolger war Christian
Wurstisen, von welchem in dem letzten Kapitel, das von den Professoren
der Artistenfakultät handelt, zu sprechen sein wird. Als Wurstisen
seine Professur mit dem Amte eines Stadtschreibers vertauschte, rückte
Johann Brandmüller an seine Stelle. Vgl. über diesen Beil. X, Nr. 10.

Amandus Polanus von Polansdorf hervor. Polanus war geboren am 16. Dezember 1561 in Troppau [1]). Er studierte in Breslau und Tübingen. In seinen theologischen Anschauungen machte er einen ähnlichen Wandlungsprozess durch wie Grynäus. Grossgeworden in einem Lande, in welchem die lutherische Doktrin herrschte, hat er doch schon in Breslau durch seine Lehrer angeregt und durch eigenes weiteres Nachdenken sich zu einem entschiedenen Calvinisten herangebildet. [2]) Ausgangspunkt und Ziel seiner Entwicklung waren also dieselben wie bei Grynäus, aber das treibende Moment ihres Gesinnungswechsels war ein verschiedenes und entspricht der Verschiebung des dogmatischen Schwerpunktes in der Geschichte des Protestantismus überhaupt. Die Zweifel des Grynäus hatten der lutherischen Auffassung vom Abendmahl gegolten; die des Polanus galten der lutherischen Auffassung von der Gnadenwahl. Gegen Andreä verteidigte er schon als junger Mann die calvinische Lehre von der Partikularität der Gnade mit aller Entschiedenheit. Er machte sich dadurch in Tübingen sehr unbeliebt, verliess es auf den Rat einiger

---

[1]) Amos Amandus Polanus Oppaviensis Silesius. Grosse Univ.-Matr. 2 zum J. 1583. — Matr. fac. Theolog. fol. 44 zum J. 1590 Oktbr. 16, nomen suum dedit vir nobilis A. P. a P. Oppaviensis. Jo. Brandmillero decano dedit 3 testones. Vgl. ferner den Brief des P. an Zacheus Goltsch meinem stieffattern nach Troppau 1603 Mai 6 (Cod. Basil. G [2] I, 20b). In demselben tröstet er ihn wegen den Anfeindungen, die er seitens der Katholiken erfährt und meldet ihm die Zusendung von vier Neuen Testamenten, deren eines ihm, eines der Mutter, das dritte seinem Schwager Hans Richter und seiner Schwester Rosine, das vierte seiner »schwester Martha Kyatzin« bestimmt ist. Die Commentarii in Danielem habe der Bote jetzt nicht tragen können. Den gewünschten caseum Engadinum müsse er erst kommen lassen. Pol. stammte also aus Troppau und nicht aus Oppeln; denn dann müsste es Oppoliensis (Oppolia) heissen und es ist demgemäss die Angabe bei Hagenbach d. theol. Schule Basels S. 20 (Anm. 1) zu Gunsten der Ath. Raur. richtig zu stellen. — Über Polanus vgl. auch Dorner, Geschichte d. protest. Theolog. S. 439. — Herzogs Realencyklop. für protest. Theolog. 11 [1], 786, wo auch irrig Oppeln angegeben ist. — Iselin, Lex. 3, 971 und Splt. 2, 686 mit Angabe mehrerer Schriften, die in den Ath. Raur. fehlen. — Bruckner in d. Forts. von Wurstisens Chronik S. 545. —

[2]) Hagenbach, d. theolog. Schule B. 20 f.

wohlgesinnter Freunde und zog nach Basel (Herbst 1583), an Joh. J. Grynäus empfohlen, dessen Schwiegersohn er später wurde. Doch verweilte er nicht lange hier, sondern lebte abwechselnd in Genf, Heidelberg und Basel als Instruktor für Söhne aus vornehmen Familien. In Genf lernte er Beza kennen, vor dem er eine ausserordentliche Hochachtung hat. Er nennt ihn einmal den Irenäus seines Jahrhunderts. 1590 kehrt er zu bleibendem Aufenthalt nach Basel zurück, wird hier am 29. Oktober[1]) zum Doktor promoviert und am 13. April 1596 Nachfolger Brandmüllers, Professor für Altes Testament. 1606 berief ihn der Landgraf von Hessen Moritz,[2]) der mit Polanus bei dem grossen Schiessen von 1605 bekannt geworden war, an die Hochschule in Marburg. Der Rat aber „betrachtete Polanus als eine Blume der hiesigen Fakultät und hielt deshalb diese Vokation für die Stadt bedenklich". — Er ersuchte Grynäus, dass er seinen Schwiegersohn bewegen möchte, den Ruf auszuschlagen, wozu sich dieser auch ohne irgend eine Gegenleistung bereit erklärte. Er starb am 18. Juli 1610 an der Pest.

Polanus war erfüllt von der furchtbaren Grösse des calvinischen Princips sowohl in Hinsicht auf die in ihm enthaltene Grundanschauung als auch wegen seiner formalen Durchbildung. Seinem Schüler Daniel Socin, der in Leyden studierte und dem er Ratschläge erteilte, wie er seine Studien einrichten soll, empfiehlt er in erster Linie die heilige Schrift in beiden Sprachen zu lesen und dem zunächst die genaue Lektüre der Institutionen Calvins. „In diesen findest du nicht bloss eine scharfsinnige Behandlung der dogmatischen Sätze, sondern auch Würde des Ausdrucks und Sprachgewandtheit, die du dir aneignen sollst."[3]) Der Eifer, mit dem er die strenge calvinische Lehre vertrat, brachte ihn sogar in Konflikt mit der Bürgerschaft in Basel, welche milderen Anschau-

---

[1]) Matr. fac. Theol. p. 48.
[2]) Nicht Ludwig V., wie es bei Bruckner a. a. O. 545 heisst. — Die Korrespondenz hierüber im St. A.
[3]) Brief vom 3. März 1600. Cod. Basil. G² I, 20b. In institutionibus non solum locorum comunnium accuratam tractationem habes sed etiam eloquentiam et eloquentiæ formam quam imiteris.

ungen huldigte, so dass sich Polanus veranlasst fand in einer
eigenen kleinen Schrift sich und die theologische Fakultät
gegen das in der Stadt verbreitete Gerücht zu verteidigen,
dass man an der Universität in religiösen Dingen Ansichten
hege und lehre, die man öffentlich nicht predigen dürfe. Er
verficht in dieser Schrift nicht bloss lebhaft die Freiheit der
Forschung, die durch Berücksichtigung der öffentlichen Meinung Schaden leide, sondern entkräftet auch das Gerücht, indem er positiv seine Glaubenssätze entwickelt, dabei auf den
engen Anschluss an die erste Basler Konfession bedacht. [1]

Die Lehrtätigkeit des Polanus fiel überhaupt in eine
Zeit aufregender konfessioneller Streitigkeiten. Dieselben
unterscheiden sich jedoch von den theologischen Kämpfen der
früheren Periode dadurch, dass sie einen gelehrten Charakter
angenommen haben und die grosse Masse des Volkes unberührt lassen. Es ist eine vereinzelte Erscheinung, dass der
Markgraf von Baden Ernst Friedrich selbst den theologischen
Kampfplatz gegen Hunnius betritt. Mit eben diesem Fürsten
stand Polanus in Verbindung, sendet ihm seine Schriften und
erhält von ihm als Gegengeschenk einen silbervergoldeten
Pokal. [2] — Polanus passte in diese bewegte Zeit hinein; er
führte eine scharfe Feder. Doch machte er einen mässigen
Gebrauch von ihr, wie er denn selbst sagt, dass er, wenn
nicht geradezu gereizt, auf öffentliche Kritiken nicht zu antworten pflege. — Polanus gilt als der erste bedeutende Dogmatiker. [3] Doch wird er in dieser Hinsicht von seinem
Schüler und Kollegen Wolleb noch weit übertroffen.

Bedeutender ist die Stellung, die Polanus in der Geschichte der Ethik zugesprochen werden muss. Wenn die
Reformatoren, besonders Zwingli, den Glaubensprincipien, welche sie aufstellten, eine so unmittelbare Wirkung auch auf die

---

[1] Hagenbach a. a. O. S. 21. — Dort sind auch die dogmatisch
wichtigen Sätze jener Schrift angeführt. Sie ist betitelt: Kurzer Inhalt
der ganzen Lehr, welche in der theologischen Schule der loblichen
Universität zu Basel, belangend die jetziger Zeit streitige Religions-
punkten, geführt wird. Basel 1610.

[2] Brief vom 1. März 1600. Cod. Basil. G² I, 28.

[3] Hagenbach a. a. O. 22.

moralische Haltung der Menschen zuschrieben, dass für sie
die Aufrichtung eines besondern Lehrsystems der Moral un-
denkbar werden musste, wenn dann im Gegensatz zu ihnen
in der zweiten Hälfte des 16. Jahrhunderts ein Versuch gemacht worden ist, das Gebiet der Ethik für die profane Philosophie, der es zugehört, zurückzuerobern und die Grundsätze des Glaubens unabhängig neben die des sittlichen Ver-
haltens hinzustellen, so ging Polanus, angeregt durch Petrus
Ramus, als einer der ersten darauf aus, eine Vermittlung dadurch herbeizuführen, dass er das christliche Lehrsystem in
einen theoretischen und praktischen Teil, d. h. in eine Glau-
bens- und Sittenlehre zerfallen liess. [1]) Diese christliche Sittenlehre entstand ihm durch Zerlegung des Begriffes der bona
opera und er behandelte in derselben eine Anzahl Begriffe —
wie Treue, Mässigkeit, Ehrliebe, Sparsamkeit — welche sonst
Gegenstand der profanen Ethik sind, die er zwar auch in
begrenzterem Umfang fortbestehen liess und nicht gänzlich
verneinen wollte. [2])

Auch nach einer andern Seite nimmt Polanus eine ver-
mittelnde Stellung ein, indem er die bis dahin fast gänzlich
vernachlässigten Beziehungen zu den Protestanten in England
einleitet. Die wenigen noch erhaltenen Briefe geben Zeugnis
von den mannigfachen Verbindungen, die er zu den Glaubensgenossen des Inselreichs hatte. Jeremias Radcliff in Cambridge
erbittet sich eine Darlegung der an der Basler theologischen
Schule geltenden Auffassung vom Abendmahl [3]); an Broughton

---

[1]) Hierüber ist besonders zu vergleichen: A. Schweizers Aufsatz: Die Entwicklung des Moralsystems in der reformierten Kirche in
theolog. Studien und Kritiken 1850 S. 53 ff.

[2]) In diesem Sinne arbeitete er seine Partitiones Theologicæ libri
duo Basel 1599 aus, ein kurzgefasstes Handbuch der Dogmatik und
Ethik. Es erlebte rasch nach einander drei Auflagen. Das Syntagma
Theolog. christ. ist in erster Auflage 1609 erschienen. — Nicht erwähnt
ist in den Ath. Raur. p. 18 De ratione legendi cum fructu autores inprimis sacros ... tractatus Basel 1604, mit den angehängten Erklärungen der XIII ersten Psalmen.

[3]) Brief vom 16. Dezember 1599. Cod. Basil. G² I, 28. Dissidia
de religione in Germanicis eclesiis magis magisque angentur. Von dem
Abendmal sagt er: Corpus Christi in sancta cœna adest sacramentaliter
id est spiritualiter und spricht weiter von errores Lutheri.

in Oxford schreibt er über die Taufe Christi [1]); Thomas Playt
in Cambridge dankt er für eine günstige Recension seiner
Quaestiones und berichtet ihm ausführlich über die Zwistigkeiten mit den Wittenbergern und die Reformationsstreitig-
keiten in der Pfalz [2]). Unter letzteren meint er die durch
Piscator [3]) erzeugte Bewegung, welche er um so aufmerksamer
verfolgte, als er selbst einige Jahre früher an seiner Lehre Geschmack gefunden hatte; später freilich habe er erkannt, dass
nichts an ihr sei. [4]) Doch ermahnt er in einem späteren Sendschreiben an seine Genfer Kollegen diese in dem Handel mit Piscator sachlich vorzugehen und fügt hinzu: dass eine Verein-
barung mit den Lutheranern zu erzielen sein werde, dafür ist
keine Hoffnung vorhanden, da ihre Wut (rabies) gegen uns
von Tag zu Tag steigt. [5])

Die Beziehungen zu England hielten auch die beiden
Nachfolger des Polanus aufrecht: Sebastian Beck und Johann
Wolleb.

Beck [6]), geboren 1. Oktober 1583, gehörte durch seine
Abstammung mütterlicherseits zu den angesehensten Gelehrten-
familien Basels. Seine Mutter Martha Iselin war eine Tochter
des Juristen Ulrich Iselin, der die Schwester des Basilius
Amerbach, Faustina zur Frau hatte. Aber von den bedeutenden Eigenschaften seiner Vorfahren scheint auf den Knaben
wenig mehr übergegangen zu sein als ein eiserner Fleiss und
ein gutes Gedächtnis. In dem spätern akademischen Lehrer

---

[1]) Brief vom 7. September 1599 ebend.

[2]) Brief vom 28. Februar 1600 ebend.

[3]) Vgl. über diesen Frank, Gesch. d. protest. Theolog. 1, 305 ff.

[4]) Brief vom 27. März 1598 an Johann Johnston in Oxford. Ante
complures annos sententia Piscatoris non plane mihi displicebat, sed
postea diligentius eam perpendens et argumenta nihili esse deprehendens
censui non esse a publica ecclesiarum reformatarum confessione disce-
dendum. Putabam disiunctionem esse: lex obligat vel ad obedientiam
vel ad pœnam. Doch das sei eben irrig.

[5]) Commercium litterarum eccles. Basil. Kirchenarchiv c. IV 9.

[6]) Über Beck vgl. Hagenbach, theolog. Schule Basels S. 23. —
Athen. Raur. p. 38—40. — Oratio panegyrica memoriæ Seb. Beckii
dicta a Luca Gernlero XIV kl. martias 1655, Basil. 1655. — In die
Realencyklopädie für protest. Theolog. ist Beck sonderbarerweise nicht
aufgenommen. Allg. deutsch. Biogr. 1, 219.

vermisste man spekulatives Vermögen und selbst sein Biograph kann nicht umhin zu bemerken, dass er mit der Zeit zu einem eigensinnigen Pedanten wurde. [1] So erscheint er als der richtige Repräsentant der im 17. Jahrhundert verknöchernden protestantischen Theologie. — Beck besuchte das Gymnasium seiner Vaterstadt, trat Oktober 1599 an die philosophische Fakultät über, wurde 1604 Magister, widmete sich dann dem Studium der Theologie und zwar mit solchem Eifer, dass man nach dem 1610 erfolgten Tode des Polanus ihn, obwohl er seine Studien noch nicht abgeschlossen hatte, zugleich mit Johann Gross und Wolfgang Meyer stellvertretend lesen liess. Am 21. Mai 1611 wird er Dr. theol. und schon im nächsten Jahr (8. Juni) wird ihm die Professur für Altes, am 24. Februar 1618 die für Neues Testament übertragen. Der gleichmässig stille Verlauf seines weiteren Lebens wird nur einmal durch ein Ereignis unterbrochen, das ihm zugleich auch ein lebendigeres Andenken in der Geschichte der theologischen Schule sichert, nämlich durch seine Anteilnahme an der Dortrechter Synode, wohin er sich am 16. Oktober 1618 in Begleitung des stud. theol. Reinhard Ryff, später Pfarrer in Sissach, auf den Weg machte. In der 78. Sitzung sprach er sich über Gnadenwahl und Erbsünde aus: für die, die ausserhalb der kirchlichen Gemeinschaft stehen, sei kein Heil zu erwarten. Nach Schluss der Synode (29. April 1619) machte er eine Reise durch die Generalstaaten, besuchte Delft, Haag, Leyden, Harlem, Amsterdam, überall den hohen Wohlstand bewundernd, den bürgerlicher Gewerbfleiss und der gewinnreiche überseeische Handel hier geschaffen hatten, besucht dann auch London und kehrt über Paris am 1. Juli nach Basel zurück. Am 9. März 1654 ist er an einem Schlagfluss gestorben. Er hat Schriften exegetischen und dogmatischen Inhalts in geringer Anzahl und wie es scheint ohne nachhaltigen Wert [2] hinterlassen.

Weit bedeutender als Beck ist dessen Zeitgenosse und

---

[1] In sententia semel concepta invictus perstare poterat (Gernler). Ebenda heisst es, dass er nichts mehr haaste als luxuriantem et desultoriam multorum levitatem.

[2] Sie sind verzeichnet Ath. Raur. p. 40.

Kollege Wolleb [1]). Johann Wolleb war geboren am 30. November 1588 in Basel, als Sohn des Ratsherren Oswald Wolleb.

Es ist zweifelhaft, ob die Basler Wollebs von dem durch den Helden von Frastenz berühmt gewordenen Geschlecht in Uri abstammen oder nicht [2]). J. Wolleb absolvierte die Schulen seiner Vaterstadt. 1607 wird er schon Diakon, 1611 Pfarrer bei St. Elisabeth. Nach dem Tode des Grynäus wird er am 21. Juli 1617 zum Antistes gewählt und am 30. Oktober [3]) desselben Jahres ihm die Professur für Altes Testament übertragen. Am 30. November 1619 machte er, gemahnt vom akademischen Senat und einigen guten Freunden das Doktorexamen. Er hielt eine Promotionsrede de divina praedestinatione — ein Thema, das damals alle Köpfe erhitzte. 1626 erschien nun sein einziges grösseres Werk das Compendium theologiae christianae. Ihm verdankt er seinen Ruhm. Es war das erste brauchbare Handbuch der Dogmatik, an welchem Kenner die klare Disposition des Stoffes, die logische Gliederung der einzelnen Teile, die Knappheit des Ausdrucks und die Übersichtlichkeit, erzielt durch Ausscheidung aller weitschweifigen Erklärungen und Glossen, rühmend hervorheben. Es erlebte binnen zwölf Jahren drei Auflagen und wurde auch ins Englische übersetzt. Der Autor selbst war nicht mehr lange Zeuge der zunehmenden Beliebtheit, deren sich sein Buch zu erfreuen hatte. Er starb vorzeitig am 24. November 1629. Schliesslich sind hier noch zwei Männer, deren Auftreten eine gewisse Etappe in dem Entwicklungsgange der protestantischen

---

[1]) Über Wolleb vergl. Ath. Raur. p. 40. — Hagenbach a. a. O 23. — Frank, Gesch. d. protest. Theol. 1, 393. — Leu, Lex. 19, 573, wo auch seine Thesen und Dissertationen aufgezählt sind. — Über seine Familienverbindung mit Ryff vgl. die Basler Chroniken 1, 196. — Herzogs Realencykl. f. protest. Theologie 17, 288.

[2]) Schon Leu a. a. O. sagt »sollen« abstammen. Ich habe nichts in dieser Beziehung ermitteln können. Auch der Geschichtsfreund bleibt der Frage gegenüber stumm. Die Angabe in Lutz, Bürgerbuch 1819 S. 380, nach welcher ein Heinrich Oswald Wolleb 1444 das Bürgerrecht in Basel erhalten habe, stammt, wie mir mein Freund Wackernagel sagte, nicht aus dem Roten Buch. Ihr Wert ist daher sehr zweifelhaft.   [3]) Lib. concl. fol. 142.

Theologie in Basel bezeichnet, zu erwähnen: Johann Georg
Gross [1]) und Wolfgang Meyer [2]). Beide haben zusammen mit
Beck am 21. Mai 1611 in der theologischen Fakultät promoviert und mit ihm die Stellvertretung für Polanus übernommen. Beide wurden am 3. Juni 1612 in die theologische Fakultät aufgenommen und hielten als ausserordentliche Professoren Vorlesungen über Dogmatik (loci communes et con-
troversiae theologiae). Gross starb am 8. Februar 1630, ohne
als Lehrer deutlicher hervorgetreten zu sein. Meyer war der
bedeutendere von beiden. Der Rat sandte auch ihn als Abgeordneten der Basler Kirche an die Dortrechter Synode. Das

---

[1]) Johann Georg Gross war geboren in Basel am 28. März 1581,
studierte hier, wurde 1604 Pfarrer in St. Margarethen und 7. Juni 1607
Pfarrer bei St. Elisabeth, 1611 Juli Pfarrer bei St. Peter. — Ath. Rauc.
p. 83. Hagenbach a. a. O. 23.

[2]) Wolfgang Meyer war geboren in Basel 1577, März 27. Sein
Vater Jakob war Pfarrer bei St. Alban und war Schüler der Reformatoren aus erster Zeit in Strassburg und Wittenberg und starb 1604
achtzigjährig. Sein Grossvater Johann Rudolf Meyer war Ratsherr und
Deputat (gest. 1565 Sept. 7), sein Urgrossvater Jakob Meyer, Bürgermeister von Basel, Freund des Ökolampad, über den Petrus Ramus die
schönen Worte schrieb: J. M. Basiliensis consul Öcolampadii clypeus
et hasta fuit in asserenda Evangelii veritate. — Seine Mutter war Agnes
Capito, Tochter des Strassburger Reformators, seine Grossmutter
Wibranda von Rosenblatt die Frau von vier Reformatoren. Wolfgang
wird 1593 immatrikuliert, 5. August 1596 promoviert er zum Magister,
wendet sich dann der Theologie zu und Amandus Polanus wird
sein Lehrer. — 12. März 1597 macht er sich auf nach England. Er,
der durch seine Grossmutter Wibranda Mitglied der Bucerschen Familie
wurde, hatte Anspruch auf ein Stipendium, welches Eduard VI. den
Angehörigen dieser Familie an der Cambridger Universität gestiftet
hatte. Nicht ohne Fährlichkeit legt er die Reise zurück; denn von
spanischen Marodeuren wird ihm in der Nähe von Wesel übel mitge-
spielt. — In Cambridge wurde er von Radcliff freundlich aufgenommen.
11. Juli 1601 wird er Licentiat und kehrt dann über Paris nach Basel
zurück. — Hier heiratet er die Tochter des Deputaten Bernhard Brand
Maria und als dieselbe früh verstarb, Valeria Rudin, Tochter des Kauf-
manns Emanuel Rudin und der Gertrud Beck, die selbst eine Tochter
des Prof. Sebastian Beck war. Von ihr hatte er acht Kinder. — Über
Meyer vgl. W. Meyeri Delineatio vitæ et mortis ... proposita a Samuele
Kesslero Basileæ 22. Mai 1655. — Ath. Raur. p. 85. — Hagenbach a. a. O.
S. 23 und Graf a. u. a. O. 193—196.

Tagebuch, das er über die Reise dahin und den Aufenthalt
dort geführt hat, ist noch erhalten und kulturhisorisch bemerkenswert [1]). In der 83. Sitzung sprach er über die perse-
verantia sanctorum. Am 15. Mai verliess er Dortrecht und
reiste nach England. Am 22. kommt er in Greenwich an.
Er erhält Audienz beim König Jakob I., dessen Vorliebe für
alles, was mit Theologie zusammenhing [2]), ihm nicht unbekannt sein konnte und überreichte ihm Bucers Buch de de-
fensione reformationis ecclesiarum Evangelicarum. Der König
erwies sich sehr huldvoll, reichte ihm die Hand zum Hand-
kuss und fing sogleich einen theologischen Diskurs mit ihm
an. Er beklagte sich, dass der Führer der antitrinitarischen
Sekte in Polen den Katechismus derselben ihm gewidmet und
erkundigte sich dann, ob Meyer die Werke des Vorstius, —
ebenfalls eines Gegners der Prädestinationslehre und nicht
ganz frei von socinianischen Anschauungen, — einer Übersetzung für wert halte. Dieser antwortete unverzüglich: sie
seien eher wert verbrannt, als übersetzt zu werden. [3]) Dieses
Schicksal ist ihnen auf Befehl des Königs auch zu teil geworden. Über Paris kehrte Meyer dann nach Basel zurück.
Hier ist er am 5. September 1653 einem Schlagfluss erlegen.
In litteraturgeschichtlicher Beziehung hat er sich verdient gemacht durch eine neue Auflage der Münster'schen Kosmographie, die er bis 1628 fortsetzte.

Wir haben die Geschichte der theologischen Fakultät
bis zu dem Zeitpunkt heraufgeführt, in welchem sie die letzte
Phase ihrer historischen Entwicklung abschliesst. 1647 wurde
für Johann Buxtorf, den Sohn des gleichnamigen berühmten
Hebräisten eine dritte ordentliche Professur, die professio locorum communium atque controversiarum, d. h. für Dogmatik,
errichtet. [4]) Damit war, wenn man von der spätern Durchbildung einiger Teile der drei Hauptdisciplinen absieht, der
Kreis der neuen Religionswissenschaft geschlossen.

---

[1]) Abgedruckt bei Graf, Beiträge zur Geschichte der Dortrechter
Synode. Basel 1825, S. 29—67.
[2]) v. Ranke, Engl. Gesch. 2, 105 f. (G. W. 15.)
[3]) Delineatio p. 36.
[4]) Hagenbach, Theolog. Schule, S. 29.

An der Ausbildung derselben hat Basel einen nicht zu
unterschätzenden Anteil gehabt. Volkstümlich wie überall
sind ihre Anfänge. Mitten in der Bürgerschaft stehen die
ersten Lehrer des verjüngten Glaubens, getragen von der
allgemeinen Bewegung der Geister. Die Grundsätze einer
neuen freien Kritik wenden sie auf die Lektüre der heiligen
Schrift an und bemühen sich um eine unmittelbare Auslegung des Wortes Gottes. Es zeigt sich, dass mancherlei Deut-
ungen gleich möglich sind und selbst in principiellen Fragen
ist keine Einigung zu erzielen. Das Meer der öffentlichen
Meinung ist in brausender Aufregung und die Reformatoren
erscheinen uns wie einzelne Felsen, die die tosende Brandung
nicht zu erschüttern vermag. Die mehr spiritualistische
Auslegung der Einsetzungsworte des Abendmahls, wie sie
Ökolampad denselben giebt, bleibt trotz mancherlei Anfechtungen bindender Glaubenssatz der evangelischen Kirche in
Basel. Vor der grossen Bedeutung, welche die Behandlung
derartiger wichtiger Fragen für die Allgemeinheit hatte, tritt
seine und seiner Zeitgenossen Wirksamkeit als akademische
Lehrer ziemlich in den Hintergrund.

Eine zweite Generation kommt herauf. Sie trat bereits eine historische Erbschaft an, eine Tradition hat sich
ausgebildet, auf der sie weiterbaut, die Ansichten haben sich
konsolidiert, die Gegensätze verschärft. An den Vermittlungs-
versuchen zwischen lutherischem und zwinglischem Bekenntnis
nimmt Basel den regsten Anteil, nicht ohne die Rückwirkung
zu erfahren, welche in dem Versuch Sulzers, die Basler Konfession abzutun, gipfelt. Augenscheinlich ist, wie sehr die
Haltung der theologischen Schule in Basel durch den Gang
der allgemeinen Begebenheiten beeinflusst wird. Aber nicht
bloss passiv wird sie durch dieselben bestimmt, sondern auch
aktiv greift sie in dieselben und zwar über ihre engern
Landesmarken hinaus ein. Grynäus geht Sulzer gegenüber
auf die von Ökolampad und Mykonius aufgestellten Grundsätze zurück und er belebt den Widerstand gegen die von
seinem Vorgänger eingeschlagene Richtung durch die Aufnahme der calvinischen Prädestinationslehre. Dies führt zu
einer Verbindung mit dem Pfalzgrafen Johann Kasimir, der

von grossen politischen Gesichtspunkten aus der exklusiv
lutherischen Richtung, wenn auch vergeblich, entgegentritt[1]),
aber wenigstens eine engere Vereinigung der calvinisch Ge-
sinnten anbahnt. Zu der durch ihn in seinen Erbstaaten herbeigeführten Wendung hat auch Grynäus beigetragen. Die
theologische Schule Heidelbergs steht ganz unter seinem
Einflusse.

Grynäus war der letzte und unzweifelhaft auch be-
deutendste Theologe, der der rein exegetischen Schule angehört. Aber schon erscheint neben ihm Amandus Polanus,
der zum erstenmal den Versuch macht, die Lehrsätze der
neuen Kirche systematisch zusammenzufassen und auch die
christliche Moral wissenschaftlich bearbeitet. Der Kreis der
Beziehungen ist bereits wissenschaftlich verengt, die Fühlung
mit dem Volke geht unter seinem Nachfolger gänzlich verloren — bezeichnend genug ist Polanus der letzte Theologe,
der in Basel auf lange Zeit mit einem deutsch geschriebenen
Traktat vor das grosse Publikum tritt. Hingegen hatte Becks
Dogmatik sich eines nachhaltigen Einflusses in gelehrten
Kreisen zu erfreuen.

Man hat die Wahrnehmung gemacht, dass die Basler
theologische Schule gerade zu Beginn der Reformation keinen
sehr bedeutenden Rang neben den andern Metropolen der
neuen Lehre einnahm [2]) und man hat dies dem Mangel eines
dogmatischen Schwerpunktes zugeschrieben. Diesen Mangel
wird man in Zusammenhang bringen dürfen mit dem früh-
zeitigen Tode des Ökolampad. An der steigenden Bedeutung
der Fakultät, welche gegen das Ende des 16. Jahrhunderts
ihren Höhepunkt erreicht, ist nicht zu zweifeln.

---

[1]) Vgl. Pfalzgraf J. K. und sein Kampf gegen die Konkordienformel in Illgens Ztschr. f. histor. Theologie. 31, 419 ff.

[2]) Hagenbach, Theolog. Schule. S. 13.

Viertes Kapitel.

Die juridische Fakultät.

Als die Universität im Jahre 1532 offiziell wieder eröffnet wurde, musste der Rektor in seinem Einladungsschreiben darauf hinweisen, dass an der juridischen Abteilung nur
ein Professor vorläufig vortragen werde — Bonifacius Amerbach — allerdings sei dieser eine befähigt in jeglichem Zweige
der Rechtskunde Unterricht zu erteilen.[1]

Das Geschlecht der Amerbache hat drei Generationen
nicht überdauert, aber in jeder derselben war es durch einen
Mann von nicht gewöhnlichen Anlagen und dauerndem Rufe
vertreten. Bonifacius war als der jüngste Sohn des Buchdruckers Johann Amerbach, der ums Jahr 1460 in Basel ein-
gewandert ist, geboren am 15. Oktober 1496.[2] Er genoss

[1] S. Beil. III.

[2] 1554, V. eid. octobr. natali die meo schreibt Bonifacius seinem
Sohne Basilius einen Brief nach Padua (Cod., Basil. G. I 16, fol. 27),
ebenso 1557 natali meo hoc est XI die octobr. (Cod. Basil. G. II, 14 fol.
198 v.) und in dem ersterwähnten Briefe heisst es weiter — iam enim
quinquagesimum octavum annum attigi (Germanismus = Ich bin 58
Jahre alt). Darnach sind die Angaben aller anderer Biographen zu
verbessern. Adam M. Vitæ iurisconsult. Germ. I hat bloss 1495. —
Ihm folgen wohl die Ath. Raur., welche auch bloss das Jahr 1495 geben,
ebenso Iselin, Lex. 1, 152. — Leu, Lex. 1, 187. — Jöcher, Gelehrten-
lex. 1, 341 und Forts. 1, 721. Fechter in den Beiträgen z. vaterl. Gesch. 2,
174 giebt den 3. April 1495 an, ich weiss nicht auf Grund welcher
Angabe und ihm sind die anderen Forscher gefolgt: Stintzing, Gesch.
d. deutschen Rechtswissenschaft S. 209 ff. mit Berufung auf die Allg.

frühzeitig einen guten Unterricht durch Konrad Leontorius, den gelehrten Beichtvater des Beginenklosters im Engental, der sich durch die Kenntnis der drei alten Sprachen auszeichnete und auch ein vortrefflicher Erzieher war. Von 1507—1509 besuchte Bonifacius die Schule in Schlettstadt, wo er von Hieronymus Gebwyler und Johann Sapidus mannigfache Anregung empfing. Von 1509—1513 hörte er Vorlesungen an der Artistenfakultät, die aber eben in diesen Jahren nach dem Abgange Sebastian Brandts keinen angesehenern Vertreter aufwies und in einem wenig anziehenden Übergangsstadium sich befand.[1] Doch promovierte Bonifacius am 13. Januar 1513 hier zum Magister. Bildender für ihn wird aber jedenfalls der Verkehr im elterlichen Hause gewesen sein. Sein Vater war damals mit der Ausgabe des Hieronymus beschäftigt, wobei ihm besonders ein Grieche Konon behilflich war. Von diesem, der seit Reuchlin zum erstenmale wieder die Kenntnis des Griechischen in Basel verbreitete, erhielten Bonifacius und sein Bruder Bruno, ebenso Beatus Rhenanus, mit dem Bonifacius sich damals befreundete, Unterricht in jener Sprache. Sogar in der hebräischen Sprache, deren Studium damals erst lebhafter betrieben zu werden anfing, erhielten die Brüder Unterricht von einem spanischen getauften Juden Matthäus Adrianus, der mit Empfehlungen von Reuchlin und Pellikan versehen, einige Monate in Amerbachs Hause verweilte.[2] Tief eingedrungen kann wenigstens bei Bonifacius der Unterricht nicht sein, da Adrianus nicht vor dem Februar nach Basel kam[3] und Bonifacius noch im selben Jahre sich nach Freiburg verfügte. Bonifacius versenkte sich mit Eifer in diese linguistischen und quellenkritischen Arbeiten und die Impulse, die er durch sie empfing, haben durch sein ganzes Leben fortgewirkt. Nicht eben gerne vertauschte er diese rein humanistische Tätigkeit mit einem Berufsstudium; auch als er nach Freiburg ging,

d. B. 1, 397 f. und Probst im Basler Neujahrsblatt 1884 (unbedeutend). — Fechters Biographie umfasst jedoch nur den Zeitraum bis zu Amerbachs Anstellung als Professor 1524.

[1] Vischer a. a. O. 192.
[2] Vgl. Geiger in den Jahrbüchern f. deutsche Theologie 21, 193 ff.
[3] Ebend. S. 195.

blieb er unter Zasius Leitung den klassischen Studien noch zu-
getan und fing erst 1514 an mit der Rechtswissenschaft sich
zu befassen. Hier in Freiburg von 1513 bis Frühjahr 1519,
später in Avignon vom 11. Mai 1520 bis 3. Mai 1524 unter
Alciat und Ripa bildete er sich zum Juristen aus. Nicht
ohne bedeutende Unterbrechungen waren diese Studien fort-
geschritten. Zweimal, 1519 von Freiburg, 1520 von Avignon,
war er vor der Pest nach Basel geflohen und jedesmal hatte
er seinen vorübergehenden Aufenthalt hier benützt, um von
seinem Corpus juris weg zu seinen Lieblingen, den alten
Klassikern zurückzukehren. Unzweifelhaft muss man hierin
auch den mitbestimmenden Einfluss des Erasmus erkennen.
Mit diesem berühmten Gelehrten war er noch vor seinem
Abgang nach Freiburg bekannt geworden und hatte schnell
das Wohlwollen des so viel älteren Mannes gewonnen, das
er seinerseits mit einer gewissen sentimentalen Schwärmerei
erwiderte, welche ebenso sehr aus einer unter den Humanisten eingerissenen Unsitte, als aus einer weichen Gemütsan-
lage Amerbachs erklärt werden muss. Durch ihn wurde
übrigens die Verbindung Alciats und des Bischofs von Car-
pentras, Jakob Sadolet, in dessen Hause Bonifacius viel in
Avignon verkehrte, mit Erasmus vermittelt.

Als 1524 Claudius Catiuncula seine Professur niederlegte, empfahl er Amerbach als seinen Nachfolger. Nach
einigem Zögern und nachdem sich Unterhandlungen wegen
Übernahme einer Lektion in Freiburg zerschlagen hatten [1]),
ging Amerbach auf den Antrag ein. Im Laufe des Winters
holte er sich in Avignon den Doktorhut und trat Februar 1525
die Professur an. [2])

Die akademische Wirksamkeit Amerbachs fällt in die
Periode, in welcher die Früchte der von den Humanisten
ausgehenden Bewegung auch für die Rechtswissenschaft zu
reifen begannen. Die Humanisten hatten nicht bloss eine
veraltete Art der Erklärung klassischer Schriftwerke angegriffen und durch eine geläutertere zu ersetzen versucht, son-

[1]) Woher die bei Stintzing a. a. O. 1, 210 gegebene positive
Nachricht von der akademischen Tätigkeit A. in Freiburg stammt,
weiss ich nicht. [2]) Vischer a. a. O. 246.

dern ihre Bemühungen waren mit gleichem Eifer auf die Vermehrung der vorhandenen Quellen selbst gerichtet. Und diese beiden Grundströmungen, welche in formaler und inhaltlicher Beziehung zu tiefgreifenden Veränderungen führen mussten, kehren auf dem Gebiete der Jurisprudenz wieder. Ausgezeichnete Rechtslehrer wie Zasius und Alciat huldigten der neuen Anschauungsweise, hatten sie zum Teil herbeiführen helfen und ermüdeten nicht, sie zu verbreiten. Eben bei ihnen hat Amerbach seine Schule gemacht, er, der schon durch die Ausbildung, die er im elterlichen Hause bekommen hatte, zur Aufnahme der neuen Ideen aufs beste vorbereitet war. Indem er sich vollständig dieselben zu eigen machte, erwuchs ihm nicht bloss persönlicher grosser Gewinn daraus, sondern sie wurden ein Quell bedeutender Anregung auch für andere. Bekanntlich hat Amerbach kein grösseres Werk hinterlassen, nichtsdestoweniger nimmt er in der Geschichte der deutschen Rechtswissenschaft einen hervorragenden Platz ein.[1] Diese seine Bedeutung ruht ganz auf persönlichen Momenten, nicht zuletzt auf dem Eindruck, den seine Erscheinung, sein mildes und ruhiges Wesen und seine geselligen Gaben auf die, welche mit ihm verkehrten, machten.[2]

Die erste Gelegenheit, seine wissenschaftlichen Grundsätze wirkungsvoll zu vertreten, bot sich ihm zur Zeit der Reorganisation der Hochschule im Jahre 1536. Nachdrücklich betont er in dem für seine Fakultät ausgearbeiteten Reformentwurf[3] die Notwendigkeit, das juridische Studium mit Übergehung der Glossatoren auf seine ursprünglichen Quellen zurückzuführen. In dem bescheidenen Rahmen eines Gutachtens werden da dieselben Grundsätze in knapper Form entwickelt, deren ausführlichere Darlegung einer Rede seines Zeitgenossen Hegendorf in Rostock zu wissenschaftlicher Bedeutung verholfen hat.[4]

---

[1] Für diesen Abschnitt ist zu vergleichen Stintzing, Gesch. der deutschen Rechtswissenschaft 1, 211 ff.

[2] Als Beleg kann die von Beatus Rhenanus in einem seiner Briefe an Bonifacius geschilderte anmutige Episode dienen. — Briefwechsel des B. Rhenanus hrg. von Horawitz und Hartfelder, S. 504 u. 372.

[3] S. oben S. 20.

[4] Stintzing ebend. 1, 252. De rationibus restaurandi collapsae Academias publicas. Rostock 1540.

Auf dem Gebiete seiner Wissenschaft hat sich Bonifacius dadurch verdient gemacht, dass er die Herausgabe vorjustinianischer Rechtsquellen anregte, die Restitution des griechischen Novellentextes und die Bearbeitung byzantinischer Rechtsquellen befürwortete und unterstützte.[1]) So erhielt der Genfer Jurist Bonefidius für eine Publikation, welche byzantinisches Recht zum Gegenstand hatte, ein Manuskript aus seiner Bibliothek.[2])

Bonifacius war einer der ersten, der sich mit nationalem Recht beschäftigte, indem er eine Abschrift der in einem, jetzt verlorenen, Murbacher Kodex überlieferten und unter dem Namen Breviarium Alaricianum bekannten Gesetzessammlung des Westgoten-Königs Alarich II. anfertigte[3]), welche Johann Schardt zum erstenmal 1528 edierte, und Amerbach war es wieder im Verein mit Zasius, der Schardt kurz vorher bewogen hatte, seine in langjähriger Schulung gesammelten philologischen und historischen Kenntnisse in die Dienste der Rechtswissenschaft zu stellen.[4]) Dem Juristen Viglius steht er mit Rat und Tat bei der Veröffentlichung der von ihm in Venedig gefundenen griechischen Novellen zur Seite[5]) und veranlasst ihn, seine Vorlesungen über eine Partie der Institutionen in Druck zu geben, ein Buch das heute noch den Beifall kompetenter Beurteiler findet.[6]) Neben diesen philologisch-kritischen Fragen beschäftigten aber auch Amerbach die grössten Probleme spekulativer Natur. In einem an Viglius gerichteten Briefe von 1532 verfocht er die Ansicht, dass auch eine Reform der systematischen Darstellung der Rechtssätze notwendig sei. Er hielt mit vielen seiner Zeitgenossen die Anordnung der Rechtssätze, wie sie in justinianischen Gesetzbüchern vorlag, für willkürlich und ungenügend und deshalb eine neue Einteilung dieser und des geltenden Rechts überhaupt für wünschenswert. Aus einem blossen Konglomerat sollte ein auf wenigen Principien ruhendes System entstehen. Viglius widersprach ihm und erwartete

---

[1]) Stintzing a. a. O. 1, 212.
[2]) Ebend. 1, 212 Anm. 2.
[3]) Ebend. 1, 218 und dazu Anm. 2.   [5]) Ebend. 1, 222.
[4]) Ebend. 1, 213.   [6]) Ebend. 1, 223 f.

alles von zweckmässigen Kommentaren.[1]) Die Geschichte
hat Amerbach recht gegeben.

Gerade um die Zeit, da Amerbach seine Professur in
Basel angetreten hatte, wurde die Bürgerschaft durch die
ersten deutlichen Symptome der in ihrer Mitte sich vorbe-
reitenden Kirchenreformation in Spannung gehalten. Auch er
gehörte zu den vielen, welche Luthers Auftreten mit Freude
begrüssten, sich dann aber von ihm zurückzogen, weil die
Unordnung, von der die Verbreitung der neuen Lehre begleitet und die teils die Folge einer missverständlichen Auffassung, teils eine naturgemässe Reaktion gegen das herrschende
System war, ihn anwiderte. Diese Unordnung berührte Amerbach ebenso sehr als feinfühlenden Menschen wie auch als
positiven Juristen peinlich. Er fürchtete, ein Zustand allgemeiner Gesetzlosigkeit könnte einreissen.[2]) Das Gutachten
über die Abschaffung der Messe, welches der Rat von ihm
und Erasmus begehrte, kann kaum anders als ablehnend gehalten gewesen sein. Unter solchen Umständen bleibt es eine
bemerkenswerte Tatsache, dass Amerbach sich nach der Einführung der Reformation doch nicht entschliessen konnte, seine
Vaterstadt zu verlassen, wie die meisten seiner Kollegen und
Erasmus, sein geliebter Meister, es taten. Sein Patriotismus
muss da über persönliche Empfindlichkeit den Sieg davon getragen haben. Er hat sich in die veränderten Verhältnisse
geschickt, so gut es ihm möglich war. Doch muss er sich
vor dem Rat im September 1531 verteidigen, dem hinter-
bracht worden war, dass er nicht zum Abendmahl ginge.[3])
Als echter Humanist bleibt er auch fortan den religiösen Angelegenheiten vollständig ferne. In seinem ganzen Briefwechsel, sowohl mit Freunden und Fachgenossen, als auch
mit seinem Sohne Basilius findet sich kein Ausdruck, der,
sei es tadelnd oder billigend, ein Interesse an der neuen oder
alten Kirche verriete. Sein Freund Rhenanus schrieb ihm,

---

[1]) Stintzing a. a. O. 1, 141.
[2]) Vgl. A. Heusler, Verfassungsgesch. v. Basel, 432 f.
[3]) Herzog, Ökolampad 2, 209. — Gast in seinem Tagebuch
(herg. von Buxtorf, Basel 1859) S. 30 begleitet das Ereignis mit einigen
bissigen Bemerkungen.

als er bei Froben eine Ausgabe des Tertullian erscheinen
liess, einmal geradezu: doch das wird dich blutwenig interessieren, da ja (die Bücher) theologischen Inhalten sind.[1])
Damit ist natürlich ganz vereinbar, dass Amerbach eine inner-
liche und ernstfromme Natur war. Sie drückt sich in den
wiederholten und zärtlichen Ermahnungen aus, in denen er
seinem Sohne Basilius die Einhaltung des Sittengesetzes ans
Herz legte, dessen allgemeine Wahrheiten auf dem Boden
jeder religiösen Überzeugung gedeihen.[2])

Diese halb oppositionelle Stellung Amerbachs hielt den
Rat jedoch nicht ab, ihn in gerechter Anerkennung seiner
Kenntnisse zum Rechtsanwalt der Stadt zu ernennen (8. Febr.
1535).[3]) Der Rat bezahlte ihm dafür zu seinem Professoren-
gehalt mit 125 ℔ noch weitere 75 ℔ und verpflichtete sich für
den Fall, dass er ihn ausserhalb der Stadt in eigenen Angelegenheiten verwenden würde, ihn „beritten zu machen und dazu
mit Futter und Mahl, Nagel und Eisen, wie einen andern
Ratsfreund in der Stadt Kosten zu underhalten," sonst aber
soll er „kein Reitgeld noch Belohnung zu geben verbunden
sein".

Der Vertrag war auf zehn Jahre ohne und von da ab
mit halbjähriger Kündigung gestellt. — In dieser doppelten
Eigenschaft als Syndikus und Lehrer wirkte nun Amerbach
als ein weit über die Grenzen seiner engeren Heimat hinaus
bekannter und angesehener Mann ohne Unterbrechung bis
1548.[4]) In diesem Jahre legte er, durch Augenschwäche und
Kopfleiden gezwungen, seine Professur nieder, bleibt jedoch
in der Regenz und wird sogar trotz seines Sträubens 1551
und 1556 nochmals zum Rektor gewählt[5]), eine Würde, die

---

[1]) Brief vom 8. Nov. 1520 in Briefwechsel des B. Rhenanus S. 253
und 181. Non facient ad stomachum tuum magnopere, quiqui sunt
theologici.

[2]) Sehr hübsch drückt er sich einmal hierüber folgendermassen
aus: Fallantur mi fili, quotquot sine pietate et morum integritate literarum
studia suam dignitatem retineri aut tueri posse credunt. Si alter utrum
eligendum sit, præstat pium esse quam literatum (Cod. Bas. G. I 16.
fol. 10).

[3]) Vgl. Beil. Nr. VI.   [4]) Ath. Raur. p. 112.

[5]) Grosse Matrikel zu den angegebenen Jahren.

er viermal bekleidet hatte. Er alterte frühzeitig; in den
Briefen, die er seinem Sohne Basilius schreibt, spiegelt sich
oft die Schwermut eines von körperlichen Leiden heimge-
suchten Mannes wieder, der sein nahes Ende voraussieht.
Schon 1554, als Basilius erst seit zwei Jahren seinen juridischen Studien oblag, schrieb er ihm nach Padua: denke
daran, dass du der einzige Sohn und die Stütze deiner Familie bist, und dass du einen Vater hast, der, wenn auch
noch kein Greis (damals war er 58jährig!), doch von schwacher
Gesundheit ist, und der nur einen Wunsch hat: sich deiner
Gegenwart noch einige Zeit erfreuen zu können." Er erfleht
es als eine Gnade des Himmels, noch seine Enkel sehen zu
können und drängt Basilius zum beschleunigten Abschluss
seiner Studien.[1]) Oft kommt er auf den Punkt zurück; doch
sind noch sechs Jahre vorübergegangen, ehe Basilius seinen
Wunsch erfüllte. Kurz nach der Anstellung seines Sohnes
als Professor starb er am 24. April 1562.[2]) Merkwürdig ist,
dass Amerbach immerfort gegen das Jus als solches und besonders in seiner praktischen Verwertung eine innere Abneigung gehegt hat. Als er nach sechsjährigem Studium noch
schwankt, ob er doktorieren soll oder nicht, schreibt er: dazu treibt mich die darauf verwendete Zeit. Diese Zeit reut
mich oft sehr, je mehr ich finde, dass ich sie bei gescheidteren
Studien fruchtbarer und besser hätte verwenden können. Viel
wieder mahnt mich davon ab, wenn ich daran denke, dass
ich vor Gericht treten müsste oder einem Fürsten dienen.[3])
Und nachdem er 33 Jahre als Jurist tätig gewesen, empfiehlt
er seinem Sohne ein tieferes Eindringen in seinen Gegenstand
mit folgenden Worten: „Halte dir gegenwärtig, dass der künftige Rechtskundige alle Werke des Aristoteles und Plato
über Moralphilosophie durchgearbeitet haben muss; halte dir
ferner gegenwärtig, dass, wie die Dinge liegen, derjenige, der
im Gerichtssaal sprechen oder in Rechtsfragen ein Urteil ab-

---

[1]) Cod. Basil. G. I 16, fol. 27 v. und 28. — Vgl. auch Teichmann, Festschrift S. 32 unten.

[2]) Pantaleon in der grossen Matrikel schreibt April 5. Doch muss
das ein Irrtum sein. Vgl. die Matric. fac. iurid. fol. 65.ᵛ

[3]) Probst, Neujahrsbl. von 1884. S. 21.

geben soll, die Kommentare des Bartolus, Baldus und der übrigen Ausleger keineswegs ausser acht lassen darf. Denn dahin ist es mit uns gekommen, dass es nicht genug ist, mit mehreren Aussprüchen alter Juristen oder mit Vernunftgründen einen Satz auf Grund des vorliegenden Materials bewiesen zu haben, sondern es müssen noch ganze Wagenladungen voll von den vom Interpreten zusammengestoppelten Namenreihen herbeigeschleppt werden für die, die sich ihre Ruhmeskränzlein billig verdienen wollen." [1])

Vielleicht hängt es mit dieser seiner Grundstimmung zusammen, dass er auch gleichgültig war gegen äussere Erfolge, insofern sie seine Tätigkeit als akademischer Lehrer betreffen, gegen die Schicksale seiner Fakultät und der Hochschule überhaupt. Eine gewisse Lauheit der Empfindung und ein Mangel an Teilnahme ist unverkennbar; in Hinsicht auf die äussere Geschichte der Universität bieten die unzähligen Briefe dieses schreibseligen Gelehrten fast keine Ausbeute und selbst in den an Basilius gerichteten, wo er doch am ehesten Veranlassung hatte, sich über heimische Zustände zu verbreiten, kommt er über einige Notizen persönlicher Art nicht hinaus. — Man darf vielleicht mit diesem Mangel an Initiative von seiner Seite die eigentümliche Tatsache in Zusammenhang bringen, dass die juridische Fakultät auf Jahre hinaus, man kann nicht sagen, am schwächsten besucht, denn dafür fehlen uns alle Angaben, wohl aber am wenigsten geachtet war. Denn anders kann man es wohl kaum erklären, dass vom Tage der Wiedereröffnung bis zum 11. Mai 1563 kein Student das Doktorexamen in Basel gemacht hat.[2]) Es ist das um so auffallender, wenn man bedenkt, dass Amerbach für Basel dasselbe bedeutete, was Alciat und Duaren für Bourges, Zasius für Tübingen bedeuteten; freilich hat er es unterlassen, den Ruf, den er bei Fachgenossen im persön-

---

[1]) Brief von 1558 Jan. nach Bourges Cod. Basil. G. II, 14. fol. 209 Eo enim nunc pervenimus ... ut plerisque veterum iurisconsultorum responsis aut rationibus vivis thema secundum ea que proponuutur comprobasse non satis sit, nisi plaustra etiam interpretum centonibus nomenclaturisque onusta adducantur laureolam fortassis in mustaceo querentibus. [2]) Matr. facult. iurid. fol. 66. — Ath. Raur. p.130.

lichen Verkehr sich erworben hatte, durch Schriftstellerei auch
in die grosse Masse zu tragen.

Dem widerspricht auch nicht der Umstand, dass die
Fakultät erst nach Bonifacius Tode einen sich rasch steigernden
Aufschwung nimmt. An demselben haben äussere Begeben-
heiten offenbar den grössten Anteil: Alciat starb 1550,
Duaren 1559, 1562 brachen die französischen Religionskriege
aus, welche auf Jahrzehnte hinaus alle wissenschaftlichen Bestrebungen knickten; der Zuzug [1]) deutscher Studenten nach
Bourges und Valence, den beiden Hauptsitzen juristischer
Gelehrsamkeit, hörte auf und es ist deshalb sehr wahrscheinlich, dass diese Umstände zusammen genommen der Basler
Universität zu gute gekommen sind. Die Zahl der Promotionen hob sich rasch und in der Blütezeit der Universität,
das ist in den 80er und 90er Jahren des 16. Jahrhunderts,
überflügelte in dieser Hinsicht die juridische Fakultät die
andern Fakultäten [2]). Seit dem Jahre 1537 war die Fakultät
vollständig besetzt, das heisst, sie besass die drei Lehrkanzeln
für Pandekten, Kodex Justinianeus und Institutionen. Es
war Regel, dass neuernannte Professoren die Lehrkanzel für
Institutionen übernehmen mussten, indem von da aus ein
Vorrücken bis zur Professur für Pandekten stattfand.

Bis 1536 war, wie schon erwähnt, Bonifacius Amerbach
allein. In diesem Jahre wurde die Professur für Kodex an
Peter Pitrellius übertragen und im nächsten die für Institution
an Johann Jeuchdenhammer (Sphyractes). Jeuchdenhammer

---

[1]) Über diesen Zuzug vgl. Dareste Fr. Hotman in der Rev. hist.
1876. Bd. 2, 49.

[2]) Die Zahl der Promotionen betrug

1572 — 14	1593 — 29	1613 — 23
1576 — 16	1594 — 47	1618 — 30
1586 — 18	1595 — 41	1621 — 12
1588 — 29	1602 — 37	1623 — 4
1591 — 34	1608 — 35	1632 — 8

während das Maximum bei den Medizinern im Jahre 1607 erst die Zahl
32 erreichte. — Gleichzeitig sei hier die auffallende Erscheinung notiert,
dass nämlich unter den juridischen Doktoranden sich sehr wenige
Basler und Schweizer befinden. Der erste Schweizer, der in Basel
promovierte, ist Ludwig Iselin aus Basel am 20. Mai 1589 und bis 1632
sind es noch keine 30, unter diesen fast nur Basler und Schaffhauser.

stammte aus einem mit ihm zuerst nachweisbaren und im Beginne des 17. Jahrhunderts ausgestorbenen Basler Geschlecht. [1]) Sein Geburtsjahr ist, wie es scheint, nicht bekannt. Er begegnet uns zuerst als Vorstand der Schule bei St. Peter von 1529—1531, [2]) unternahm dann eine Reise nach Frankreich, um sich dem Studium des Rechts zu widmen. Nach seiner Rückkehr erhält er 1537 die Professur [3]), obwohl er bloss den Titel eines Licentiaten hatte. 1545 war er als solcher auch Rektor [4]) und ebenso nochmals im Jahre 1559. In diesem Jahre bekam er durch den berüchtigten Joris-Prozess zu tun. — David Joris [5]), geboren 1501 oder 1502 in Delft, war der Stifter einer religiösen Sekte geworden, deren Glaubensbekenntnis sich in vielen Punkten an das der Wiedertäufer und Antitrinitarier anlehnte und selbst Lehrsätze, wie sie auf dem sektenreichen Boden der altchristlichen Kirche emporgewachsen waren, feierten bei ihr ihre Wiedererstehung [6]) —

---

[1]) So nach Leu, helvet. Lexikon Bd. 10, 532 u. Supl. — Bd. 3, 274. Ath. Raur. p. 153. Ältere Quellen, die über diese Person Aufschluss geben könnten, habe ich bis jetzt nicht ermittelt. Das Geschlecht muss in Kleinbasel angesiedelt gewesen sein. Denn bei dem, wegen der von Wilh. Arsent verübten Gewalttat gemachten Aufgebot (Dezember 1537) erscheint »Hans Juchtenhamer in der kleinen statt« als »vorfenrich«. Basler Chroniken 1, 153.

[2]) Fechter, Schulwesen in Basel 1, 44.

[3]) Er wurde durch Verleihung einer Chorherrenpfründe bei St. Peter bezahlt gemacht. Der von ihm hierüber ausgestellte Revers ist datiert vom 17. März 1537, S. Beilage Nr. VII. Laut Ausweis des Deputaten-Rechnungsbuches für das Jahr 1545 war er in diesem Jahre auch Propst im Petersstift. Er überlässt die Propstei 1549 dem Wolfgang Wissenburger (s. Abschiedsbuch zum angegeb. Jahre), übernimmt sie nach dessen Rücktritt wieder 1554. Lib. concl. fol. 44 zu 1559 wird er wieder Propst genannt.

[4]) Aber nicht 1545 bis 48 wie es bei Leu a. a. O. heisst; denn 1546 war Martin Borrhaus, 1547 Sebastian Münster, 1548 Ulrich Iselin Rektor.

[5]) Über ihn ist einzusehen die grundlegende Arbeit von Fr. Nippold in Illgens Zeitschr. für hist. Theologie Bd. 33, 1—163 Bd. 34, 384 ff. und Bd. 38, 475 ff. — Buxtorf, Basler Stadt- und Landgesch. 3, 38 hat einen Auszug aus derselben veröffentlicht. — Vgl. auch Peter Ryffs Chronik in den Basler Chroniken 1, 168 f.

[6]) Vgl. Dorner, Gesch. der protest. Theologie. 131.

Joris, von Kindheit an zur Kontemplation geneigt und den
Regungen seiner oft bis ins masslose ausschweifenden Phan-
tasie nachgebend, war tief ergriffen worden von Luthers ersten
Kundgebungen. 1528 trat er einer Prozession in den Weg
und eiferte gegen das götzendienerische Wesen. Er wurde
deshalb gefänglich eingezogen und musste Delft verlassen.
Lange Zeit trieb er sich unstät in Holland herum, seine Lehre,
welche der bestehenden bürgerlichen Ordnung durch Aufstellung
eines ganz anders gearteten Moralsystems widersprach, in
Wort und Schrift verkündend. Oft schwebt er in Lebensgefahr,
aber visionäre Erscheinungen bestärken ihn in dem Glauben
an die Göttlichkeit seiner Sendung und seine rasch anwach-
sende Gemeinde in dem Glauben an ihn. Schärfere Massregeln der Regierungen der Generalstaaten und die Einsicht,
dass die Errichtung des erstrebten Gottesreiches, in dem er
sich selbst nicht die letzte Stelle zugedacht hatte, doch nicht
so schnell sich verwirklichen lasse, als er angenommen hatte,
bewogen ihn, die Anhänger seiner Lehre zu grösserer Vor-
sicht zu ermahnen und sich selbst vom Schauplatz seiner
Tätigkeit zurückzuziehen. 1. April 1544 erscheint er als
Johann von Brügge in Basel; edles Benehmen und der Reichtum,
den er aus den Beiträgen seiner Anhänger sich erworben
hatte, nahmen für ihn ein. Er giebt sich und man hält
ihn für einen der damals zahlreichen flüchtigen Reformierten.
Am 25. August wird er und seine zahlreiche Familie ins
Bürgerrecht aufgenommen. Einzelnen Gerüchten, dass er der
berüchtigte Ketzer Joris sei, wird nicht geglaubt. Erst drei
Jahre nach seinem am 25. August 1556 erfolgenden Tode
wird durch Verräterei eines Dieners die Wahrheit kund. Der
Rat geht die Universität um Gutachten an über den Inhalt
der in seiner Wohnung mit Beschlag belegten Bücher und
über die Notwendigkeit einer nachträglichen richterlichen Erkanntnis. Das Gutachten der theologischen und juristischen
Fakultät ist noch vorhanden. [1] Nie habe es einen schlimmern
Ketzer gegeben, heisst es da, und die ganze Schwere weltlichen und geistlichen Gerichts solle man ihn fühlen lassen.

---

[1] Auszugsweise veröffentlicht von Nippold a. a. O. 84, 614 ff.

Da wurde der Leichnam wieder ausgegraben und mit den
Schriften verbrannt; seine Angehörigen mussten Busse tun.

In der Kommission, welche seitens der Universität zur
Untersuchung dieser peinlichen Angelegenheit bestellt worden
war, sass auch Sphyractes. [1] Seit dem Jahre 1548 war er zur
Professur für Kodex [2] vorgerückt. Seine Tätigkeit scheint
übrigens in der Ausübung seines Lehramtes aufgegangen zu
sein, da keine Schriften von ihm bekannt geworden sind. Er
starb 1578, nachdem er schon 1562 von seiner Professur
zurückgetreten war. Seine Stelle als Professor Institutionum
übernahm 1548 der abenteuerlustige Bernhard Brand, [3] der voll
ungezügelten Tatendrangs nach vierjähriger Wirksamkeit als
Lehrer plötzlich zum Schwerte greift und sich dem Schweizer-
regiment anschliesst, das unter Führung Sebastian Schärtlins

---

[1] Welchen Anteil er an der Abfassung der dem Rat überreichten
Schrift: Davidis Georgii Holandi heresiarchæ vita et doctrina Basilee
1559 im einzelnen gehabt hat, lässt sich natürlich nicht mehr sagen.
Ath. Raur. p. 154 stellen ihn doch zu ausschliesslich als Verfasser derselben hin.

[2] Ath. Raur. p. 153 scheinen diese Tatsache nicht anerkennen zu
wollen. Sie sagen bloss: Altera vice rector codicis appelatur professor
und führen ihn in der Liste derselben nicht an. Dass er aber wirklich Professor Codicis gewesen, geht nicht bloss aus jenem Eintrag in
der grossen Matrikel, sondern auch aus einer Notiz im Deputatenrechnungsbuch zum Jahre 1552 hervor: »38 fl als frei vererung für einmal Bücher zu kauffen als er lectiónem codicis anzenemen verordnet
warde und in den Antiquit. Gernlerianæ 1, 196, wo er 1561 als Mitglied einer an den Rat abgeschickten Deputation angeführt und dabei
codicis ordinarius genannt wird. Dass Sph. 1548 seinen Abschied erhalten habe, wie Ath. Raur. angeben, finde ich nirgends überliefert.
Überhaupt sind ihre Berichte über die ersten Professoren Codicis und
Institutionum sehr confus gehalten.

[3] Vgl. über ihn R. Burckhardt im Basl. Taschenb. auf das
J. 1858, S. 73—97. Ath. Raur. p. 154 f. — Jöcher, Forts. 1, 2198. Iselin
1, 590. Leu 4, 258. — Brand war geboren 23. August 1525 in Basel, studierte hier und in Frankreich, wird 1548 Licentiat der Rechte. Seine
akademische Lehrtätigkeit war jedoch eine so ephemere, dass in den
Universitätsakten nirgends über ihn etwas zu finden ist. Trotz der
schlechten Erfahrungen, die er auf dem Feldzuge von 1552 gemacht
hatte, kehrte er doch nicht zur beschaulichen Tätigkeit eines Professors
zurück, sondern zog eine praktische Wirksamkeit im Dienste des Staates
vor. Er starb als Oberstzunftmeister am 23. Juli 1594.

dem französischen Könige Heinrich II. am 22. März 1552
mit anderen deutschen Söldnern zuzog. [1] Er kehrte noch im
Winter desselben Jahres nach Basel zurück und übernahm
am 7. Februar 1553 die Landvogtei Homburg auf vier Jahre.
Im August 1553 erschien ein kleines Kompendium der Welt-
geschichte [2] von ihm, die Frucht seiner Musestunden vom
Tage seiner Rückkehr bis zu seiner Anstellung als Landvogt.
Das kleine Buch zerfällt in drei Teile, deren erster bis Christi
Geburt, der zweite bis 1552 reicht, der dritte speciell
Schweizergeschichte umfasst und mit 1544 abschliesst. Der
Verfasser erwähnt eingangs die Danielischen vier Welt-
monarchien, ohne jedoch diese Einteilung beizubehalten; viel-
mehr bemüht er sich, synchronistisch seinen Stoff zu gliedern.
Die Schweizergeschichte ist in die Geschichte der dreizehn
Orte zerlegt und ebenso wertlos wie alles andere; nur über
den Feldzug von 1552 enthält das Büchlein einige brauchbare
Notizen. [3] Als ein ehrlicher wenn auch sehr unbeholfener
Versuch, alte und älteste Geschichte in eine populäre Darstellung einzukleiden, bleibt das Büchlein für jene Zeit immerhin bemerkenswert.

---

[1] Basler Chroniken 1, 166.

[2] Vollkumner Begriff aller geschichten etc. Basel 30. Aug. 1553,
S. 12°. Es ist dem Herzog Christoph von Württemberg gewidmet.
— Er sagt in der Vorrede: »nachdem ich befunden, dass der müssig-
gang ursach .... gibt zu allem übel und lasteren furnemlich so sich
die jugent — welche für sich selbs mer zu bösem dann guttem geneigt ist — der arbeit entzeucht, hab ich zu disen sorglichen gezytten
nüt nützlicheres ... wüssen anzeheben, dann dass ich menglichem iu
einer sum ... aller stend ... geschichten fürstalte« ... Er habe das
Buch »mit figuren erleutern... lassen, damit söliches zesamen getragen
werkly nebend seiner kundigkeit und kürze dem läser auch etwas
dester lustiger ... wäre.« Zu diesen belustigenden Figuren gehört ein
Bild der Arche Noah, das Porträt des Noma Pompilius, die Büste des
Homer, ein Bild des mit Kanonen belagerten Karthagos, ein typisches
Schlachtenbild nach Holbein'schem Muster für zwanzig verschiedene
Schlachten u. s. w.

[3] Dieselben sind zum guten Teil abgedruckt im Taschenbuch
a. a. O. 84 ff. Zum Jahre 1553 Juli fügt er noch die Notiz bei, dass
gegen 1000 Schweizer vom König entlassen worden seien — da es der
einzige zu diesem Jahre gehörige Eintrag ist, so steht er der Angabe
über die Abfassungszeit nicht im Wege.

Auf Brand folgte im Jahre 1557 als Professor der Institutionen Marcus Hopper aus Basel. Sein Geburtsjahr ist bis
jetzt noch nicht ermittelt worden. 1533 wird er immatrikuliert,
1538 Baccalaureus, am 1. Januar 1541 Magister und am
27. April in die Artisten-Fakultät aufgenommen. [1] Am 13.
Dezember desselben Jahres erhielt er die Stelle eines Leiters
der Schule auf Burg, in der er noch 1545 nachzuweisen
ist. [2] Er hat offenbar diese Stelle niedergelegt, als ihm zu
der griechischen Professur, die er 1544 übernommen hatte,
auch noch die für Logik zugeteilt wurde. [3] — Im Laufe des
Jahres 1549 wurde er Professor der Physik. — Diese Lehrkanzel hatte er bis Pfingsten 1557 inne, worauf er unvermittelt in die juridische Fakultät übertrat. [4] Am 5. August
1563 nimmt er den Doktortitel an, stirbt aber nicht ganz ein
Jahr später an der damals mit furchtbarer Heftigkeit wütenden
Pest (21. Juli 1564) [5]. — Schriftstellerisch ist er nicht besonders hervorgetreten; juristische Arbeiten hat er gar keine
geliefert und auch das, was sonst von ihm erhalten ist, be-

---

[1] Diese die Angaben der Ath. Raur. p. 156 ergänzenden Notizen sind
genommen aus Matr. fac. art. p. 251 und 88 und Lib. decr. fac. art.
p. 90. — Iselin, Lex. 2, 833. — Leu 10, 289 und Splnt 3, 186. —
Jöcher, 2, 1703.

[2] Deputaten-Ausgabenbuch I Schuol uff Burg: M. Marx Höpper-
lin zum schulmeister angenommen uff die fronfasten Lucie an (15)41
hat Jars 80 fl. und den drit teyl im Schulgelt. Und ebend.: M. Marcus
Hopperus hat ein Caplaney uff Burg.

[3] Vgl. Beilage Nr. IX. Vorübergehend scheint er sich auch
mit theologischen Studien beschäftigt zu haben, wenigstens ist ein
M. Markus Hopper am 22. Juli 1546 in der theologischen Fakultät immatrikuliert worden (Matr. fac. theol. p. 63) und an der Identität dieses
Hopper mit unserm Hopper ist kaum zu zweifeln.

[4] Demnach wäre die Professur seit Brands Abgang, also über
vier Jahre, unbesetzt geblieben. Schon Burckhardt (im Taschenb. 1888)
hat die Vermutung ausgesprochen, dass die Professur auf Verwendung
seines Vaters, des einflussreichen Bürgermeisters Theodor Brand, für ihn
offen gehalten worden sei und ich weiss vorderhand, so sonderbar
diese Tatsache sich auch zusammengehalten mit der Übernahme der
Homburger Landvogtei durch Brand ausnimmt, nichts Besseres an die
Stelle zu setzen. Die gleichzeitigen Quellen-Chroniken und Briefe geben
leider keinen Aufschluss.

[5] Matr. fac. iur. fol. 16 und 66.ᵛ

schränkt sich auf einige Vorreden und Kommentare zu Klassikern und Kirchenschriftstellern. Verdienstlich ist seine Ausgabe der Werke des Äneas Sylvius. [1])

Noch grösseren Unregelmässigkeiten in der Reihenfolge der Professoren begegnet man anfangs in der zweiten Kategorie derselben, für Kodex. Festen Boden gewinnt man erst mit der Ernennung Ulrich Iselins (1547). Vor ihm waren in nicht näher bestimmbarer Dauer tätig Petrus Pitrellius, [2]) Johann Ulrich Zasius und Martin Peyer. Von diesen verdient nur Zasius [3]) besonders erwähnt zu werden. Er war der Sohn des berühmten deutschen Reformators der Rechtswissenschaft, Ulrich Zasius, in Freiburg 1521 geboren, studierte hier und nach dem Ableben seines Vaters (24. Novbr. 1535) an mehreren italienischen Hochschulen, wurde in Freiburg 1542 Doktor und noch im selben Jahr Kanzler des Herzogs von

---

[1]) Seine Schriften sind verzeichnet Ath. Raur. l. c. Die erste Ausgabe der opera Aeneæ Sylvii s. Pii II. gehört jedoch nicht ins Jahr 1571, sondern entweder ins Jahr 1551 oder 1556, denn Hopper sagt in der Vorrede, es hätten ihn bei der Arbeit unterstützt eximii viri D. Bonifacius Amerbachius urbis nostræ et Academiæ *tum temporis rector* et D. Joh. Sphyractes J. Lic. ordinarius apud nos legum professor affinis noster charissimus (wie?) nec non D. Conradus Lycosthenes Rubeaquensis lib. art. magister. Die von ihm besorgte Ausgabe des Strabo ist 1549 bei Henricpetri erschienen (Beiträge z. vaterl.-Gesch. 3, 107 Anm. 1). Amerbach war Rektor 1540, 1551 und 1556 von welchen das erste Jahr wohl auszuschliessen ist. Das in unserer Bibliothek befindliche Exemplar der opera ist nicht datiert.

[2]) Petrus Pitrellius — so unterschreibt er sich selbst auf dem mit Amerbach ausgestellten Gutachten von 1536 (s. Beil. Nr. IV, 2) — wird 1536 als Professor für codex Justinianeus angestellt und am 25. November dieses Jahres in das collegium iurisconsultorum aufgenommen (Matr. fac. iurid. fol. 65). Das ist aber auch alles, was ich über ihn habe in Erfahrung bringen können, vgl. Ath. Raur. p. 130. Mit diesen bin ich der Ansicht, dass Pitrellius oder Piräus und Pizellius, welcher ebend. p. 412 als Professor für Mathematik angeführt wird, eine und dieselbe Person sind derart, dass die Notiz über diese angebliche Professur des Pizellius (tradidisse traditur) ganz fallen zu lassen sein wird, da sie in den Universitätsakten keinen Halt findet.

[3]) Vgl. Ath. Raur. p. 130 f. Stintzing, Gesch. d. deutsch. Rechtswissenschaft 1, 211 Anm. 1. — I. Chr. Iselin, Lexikon 4, 964. — Jöcher, Gelehrten.-Lex. 1, 2014. — M. Adam 1, 189—191. — Leu, Lex. 20, 28 und Splnt 495, (aus Ath. Raur.).

Württemberg. Am 5. Juni 1542 erhält er einen Ruf an die
Universität Basel und soll Fronfasten Cinerum 1543 seine
Vorlesungen beginnen. [1]) Am 19. Februar 1543 schreibt er
nun dem Rat, es sei den Herren wohl bekannt, dass er vor
einigen Monaten zu einem ordentlichen Professor der kaiser-
lichen Rechte ernannt worden sei; er bitte um Entschuldigung,
wenn er bis jetzt der angenommenen Berufung noch nicht
Folge geleistet habe. Aber obwohl er um seine Entlassung
eingekommen sei, habe ihn sein Herr doch neuerdings zum
Reichstag nach Nürnberg abgesandt. Der Rat möge ihm
diese Reise noch gestatten, die hoffentlich nur kurze Zeit
dauern werde. [2]) Allein die Sache lag so, dass der Rat überhaupt von der Berufung nichts wusste und so erging am
10. März die Erkanntnis, dass diese Berufung, welche von den
Deputaten ohne Gunst und Vorwissen der gnädigen Herren verhandelt und beschlossen worden sei, was den gnädigen Herren
bedauerlich und missfällig sei, nur ein Jahr Gültigkeit haben
sollte. Und soll auch durch die Deputaten in der Zwischenzeit mit ihm wegen weiterer Versprechungen nichts ohne Vorwissen E. E. Rates gehandelt werden, „dann aus etlichen bewegenden Ursachen der Handel seinethalb dermassen gestellt
worden sei, das er nach Verschienung berürten Jahrs gänzlich be-
urlaubt werden soll." Seine Stelle soll Johann Jeuchdenhammer,
sobald er den Doktortitel sich erworben hätte, [3]) erhalten. Das
leztere ist, wie wir gesehen haben, gar nicht, und das erstere
nicht so unmittelbar geschehen, als es hier diktatorisch verordnet wurde; denn noch im November 1544 hatte Zasius
seine Professur inne. [4]) Unter den etlichen bewegenden Ursachen, wegen welcher Zasius wieder abdanken musste, [5]) wird

---

[1]) Deputatenrechnungsbuch I. — Mit wüssen Herrn Nicol. Briefers
Vice-Rektors und Herrn D. Amerbachs geschieht die Berufung.

[2]) Ratsakten Jurid. fac. St. A. 73. C.

[3]) Erkanntnisbuch IV, 204.

[4]) In der epistola nuncupatoria des Lepusculus geschrieben am
12. Nov. 1544, s. oben S. 110, Anm. 1) wird Zasius als Professor iuris
angeführt, p. 12.

· [5]) Ath. Raur. l. c. stellt dieses religiöse Motiv zu ausschliesslich
in den Vordergrund und jedenfalls ist die Erkanntnis von 1543 nicht
als Ursache von Zasius Abgang sondern als eine Folge seiner Berufung

sich höchst wahrscheinlich die Abneigung gegen ihn als Katholiken verbergen, welche übrigens in dem § 1 des Statuts von 1539 einen ganz gesetzlichen Boden hatte, den zu verlassen die Deputaten vielleicht nur durch den Glanz des Namens des Berufenen veranlasst worden sind. [1]

Zasius verweilte noch einige Jahre in Basel [2] und erteilte in seinem Hause Unterricht in juristischen Disciplinen. Aber Ungemach aller Art brach über ihn herein. Er verlor seine Frau, erkrankte selbst schwer, er war verschuldet und die Gläubiger drängten ihn. In dieser schwierigen Lage trat ihm Amerbach hilfreich zur Seite. Er bezahlte seine Schulden und streckte ihm selbst noch Geld vor, damit er nach Freiburg abreisen konnte. Zasius verpfändete ihm dafür seine Bibliothek. [3] — 1547 finden wir ihn am Hofe Karl V. und er ist Augenzeuge der Katastrophe, welche infolge der Schlacht bei Mühlberg über die deutschen Protestanten hereinbrach. Er zählt zu den vertrautesten Räten des Kaisers und ist stark beschäftigt. Aber seine Mussestunden benutzt er oft, um Amerbach über die politischen Vorgänge und persönliche Angelegenheiten Mitteilung zu machen. „Denn", schreibt er, „zu welchen bevorzugten Stellungen ich auch durch die Gnade des Himmels emporsteigen werde, immer bleibe ich Dein ergebenster und anhänglichster Diener und Sohn und schätze und verehre Dich wie einen Vater." [4] Auch der Stadt Basel bewahrte er ein gutes Andenken, dem Bürgermeister Brand schickt er

aufzufassen. Der ganze Handel ist viel mehr ein Kompetenzstreit zwischen Rat und Deputaten und bezeichnend für die vorwaltende Stellung des ersteren. — Stintzing, Epistolæ Joh. Udal. Zasii, Basel 1857, bemerkt in der biographischen Einleitung irrig, dass die Berufung von Bonifacius Amerbach ausgegangen sei. — Amerbach hat nur den Vorschlag gemacht, mehr nicht (s. Anm. 1). Ebenso ist hier irrig Zasius Tod zum Jahr MDLXX angesetzt, was wohl ein Druckfehler für MDLXV ist: diese unrichtige Jahreszahl ist aber auch in die oben (S. 158 Anm. 3) citierte Stelle übergegangen.

[1] Doch war er in aller Form Mitglied der Fakultät geworden: 1543. J. U. Zasius designatus Justinianei codicis professor ob publicum summus in iurisconsultorum improfessus sive gratis ... cooptatus est. Matr. fal. iur. fol. 65 v.

[2] Aber nicht bis 1552 wie Ath. Raur. p. 131 haben.

[3] Stintzing, Epistolæ l. c.   [4] Ebend. p. 6.

Nachrichten politischen Inhalts und lässt sich durch Amerbach ihm und den Herren der Universität empfehlen; unter diesen scheint ihm Sphyractes besonders nahe gestanden zu sein. Einen Urlaub, den er krankeitshalber im August 1548 antritt, beschliesst er bei seinem väterlichen Freunde Amerbach zu verbringen. [1]) Später trat er in die Dienste König Ferdinands und Kaiser Maximilians II. und starb am 26. Mai 1565 in Wien infolge eines Sturzes aus einem Wagen. In der juristischen Litteratur hat er sich weniger durch eigene Arbeiten als durch die Herausgabe der Werke seines Vaters bekannt gemacht. [2])

Nach der kurzen Amtsdauer des aus einem Schaffhauser Geschlechte stammenden, aber sonst nicht weiter bekannten Martin Peyer [3]) erhielt 1547 die Professur für Kodex Ulrich Iselin. [4])

Iselin, aus dem jüngeren Zweige dieser in Basel schon seit dem 13. Jahrhundert nachweisbaren Familie stammend, war geboren 1524; sein Vater war Hans Lux des Rates, seine Mutter Elisabeth Bär, Schwester des Professors Ludwig Bär, eines der letzten bedeutenderen Vertreters der Scholastik an der Basler Hochschule, der 1529 vor der Reformation auch nach Freiburg entwich. Von Johann Ceporin erhielt er den ersten Unterricht, später wurde er von Simon Grynäus im Griechischen und in Philosophie unterwiesen. Im Rechtsstudium sind Bonifacius Amerbach, Zasius und Alciat seine

---

[1]) Stintzing, Epistolæ p. 26 f.

[2]) Stintzing, Gesch. d. d. Rechtswissensch. 1, 173 und 495.

[3]) Die Angaben in Ath. Raur. p. 132 und Iselin, Lexikon 3, 832 stützen sich lediglich auf Pantaleon Prosopographie 3, 549. — Leu, Lex. 14, 457. — Iselin bezeichnet ihn genauer als Obervogt für Neukirch und Ehegerichtsherrn für Hasslach. Peyers Name ist mir weder in den vielen Briefen noch sonst in einem Universitäts-Akt begegnet, 1538 wurde er immatrikuliert und laut Ath. Raur. war er Professor seit 4. März 1545, was zum Datum des Rücktrittes des Zasius, welcher in das Ende des Jahres 1544 zu setzen ist (vgl. oben S. 159), gut passt.

[4]) Adam 1, 165. — Iselin, Lex. 2, 990, dem ich vornehmlich gefolgt bin, da ihm Familienüberlieferung zu Gebote stand. Die Daten in den Ath. Raur. p. 113 werden durch die in Iselins Briefen erhaltenen Angaben wesentlich berichtigt und bereichert.

Lehrer, durch welche er sofort mit der neuen quellenkritischen
und synthetischen Methode vertraut gemacht wird. 1536 [1])
geht er zuerst nach Paris, wo er hauptsächlich des Französischen sich zu bemächtigen sucht und humanistische Studien
treibt. Wie lange er dort geblieben und ob er von dort aus
noch andere französische Universitäten bezogen hat, [2]) lässt
sich nach dem bis jetzt bekannten Material nicht sagen.
1541 ist er wieder in Basel. Sein Onkel Ludwig Bär, mit
dem er in steter brieflicher Verbindung bleibt, schreibt ihm,
dass er sich freue, ihn gesund an Leib und Seele heimgekehrt
zu wissen und noch mehr freue er sich darüber, dass er treu
bei der katholischen Kirche ausgeharrt habe. Er ermahnt
ihn, standhaft zu bleiben. — Wenn er abtrünnig würde,
würde er ihn nicht mehr als seinen Neffen anerkennen.
Schliesslich drückt er seine Zustimmung aus zu dem von ihm
gefassten Plan, nah Italien zu gehen. Dieser Plan wurde
jedoch nicht sogleich zur Ausführung gebracht, sondern Iselin
ging vorher nochmals nach Frankreich zurück und besuchte
die Schulen von Poitiers [3]) und Valence. [4]) — Jetzt aber drang
sein Vater darauf, dass er seine Studien zum Abschluss bringe.
Bonifacius schreibt ihm am 25. April 1544, [5]) er habe alles
seinem Vater vorgetragen — offenbar Ulrichs Bitte, ihn noch
weiter studieren zu lassen — dieser aber habe ihm geantwortet, Ulrich habe nunmehr schon acht Jahre studiert, davon
drei das ius civile — es sei Zeit, dass er an ein gesichertes
Unterkommen denke. Zu Beginn des Jahres 1545 finden wir

---

[1]) Ludwig Bär an U. I. aus Freiburg 4. Aug. 1536. Cod. Basil.
G I 26, f. 4 und 5.

[2]) Derselbe an dnslb. 24. März 1537. Der nächste Brief ist schon
vom Jahre 1541 April (ebend. fol. 9) und nach Basel gerichtet.

[3]) Bonif. Amerbach an U. I. nach Potiers. 1543 April 8. (ebend.
fol. 13).

[4]) U. J. an Ludwig Bär, Basel 13. April 1545. Cod. Basil. G I
26, fol. 17. — Die Zeit seines Aufenthaltes in jeder Stadt lässt sich
nicht näher bestimmen, weil der in Anm. 3 angegebene Brief keine
vollständige Adresse trägt und U. I. selbst bloss bemerkte er sei von
Poitiers (urbe Pictaviensi) nach Valencia gezogen. Dort habe er nach
einem halben Jahr das Wechselfieber bekommen, was ihn auch zur
Rückkehr nach Hause genötigt habe.

[5]) Cod. Basil. G I 26, fol. 16.

daher auch Iselin wieder in Basel. In dieses und noch mehr in das vorhergehende Jahr fällt auch seine Glaubenswandlung. Man muss sagen, dass sie selbsttätig und ohne Rücksicht auf seine künftige Stellung als akademischer Lehrer sich in ihm vollzogen hat. Denn diese Rücksicht hätte schon vorher für ihn bestimmend sein müssen und doch lässt der erwähnte Brief seines Oheims darauf schliessen, dass er sich in Paris entweder gar nicht zu diesem Schritt versucht gefühlt oder sogar aufkeimende Zweifel siegreich niedergefochten hat. Jetzt hingegen scheibt er seinem Oheim, er habe in Poitiers sich auch dem Studium der heiligen Schrift ergeben — es ist, als ob er mit dieser beiläufig hingeworfenen Bemerkung ihn vorbereiten wollte. Die Antwort des Oheims zeigt denn auch Besorgnis und eine abweisende Drohung. Er fragt ihn, wo und unter welchen Umständen er seine Professur antreten will, denn schlechter Umgang verderbe gute Sitten. Übrigens erinnere er ihn an das, was Ulrich ihm einst voll Ernst geschrieben habe. Jeder Kommentar dazu sei überflüssig. [1] Allein so betrübend die zwischen ihm und seinem Oheim entstehende Entfremdung für Iselin auch sein musste, wie dieser Brief anscheinend auch der letzte war, den er von seinem Oheim erhalten hat — von der einmal eingeschlagenen Bahn hat sie ihn nicht abdrängen können. — 1546 ist er in Worms beim Reichskammergericht, wo er, wie so viele andere, seine praktische Schule durchzumachen sucht [2]); das Jahr darauf führt er seine schon so lang geplante italienische Reise aus, und studiert in Padua unter Alciat, der ihn überaus wert hielt, mit dem er auch später in Briefwechsel blieb und der ihn im gleichen Jahr zum Doktor promovierte. Zurückgekehrt erhält er zunächst die Professur für Kodex, [3] nachdem er schon während seines zweiten Aufenthaltes in Basel (1545)

---

[1]) Ludwig Bär an U. I. 10. Mai 1545. Memini quod sincere aliquando ad me scripseris; iam nihil addam. Ebend. fol. 19.

[2]) Bonif. Amerbach an U. I. nunc Wormatie agenti. Brief vom 1. April 1546, ebend. fol. 26.

[3]) 2. Nov. 1547 J. U. Iselin, D. U. J. Papiensis ob ordinarium prelegendi Codicis Justinianei munus in collegium J. C. cooptatus est. Matr. fac. iur fol. 65.ᵛ

an der Universität Vorlesungen über Institutionen gehalten hatte. [1]) Nach Amerbachs Rücktritt (1548) wird ihm dessen Lehrkanzel für Pandekten zugeteilt, am 4. Juli desselben Jahres heiratet er Faustina Amerbach. [2]) — Mitten aus voller Tätigkeit raffte ihn ein früher Tod am 25. Juli 1564 [3]) hinweg; auch er war eines der zahlreichen Opfer der damals in Basel hausenden Pest. Bekannt war seine fast zu weit gehende Freigebigkeit gegen Arme. Als er sein Ende kommen sah, übermachte er der Regenz ein Kästchen mit dem Ersuchen, die in demselben hinterlegten Schuldscheine nach seinem Ableben den betreffenden Schuldnern zurückzustellen, ein Akt der Grossmut, gegen den aber dann die Familie, in der acht Kinder zu erziehen waren und die über kein bedeutendes Vermögen gebot, mit Erfolg Protest einlegte.

Wie Amerbach hat auch Iselin mit Ausnahme einer juristischen Abhandlung kein grösseres Werk veröffentlicht. Auch sein Wirken ging in der persönlichen Anregung, die er gab, welche aber allerdings nicht so vielseitig und weitreichend gewesen ist wie die Amerbachs, auf. Wohl mag auch auf ihn der schöne Satz seine Anwendung finden, dass „mit ihm ein reicher Besitz, aber noch reichere Hoffnungen begraben worden sind“. Sein Nachfolger war Basilius Amerbach und er hätte keinen berufeneren finden können. Er ist für Basel der letzte und zugleich glänzendste Vertreter jener humanistisch-juristischen Schule, die bis in die zweite Hälfte des 16. Jahrhunderts den nachhaltigsten Einfluss auf die wissenschaftliche Behandlung der Rechtskunde geübt hat.

Basilius Amerbach [4]) wurde am 1. Dezember 1534 ge-

---

[1]) U. I. an Ludwig Bär, 13. April 1545. Cod. Basil. 9 I, 26 fol. 17 . . cum nihil unquam utilius iis, qui ad veram iuris cognitionem pervenire cupiant, inventum fuit, quam ut legendo se ipsos exercerent, fretus auctoritate rectoris ac reliquorum universitatis nostræ primatum . . . . . . cœpi publice in collegio Basiliensi sexto nonas martias profiteri II di libri institutionum civilium tractatum de rerum divisione.

[2]) Gasts Tagebuch her. von Buxtorf 71.

[3]) Matr. fac. iurid. fol. 66.

[4]) Athen. Raur. p. 114 u. 132 — Jöcher, Forts. 1, 721. — Leu 1, 189. — Stintzing, Geschichte d. deutschen Rechtswissenschaft 1, 211 Anm. 2. — Allg. deutsche Biog. 1, 397 (ungenügend). — Über die

boren. Den ersten Unterricht empfing er von seinem Vater, der ihn, da er der einzige Sohn war und blieb, zärtlich liebte. Als die Familie 1537 vor der Pest flüchtete, lehrte ihn Bonifacius im Hause seiner Schwiegereltern in Neuenburg i. E. die Anfangsgründe des Latein nach einem Donat „mit barbarischen Buchstaben". — Er besuchte dann die Schule auf Burg, welche Thomas Plater seit 1541 leitete, 1548 trat er an die Hochschule über. Am 30. Oktober 1550 [1]) wurde er Baccalaureus artium. Er blieb noch bis 1552 an der heimischen Universität, ohne jedoch seinen philosophischen Kurs mit der Annahme des Magistertitels abzuschliessen. Es war bestimmt, dass er sich dem Jus widme und es war selbstverständlich, dass er seine Studien nicht ausschliesslich an der Basler Universität vollenden sollte. Er besuchte der Reihe nach in den Jahren 1552 bis 1559 die Universitäten Tübingen, Padua, Bologna und Bourges. Die in jenen Jahren zwischen ihm und seinen Verwandten und Freunden, namentlich mit seinem Vater geführte Korrespondenz ist noch fast ganz erhalten [2]). Sie ist interessant durch den Reichtum der Mitteilungen und charakteristisch für die Verfasser. In Bonifacius Briefen ermüdet oft die geschwätzige Breite und eine gewisse weichliche Empfindsamkeit. In wohltuendem Gegensatz zu denselben stehen die Briefe des Sohnes. Eine gewisse herbe Strenge ist ihm eigen, immer drückt er sich bestimmt, klar und scharf aus. Überraschend wirkt die ruhige Sicherheit,

---

Jugend- und Studienjahre handelt mit erschöpfender Gründlichkeit Fr. Iselin im Basler Taschenbuch von 1863 S. 159—244. Nur ist hier zu verbessern S. 160 das Geburtsjahr, welches irrig mit 1535 (ebenso bei Stintzing l. c.) und das Jahr seiner Immatrikulation (S. 170), das mit 1549 angegeben ist.

[1]) Matr. fac. art. p. 257.

[2]) Von dieser Korrespondenz ist gedruckt: Bonifacii Basiliique Amerbachiorum et Varnbüleri epistolæ mutuæ, Basilee 1877. Festgabe der Basler Universität zum 400jhr. Jubiläum der Tübinger Hochschule, herg. von Mæhli. Die Briefe beziehen sich bloss auf Basilius Aufenthalt in Tübingen. — Amerbachiorum epistolæ mutuæ Bononiæ et Basileæ datæ. Festschrift zum 800jhrg. Jubiläum der Universität Bologna. Basel 1888, herg. von Teichmann. Andere Briefe von ihm sind veröffentlicht in C. S. Curionis epistolarum relectarum libri duo. Basilee per. Joh. Ceporinum, ohne Jahrzahl, alter Druck des 16. Jh.

mit der der junge Mann gleich über die Verhältnisse in Tübingen urteilt. Vor allem ist er mit seinen Lehrern wenig
zufrieden. Er bezeichnet sie zwar als gelehrte Männer, aber
ihre Pflichten als Lehrer erfüllen sie schlecht. Aufträge der
Regierung — in Folge eines solchen musste Strassberg sein
Kolleg über Kirchenrecht schon nach wenigen Wochen ab-
brechen — die vielen Feiertage und eigene Vergnügungssucht
nennt er als die Ursachen, wegen welcher die Vorlesungen
so häufig unterbrochen werden und in seinem letzten Briefe
an den Vater fasst er seine Entrüstung in die Worte zusammen: Wiewol aber die Professoren dieser Akademie gelehrt
vortragen, so ist doch ihre Nachlässigkeit, um nicht zu sagen
Gleichgiltigkeit gegen das Lesen so gross, dass man es fast
nicht glauben möchte [1]). Von allen Lehrern, unter welchen
bloss Nikolaus Varnbüler, bei dem er einige Zeit auch wohnte
und der sein Beschützer war, als Schüler des Josius einen bedeutenderen Ruf hatte, rühmt er einzig einen nicht promovierten
Juristen Flag, bei dem er ein Privatissimum über Institutionen
hörte, dass derselbe „täglich lese und keine Pause mache
ausser an hohen Festtagen". — Dem Rate seines Vaters und
seines Präceptors folgend legte auch Basilius in erster Linie
seinen Studien das Corpus juris zu Grunde. Je mehr er auf
diese Weise für eine streng sachliche und präcise Behandlung
des Rechtsstoffes eingenommen wurde, umsomehr musste ihn
später die in Italien übliche Methode weitschweifiger Inter-
pretationen verdriessen und voll Unmut berichtet er daher
seinem Vater aus Padua, dass er von einem Juristen, der dort
de rebus creditis las, eine zweistündige Erörterung bloss über
das Wörtlein „de" habe anhören müssen [2]). Über seinem
Berufsstudium trieb er aber auch die eigentlich humanistischen
Studien rastlos und mit einem seine zarte Gesundheit gefähr-
denden Eifer fort. Er bedauert lebhaft, dass er in Tübingen
gar kein philosophisches Kolleg hören kann. Allein die mathematischen Fächer stünden — so schreibt er — anerkann-
termassen in keiner Beziehung zum Jus und die anderen Dis-

---

[1]) Mæhli, Epistolæ mutuæ 55., vgl. auch 24—27 und Iselin
a. a. O. 177.
[2]) Brief vom 28. Nov. 1553. Cod. Basil. 1, 8 fol. 24.

ciplinen seien an der Artistenfakultät so schlecht besetzt, dass
er es vorgezogen habe Ethik und griechische Sprache selbständig weiter zu lernen. Fleissig, wie er war, brachte er
es dahin, dass er noch vor seinem Abgange von Tübingen
(Juli 1553) eine öffentliche Disputation mit Lob bestand. —
In Padua [1]) bemüht er sich italienisch zu lernen, welches er
später auch vollkommen beherrschte. Näheren Verkehr pflog
er jedoch hauptsächlich mit einigen Landsleuten und deutschen
Studiengenossen; unter diesen schloss er sich besonders an
den viel älteren Georg Tanner aus Östreich an, der sich um
die Herausgabe des griechischen Textes der Novellen vielfach
bemühte und wegen derselben mit den Amerbachs lange kor-
respondierte [2]). Mit ihm und Gribaldus hat er Frühjahr 1554
einen Ausflug nach Venedig gemacht und Basilius weiss die
Festlichkeiten, welche die symbolische Vermählung des Dogen
mit dem Meere begleiten, anmutig und mit lebhaftem Kolorit
zu schildern. [3]) — An seinen italienischen Kollegen tadelt er
Prunksucht und Eitelkeit: „Viele wollten lieber von Zwiebeln
und Knoblauch leben und sich am Essen abdarben, wenn sie
sich nur prächtig kleiden können." Anfangs Juni 1555 flüchtet er,
wie die meisten Studenten und Lehrer vor der Pest und begiebt
sich nach Venedig, von dort nach Bologna [4]). Hier hört er vor
allem Marianus Socinus, an den er persönlich durch seinen
Vater empfohlen war. Er findet es bemerkenswert, dass die
Professoren ihre Vorlesungen in einer rotula seu scheda ankün-
digen. Es ist dies die erste Spur unserer Lektionskataloge. [5])
Wichtig wurde dieser Zeitraum für ihn durch eine Reise nach
Rom und Neapel. Durch Empfehlungen, besonders an den
Obersten der päpstlichen Garde Jodocus von Meggen, die er

---

[1]) Zweite Hälfte August ist er wieder in Basel. — 25. September
reitet er mit seinem neuen Präceptor Gribaldus, dem Paduaner Rechtsgelehrten, nach Padua — der Ritt dauert 17 Tage. — Er bleibt dort
bis Ende Mai 1555. Iselin a. a. O.

[2]) Stintzing a. a. O. 233 ff. Derselbe hat auch den Briefwechsel
herausgegeben. Bonn 1879.

[3]) Iselin a. a. O. 197.

[4]) Am 3. Okt. bis Ferrara und von da per Wagen bis Bologna,
wo er bis 17. Aug. 1556 bleibt.

[5]) Vgl. Teichmann Festschrift S. 4 Nr. 4. Iselin a. a. O. 212.

von den Kollegen seines Vaters, dem Mediziner Johann Huber
und dem Juristen Jeuchdenhammer, erhalten hatte, gelang es
ihm Zutritt zu Sehenswürdigkeiten zu erlangen, welche vielen
Fremden sonst verschlossen blieben, so z. B. ins Castell St.
Angelo [1]). Basilius seinerseits hatte sich durch Studium epi-
graphischer und archäologischer Werke für diese Reise vorbereitet und unzweifelhaft wird man es auf die Eindrücke,
die er damals empfing, zurückführen dürfen, dass er Sinn und
Verständnis behielt für die Fragen der Altertumskunde. Er
legte die dreimonatliche Tour ohne alle Fährlichkeit zurück.
Wohlratend hatte ihm sein Vater vorher geschrieben: Du
bist nit des Glauben halb dohin kummen, sondern studiorum,
mechst lichtlich mit reden in gross gfar kummen. Mit schwi-
gen verantwurtet man vil. Magst dich für juris studiosum,
geben, darby loss bliben. [2]) Von Bologna kehrte Basilius mit
einem kleinen Umweg über mehrere oberitalienische Städte
nach Basel zurück. Hier gelang es ihm, was er schriftlich vergeblich versucht hatte, seinen Vater zu dem Zugeständnis
zu bewegen, dass er auch noch eine französische Hochschule besuchen dürfe. Mitte April 1557 finden wir ihn demgemäs unter-
wegs nach Bourges, wo er zu dem berühmten alten Rechtslehrer Duaren, ebenfalls anknüpfend an Beziehungen, die seinen
Vater mit diesem Manne verbanden, in ein besonders herz-
liches Verhältnis trat. An Konrad Peutinger, dem Sohne des
bekannten Augsburger Gelehrten, hatte er einen treuen Stu-
bengenossen und guten Pfleger, als er an dem in Bourges damals epidemisch auftretenden Wechselfieber erkrankte. Wie ihn
die Hinreise über Troyes und Paris geführt hatte, so benutzte
er die Gelegenheit, den Heimweg über Lyon und Genf durch
einen Abstecher in die schöne Provence zu unterbrechen. Mit
einem praktischen Kurs beim Reichskammergericht in Speier,
den er von Januar bis September 1560 absolvierte, schloss er
seine achtjährige Studienzeit und zwischen September 1560
und April 1561 machte er endlich auch sein Doktorexamen. Zu
dem Zwecke hat er sich eigens nochmals nach Bologna begeben. [3])

---

[1]) Vgl. Teichmann, Festschrift, 23 Nr. XIX.
[2]) Vgl. Teichmann, Festschrift 18.
[3]) Matr. fac. iurid. fol. 66. 18. Mai 1562 U. Iselin qui Basilium

Nach seiner Rückkehr erhielt er zunächst eine ausserordentliche Professur für Kodex,[1]) die er nach dem Tode seines Schwagers M. Iselin mit der für Pandekten vertauschte. Im August 1581 wird er endlich zum Syndikus von Basel gewählt.[2]) — Ohne weitere Zwischenfälle floss von da ab sein Leben in den gewöhnlichen Grenzen eines Gelehrtendaseins hin, geteilt in die Pflichten, welche ihm sein Beruf, die Sorge für seine Anverwandten — er war Vormund für die Kinder seines Schwagers — und sein Eifer in der Pflege der Wissenschaften auferlegten.

In seiner juristischen Praxis war der interessanteste Fall der Rechtsstreit, den Basel mit dem Bischof Christoph, dem energischen Vorkämpfer der Gegenreformation, auszufechten hatte. Die Sache stand so, dass die Erhaltung des damaligen Besitzstandes und die Behauptung der pfandweise erworbenen Hoheitsrechte, die beide durch das Lösungsbegehren des Bischofs gefährdet waren, für Basel viel mehr eine Macht- als eine Rechtsfrage bildete. Basilius erkannte dies und suchte, wenn auch vergeblich, den Rat davon abzuhalten, den Weg des Prozesses einzuschlagen, indem er auf einen gütlichen Ausgleich mit dem Bischof antrug. In einem Gutachten legte er dar, dass das Recht des Bischofs auf Einlösung der Pfandsummen keineswegs, wie Basel behauptete, verjährt sei, eine Ansicht, die dann auch von dem von den beiden Parteien angerufenen Schiedsgericht angenommen wurde. Basel musste

---

Amerbachium J. D. Bononiensem ac designatum Justinianei codicis professorem in collegium J. C. cooptavit et, quamvis eidem ex prefinitione statutorum pendenda ob publicum munus remisisset, tamen is ultro gratitudinis ergo 4 fl. fisco persolvit.

[1]) Die Verhältnisse sind nicht ganz klar und ich stelle daher die betreffenden Daten hier zusammen — diese »ausserordentliche« Professur ist ein blosser Versuch die Gegensätze in der Überlieferung zu haben. — a) 1561/2 ist Basilius Rektor. b) Antiq. Gernler. 1, 196 wird zum Aug. 1561 Sphyractes als ordentlicher Professor für Codex bezeichnet, indem er bei der Verteilung der Pfründen von St. Peter eine solche erhält. c) Vgl. Anm. auf S. 168.

[2]) Abscheidbuch — zum angegebenen Datum. — Er erhält bloss 75 ₰ jährlich, im übrigen ist die Urkunde wenn auch kürzer gefasst, inhaltlich doch gleichlautend wie der Bestallungsbrief seines Vaters. Ebendort auch der Revers des Basilius vom gleichen Datum.

froh sein, dass es durch Zahlung einer Abfindungssumme und durch Preisgebung der mit ihm verburgrechteten Gemeinden im Birs- und Birsigtale auch rechtlich seine Unabhängigkeit vom Bischof erkaufen konnte. [1]) Im übrigen ist aus seiner Tätigkeit als Anwalt und Professor kaum mehr ein prägnanter Zug hervorzuheben.

Für das Interesse der studierenden Jugend glaubte er am besten dadurch sorgen zu können, dass er auf eine tüchtige Vorbildung drang. Mit der Einrichtung des seit 1589 bestehenden sechsklassigen Gymnasiums scheint er nicht sonderlich zufrieden gewesen zu sein. Durch letztwillige Verfügung bestimmte er die Zinsen einer Summe von 2000 fl. „zur besseren Erhaltung der Schule auf Burg, entweder dem Schulmeister oder zur Aufrichtung einer 7. Klasse, was mir sonderlich gefallen würde. [2]) -- Der Wunsch des Erblassers wurde im letzterwähnten Sinn erfüllt und die zweite Klasse in zwei Abteilungen geteilt, von welchen eine classis Amerbachiana genannt wurde [3]). Mehr als diese Äusserungen seiner in praktischer Richtung sich bewegenden Tätigkeit ist es die Vielseitigkeit seiner Anlagen und Kenntnisse, die uns Nachlebenden in Erstaunen versetzt. Ihr verdanken wir auch die bleibenden Früchte seines arbeitsamen Lebens. Er war, was sich damals von selbst verstand, ein gründlicher Kenner der alten Klassiker, des Französischen und Italienischen mächtig, des Russischen nicht unkundig [4]); zugleich war er aber auch ein tüchtiger Numismatiker, Archäolog, Historiker, trieb Musik, sammelte Kupferstiche und besass eine kostbare Bildergallerie.

Mit Münzkunde hat er sich frühzeitig abgegeben. „Die Frau des verstorbenen Brosius schickte mir kürzlich ein Kästchen voll alter römischer Silbermünzen, was ich dir als Altertumsforscher anzeigen zu müssen glaubte", schrieb ihm sein Vater nach Speier. [5]) — Mit welchem Ernst er auch diese

[1]) A. Heusler, Verfassungsgesch. v. Basel, S. 457 f.
[2]) Legatarium (U. A.) fol. 95.
[3]) Fechter, Gesch. des Schulwesens in Basel 2, 10.
[4]) Vgl. seine Abschrift und lateinische Übersetzung des Bündnisses zwischen Johannes dei gratia dominus totius Rusie mit Max I von 1498. Chartæ Amerbach. A λ IV, 4 fol. 320.
[5]) Brief vom 16. Juni 1560. Cod. Basil. G II 14, fol. 225.

Nebendinge betrieben hat, ersieht man aus seinem Briefwechsel
mit dem Augsburger Stadtarzt Adolph Occo, einem trefflichen
Münzenkenner und Verfasser eines gerühmten numismatischen
Werkes, und mit dem in gleicher Richtung tätigen Schaffhauser Pfarrer und Chronisten J. J. Rüger. Diesen Männern
steht Basilius keineswegs als bloss empfangender Dilettant
gegenüber, sondern als gleichgeschulter Kenner. Seine Auf-
lösungen zweifelhafter Inschriften werden gerne angenommen,
seiner Münzsammlung kann er manches geeignete Tauschob-
jekt entnehmen und in der Kenntnis der einschlägigen Litteratur scheint er seinen Freunden überlegen. Einmal gratu-
liert er Occo zum Besitze des Buches Eneas Vico discorso
delle medaglie; ich habe vergeblich in Frankfurt und andern
Orten darnach gefahndet, [1] fügt er hinzu und bezeugt im
nächsten Briefe seine lebhafte Freude über die leihweise
Überlassung jenes Werkes [2]. Ein andermal beneidet er Occo
um eine Münze Karl d. Gr., er habe noch nie eine Münze
eines fränkischen oder deutschen Königs älterer Zeit gesehen.
Die Inschrift REX F ET L bedeute rex francorum et lango-
bardorum; denn diesen Titel habe Karl getragen, bevor er
Kaiser geworden sei, wie die Diplome beweisen und Sigonius
de regno Italiae lib. 4. [3] — In einem andern Briefe findet
er Anlass sich über Baslerische Münzverhältnisse zu verbreiten und giebt eine richtige historische Darlegung der Er-
werbung des Münzrechtes durch die Stadt, dabei unterlässt
er nicht das Privileg Sigismunds vom 19. September 1429
vollständig mitzuteilen [4]. Den Mangel einer Münzeinheit in
Deutschland beklagt er lebhaft und führt sie richtig auf das
verschiedene Gewicht der Silber-Mark zurück, so dass, obwohl
jede Mark 16 Lot enthalte, doch diese Lot verschieden schwer
seien. [5] Neben diesen Zeichen reifer Kritik laufen natürlich

[1] Brief vom 3. März 1585. Cod. Basil. G I 54, fol. 23.
[2] Brief vom 13. April 1585. Cod. Basil. G I 54, fol. 24.
[3] Brief vom 23. Juli 1583. Cod. Basil. G I 54, fol. 4.
[4] Briefe vom 23. Dzbr. 1588 und 19. März 1589 ebend. fol. 46 f.
[5] Brief vom 23. Jan. 1585 ebend. fol. 22. Huic intelligo — fährt
er fort, — id quod quaerebam, pondera singulorum locorum appensione
potius et tractatione quam alicuius immutabilis et ubique locorum paris
gravitatis pondere tanquam basi discerni.

Wunderlichkeiten mit unter. So wenn er behauptet, schon Abraham habe Silbermünzen geprägt oder, gestützt auf Plutarch, Theseus habe auf seinen Münzen einen Stierkopf abbilden lassen. [1)]

Auf die Bereicherung seiner Sammlung durch Kauf und Tausch war er unablässig bedacht. Als er sie aus dem väterlichen Erbe übernahm, bestand sie aus ungefähr hundert Stücken. [2)] Indessen schon in dem ersten an Occo gerichteten Briefe schreibt er: Ich besitze ungefähr 20 Gold-, etwas über 600 Silber- und ungefähr 300 Kupfermünzen, und 1590 teilt er Rüger mit, er habe etwas über 2000 Stück. [3)] —

Mit gleicher Aufmerksamkeit verfolgt er aber auch die Erscheinungen auf den übrigen Gebieten der Altertumskunde. Er berichtet seinen numismatischen Freunden von der Auffindung einer grossen Silbertafel in der Rhone von rätselhafter Herkunft und Bestimmung und legt eine genaue Zeichnung derselben bei; sie zu kaufen schreckte ihn der hohe Preis (300 Kronen).[4)] — Das Interessanteste in dieser Richtung sind seine Berichte über die Ausgrabungen des römischen Theaters in Augst, welches er anfangs für ein Kastell hielt. Seine Briefe lassen den Fortschritt der Arbeiten und die Wandlung seiner Ansicht deutlich erkennen. Er machte sich Skizzen und Pläne von dem Gebäude, die durch die Genauigkeit ihrer Angaben noch für den modernen Archäologen von grösstem Werte sind. [5)]

Hand in Hand mit diesen archäologischen und epigraphischen gingen auch historische Studien. Dabei war es ihm in erster Linie um eine genauere Kenntnis der Geschichte Basels zu tun. Wir müssen uns dabei in eine Zeit zurückver-

---

[1)] Brief vom 31. Mai 1583 ebend. fol. 3.

[2)] Brief vom 28. Febr. 1583. Cod. Bas. G I 54, fol. 1.

[3)] Brief vom 2. Jan. 1590. Cod. Basil. G I 52, fol. 25. Seine Münzsammlung und seine Bildersammlung bilden den wertvollen Grundstock der bezüglichen Sammlungen des Basler Museums.

[4)] Brief vom 13. April 1585. Cod. Basil. G I 54, fol. 24.v

[5)] Vgl. Th. Burckhardt-Biedermann. Das römische Theater zu Augusta Rauracorum in d. Mittlg. d. histor. und antiquar. Ges. zu Basel 1882. 2, 7. In Anm. 5 sind die betreffenden Stellen aus Basilius Briefen abgedruckt.

setzen, in der es noch keine zusammenhängende Darstellung
der Geschichte dieses Gemeinwesens gab; Wurstisens Chronik erschien erst 1580.. Amerbach fing also an sich das Material zu einer solchen selbst zusammenzutragen, indem er
eine Unzahl von Urkunden und Aktenstücken, vor allem solche,
die das staatsrechtliche Verhältnis Basels zu seinen jeweiligen Nachbarn beleuchten, sich teils abschrieb, teils abschreiben liess. — Die Chartæ Amerbachianæ, sechs Foliobände,
jeder mehrere hundert Seiten stark bestehen zum grössten
Teil aus solchen Kopien und sind das dauernde Denkmal
eines ebenso bewundernswerten als selbstgenügsamen Fleisses;
denn an eine eigentliche Verarbeitung des massenhaften Stoffes
hat Basilius augenscheinlich nie gedacht. Dabei sind diese
Kopien mit einer Sorgfalt und Sauberkeit ausgeführt, welche
sie zu den wertvollsten in ihrer Art machen. Bei Kaiser- und
Papsturkunden zeichnet er öfters die verlängerte Schrift, Recog-
nitionszeichen, Rota und Monogramm mit sicherer Hand nach;
selbst Kleinigkeiten, wie die Verschiedenheit der Kreuze vor
den Kardinalsunterschriften, kleine Rasuren im Texte, den er
am Rande mit Noten und stückweisen Übersetzungen begleitet, entgehen ihm nicht. Den Siegeln schenkt er volle Beachtung und weiss sich über die Art der Befestigung, Siegel-
stoff etc. bestimmt auszudrücken. Urkunden, die er abschreiben
liess, sieht er sorgfältig durch. Fehler des Abschreibers korrigiert
er geschickt; man erkennt, dass er mit den Formeln vertraut
ist. Neben eigentlich Baslerischer Geschichte hat auch die
allgemein-schweizerische ziemliche Berücksichtigung gefunden.
Dazu pflegte er eine ausgebreitete Lektüre. Von dem Umfange
derselben erhalten wir eine Vorstellung, wenn wir hören, dass
sich in seiner Bibliothek 1552 Bücher bloss historischen Inhalts befunden haben. Man begreift daher, dass er in der
Lage war seinem Kollegen Wurstisen Fehler in seiner Chronik nachzuweisen. [1]) Bei diesem weitgehenden Interesse für
historische Dinge kann es nicht überraschen, ihn auch mit den
historischen Hilfswissenschaften, die heutzutage als selbständige Disciplinen behandelt werden wollen, beschäftigt zu sehen.

---

[1]) Brief vom 30. Dzbr. 1585 an Occo. Cod. Basil. G I 54, fol. 84.ᵛ
Leider bezeichnet er die beanstandeten Stellen nicht genauer.

Dass er sich mit Chronologie befasste, kann man daraus erschliessen, dass er das 18. Kapitel aus Bedas de ratione temporum [1]), welches in den damals gedruckten Ausgaben fehlte, sich abschreiben liess. Auch die Anfänge einer Diplomatik sind wahrzunehmen. Hundert Jahre vor Mabillon war ihm die Bedeutung des Monogramms in Urkunden aufgefallen und zerstreute Blätter, welche mit Zeichnungen von Monogrammen der verschiedensten Form bedeckt sind, beweisen, dass Amerbach wenigstens den Versuch gemacht hat, zu einem Verständnis dieses Zeichens und seiner Beziehung zur Urkunde durchzudringen. [2])

Damit nicht genug, erübrigt er auch noch Zeit, um entlegenere Gebiete des Wissens zu kultivieren. Aus seinem litterarischen Nachlass [3]) ersehen wir, dass er sich auch mit Theologie, Medizin und Naturwissenschaften abgegeben hat und wenn er auch bei diesen wissenschaftlichen Streifzügen durch die universellere Durchbildung, die damals kennzeichnend für die Gelehrten war, beträchtlich unterstützt wurde, so bleibt die Intensität der Arbeitskraft bei Basilius, der neben seinen wissenschaftlichen Neigungen doch auch noch mannigfachen Anforderungen des praktischen Lebens zu genügen hatte, immerhin bemerkenswert.

Basilius war verheiratet gewesen — verlor aber seine Frau und einen kleinen Sohn frühe [4]). — Es ist bezeichnend für ihn, dass er, obwohl er der letzte seines Stammes war, nicht mehr sich vermählte. Seine ganze Liebe schenkte er

---

[1]) Bedæ Anglosaxonis de nominibus mensium apud Anglos et Germanos cap. 18 quod in codicibus impressis desideratur ex codice vetusto des St. Georgskloster im Schwarzwald. Chart. Amerb. A λ IV, 3. Vgl. J. A. Giles the complete works of Venerable Bede. London 1843. 6, 178 f. — die Kapitelfolge stimmt nicht ganz. Das besagte 18. Kap. ist hier das 15., das 16. bei Giles ging in jenem Codex voraus (precedit cap. XVII de signis). Vgl. Vorrede 6.

[2]) Chart. Amerb. A λ IV, 3.

[3]) Seine Bibliothek umfasste bei seinem Tode 9000 Bd. darunter 2010 theol., 2429 jurist., 496 medic., 2399 philosoph. Werke. Vgl. Streuber im Basler Taschenbuch von 1851, S. 274.

[4]) Frau Esther Amerbach geb. Rudin und der kleine Bonifacius starben 13. April 1564 an der Pest fast zur gleichen Stunde. Ath. Raur. p. 115.

dafür den Kindern seiner Schwester Faustine, besonders dem ältesten Sohne Ludwig, um dessen sorgfältige Ausbildung er sich bemühte. Aufrichtige Freundschaft verband ihn mit seinen beiden nicht weniger bekannten Kollegen Theodor Zwinger und Felix Plater, mit welchen er schon das Gymnasium besucht hatte. Am 25. April 1591 endigte eine Lungenentzündung dieses von einem idealen Streben durchzogene Leben, welches, wenn es auch nicht produktiv in dem Sinne gewesen ist, wie man es von einer so reich begabten Natur erwartete, doch auch für uns Nachlebende nicht verloren ging. Das Geheimnis seines Erfolges aber hat er uns selbst mit dem kraftvollen und schönen Satz enthüllt: Lasset uns unsere Pflicht tun, dann wird Gott auch die seine tun.[1]

Gleichzeitig mit Basilius wirkte nun nach dem furchtbaren Pestjahre 1564, von welchem an die Regel streng eingehalten wurde, die Professoren von dem Lehrstuhl für Institutionen bis zu dem für Pandekten langsam vorrücken zu lassen und immer nur die erstgenannte Lehrkanzel mit frischen Kräften zu besetzen, eine Anzahl in ihrem Fach zum Teil ausgezeichneter Männer.

Am 20. Januar 1565 erhielt die Professur für Institutionen Adam Henricpetri,[2] der 1571 zum Professor für Kodex vorrückte und am 20. Oktober 1584 Stadtschreiber wurde, nachdem er Ende April 1583 auf seine Professur verzichtet hatte.[3] Er hat sich bekannt gemacht durch ein grösseres Geschichtswerk,[4] welches sich an Sleidans berühmte Kommentare an-

---

[1] Cod. Basil. G I 11, fol. 5.

[2] Leu 14, 450 f. — Iselin Suppl. 2, 665. — Jöcher 2, 1498. — Ath. Raur. p. 133 und 157. — H. P. — geb. 1543, gest. 27. Apr. 1586. — studierte an deutschen, französischen und italienischen Hochschulen 1564 wurde er in Ferrara D. U. J.

[3] Lib. concl. fol. 68.

[4] Generalhistorien erster Teil. Der aller namhafftigsten und fürnemmsten Geschichten do, so sich bey übergebung und ende des Grossmechtigsten Kaiser Carols des fünfften und anfange Ferdinanden seines Bruders Regierung .. zugetragen ... sampt etlicher Fürsten wohren Bildnussen ... auch aller fürnehmsten Stetten und Vestungen, so derzit belägert und erobert seind worden ... eigentliche Contrafehtung — alles mit sonderem Fleiss ... glaubwürdig auss fremdden

schliesst und die Jahre 1555—1561 umfasst. Der Stoff ist
annalistisch geordnet — jedem Jahr entspricht ein Buch —
ist aber nicht ausschliesslich der politischen Geschichte entnommen, wodurch das Buch den chronikartigen Charakter
wieder gewinnt, den sein Vorgänger schon gänzlich abge-
streift hat. Über die Entstehung des Buches spricht er sich
in der Vorrede dahin aus, dass seine Erzählung zum grössten
Teil auf schriftlichen Mitteilungen glaubwürdiger Personen
beruhe ; anderes habe er aus den Werken seiner Vorgänger
geschöpft, besonders aus dem von Michael Beuther Dr. jur. zu
Sleidan verfassten Appendix. Doch seien deren wenige, „dann
schier niemandt under uns Teutschen in unserer Spraach etwas
weitläuffiger den Nachkommenden zu guten aussgeben hat
lassen." Er habe das Buch nach dem Beispiel französischer
und englischer Autoren, welche auch meist ihre Muttersprache
gebrauchen, deutsch druken lassen, wiewohl er es vorher schon
lateinisch in neun Büchern fertig gestellt hätte. — Als ziemlich gleichzeitiger Bericht eines gut unterrichteten und ge-
wissenhaften Mannes verdient die Chronik Beachtung.

Vor Henricpetri hatten nach einander die Lehrkanzel
für Kodex inne Martin Huber [1] und Kaspar Herwagen. [2]

Sprachen in unsere teutsche derselbigen Nation in vielerley sachen . .
zu nutz und ehren zusammengebracht eurch D. Adam Henricpetri. —
Gedruckt zu Basel durch Sebastian Henricpetri. Die Vorrede ist datiert
10. Juli 1577 und das Buch ist gewidmet Kaiser Rudolf II. und allen
Fürsten, Ständen, Regiment und Städten. Leu a. a. O. spricht irriger
Weise von dieser Chronik und einer Fortsetzung des Sleidan als zwei
verschiedenen Werken. — Endlich hat H. P. auch noch die Werke des
Marsilio Ficino in zwei Bänden herausgegeben. Basel. 1561. Die Vorrede giebt lediglich eine allgemeine Inhaltsübersicht.

[1] Martin Huber, der Sohn des Professors der Medizin Johann
Huber (s. unten) war geboren 1540, studierte in Basel und an italienischen
Hochschulen. 1563 wird er in Bologna zum D. U. J. promoviert, am
29. Januar 1564 in die juristische Fakultät aufgenommen (Matr. fac.
iur. fol. 66) stirbt aber schon im März desselben Jahres an der Pest.
(ebend. fol. 66ᵛ) Leu 10, 377 und Splt. 3, 202. — Ath. Raur. p. 132.

[2] Kaspar Herwagen war der Sohn des Buchdruckers Johann H.
Das Datum seiner Geburt ist nicht bekannt. Er studierte in Basel und
an französischen Hochschulen, wird in Poitiers D. U. J. 1565 April 11.
als Professor für Codex Justinian. angestellt. (Matr. fac. iurid. fol. 66ᵛ).

Sein Nachfolger für Institutionen wurde Samuel Grynäus. [1]) Er war der Sohn des Theologen und Linguisten Simon Grynäus, geb. 8. Juni 1539 zu Basel, studiert hier, in Strassburg und Tübingen und erhält 1571 die erwähnte Professur. [2]) Am 16. Oktober 1584 wird er zum Professor für Kodex befördert, [3]) 1589 zum Professor für Pandekten; 1591 wird er Stadtanwalt und stirbt am 3. April 1599. Eine eigentümliche Wahrnehmung macht man an seinem Briefwechsel oder eigentlich genauer an den Briefen, die er erhalten hat. Die meisten derselben sind blosse Empfehlungsschreiben für junge Leute, welche in Basel studieren wollen; selten werden wissenschaftliche Materien in denselben abgehandelt. Vereinzelt sind also Briefe wie zwei von Joachim Mynsinger aus Helmstädt, der seine Scholien zu den Institutionen in Basel neu auflegen lässt und Grynäus mit der Überwachung des Druckes beauftragt, [4]) oder wenn ihm Georg Rem aus Augsburg schreibt, er habe die peinliche Halsgerichtsordnung Karl V. ins lateinische paraphrasiert, schicke ihm sein opus und erbitte sich sein Urteil über dasselbe. [5]) Ein eigentümliches Verhältnis, indem wir einen Mann wie Grynäus, der

---

1571 tritt er in die Dienste des Markgrafen von Baden, stirbt 17. Nov. 1577. Leu 10, 135 und Supl. 3, 116. Ath. Raur. p. 132 f.

[1]) Ath. Raur. p. 115 (mit den biograph. Angaben) 136, 157 und 312. — Iselin 2, 597. — Leu 9, 288. — M. Adam 1, 337—339 hat die unrichtige Nachricht Gr. sei seit 1565 25 Jahre Professor für Beredsamkeit gewesen, die Iselin wegen mangelnder Beweise in den Universitäts-Akten verwirft. In dieser Fassung ist die Nachricht auch falsch. Allein die Professur für Logik scheint Gr. doch einmal inne gehabt zu haben, obwohl die Universitäts-Akten davon nichts melden; denn in den Deputatenrechnungsbüchern wird er zu Fronfasten Cinerum und Pentecostes 1565 mit einem Gehalt von 18 ℔ 15,5 β an Stelle des U. Coccius, der vorher Logik gelesen hatte, angeführt. Darnach sind zu verbessern Ath. Raur. p. 335. 312 und 116.

[2]) Matr. fac. iurid. fol. 67. — Samuel Grynäus gratis ob demandatam institutionum professionem in consilium J. C. (receptus) 1571, 23. Juni. — Schenkt dem fiscus aureum Belgicum duplacem.

[3]) Lib. concl. fol. 70.

[4]) Cod. Basil. G² I, 30. Brief vom 26. Aug. 1581 und vom 24. Aug. 1584.

[5]) Ebend. Brief von anno 1586 finiente.

litterarisch ganz und gar untätig gewesen ist, eines so bedeutenden Ansehens bei den Fachgenossen sich erfreuen und als vielbegehrten Berater und Leiter der studierenden Jugend angerufen sehen. — An ihm wird der ganze ungeheure Unterschied zwischen damaligem und heutigem wissenschaftlichem Verkehr recht anschaulich. Damals steht das persönliche Moment bei jedem Autor ebenso sehr im Vordergrund, als es gegenwärtig ·in den Hintergrund gedrängt ist. Die Wirkung, welche jetzt ein akademischer Lehrer ausübt, hängt zunächst von dem Ruf ab, den er als Schriftsteller geniesst und die Fälle sind nicht eben selten, in welchen der Umgang mit ihm als Person den Eindruck, den seine Schriften gemacht haben, wesentlich beeinträchtigt. Eine derartige Trennung war jener Zeit vollkommen fremd und nicht bloss das, sondern die Stellung allein, welche der dem privilegierten akademischen Kreise Angehörige einnahm, verbunden mit den persönlichen Beziehungen, die er gewöhnlich schon während seiner Studienzeit angeknüpft hatte, schienen hinreichende Bürgschaft für die wissenschaftliche Qualifikation desselben in den Augen seiner Fachgenossen zu bieten.

Bevor Grynäus die Lehrkanzel für Kodex zugeteilt erhielt, war vor ihm ein Mann von ungleich grösserem Ansehen in Betracht gezogen worden, Franz Autmann[1]) (Hotomanus). — Hotomanus stammte aus einer schlesischen, aber in Paris naturalisierten Familie und war hier geboren am 23. August 1524. — Als junger Mann von den durch die Reformatoren ausgesprochenen Ideen ergriffen, begiebt er sich heimlich und gegen den Willen seiner Angehörigen nach Genf zu Calvin. Dieser verschafft ihm zuerst eine Professur für lateinische Sprache an der von der Berner Regierung errichteten Akademie in Lausanne. 1555 geht er nach Strassburg. Kurz vorher

---

[1]) Über ihn handelt auf Grund weitgreifender archivalischer Forschungen mit erschöpfender Genauigkeit, wenigstens was seinen äusseren Lebensgang und seine politische Tätigkeit betrifft, R. Dareste in der Revue historique 1876, 2, 1—59 und 367—435. — Seine Stellung in der Geschichte der Jurisprudenz ist gewürdigt von Stintzing a. a. O. 1, 383—386 und öfter. Durch diese Arbeiten ist die ältere Litteratur überflüssig gemacht. Ath. Raur. p. 134—136 mit einem ziemlich vollständigen Verzeichnis seiner Schriften.

hat er mit zwei kleinen Schriften sich auf den Kampfplatz
der theologischen Polemik begeben. Amerbach empfahl ihn
den Strassburgern als tüchtigen Juristen. Auf der Reise dahin,
Oktober 1555, hat er Basel zum erstenmal gesehen. Er veröffentlichte einige Schriften juristischen Inhalts, welche seinen
Ruf als bedeutenden Rechtsgelehrten sicherstellten. Am
18. September 1558 promoviert er in Basel privatim unter
Bonifacius Amerbach zum Doktor.[1]) 1562 giebt er seinen
Lehrstuhl auf, um sich mit der leidenschaftlichen Kühnheit,
die ihm eigen ist, ganz in den religiös-politischen Kampf zu-
stürzen, der eben damals in Frankreich aufzulodern begann.
Er nimmt Teil an demselben als rücksichtsloser Pamphletist,
als tätiger Geschäftsträger und diplomatischer Agent zwischen
den Häuptern der Hugenotten, den protestantischen Fürsten
Deutschlands, unter welchen er besonders dem Landgrafen von
Hessen, Wilhelm, nahesteht und den reformierten Kantonen
der Eidgenossenschaft. Seine Briefe atmen jenen trotzigen
Ungestüm, welcher den Anhängern des calvinischen Dogmas
eigen ist und der, verbunden mit seinem lebhaften Naturell,
ihn in jedem kleinen Erfolg den sicheren Untergang seiner
gehassten Feinde sehen, in Tagen des Unglücks ihn aber auch
unverzagt hoffen lässt. Mehr als einmal verwünscht er die
Gleichgültigkeit der deutschen Fürsten, welchen er nur mit
grösster Schwierigkeit Subsidien und Mannschaft zur Unterstützung Condé's und Heinrichs von Navarra abzugewinnen
vermag, argwöhnisch beobachtet er die Stellung der schweizerischen Kantone. Als König Heinrich III. schweizerische
Truppen, die er angeblich zum Schutz gegen die Guisen an-
geworben, gegen Heinrich von Navarra vorrücken lässt, beschwert sich dieser bei der Tagsatzung und Hotomanus schreibt
schleunigst an Basilius Amerbach, derselbe möge gegen dieses
Verfahren Protest beim Rat erheben und auf Rückberufung
der Truppen bestehen, was auch gelang (1584). — In Zeiten
des Friedens kehrt er nach Frankreich zurück, hält juristische

---

[1]) 1558 XIIII. Kl. Oktobr. Fr. Hottomanus Parisiensis et iuris
civilis prolyta Aurelianensis a Bonif. Amerbachio decano ornamentis
doctoralibus privatim insignitus est. Matr. fac. iurid. fol. 65.ᵛ — Darnach ist das Datum zu korrigieren bei Dareste l. c. p. 13.

Vorlesungen in Bourges, von wo ihn einmal der über den
neuen protestantischen Lehrer wütende Pöbel, das zweitemal
die Schrecken der Bartholomäusnacht vertreiben. Daneben
ist er unaufhörlich publicistisch tätig. — Auf Bitten der
Witwe Colignys schreibt er eine Biographie des Admirals.
Seine Streitschriften sind von nachhaltiger Wirkung. Seine
Francogallia, eine gegen Karl IX. und das bestehende Regime
gerichtete Satyre wird ebenso begierig gelesen, als ihre Verbreitung streng verboten ist und erlebt in zwei Jahren
vier Auflagen. In Zeiten des Exils hält er sich meist in Genf
auf. Die Unsicherheit, die durch das gespannte Verhältnis
zum Herzog von Savoyen herbeigeführt wurde und die grosse
Teuerung, legte Hotomanus, der zudem ewig in Geldverlegen-
heit war und Frau und acht Kinder ernähren musste, den
Wunsch nach einer Veränderung seines Aufenthaltes nahe. —
Eine Berufung nach Leyden unter glänzenden Bedingungen
schlug er aus, ebenso auch eine solche nach Heidelberg —
er als Calvinist wollte nicht „aus der Scylla in die Charybdis"
fallen". So kam er im Laufe des Sommers 1578 [1]) nach
Basel, mit dessen vorzüglichsten Gelehrten, wie Basilius
Amerbach, Sulzer, Zwinger, er schon bekannt war. Gleichwohl trat er zur Universität erst 1583 in nähere Beziehung.
Als Henricpetri auf seine Professur verzichtete, war nur eine
Stimme darüber, dass Hotoman der einzige berufene
Nachfolger sei. Allein in der Regenzsitzung gaben mehrere
zu bedenken, ob man einem so berühmten Juristen diese
Professur „mit ihrem schmalen Stipendium" überhaupt an-
tragen dürfe, damit nicht die Universität, wenn sie ihn vielleicht nach langer Mühe zur Annahme der Professur bewogen
hätte, durch ein ablehnendes Votum des Rates blamiert
werde. [2]) Dieser Eventualität entging sie übrigens, da
Hotomanus die ihm angetragene Professur nach einigem Be-
sinnen ablehnte. Die juridische Fakultät hatte ihn früher
schon durch Aufnahme in ihr Kollegium [3]) und indem sie ihm

---

[1]) Dareste a. a. O. 389 f.
[2]) Lib. concl. fol. 68. Diese Beziehungen zur Universität sind
Dareste entgangen.
[3]) 29. Okt. 1581. Matr. fac. iurid. 71.

einmal, als es sich um die Promotion eines Breslauers handelte,
artiger Weise das Recht einräumte, dieselbe vorzunehmen, [1])
Ehre erwiesen. Hotoman, der sich übrigens von Anfang an
in Basel nicht recht heimisch gefühlt zu haben scheint [2]) und
im Februar 1583 seine Frau durch die Pest verlor, kehrte
im Laufe des September [3]) 1584 mit seinen drei Töchtern
nach Genf zuück. Aber kaum waren zwei Jahre verflossen,
behagten ihm die Zustände nicht mehr und er sehnt sich
wieder nach Basel zurück. — Er tritt in Unterhandlungen
mit J. J. Grynäus und Amerbach wegen Übernahme einer
Professur. In Basel wünschte man seine Rückkehr, weil sein
Name viele Sudenten angezogen hatte. Amerbach bietet ihm
eine Stelle mit 100 fl. Gehalt an, jedoch mit Ausschluss von
den Promotionen. Hotoman wehrt sich vergeblich gegen diese
ihm nngerecht erscheinende Bestimmung. Endlich kommt der
officielle Antrag seitens der Universität. Hotoman zögert
und zwar hauptsächlich deshalb, weil er gleichzeitig auch Anträge aus Deutschland und Italien erwartete. — Allein die
Verhältnisse nötigten ihn endlich, sich zu entscheiden. Er
schreibt an Grynäus und Amerbach (Februar 1587), er werde
kommen, ohne jedoch die Professur anzunehmen, was er mit
seinem Alter und der niedrigeren Stellung entschuldigte. [4]) Seine
Rückkehr verzögerte sich jedoch noch bis August 1589 —
da flüchtete er vor den Genf belagernden herzoglichen Truppen

[1]) 27. Jan. 1579 ebend. 69.ʳ Heinrich Justus irrt daher wenn er
1581 Febr. 18. an Ludwig Iselin schreibt, dass am 14. Febr. eine Disputation unter Hotomanus Vorsitz stattgefunden habe, quod nunquam
antehac factum fuisse memini. (Cod. Basil. G. I 12, fol. 21.)
[2]) Nach seiner Rückkehr nach Genf schreibt er an Stucki und
drückt seine Freude darüber aus d'être sorti de la solitude de Bâle.
Dareste a. a. O. 409.
[3]) Nicht vers le 1ᵉʳ mai 1584 (Dareste a. a. O. 408), denn Heinrich
Justus schreibt an Ludwig Iselin am 26. Mai 1584, Hotomanus con-
ditionem hanc tertio oblatam recusavit, nunc abitum parare dicitur —
(Cod. Basil. G. I 12, fol. 40.) u. Basilius Amerbach schreibt am 21. Sept. 1584
(Cod. Basil. G I 54, fol. 19): Hotomanus nuper cum familia sua a nobis
recessit, Genevæ vel in vicinia moraturus. Obiit ei uxor ante annum et
amplius, negat itaque sese cum famulabus Germanis (quarum linguam
non teneat) familiam administrare posse.
[4]) Dareste a. a. O. 416.

aus der Stadt und gelangte nicht ohne Beschwerden nach Basel
— der Buchhändler Episcopius hatte ihm für die Reise
100 Taler vorstrecken müssen. — Hier hielt er nun wieder
wie zur Zeit seines ersten Aufenthaltes Vorlesungen in seinem
Hause; er las über die Staatsverwaltung der römischen Repu-
blik unter Zugrundelegung von Ciceros de provinciis consu-
laribus und jeden Montag ein juristisches Kolleg. Am
12. Februar 1590 beschloss er sein von Stürmen und Kämpfen
erfülltes Leben. Er hat es zum guten Teil sich selbst so
gestaltet und man muss es eigentlich bedauern, dass dieser
genial angelegte Mann seine Kraft in Dingen zersplitterte,
für welche er seiner Natur nach nicht ganz geeignet war;
denn zum Diplomaten fehlte ihm zurückhaltende Ruhe.

Aber auch so bleiben seine wissenschaftlichen Leistungen nach Umfang und Inhalt bemerkenswert. An seinen
juristischen Arbeiten wird die glückliche Vereinigung einer
nach grossen Gesichtspunkten geordneten Darstellung und
einer scharfsinnigen ins einzelne gehenden Kritik gerühmt;
in dieser Beziehung erscheint er als der letzte Vertreter der
von den grossen französischen Juristen Alciat, Duaren und
Cujaz eingeschlagenen Richtung. An Vielseitigkeit übertrifft
er sie noch; denn er war daneben auch ein tüchtiger Philologe
und Altertumsforscher. Es mag hier hervorgehoben werden,
dass seine Schrift über das Münzwesen ihre Entstehung unzweifelhaft den Anregungen verdankt, die er in Basel im
Verkehr mit Basilius Amerbach empfangen hatte. [1]

Grynäus Nachfolger für Institutionen wurde ein gleich-
falls mehr als gewandter Diplomat, denn als akademischer
Lehrer berühmter Jurist, nämlich Hippolyt a Collibus. [2]

---

[1] Die erste Nachricht, dass sich Hotomanus mit Münzkunde be-
schäftige finde ich in dem Briefe des Basilius an Occo vom 21. Sept.
1584 (Cod. Basil. G I, 54 f. 19.): De nummis tractationem se (H) Genevæ
editurum pollicetur. Von da ab wird sein Name in dieser numismatischen Korrespondenz öfters erwähnt. 30. Dezemb. 1585 schreibt Basilius an Occo: Grüsse von Hot.; derselbe habe seine Schrift de re num-
meraria non sine mendis am 15. d. M. beendet. (ebend. fol. 34.)

[2] Leu 5, 375. — Iselin 1, 990. — Biogr. univers. 9, 292. —
Jöcher 2, 2014. — M. Adam 2, 451—453. — Ath. Raur. p. 157—159.
Stintzing a. a. O. 2, 392. — Apinus epistolæ J. J. Grynæi 158. —
Allg. d. B. 4, 405. — Geering, Handel und Industrie v. Basel. 478.

Sein Vater, Paul Colli oder Colle, hatte sich wegen seiner Hinneigung zur Lehre Luthers aus seinem Heimatsort Alessandria flüchten müssen und fand endlich in Zürich wieder einen ruhigen Aufenthalt. Hier wurde ihm sein Sohn Hippolyt am 20. Februar 1561 geboren. Hippolyt studierte in Zürich und in Neuhaus in der Kurpfalz und zog dann nach Italien, um sich der Rechtswissenschaft zu widmen. Seine Studien beendete er aber in Basel, wo er am 30. Mai 1583[1]) zum Doktor promovierte. Am 16. Oktober nächsten Jahres[2]) erhielt er die Professur für Institutionen und vermählte sich bald darauf mit der Witwe des reichen Seidenfabrikanten Steffan Pellizari.[3]) Ende 1585 oder zu Anfang des Jahres 1586 folgt er einem Rufe nach Heidelberg, wo er die seit längerer Zeit unbesetzte Professur der Institutionen übernahm, welche ihm vom Kurfürsten Johann Kasimir gegen den Willen der Universität übertragen worden war.[4]) Vielleicht hat diese etwas gewaltsame Einführung mit dazu beigetragen, seine Stellung unhaltbar zu machen, als zwei Jahre später Zwistigkeiten zwischen ihm und seinem Kollegen und Fachgenossen Julius Pacius[5]) ausbrachen, infolge deren er Heidelberg verliess und wieder nach Basel zurückkehrte. — Hier wurde er an Stelle des am 20. März verstorbenen Wurstisen zum

---

[1]) Theatrum virtutis I. (Vaterl. B.) Sein Disputationsthema lautete: An summus magistratus nocentes suppliciis liberare possit necne.

[2]) Lib. concl. fol. 69. — 2. Mai 1585 wird er in die Regenz (ebend. fol. 70), am 28. Nov. in facultatem et consilium J. C. aufgenommen. (Matr. fac. iurid. fol. 73.)

[3]) Am 25. April 1585 schreiben die Verordneten des Waisenamtes von Basel an getreue Eidgenossen(?) »dass Hypolitus de Collibus Ordinarien hoher schul Basell (wegen) der Pest weylandt Herrn Steffan Pellizari seines Vorfahren seligen eheliche und jetzmahlen sein Hypoliti Stieffkinder im E. Gst. Statt (?) geflüchtete und dass er und seine liebe Hausfrau sie nun wieder zu sich nehmen möchten. Sie bäten um ihre Intervention. Missiven Bd. 61. — Darnach ist richtig zu stellen Geering a. a. O. 478, die Mitteilung über die Vermählung des von Collibus, sowie die Angabe des Todesjahres von Steffan Pellizari ebend. 477 unten.

[4]) Winkelmann, Urkdb. d. Univers. Heidelberg 2, 153 Nr. 1305.

[5]) Vgl. Stintzing a. a. O. 1, 393.

Stadtschreiber gewählt. [1]) Dennoch löste sich sein Verhältnis
zu dieser Stadt 1593[2]) dauernd; er hat sie nur in den Jahren
1604 und 1605 als Gesandter des Kurfürsten von der Pfalz,
welcher eben damals einer der tätigsten Förderer eines unter
den protestantischen Ständen abzuschliessenden Bundes war,
in welchen er auch die evangelischen Kantone hineinziehen
wollte, wieder betreten.[3]) Er starb in Prag auf einer Gesandt-
schaftsreise am 2. Februar 1612.

Hippolyt hat als theoretischer Jurist nichts Grösseres geleistet, wohl aber hat er versucht, die Erfahrungen, die er
sich in seiner diplomatischen Praxis gesammelt hat, zu gewissen Theorien zu verdichten, so dass er sich als Staatsrechts-
lehrer und auf dem Gebiete der Nationalökonomie einen
Namen gemacht hat. In seinem „Princeps" entwickelt er die
Grundsätze, nach denen ein Fürst von einem ethisch-religiösen
Standpunkt aus sein Volk in Krieg und Frieden leiten soll.
Unzweifelhaft angeregt durch das gleichnamige berühmte
italienische Vorbild[4]) ist Hippolyts Traktat nicht bloss durch
die flachere Auffassung, sondern noch mehr durch diese den
Protestanten kennzeichnende Einführung eines Moralprincips
in die Politik geschieden. Mit seiner Schrift über das Wachs-
tum der Städte, die mit ihren nationalökonomischen Ausführungen sich teilweise an den Princeps anlehnt, hat er sich

---

[1]) Irrig wird er bei Adam, Apinus, Stintzing und A. d. B. Syndicus
genannt. Syndicus war damals Basilius Amerbach und irrig ist auch
das Datum der Rückkehr bei Stintzing 1, 392 (1589 statt 88).

[2]) Geering a. a. O. bes. Anm. 1, laut welcher am 12. Febr. 1593
Hippolyt das Bürgerrecht aufgesagt wurde; am 25. Februar legte er sein
Amt nieder (Ochs 6, 357). Der aus dem Aufsagebrief angeführte Satz
bezieht sich auf seine vom Rat von Basel angeordnete Sendung zu
Heinrich IV., bei welchem er die Bezahlung rückständiger Schulden
und Pensionen auswirken sollte (Ochs, 6, 825), wo auch »die Schrift«
d.'h. das Kreditiv abgedruckt ist. — Sonderbar ist aber, dass H. a. C·
in einer Ratserkanntnis vom 29. Okt. 1600, durch welche eine über
seine Güter verhängte Sperre aufgehoben wird, wieder »Bürger« von
Basel genannt wird. Erkanntnisbuch V fol. 73ʳ und 74.

[3]) Wurstisens Chronik 3 Aufl. 425 und 428.

[4]) Man beachte, dass 1580 eine lateinische Übersetzung des Prin-
cipe von Nikolaus Stupa in Basel gedruckt worden war. Dareste
a. a. O. 400.

einen, wenn auch nicht hervorragenden Platz in der Geschichte der Nationalökonomie erworben. [1])

Im vollen Gegensatz zu dem wechselreichen Schicksal, welches Hippolyt und Hottomanus durchs Leben begleitete, bewegt sich der Lebenslauf ihrer nächsten Nachfolger in den ruhigen Linien eines stillen Gelehrtendaseins. Von den drei bis Ende des 16. Jahrhunderts in der Juristenfakultät neu auftauchenden Lehrern Johann Gut [2]), Ludwig Iselin, J. J. Fäsch tritt uns jedoch Ludwig Iselins Bild in lebensvolleren Zügen entgegen. [3])

Er war als der Sohn des oben erwähnten Professors Ulrich Iselin und der Faustina Amerbach geboren den 2. Juli 1559. Als fünfjähriges Kind hatte er das Unglück seinen Vater zu verlieren. Da übernahm Basilius Amerbach, sein Oheim und zugleich sein Vormund, die Sorge für seine Erziehung. Der strebsame und frühzeitig ernst angelegte Knabe absolviert die Schulen seiner Vaterstadt, in deren Hochschule

---

[1]) Vgl. W. Roscher, Gesch. der Nationalökonomie. 140 und 149.

[2]) Joh. Gut aus Röteln, und nicht Ötlinkon, wie Ath. Raur. p. 117 haben, in Baden, war geboren 1555, als der Sohn eines Pfarrers, wird 1572 an der Basler Hochschule immatrikuliert, 1575 Mgr. art., wendet sich den juristischen Studien zu, besucht mehrere (welche?) deutsche Hochschulen, absolviert beim Kammergericht in Speyer seinen praktischen Kurs, begleitet die Kinder eines Adeligen als Instruktor nach Wien, wo er einige Zeit bleibt. 9. Okt. 1582 (Theatrum virtutis I J. G. Rötelanus) wird er in Basel zum Doktor promoviert und 1587 erscheint er als Professor für Institutionen, wird aber erst 24. April 1588 in die Fakultät und das Consilium der Juristen aufgenommen (Matr. fac. iurid. fol. 74), vorher schon, 24. Juni 1587, Mitglied der Regenz. 1589 rückt er zum Professor für Codex, zehn Jahre später, 22. Nov. (Lib. concl. fol. 95), zum Professor für Pandekten vor. Als 1600 die Verwaltung des Fiscus legatorum von der des Rektors- oder Universitätsfiscus abgetrennt wurde, war er der erste curator desselben. (Lib. concl. fol. 96.) Er starb 27. Dzbr. 1629. Vgl. Ath. Raur. p. 117 (mit den biographischen Angaben) 137 und 159. — Leu 9, 354 — Schriften sind, soviel ich sehe, von ihm keine erhalten.

[3]) Vgl. Ath. Raur. p. 137 (Biographie) und 159. — Iselin 2, 991. — Leu 10, 503 und Suplt. 3, 292. — Allg. D. B. 14, 612. — Jöcher, Forts. 2, 2336. mit Angabe seiner Schriften. Melchior de Insula J. C. pro Ludovico Iselin, l. c. Epitaphios λόγος 20. Dzbr. 1612. Basel, Genath 1617.

er 1574 eintritt. Von hier begiebt er sich zunächst nach
Genf. Am 25. Januar 1581 traf er dort mit seinem Reise-
gefährten J. J. Rechburger ein. Er nahm Wohnung bei einem
Seidenweber Johann Anastasius für 4¹/₂ französiche Kronen
per Monat; bei der herrschenden Teuerung könne man nirgends billiger unterkommen, schreibt er.[1]) — Er war mit der
Wahl übrigens sehr zufrieden; ausser ihm und Rechburger
wohnten nur noch zwei Friesen im gleichen Hause, dessen
ruhige Lage und Sauberkeit er lobt. Von den an der Akademie wirkenden Lehrern [2]) hört er nur Pacius, mit dessen
Vortrag er wohl zufrieden ist.[3]) „Ferner,“ fügt er hinzu,
„um nicht von einem Brauch, welchen die Studenten aller
Fakultäten hier beobachten, abzuweichen, höre ich auch Beza,
der jetzt den Brief des Paulus an die Römer jede zweite
Woche wenigstens dreimal erklärt (alternis hebdomadis ter
saltem); überdies privatim Dr. David Colladonium, den Sohn
eines Genfer Advokaten, der nach derselben Weise wie Pacius
Institutionen, denen ich mich zunächst zuwenden will, vorträgt
— täglich mit vier belgischen Studenten nachmittags 1—2.“ —
Pacius erkläre privatim auch Digesten, verlange aber ein
monatliches Lehrgeld von 1 Kr. hiefür. Griechische Sprache bei
Portus könne er wegen Collision seiner und Pacius Stunden
nicht hören. Basilius billigt seinen Lehrplan im ganzen [4]), nicht
ohne wegen des Besuches der Vorlesungen bei Colladonius
eine leichte Warnung einfliessen zu lassen [5]); auch bedauert

---

[1]) Brief vom 26. Jan. 1581. Cod. Basil. G I 17, fol. 1.

[2]) Brief vom 1. März 1581. Cod. Basil. G I 17, fol. 2—5. Fol. 2.
Als Professoren für die heilige Schrift nennt er Anton Faius, d. Z.
Rektor, und Beza. — Jura civilia lesen Julius Pacius und Gothofredus.
Apolineæ artes, naturales speculationes, Mathematik und Geschichte
trägt niemand vor. Alexander Brissonius Scotus trägt organon Aristot.
und Ethik, Bertram Comelius hebräische, Franz Portus griechische
Sprache vor.

[3]) Ebend. Pacius J. C. qui omnia commodissimo ordine (si meum
puerile iudicium ausim interponere) persequitur, dum singulorum para-
graphorum argumentum primo, dein epitomen si sit necesse, tum para-
phrasin et denique verborum explicationem auditoribus circiter 20
dictat et explicat.

[4]) Brief vom 8. März 1581. Cod. Basil. G I 11, fol 2.

[5]) Ebend. Et cum Wesenbecius meo iudicio bene scripserit, nolim

er, dass Ludwig den Portus [1]), den er einen ausnehmend gelehrten Mann nennt, nicht hören kann. Er soll daher trachten,
diese Lücke durch Privatstudium zu ergänzen, was er auch um
so mehr tat, als er von dem Nachfolger des am 13. Juni 1581
verstorbenen Portus nicht viel hielt. Seinen juridischen Studien
legte er hauptsächlich den Kommentar zu den Institutionen
von Hotomanus und Wesenbeck zu Grunde. Auch Beza besuchte er unausgesetzt, obwohl er dem Prädestinationsdogma
keinen rechten Geschmack abzugewinnen vermochte.[2]) Basilius,
der offenbar befürchtete, sein Neffe könnte sich zu tief in
theologische Spekulationen einlassen, und der selbst dem
calvinischen Dogma im Princip abhold war, beeilte sich, ihm
mit einem wohlgemeinten Rat in dieser heiklen Frage an die
Hand zu gehen; dabei liess er ihn einen Blick in sein eignes
Herz tun. Er schrieb ihm [3]): „In Betreff theologischer Ge-

---

ab adulescente qui docendo discat pravas opiniones te hauriri et in
universum publice probatos doctosque professores te sectari potius
velim quam privatim adulescentulos qui docere quam doceri malunt.
Am 7. Juli 1581 muss Ludwig von ihm freilich berichten, dass er, nachdem er das dritte Buch Institutionen beendet, sei es aus Mangel an
Hörern, sei es aus Faulheit zu lesen aufgehört habe. (Cod. Basil. G I
17, fol. 7.)

[1]) Ebend. und Brief vom 13. Juli 1581 (Cod. Basil. G. I 11, fol. 8).

[2]) Bezam audio diligenter quamquam ex IX. epistolæ Paulinæ
ad. Rom. capitulo subtilissimam predestinationis materiam nunc tractat.
(Ebend. letztangegebener Brief.)

[3]) Brief vom 3. Sept. 1581. Cod. Basil. G I 11, fol. 5. De Theologicis ita videtur: nihil esse in divinis literis nisi summopere utile admirandum suscipiendum et plane divinum, sed fortasse non aberrabis,
si quis scitu alia aliis necessaria magis dixerit. Que ad morum fideique institutionem simplicem pertinent, ad omnes æque pertinent; subtiliora illa et alta theologicum ex instituto profitentibus magis quam
cæteris necessaria videntur. De quibus etiam videndum est, ut quanto
acutiora sunt, minus nos pungant aut etiam vulnerent. Hoc certo certius est deum ut iustissimum omnium rerum gubernatorem et clementissimum patrem nec iniuriam cuiquam inferre nec pernicie interituque
eorum, quos creavit quosque per filium suum redemit quibusque sui
agnitionem proposuit, delectari. Unde non male inferamus salutem
felicitatem bonumque esse ab uno soloque deo sine ulla exceptione
proficisci, interitum vero malaque a nobis manare. Curareque ob
id debere, quo vita sanctimonia ipso non indignos et quos merito exheredare debeat nos prestemus filios, potius quam de eius abdita qua-

genstände scheint die Sache so zu liegen, dass die heilige
Schrift zwar nichts enthält, was nicht ausserordentlich nützlich, bewundernswert und durchweg göttlich wäre; allein man
dürfte kaum fehl gehen, wenn man behauptete, dass dem
einen dies, dem andern jenes (aus ihr) zu wissen notwendig
sei. Was sich auf blosse Sittens- und Glaubensverhältnisse
bezieht, geht alle an; hingegen ist die Kenntnis aller jener
feineren und höheren Beziehungen wohl nur den Theologen von
Beruf notwendig, nicht aber den übrigen Menschen. Auch muss
man sagen, dass, je spitzfindiger derlei Dinge sind, sie desto
weniger uns berühren und uns nur unangenehm werden können.
Das ist ja gewisser als gewiss, dass Gott als der gerechte Lenker
aller Wesen und als nachsichtiger Vater weder irgend jemand
ein Unrecht zufügen, noch auch an dem Verderben derer, die
er geschaffen, für die er seinen Sohn hingegeben und denen
er die Erkenntnis seiner selbst ermöglicht hat, Gefallen finden
könnte. Daraus dürfen wir billigerweise schliessen, dass das
Heil, das Glück und das Gute einzig und allein in Gott seine
Ursache habe ohne irgend eine Ausnahme, dass aber das Un-
heil und das Böse von uns ausgeht. Wir sollen deshalb eher
darauf sehen, dass wir uns durch einen reinen Lebenswandel
als Kinder zeigen, welche seiner würdig sind und die er nicht
etwa von seiner Erbschaft ausschliessen muss, anstatt dass
wir tiefer einzudringen suchen in dies Geheimnis eines verborgenen Willens, den er auf anderem Wege als durch die
allgemeine Verkündigung des göttlichen Wortes geoffenbart
haben soll. Und da kein Vater so ruchlos ist, dass er
jemals wünschen könnte, seinen Sohn für den Galgen gezeugt
zu haben, so dürfen wir auch sicher annehmen, dass Gott,
der allgütige Vater, uns nicht vergeblich sein Wort verkündet

---

dam et alia quam generali verbi divini anuntiatione patefacta volun-
tate altius inquiramus. Et cum tam impius pater nullus fuerit, qui
filium suum patibulo natum voluerit unquam, certo etiam statuere non
frustra nobis deum, benignissimum patrem, verbum suum anuntiari
voluisse et, cum bonam ab eo valetudinem petentem reiecerit nullum
unquam multo minus anime salutem flagitantem repulsurum. Hoc ita
statuere; reliqua dei optimi maximi clementiæ committere nescio an
melius sit ad firmandamque conscientiam faciat magis quam curiosior de
ea re et forte non necessaria disputatio.

haben wollte und dass er keinen, der leibliches Wohlergehen von ihm erfleht, je abweisen, geschweige also einen, der nach dem Heil seiner Seele Verlangen trägt, zurückstossen wird. Das steht fest; alles übrige, denke ich, überlassen wir füglich der Gnade des grossen gütigen Schöpfers; es dürfte dies mehr zur Festigung unserer Überzeugung beitragen, als eine streitsüchtige und sogar ganz unnütze Neugierde." — Man sieht, Basilius war bestrebt, etwas von seiner eigenen kraftvollen, auf selbstgewonnener Überzeugung ruhenden Gesinnung seinem Neffen einzuflösen. Er wollte nicht, dass in ihm durch den Umgang mit den orthodoxen Calvinisten das Gefühl der eigenen Verantwortlichkeit erstickt werden soll, welches einzig und allein die Triebfeder zu allen grossen und guten Handlungen ist und die Würde und den Wert jedes einzelnen bestimmt.

Übrigens war im Familienrat bereits beschlossen worden, dass Iselin nur noch den Sommer 1581 über in Genf bleiben und dann eine französische Hochschule besuchen sollte. [1] Von Anfang an wurde Bourges ins Auge gefasst, wo eben damals Cuiatius, einer der bedeutendsten Rechtsgelehrten seiner Zeit, lebte und wirkte. Iselin selbst war über diese Entscheidung sehr erfreut und zeigte schon im August dieses Jahres seinen Wunsch an, dieselbe zur Ausführung bringen zu dürfen. Die Abreise verzögerte sich jedoch in Folge der gegen Ende 1581 auftretenden Pest, welche den ganzen Landstrich zwischen Lyon, Paris, Orleans und Bourges durchwütete, [2] und in Folge der Anfang 1582 eintretenden kriegerischen Verwicklungen bis zum März dieses Jahres. — Basilius hatte ihn gemahnt, sich um gute und zuverlässige Begleiter umzusehen und von der Genfer Akademie ein Abgangszeugnis zu begehren. [3] Beides tat er. [4] Am 3. April finden wir ihn in Bourges. [5]

---

[1]) Cod. Basil. G. I 11, fol. 4.

[2]) Brief vom 3. Nov. 1581. Cod. Basil. G I 17, fol. 11.

[3]) Brief vom 27. Febr. 1582. Cod. Basil. G. I 11, fol. 7. — Geld werde er ihm in Paris und Lyon durch die Pellizarii im Betrag von 100 Kronen anweisen lassen.

[4]) Von dem Zeugnis bemerkt er, quod a Rectore non nisi theologorum omnium consensu datur. Brief vom 7. März 1582. Cod. Basil. G. I 17, fol. 15.

[5]) Am 19. März ist er noch in Genf (ebend. fol. 16). Am 28. d. M.

Hier hörte er, wenn auch mit ziemlichen Unterbrechungen, welche teils durch seine Erkrankung am Wechselfieber,[1] teils durch eine Flucht vor der Herbst 1582[2] neuerdings ausgebrochenen Pest hervorgerufen wurde, Cuiatius bis Anfang des Jahres 1586. Einige Zeit scheint Basilius gesonnen gewesen zu sein, ihn in Bourges das Doktorat machen zu lassen; er wünscht Auskunft über die Art der Verleihung, Kosten, Ausbildung der Kandidaten und besonders über den Eid, „weil derselbe in Italien schon seit einiger Zeit sehr streng und, wie es ihm scheint, nicht einmal für die der katholischen Kirche Angehörigen annehmbar ist."[3] — Er möchte wissen, ob das auch in Frankreich der Fall sei. Iselin antwortet ihm:[4] „Die Art und Weise, wie der Doktortitel hier verliehen wird, ist etwa folgende: der Kandidat erklärt und erläutert in Gegenwart dreier Professoren und des Pedellen (tabellio) in der Wohnung des Cuiatius je zwei Gesetzesparagraphen aus beiden Rechten und beantwortet die von den Doktoren vorgebrachten Gegengründe. Hierauf wird er nach Ablegung des Eides und bei geöffneten

---

schreibt er, er sei am 25. März mit drei deutschen Studenten in Lyon eingetroffen und beschliesst morgen (29.) nach Bourges abzureiten (ebend. fol. 17). Am 20. April meldet er seine am 3. l. M. erfolgte Ankunft in Bourges (ebend. fol. 18).

[1] Brief vom 24. Aug. 1583. Cod. Basil. G. I 17, fol. 27. — Basilius empfahl ihm auf Anraten Zwingers Luftveränderung, welche die dortigen Ärzte für unnütz erklärten. — Die Krankheit, welche sehr stark in Bourges herrschte (ebend. fol. 28) schleppte sich bei ihm bis Januar 1584 hin.

[2] Brief vom 23. Sept. 1582 aus Orleans (ebend. fol. 20). Die Pest habe einen grossen Teil der Schüler und Lehrer vertrieben; Cuiatius und Johann Mercerius L. interpres seien anfangs August nach Paris. Er reiste dann Cuiatius nach Paris nach; doch hielt derselbe dort keine Vorlesungen. Er hörte einen der dortigen Doktoren, urteilt aber ungünstig über die gesamte Schule; mit Ausnahme der Institutionen und einiger Titel des bürgerlichen Rechtes werde nichts gelesen (Brief vom 21. Nov. 1582 aus Paris ebend. fol. 21). 23. April 1583 reiste er wieder nach Bourges zurück, wo Buguerius und Mercerius ihre Vorlesungen wieder aufgenommen hatten. Cuiatius kehrte erst am 2. Mai dahin zurück (Brief vom 3. Mai 1583 ebend. fol. 25).

[3] Brief vom 24. Sept. 1584 (Cod. Basil. G. I 11, fol. 24).

[4] Brief vom 24. Nov. 1584. (Cod. Basil. G. I 17, fol. 35).

Türen, so dass es jedermann freisteht, einzutreten und dem
Akt beizuwohnen, von Cuiatius zum Doktor oder Licentiaten
promoviert, wobei zwei oder drei Studenten als Zeugen
fungieren. In der Einhändigung der Zeugnisse besteht kein
Unterschied (gegenüber Basel)." Die Kosten seien verschieden,
je nach Übereinkunft; gewöhnlich rechne man für den Licentiaten 20—22, für den Doktor U. J. 30 Goldkronen. Die Eidesformel biete keine Schwierigkeiten; der Absatz, der sich auf
das Glaubensbekenntnis bezieht, komme auf Wunsch der Kandidaten in Wegfall; einigen werde der Eid ganz erlassen. Seit
seiner Anwesenheit in Bourges sei der Doktortitel nur dreimal öffentlich verliehen [1]) worden und Cuiatius habe erklärt,
er werde nur notgedrungen denselben wieder öffentlich ver-
leihen. Eine solche öffentliche Promotion koste 60 Goldstücke;
private kämen fast täglich vor. Daraufhin stellt es Basilius
ihm frei, ob er in Bourges oder in Basel promovieren will.
Die Kosten seien in Basel kleiner; auch stünde der hier ver-
liehene Titel dem an auswärtigen Universitäten verliehenen
nicht nach, um so weniger, als die Censur strenger sei, als
an den meisten anderen französischen und italienischen Universitäten. [2])

Iselin hatte die Bedeutung seines Lehrers Cuiatius vollständig erfasst; seine Vorträge regten ihn auf das lebhafteste
an. Als derselbe sie auch über kanonisches Recht auszudehnen begann, [3]) hält er dies für einen hinreichend starken

---

[1]) Basilius bemerkt: Sub Duareno cum ego illic essem duplex erat
(ratio consequendi doctoratus) publica et privata (quam ioculariter
sub camino vocabant). (Brief vom 24. Sept. 1584. Cod. Basil. G. I 11,
fol. 25.) Das Verhältnis der Verleihungsformen war also damals gerade umgekehrt.

[2]) Brief vom 4. Febr. 1585 (Cod. Basil. G. I 11, fol. 26).

[3]) Brief vom 25. März 1585 (Cod. Bas. G. I 17, fol. 86). Cuiatius
sei von Melancholie ergriffen gewesen und habe fast 5 Monate nicht
gelesen. Man habe schon von seinem Nachfolger Donellus gesprochen.
Allein er habe sich wider Erwarten erholt und sogar über das 4. Buch
Dekretalen zu lesen angefangen, sowohl um ein den Studenten früher
gegebenes Versprechen einzulösen als auch, weil einige Bischöfe und
sonstige Teilnehmer der im vorigen Oktober in Bourges abgehaltenen
Provinzialsynode bedauert hätten, dass das Jus pontificium gar nicht
gelesen werde. C. lese wöchentlich 3 ius civile, 2 ius canonicum. In

Grund, um um Verlängerung seines Aufenthaltes in Bourges
bis Frühjahr 1586 anzusuchen. „Den kriegerischen Gerüchten
wird hier wenig Glauben geschenkt", schreibt er in demselben
Brief am 8. Mai 1585,[1]) um seinen Oheim zu beruhigen, der
ihn schon im April[2]) auf diese Gefahr aufmerksam machte
und ihm befahl, sich aus dem Staub zu machen, wenn der
Krieg losbräche. Wenige Tage später entbrannte der Kampf
zwischen den „drei Heinrichen" und so gab ihm schliesslich
Basilius selbst notgedrungen den Rat, den Gang der Dinge
ruhig in Bourges abzuwarten,[3]) wo trotz der politischen
Wirren die Vorlesungen ungehindert fortdauerten.[4]) Im März
1586 konnte Iselin endlich über Paris seine Heimreise antreten, da die direkten Wege durch Soldatenbanden unsicher
gemacht waren.[5])

In Basel blieb er dann bis Ende September desselben

---

huius interpretatione se id acturum promisit, ut, qua parte discrepet
alterum ab altero qua item parte ius pontificum sit proprium neque
discrepans neque consentiens cum iure caesareo, ostendat idque longe
alia ratione executurum quam vulgus interpretum soleat, quorum culpa
factum sit, ut nihil isto iure rudius aut insuavius plerisque videatur esse.

[1]) Ebend. fol. 37.

[2]) Brief vom 13. April und 7. Mai 1585. Cod. Basil. G. I 11,
fol. 28 f.

[3]) Brief vom (?) Juli und 26. Nov. 1585. Ebend. fol. 34 und 36.

[4]) Brief vom 15. Juni 1585. Nun sei der Krieg doch ausgebrochen,
schreibt er ganz verwundert; kundige Männer hätten ihm jedoch versichert, dass Bourges keine Gefahr drohe; quippe cum arma saltem
contra quasdam Occitaviae Provinciaeque urbes, quas vocant rebelles
et secundum pacificationis articulos a Condaeo et eius assectis regi non-
dum restitutas sumantur eoque consilia omnia dirigi utriusque reli-
gionos homines existimant. Plura de his scribere nec ausim nec necessa-
rium esse duco. Man habe ihm abgeraten den Weg durch Champagne
und Burgund zu nehmen, die seien voll Soldaten, deshalb wurde es schwer
halten, jetzt zurückzukehren.

[5]) Brief vom 10. Febr. 1586. Cod. Basil. G I 17, fol. 40. Er werde
mit Curio und Strübin bei erster Gelegenheit über Paris nach Hause
zurückkehren, und Brief 13. März 1586 aus Paris (ebend. fol. 41): er
sei hier am 28. Febr. wohlbehalten eingetroffen. Wenn Curio seiner
Geschäfte wegen nicht weiterreisen könnte, würde er mit den Gesandten
der deutschen Fürsten, quos Protestantes vocant, welche, wie es heisst,
nächster Tage herkommen sollen oder auch mit den Gesandten Helvetiae

Jahres[1]) und da einige Monate früher Hippolyt a Collibus die
Professur für Institutionen niedergelegt hatte infolge seiner
Berufung nach Heidelberg, so wurde Iselin an seine Stelle
gewählt (9. Juni).[2]) — Wie bezeichnend für die patriarchalischen
Verhältnisse in jener Zeit! Die allgemeine Überzeugung scheint
doch die gewesen zu sein, dass der mehrjährige Schüler des
Cuiatius, der zugleich Neffe des Basilius Amerbach und Sohn
eines nicht minder trefflichen Juristen war, vollkommen befähigt sei, die entstandene Lücke auszufüllen. Iselin trat
jedoch die ihm übertragene Professur vorläufig nicht an,
sondern begab sich behufs weiterer Ausbildung nach Italien.
Es geschah dies auf Wunsch seines Oheims,[3]) der, während
Iselin noch in Bourges verweilte, mit ihm schon über das
italienische Projekt verhandelt hatte.[4]) Es war die Rede
davon, dass Ludwig, ohne vorher nach Hause zurückzukehren,
direkt nach Italien ginge. „Für diejenigen, die aus Frankreich
kommen", schreibt ihm Basilius,[5]) „liegt Pavia und Turin am
nächsten. Allein Pavia ist, weil es sich auf Mailänder Gebiet
befindet, für Leute unseres Schlages ein sehr gefährlicher Auf-
enthaltsort — man erinnere sich, dass Mailand zum spanischen
Reiche gehörte. -- In Turin lehrt zwar Guido Pancirolus, ein
gelehrter und auch einer feineren Auffassung des Rechts keineswegs abholder Mann, mein ehemaliger Lehrer zu Padua. Aber
von den übrigen Doktoren weiss man nichts." Er hielte daher
Padua für die geeignetste Stadt. Dabei ist es auch geblieben.
Am 23. Oktober 1586 traf Iselin dort ein, nachdem er sich acht
Tage in Mailand und Pavia aufgehalten.[6]) Wie in Bourges,

cantorum evangelicorum, ut nominant, qui, si fama vera est, sub finem
quadragesimæ cum rege collocaturi sunt abreisen.

[1]) Basilius schreibt ihm nach Padua schon am 2. Okt. 1586. Cod·
Basil. G. I 11, fol. 40.   [2]) Lib. concl. fol. 71 v.

[3]) Melchior de Insula l. c., p. 18.

[4]) Brief vom 4. Febr. 1585. Er wünscht, dass Ludwig, nachdem
er bald vier Jahre in Gallien sei, jetzt endlich das Doktorat mache,
April oder Mai nach Basel zurückkehre, damit er September nach
Italien gehen könne. (Cod. Basil. G. I 11, fol. 26.)

[5]) Brief vom 26. Juni 1585 (ebend. fol. 30).

[6]) Salvus a. d. X kl. Nov. stylo novo veni Patavium (Cod. Basil.
G. I 17, fol. 42).

Thommen, Universität Basel.   13

richtete er auch hier, mit drei anderen deutschen Studenten, eine eigene Wirtschaft ein; vor einer Pension schreckte ihn der romanische Schmutz zurück. [1] Er besuchte die Vorlesungen des Jacob Menochius, des Mercurialis und des Laurenz Castellanus, welcher letztere an Ferialtagen über Strafrecht docierte. [2] Ottonellus und Matiatius liess er bei Seite. — Man muss überhaupt fast zweifeln, ob die Fortsetzung der Studien in der bisherigen Weise ganz nach seinem Geschmacke gewesen ist. Wenigstens schreibt ihm [3] Basilius, er wünsche, dass er bei Mercurialis fleissiger sei, der sich neulich bei Zwinger über sein vieles Schwänzen beschwert habe und gleichzeitig drängt er ihn, sich bei Pancirolus mit einem Grusse von Basilius einzuführen. „Es ist immer überaus förderlich," fügt er hinzu, „den vertrauten Umgang mit gelehrten und berühmten Männern zu pflegen, wenn es nur geschehen kann, ohne dieselben zu belästigen. Das aber ist in Italien nicht schwer, wo die Doktores von selbst den Studenten entgegenkommen und sie an sich zu fesseln suchen." Daneben aber glaubt er ihn vor gewissen haltlosen und verwirrenden neuen Lehrmeinungen, welche kürzlich in Italien aufgetaucht seien, warnen zu müssen. [4]

---

[1] Malui more aliorum cum honestis studiosis Germanis propria quod vocant quadra vivendo mensem unum aut alterum transigere quam sordido forte cerdoni pro vilissimo victo tantam pecuniæ summam adnumerare. Vulgata ista vivendi et per famulum cibos coëmendi ratio, quæ studiosis usitatissima est, melior quoque cunctis videtur. — In Bourges hatte ein Bürger für Kost und Wohnung schon 6—7 Kr. begehrt. — Brief vom 20. April 1582 (Cod. Basil. G. I 17, fol. 18). — In propria quadra a. S. Catharina in casa de Domenico bedello de la natione Tedesca wohnte er nun auch in Padua (Brief vom 23. Okt. 1586 ebend. fol. 42).

[2] Qui diebus feriatis ex materia criminali exponere cœpit (Brief vom 2. Dezbr. 1586 ebend. fol. 43).

[3] Brief vom 18. Dezbr. 1586 (Cod. Basil. G. I 11, fol. 41).

[4] Diese merkwürdige Stelle, von der ich nicht weiss, auf welche Richtung oder auf welche Personen sie gemünzt ist, findet sich in dem Briefe vom 2. Okt. 1586 (Cod. Basil. G. I 11, fol. 40), welcher lautet: S. Nihil est admodum Ludowice, quod scribam; tantum monere volui, ne in describendo tractatuum indice quo auctores materiæque continentur nimium proferes. Nam ex catalogo nundinarum nuper allato video,

In nähere Beziehungen trat Iselin jedoch nur zu Pancirolus.
Als derselbe seinen Kommentar zur Notitia dignitatum in Basel
drucken lassen wollte, suchte er um die Verwendung Amerbachs

nescio quem, indicem eum typographo Spirensi excudendum dedisse
putoque inde desiderio meo satisfieri posse, quod tamen certius cognoscam libris huc allatis. Nam si non satisfaciat, paulo post ea de re
monebo. De pretio tamen et aliis quæ mandavi occasione data cognoscere poteris. Illud quoque addam cognovisse me nuper, esse in Italia
quosdam, qui sive ostendandi ingenii aliave de causa opiniones quasdam
publice defendunt non solum a communi interpretum nostrorum sententia
sed a iureconsultis quoque veteribus alienas veluti — ut quod volo intelligas — omnes contractus, etiam mutuum, stipulationem, obligationem
utraque ex parte parere (?), contractus a factis differre, quod hec verbis
in futurum conceptis ineantur, illi in presens neque inter hec duo aliam
differentiam esse: unam esse tantum possessionem civilem scilicet nullam
naturalem etc. quorum quedam etiam commoda interpretatione adhibita
defendi possint. Non video tamen novationis huius utilitatem aliquam,
presertim cum verba hi sæpius aliter accipiant quam vulgo vel id. J. C.
veteres fecerunt id quod postea in agendo docendoque magnam obscuritatem parit. Ea de re monendum te putavi, ne auctoritate eorum
etiam qui ab humanioribus literis exculti dicuntur decepti, inanes
opiniones pro veris facile admittas. Scio quod vulgo communes opiniones
dicuntur, si ad veterum J. C. sententiam referantur, plurimas veras non
esse, sed nec que ab ingeniosis hominibus contra tradita traduntur,
ipsa quoque ob id semper vera sunt. Iudicium ergo adhibendum est,
ne vel concepta de recepta opinione auctoritate vel doctrina etiam doctorum virorum et ingeniosorum nos in errorem adducat et, ut in aliis, ita
hic quoque magnæ prudentiæ pars est non facile credere et quæ adferuntur novæ opiniones, ante quam assentiaris, diligenter expendere et
ponderare. Qui enim facile admittit, non minus sepe fallitur quam
qui receptam sententiam ob id ipsum, quod recepta est, semper veram
credit. Pereatque is meo iudicio magis. Est enim recepta sententia
in foro usus fere perpetuus, licet an opinio vera non sit, quod communi
sententiæ iudices et practici imitantur. At singularis et ficte opinionis
in foro nullus usus neque etiam veritatem indagantibus et ad veterum
sententias omnia revocantibus magnus imo nullus, si scilicet ea veritate
non nitatur sed otiosorum hominum et hec agentium, ut omnia singularia habeat et ob id arguti censeantur, sit ingeniis conficta, nullis
vero certis rationibus auctoritateve veterum nixa. Nihil tam absurdum
est, quod sermone excoli vel ratiunculis quibusdam firmari nequeat:
at si serio introspicias et a fundamentis veris et J. C. veterum traditis
non recedas, non admodum difficulter vanitas prodetur. Sed de his
plus satis. Si qua in re novus hospes popularibus notis amicis cognatisque gratificari poteris, id ut facias non opus, ut moneam. Bene vale.

bei einem der Buchdrucker durch Iselin nach. [1]) Allein obwohl er sehr mässige Bedingungen stellte — kein Honorar, sondern bloss einige Freiexemplare — und obwohl sich Basilius alle Mühe in der Sache gab, so wollte doch kein Basler Buchhändler den Verlag für dieses Buch übernehmen; [2]) es ist später in Venedig erschienen. [3])

Selbstverständlich ging der italienische Aufenthalt für Iselin nicht ohne eine italienische Reise vorüber. Am 29. August 1587 trat er dieselbe mit einigen Basler Genossen — den Brüdern Rudin, Fäsch und Martin Biermann — an; sie besuchten auf dieser Fahrt Rom und Florenz und kehrten am 22. Oktober nach Padua zurück. [4]) — Auch von Iselin erfahren wir über Fortgang, Ergebnis und Eindruck dieser Reise nichts; seine Briefe enthalten bloss lange Berichte über Bücher, die er für seinen Oheim entweder gekauft hatte oder auch nicht hatte kaufen können und welche deutlich zeigen, wie schwierig es auch 150 Jahre nach der Erfindung der Buchdruckerkunst noch gewesen ist, sich eine Bibliothek zusammenzustellen. Übri-

Nos dei benignitate bene valemus omnes et ære salubri fruimur; annonæ tamen caritas non decrescit. Basileæ A. D. 1586. V non. octobr.

Adresse. Ludovico Iselio iuris civilis in schola Patavina studioso nepoti carissᵉ.

Von Iselins Hand. d. d. III. non. novembr. 1586.

[1]) Im Brief vom 28. Febr. 1587 schreibt Iselin an Amerbach: In hunc librum (N. D.), mire quidem ut ait (Panzirolus) utilem sed valde obscurum, Pancirolus commentaria scripsit copiosa iisque cum alia tum hieroglyphicum inprimis sensum imaginum et picturarum, quibus liber ille refertus est quibusque nonnullas insuper addidit et variis coloribus omnes eleganter distingui curavit, tam ex iure civili quam ex historiis interpretatur. (Cod. Basil. G I 17, fol. 48.)

[2]) Briefe von Basilius an Is. vom 2. April und 30. Juni 1587. (Cod. Basil. G I 11, fol. 44 f.) Episcopius erwiderte er habe noch von der ersten Auflage der N. D. (1552 Basel) 500 Exemplare liegen und setze alle Jahre kaum eines ab.

[3]) 1593 Vgl. Stintzing, Gesch. d. d. Rechtswissft. 1, 240.

[4]) Brief vom 31. Oktob. 1587 (Cod. Basil. G I 17, fol. 56). Die Reisekosten beliefen sich für Iselin nahezu auf 70 Kronen d. i. 81 ₰ 31 ½ Basl. W. Denn laut Mitteilung Is. erhält er in Venedig, wo er sein Geld zu holen pflegte für 1 Kr. 7 Venetianer Pfunde »et 7 libræ Venetæ batzios nostrates faciunt viginti tres et trientem batzii« (Brief vom 2. Apr. 1587 ebend. fol. 50).

gens hatte Amerbach seinen Neffen von dem Moment an, da er
das elterliche Haus verlassen hatte, zu seinem Bücher-Agenten
und damit zum Teilnehmer an seinen weitgehenden wissenschaftlichen Bestrebungen gemacht. Allein es scheint nicht,
dass Iselin denselben Aufmerksamkeit und Verständnis ent-
gegengebracht hätte. Wenigstens findet sich in seiner ganzen
Korrespondenz kein Wort, aus welchem auf ein tieferes Eindringen in jene vielfachen Materien geschlossen werden
könnte. Seine ablehnende Haltung wird später noch deutlicher hervortreten.

Kaum ist Iselin in Genf, bestellt Amerbach einen Diony-
ius von Halicarnass in der grossen Ausgabe des Stephan
(Vater) von Paris, dessen Exemplare schon seit langem von den
Buchdruckern zerstreut worden seien.[1] In Bourges mehren sich
diese Bestellungen[2] und von Padua aus bewegt sich fast der
gesamte Briefwechsel nur um diesen Punkt. Er macht ihn
darauf aufmerksam, dass gewisse Bücher, wie z. B. Guicci-
ardinis Geschichte, Folio-Ausgabe von Florenz nur bei An-
tiquaren zu erhalten sein dürften.[3] Nichtsdestoweniger hat
aber Iselin oft seine liebe Not, den Aufträgen nachzukommen.
Den bestellten Dionysius von Halicarnass z. B. treibt er nach
langem Suchen in Paris in einem einzigen sehr teuren Exemplar auf[4] und den Guicciardini kann er weder in Padua,
noch in Venedig, noch in Rom erhalten. „Ich habe wegen
dieses Buches auch in Florenz selbst bei den Erben des

---

[1] Brief vom 8. März 1581. Cod. Basil. G I 11, fol. 2.

[2] So z. B. bestellt er einmal: Renati Chosini de privilegiis rus-
ticorum, Paris 1575 8° — Balduini relatio — dsslbn. historia de limi-
tibus agrorum Siculi — Jakob Meier Flandria — einen Sidonius Apol-
linaris — Carpentar ad Homerum — Re excellence du gouvernement
du roy. — Brief vom 12. März 1583 (ebend. fol. 15).

[3] Guicciardini historiam in magno folio Florentinæ editam non nisi
apud librarios eos invenies, qui libros detritos sive veteres vendunt,
qualis meo tempore Simeon quidam non procul a schola (Pataviensi)
habitans fuit. Wenn er ein solches Exemplar fände soll er es deshalb
nicht verschmähen. Brief vom 1. Febr. 1587 ebend. fol. 42. Diese
Antiquare bezeichnet Iselin einmal librarios quos vocant interpolatores
librosque vendentes atritos. Brief vom 5. Dzbr. 1582 aus Paris. (Cod.
Basil. G I 17, fol. 22.)

[4] Brief vom 10. Febr. 1583 aus Paris, ebend. fol. 24.

Laurenz Torrentinus nachgefragt" — wie es scheint, erfolglos. [1]) Dazu kommen dann noch naturwissenschaftliche, kunsthistorische, numismatische und archäologische Werke,[2]) Münzabdrücke und Naturalien, die er seinem Oheim schicken muss. Für letztere hat er eine gute Station in Venedig gefunden und einer der letzten Briefe[3]) aus Italien bezieht sich noch auf eine Sendung „bleierner Typen des Valerius Belli" [4]) und auf „Auswurfstücke des Meeres" (eiectamenta marina). Von hier schrieb er auch am 7. April 1588, [5]) er werde bei erster Gelegenheit und sobald er Begleiter gefunden, sich heimwärts wenden. Über den Brenner, dann Innsbruck und Augsburg berührend, ist er nach Basel in nicht näher bekannter Zeit zurückgekehrt. — Am 20. Mai 1589 [6]) hat er hier endlich promoviert und wenige Wochen später (9. Juni) sein Lehramt als Professor für Institutionen angetreten. [7]) Bald darauf verlor er seinen Oheim durch den Tod. Tief erschüttert berichtet er darüber an Rüger, mit dem er schon während Amerbachs

[1]) Brief vom 13. Juni und 31. Okt. 1587 ebend. fol. 44 und 56·

[2]) Z. B. Hippol. Salviani historia aquatilium animalium. Rom 1554. Romanæ editionis cum depictis piscium figuris pretium fuisse. 5 ducatos Venetianos fügt er bei (a. a. O. fol. 56). — Romæ emi Onuphrii Panoanii XXVII pontif. max. elogia et imagines ad vivum æneis typis delineatas 1568. (ebend.) In Venedig kauft er Sebast. Erizzo discorso sopra le metaglie degli antichi; ebend. libellum della pittura di Michel Angelo Biondo und L. Pacti J. C. urbis Romæ ædificiorum illustrium, quæ supersunt reliquiæ continentes tabulas 50. (ebend. fol. 44.)

[3]) Brief vom 19. Febr. 1588 aus Venedig (ebend. fol. 60.)

[4]) De Valerii Belli Vicentini formis sive typis. Bernardus Koch aurifaber et popularis noster, qui per octennium ut puto hinc inde in Italia et nunc in Venetiis artem suam exercet et brevi in patriam rediturus est me, ut spero, propediem edocebit, quot et quo pacto reperiantur. Apud eius herum sive magistrum natione Flandrum suum saltem quem habet vidi Valerii typum, qui sepulturam Christi representat planeque similis est ei, quem ante plures annos in ædibus tuis me vidisse, nisi fallit animus, memini. (ebend. fol. 44.).

[5]) Ebend. fol. 61.

[6]) Theatr. virtut. III. — These: An iudex ex allegatis et probatis an vero ex conscientia iudicare debet?

[7]) Wird aber 1591 21. Aug. in die Fakultät und den Fakultätsrat aufgenommen (Matr. fac. iurid. fol. 76) und 1592 11. Aug. Mitglied der Regenz (Lib. consl. fol. 80).

letzter Krankheit wegen Münzentausch in brieflichen Verkehr getreten war. [1]) Amerbach hatte neben Johann Lucas Iselin und Th. Zwinger auch seinen Neffen Iselin zum Vollstrecker seines Testamentes ernannt, in dem er ihn reich bedachte. [2]) Er kam durch dasselbe in den Besitz des Amerbachischen Hauses, der grossen Sammlungen und der ganzen Bibliothek. Allein auch dieser Anlass ging vorüber, ohne antiquarische Neigungen in ihm zu erwecken. Die Beziehung zu Rüger lässt er bald fallen; Occo bleibt er ganz fern. Als Rüger in ihn dringt, den zwischen Occo und seinem Oheim geführten Briefwechsel herauszugeben, lehnt er dieses Begehren zuerst mit der trockenen Bemerkung ab, er habe Occos Briefe noch nicht zu sehen bekommen und selbst wenn das der Fall sei und er sie lesen würde, so sei noch sehr fraglich, ob er sie auch verstehen würde, [3]) und als Rüger sich einige Jahre später anheischig macht, diese Ausgabe selbt zu besorgen, von der er sich mit vielen Gelehrten einen wesentlichen Gewinn für geschichtliche und antiquarische Studien verspricht, schlägt es ihm Iselin mit der Berufung auf den letzten Willen seines Oheims rund ab. [4]) Es wird sonach die Annahme erlaubt sein, dass Iselin die ihm anvertrauten Schätze zwar treu bewahrt, aber schwerlich im Sinne des Hingeschiedenen verwaltet hat.

Am 22. November 1599 rückte er zum Professor für Kodex vor, [5]). Im vorangegangenen Jahr war er zum Stadt-

---

[1]) Brief Iselins an J. Rüger vom 24. Apr. 1591, in dem er schreibt Amerbach sei schon seit 19 Tagen mit einer Peripneumonie bettlägerig, und vom 14. Mai 1591 mit der Todesanzeige. (Cod. Basil. G I 47, fol. 1 und 2.)

[2]) Brief vom 23. Aug. 1591. (ebend. fol. 5.) . . . Amerbachius hæredem unicam instituit Faustinam sororem suam sive matrem meam charissimam, mihi autem legavit ædes primum suas quas ipse inhabitavit, deni totam suam bibliothecam tum numismata onnia una cum picturis statuis imaginibus et reliquis omnibus quæ in camera nova et subiacentibus duobus conclavibus collocata anno superiori vidisti.

[3]) Brief vom 27. Mai 1592 ebend. fol. 21.

[4]) Brief Rügers an Is. vom 12. Jan. 1598 (Cod. Basil. G I 13, fol. 79) und Antwort Is. vom 17. Jan. 1598 (Cod. Basil. G I 47, fol. 45.)

[5]) Lib. concl. fol. 95. Melch. ab Insula 19 hat irrig 1596. — A. D. B. 14, 613 ebenso irrig 1589.

Anwalt ernannt worden. Er galt als ein vorzüglicher Lehrer und sein Name zog viele Studenten nach Basel. Im Verkehr mit ihnen wird ihm Leutseligkeit nachgerühmt; sonst aber scheint er ein stolzer, in sich gefestigter Charakter gewesen zu sein. [1] — Als Schriftsteller ist er, soviel ich sehe, wenigstens nicht in die Öffentlichkeit getreten. Kommentare und Vorlesungen zu verschiedenen Materien des Rechtes sind bloss handschriftlich erhalten. [2]

Iselin war vermählt mit Anna Ryhiner, von der er sechs Kinder hatte. 1610, als die Pest in Basel schlimm hauste, traf ihn das schwere Unglück, binnen fünf Monaten alle Kinder bis auf einen Sohn zu verlieren. Darüber verfiel er in Trübsinn und starb vorzeitig am 20. Dezember 1612.

Von seinem Nachfolger Johann Jakob Fäsch ist wenig zu berichten. Trotz einer über fünfzig Jahre umfassenden akademischen Wirksamkeit hat er tiefere Spuren seines Schaffens nicht hinterlassen und selbst individuelle Züge verschwinden in dem schemenhaften Bild. [3]

---

[1] Tobias Scultetus aus Strassburg beklagt sich Rüger gegenüber über Iselins Stolz. Brief 9. Juli 1595. (Cod. Basil. G 1 47, fol. 27.)

[2] Ath. Raur. verzeichnen sie auf S. 158. Leider war mir seine 1607 geschriebene Abhandlung betr. Abzug, wenn fremde zu Basel erben, ein auch für die Univ.-Gesch. nicht unwichtiger Gegenstand, nicht zugänglich.

[3] Ath. Raur. p. 118 (mit biograph. Angaben) p. 138 und 159. — Chr. Iselin 2, 296. — Jöcher 2, 501. — Leu, Helvet. Lex. 7, 98. — Lutz, Basler. Burger Buch von 1819, S. 112. J. J. Fäsch war geb. 1570, absolviert die Schulen seiner Vaterstadt, wird 1584 inskribiert, 1587 Mgr. art., wendet sich hierauf dem Rechtsstudium zu. — Mit zwei Brüdern Rudin und mit Jakob und Bonifacius Zwinger, Söhnen des berühmten Theodor Zw., begiebt er sich dann auf Studienreisen zunächst nach Padua, (irrig bei Leu zu 1584) wo sie mit Ludwig Iselin zusammentreffen. Mit ihm unternimmt er die Reise nach Rom (s. o. S. 196 Anm. 4). Dass sie dabei bis Neapel gekommen seien, wie die Ath. Raur. p. 118 angeben, ist wenigstens aus Iselins Korrespondenz nicht zu ersehen. In Italien blieb er zwei Jahre, besucht hierauf die vorzüglichsten Gerichtshöfe Frankreichs und beendigt seine Studien durch den Kurs beim Reichskammergericht in Speier. — Erst 1. März 1599 wird er D. U. J. und noch im selben Jahre Professor für Institutionen 22. Nov. Lib. concl. fol. 95), 5. Januar 1601 wird er in die Fakultät und in das Consilium J. C. unentgeltlich wegen der ihm übertragenen

Eine interessantere Persönlichkeit ist Melchior ab Insula;[1] aber freilich erhebt sich seine Laufbahn auch erst von dem Augenblick an über die gewöhnliche Linie, als er Basel verlässt. — Er stammte aus einer genuesischen Familie;[2] sein Vater, längere Zeit Kriegslieferant für Karl V.,[3] wurde bei der Belagerung von Metz 1552 verwundet und nach Strassburg gebracht, trat hier zum Calvinismus über, nahm seinen Abschied und liess sich in Basel nieder, wo er 1581 starb. Hier wurde ihm am 13. Septbr. 1580 sein Sohn Melchior geboren. Derselbe studierte seit 1595 zuerst in Basel selbst, wo er am 2. Juni 1601 zum Doktor promovierte,[4] setzte dann seine Studien in Deuschland, Frankreich, England und Italien fort und eignete sich zugleich bedeutende Kenntnisse in alten und neuen Sprachen an — deutsch, lateinisch, französisch und italienisch sprach er geläufig, des Spanischen, Englischen und Dänischen war er ziemlich mächtig und auch orientalischer Sprachen nicht unkundig.

Professur aufgenommen (Matr. J. C. fol. 84), 24. Aug. 1613 an Iselins Stelle Professor für Kodex (ebend. fol. 124) und das Jahr vorher Syndikus, 1630 Professor für Pandekten (ebend. fol. 165). Der Juristen-Fakultät gehörte er seit 5. Jan. 1601 (Matr. fac. iurid. 84.) — 1637 legte er seine Professur nieder um seinem gleichnamigen Sohne (geb. 5. Aug. 1610, † 29. Sept. 1648. Ath. Raur. p. 140, 161 und 119) den Eintritt in das Lehramt als Professor für Institutionen zu ermöglichen. Dieser wird 1645 Professor für Kodex, folgt 1647 einem Rufe nach Mülhausen, worauf sein Vater nochmals die Professur für Kodex übernimmt. Hochbetagt starb J. J. F. (der Vater) 17. Febr. 1652. Nach Jöcher sind mehrere Dissertationen von ihm im Druck erschienen; er citiert eine: De iure usufructus.

[1] Ath. Raur. p. 159 f. — Iselin 2, 929 aus Wolf. Pfeil oratio funebris in M. a. J. Strassburg 1645. — Leu, Lex. 10, 159. — Ersch und Gruber, II Sekt. 19, 179 f. Hier wird auch angeführt Insulas Schrift: iuris civilis quæstiones maximæ controversæ. Basilea 1601. — Ochs, 6, 750.

[2] Der genuesische Ursprung dieser Insula steht fest, da ihn Iselin a. a. O. aus seiner authentischen Quelle ebenfalls vermerkt. Eben deshalb hätte Geering, Handel und Industrie von Basel S. 453 Anm. 3, nicht auf den Aufsatz von M. H. Reynald in der Rev. hist. 27. 300 ff. verweisen sollen, weil das Geschlecht Isola, welchem Baron Franz Paul v. Lisola angehört, wenn überhaupt aus Italien, so aus Mailand stammt und mit dem unsrigen kaum zu identifizieren sein dürfte.

[3] Vgl. Geering a. a. O. 453.

[4] Matr. fac. iurid. p. 84v.

Am 24. August 1613 wird er als Professor für Institutionen angestellt, [1] welche Professur er bis 1628 bekleidete.
— In diesem Jahre verliess er, längst schon mit Universität
und Rat zerfallen, wegen einer schweren Beleidigung, die
er dem Deputaten Curio zugefügt hatte, die Stadt. Er war
ein unruhiger Kopf und es steckte viel von dem kecken
Unternehmungsgeist in ihm, der die Refügianten französischer
und italienischer Herkunft auszeichnet und dem Basel viel verdankt, obgleich er mit dem bequemen Herkommen jener Zeit
mehr als einmal in Streit geriet. [2]

1624 wurde Insula von der Regenz gemassregelt, indem
sie ihm, da er fast ein ganzes Jahr teils wegen Abwesenheit
von der Stadt, teils krankheitshalber nicht gelesen hatte, einmal das Fleissgeld nicht ausbezahlen liess. [3] Heftiger und
sehr folgenreich war jedoch der Streit, der sich im nächsten
Jahr zwischen ihm und der Universität entspann. Es handelte
sich um einen Tausch eines Landstückes an der Mönchen-
steiner Brücke, in deren Nähe sein Gut lag, wobei er seinen
Partner, den Stadtarzt Ludwig Meier „als einen blöden, halb-
verrückten Menschen" mit Hilfe eines anrüchigen Subjekts
namens Ruggraf „gar mächtig übernahm". [4] — Man war der
Ansicht, dass Zauberei im Spiele sei. — Infolge dessen wollten
die Freunde Meiers den Kauf nicht gelten lassen und klag-
ten bei der Regenz, welche in der Tat zu Gunsten Meiers
entschied und den Vertrag für null und nichtig erklärte.
Insula aber, erzürnt über den üblen Ausgang, appellierte an
das Stadtgericht. Dadurch brachte er seine Kollegen vollends

---

[1] Lib. concl. 124 nicht Sept. 28 wie die Ath. Raur. haben. 1614
1. Mai wird er Mitglied der Regenz (ebend. fol. 128.ᵛ) aber erst 1615
1. Juli in facultatem et consilium J. C. aufgenommen. (Matr. fac. iur.
fol. 94.ᵛ)

[2] Anmerkungsweise mag hier angeführt werden, dass M. a. J.
von Martin und Bartlin Lienhart 1613 beschuldigt wurde, ihre Tochter
Elisabeth, die dann nach Strassburg heiratete, vor drei Jahren(!) ver-
führt zu haben. — Der Rat entschied jedoch am 7. Juli zu seinen
Gunsten. Erkanntnisbuch V fol. 155.

[3] Lib. concl. fol. 154.ᵛ)

[4] Buxtorf, Basler. Stadt und Landgeschichten. Abtl. 4, 61
— nach einem gleichzeitigen Bericht des Pfarrers Richard.

gegen sich auf. Sie beriefen sich auf die Privilegien der
Universität, nach welchen eine derartige Appellation ganz
und gar unzulässig sei und der Rat entschied am 19. Februar
1625 in diesem Sinne. [1] — Allein Insula behielt auch nach
seinem Abgange von Basel die Sache im Auge. Zuerst suchte
er in Paris die Vermittlung der französischen Regierung nach,
die er nicht erlangen konnte. Von dort aus sagte er am
14. April 1628 sein Bürgerrecht auf, was der Rat mit Be-
schlagnahme seiner Güter erwiderte. Besser gelang es ihm
beim Reichskammergericht, von welchem er ein Arrestmandat
auf Zinsen und Gefälle, welche Basel von seinen auswärtigen
Besitzungen erhob, erwirkte. Der Rat antwortete mit einer
Beschwerdeschrift, in der Insula auf den 17. Juni 1629 nach
Basel befohlen wurde und inzwischen die Zurücknahme des
Speyerischen Mandates veranlassen sollte. Beides geschah
nicht. Doch blieb das Arrestmandat ohne Wirkung. [2] In
endgültiger Weise ist dieser Streitfall nie entschieden worden.
Insula selbst, der doch noch geraume Zeit lebte, [3] scheint
nicht weiter darauf zurückgekommen zu sein. Die zahlreichen
Geschäfte, besonders seine vielfältigen Gesandtschaftsreisen,
welchen er sich als Geschäftsträger Ludwig XIII. von Strassburg aus, wohin er sich mit seiner Familie zurückgezogen
hatte, unterziehen musste, haben ihm offenbar keine Zeit gelassen, jene leidige Angelegenheit weiter zu verfolgen. Hier
ist er auch am 5. März 1644 gestorben. — Mit seiner Be-
weglichkeit, mit seiner persönlichen Eitelkeit und mit seinem
stark ausgeprägten Ehrgeiz, dem ein kleiner Wirkungskreis
in seiner Vaterstadt, der er ohnehin innerlich fremd gegenüber-
stand, nicht genügte, erinnert er an seine Vorgänger Hippolyt
a Collibus und Hotoman. Eine genauere Darlegung seines
Lebensganges seit seinem Abzug aus Basel müsste zeigen, ob
er ihnen auch als Politiker ebenbürtig war.

---

[1] Ochs 6, 596 und 693 f. Ochs irrt nur mit seiner S. 964 ausgesprochenen Behauptung, Insula sei kurz vorher oder unmittelbar nachher von B. fortgezogen.

[2] Ochs 6, 695.

[3] Ochs a. a. O. scheint der irrigen Ansicht zu sein, dass Insula noch vor 1641 gestorben sei.

Zu seinem Nachfolger wurde gewählt Remigius Fäsch.[1]) Er ist merkwürdig dadurch, dass in ihm gute juristische Schulung noch einmal sich mit ausgebreiteten historisch-antiquarischen Interessen verbindet. Was seine schriftstelleirschen Leistungen betrifft, so hat er sich allerdings begnügt, des Pacius Analysis Institutionum herauszugeben, welche als kein bedeutendes juristisches Werk gilt.[2]) Aber man wird doch darauf hinweisen dürfen, dass Fäsch nach langer Zeit wieder den Versuch macht, ein juristisches Werk allgemeinen Inhalts und nicht bloss einige Dissertationen und Kommentare in Umlauf zu bringen. Ein dauerndes Denkmal seiner weiteren wissenschaftlichen Bestrebungen hat er sich durch die Gründung des Fäsch'schen Museums erworben, welches neben einer grossen Bibliothek und einer bedeutenden Münzsammlung auch Kunstgegenstände, seltene Naturalien und Kuriositäten aller Art enthielt.[3]) Da er „un-

[1])   Hans Rudolf Fäsch † 1564

Hans Rudolf   Remigius † 1610   Jeremias † 1632

Johann Jacob I † 1652   Hans Rudolf † 1660

Caspar   Johann Jacob II   Remigius (mit fünfzehn Ge-
          † 1648.   † 1667.   schwistern).

Ath. Raur. p. 119 ff. — Leu 7, 99. — Iselin 2, 296. — Jöcher 2, 501. — Remigius F. war geboren am 26. Mai 1595, der älteste Sohn unter 16 Geschwistern — 1609 tritt er in die Universität ein, wird 1611 Baccalaureus, 1613 Magister. — Auf den Rat seines Oheims begab er sich zunächst nach Genf um französisch zu lernen, dann nach Bourges und Marburg und nach einem kurzen Zwischenaufenthalt in Basel nach Italien, das er bis Neapel hinab durchstreifte. — 1628 promoviert er und wird zugleich Professor für Institutionen an Insulas Stelle, 1629 3. Mai Mitglied der Regenz (Lib. concl. fol. 163), 1. Jan. 1630 der Fakultät und des Konsiliums der Juristen und noch im gleichen Jahre Professor für Kodex (Lib. concl. fol. 165), endlich 18. Apr. 1637 für Pandekten. Er starb 1666 März 27. —

[2]) Stintzing a. a. O. 1, 391. Erschienen ist sie 1605.

[3]) Vgl. Hanhart, Basels Bildungs-Anstalten und litterar. Hilfsmittel 1823 S. 41. — Nach ihm enthielt das Museum über 100 Mns., darunter Kommentare des Olympiodor zu mehreren platonischen Dialogen, grosse Zahl von Inkunabeln und eine sehr vollständige Sammlung Elzevirischer Ausgaben.

beweibt und kinderlos" blieb, bestimmte er testamentarisch,
dass dieses Museum so lange im Besitze der Familie verbleiben solle, als ein Mitglied derselben, welches auch Dr. U. J.
sein müsste, imstande sei, dasselbe in geeigneter Weise zu
verwalten; widrigenfalls es in den Besitz der Universität
übergehen sollte. Sein Haus (auf dem Petersplatz) solle man
dann verkaufen und den Erlös unter die Angehörigen der
Familie verteilen. Die Sammlung war fast zwei Jahrhunderte
lang eine Sehenswürdigkeit von Basel; 1823 wurde sie mit
der Universitätsbibliothek vereinigt. [1])

Wenn man die Summe dessen zieht, was die juridische
Fakultät seit ihrer Neugründung geleistet hat, so kommt man
zu einem eigentümlichen Ergebnis. Wenn wir nämlich die
Wirkung ins Auge fassen, welche von ihren einzelnen Ver-
tretern auf die Zeitgenossen ausgeübt wurde, so ist man er-
staunt, einen Erfolg wahrzunehmen, dessen Ursachen für uns
nicht mehr recht erkennbar sind. Denn das entscheidende
Moment, die wissenschaftliche Kapacität ihrer Mitglieder, hat,
von einigen Ausnahmen abgesehen, bei keinem eine objektive,
den Wechsel der Zeiten überdauernde Form angenommen,
welche auch uns noch den Beifall verständlich machte, den
sie in lebendiger Tätigkeit gefunden haben. Keiner von
ihnen, wenigstens keiner von denjenigen, welche längere Zeit
an dieser Hochschule tätig waren und die daher allein als
massgebend für die Beurteilung der Leistungen derselben angesehen werden dürfen, hat sich durch ein grösseres wissen-
schaftliches Werk um den Dank und die Anerkennung der
Nachwelt bemüht. — Von diesem Standpunkt aus betrachtet,
muss man sagen, dass für die Ausbildung der Wissenschaft
keine von den vier Fakultäten so wenig geleistet hat, wie
die juridische. Umfassende Arbeitskräfte und wertvolle Kenntnisse dienen lediglich vorübergehenden persönlichen Beziehungen
und der Befriedigung der Bedürfnisse eines wechselnden Auditoriums oder ratserholender Politiker. Darüber geht der Trieb
zu selbständigen Arbeiten ganz verloren. Man kann wohl

[1]) Festschrift zur Einweihung des Museums, Basel 1849. S. 13.

kaum eine andere Erklärung finden für die gewiss eigentümliche Erscheinung, dass, während in Frankreich Männer wie Alziat, Duaren und Donellus, in Deutschland ein Zasius, Holoander, Sichardt den Impulsen des forschungseifrigen Humanismus folgend und dessen kritische Principien verwertend, nicht bloss dem Studium des Rechtes neue Quellen erschliessen, sondern dieses selbst fundamental umgestalten und Werke schaffen, welche in der Geschichte ihrer Disciplin von bleibender Bedeutung sind, die Basler Juristen sich begnügen, ihre Manuskripte zu verschicken und sich für die Veröffentlichung ausländischer Arbeiten bei den Basler Buchdruckern zu bemühen.

Mit einer glänzenden Individualität wie Bonifacius Amerbach tritt die Fakultät ins Leben; aber er ist auch der einzige von den einheimischen Professoren, der sich einen ehrenvollen Platz in der Geschichte der deutschen Rechtswissenschaft erworben hat. Wir haben jedoch gesehen, dass sein Verdienst nicht in eigenen Hervorbringungen, sondern lediglich in den Anregungen zu suchen ist, durch welche er die Forschungen anderer Gelehrter förderte.

Die Zeitgenossen feierten deshalb ihn als grossen Juristen; uns gilt er mehr als Freund des Erasmus und Holbein, als geistvoller Humanist und feinfühliger Kunstkenner. Diese Richtung ist in seinem Sohne Basilius bis zum Extrem herrschend geworden. Bleibende Erfolge haben beide mehr ihrer schöngeistigen als ihren streng fachwissenschaftlichen Neigungen zu verdanken. Bei ihren Kollegen und Nachfolgern, denen diese Vielseitigkeit abgeht, erlischt deshalb auch die Bedeutung ihrer Wirksamkeit mit ihrem Leben. In dieser begrenzteren Sphäre leisten sie aber, was die Besten ihrer Zeit verlangen. So begreift es sich, dass bei dem grossen Aufschwung, den die Basler Hochschule in den 70er Jahren des 16. Jahrhunderts nimmt, der juridischen Fakultät eine bedeutende Rolle zufällt derart, dass sie im Hinblick auf den momentanen äusseren Erfolg die anderen Abteilungen rasch überholt. Bestimmend für die Entwicklung der Wissenschaft, der sie dient, ist sie nicht geworden.

Fünftes Kapitel.

Die medizinische Fakultät.

Wohl kein anderer Teil der Wissenschaft hat im Ablauf der letzten drei Jahrhunderte eine so gründliche Umgestaltung erfahren, als die Heilkunde. Die Grösse des Fortschritts, den wir bei ihr verzeichnen können, liegt darin, dass nicht bloss eine Erweiterung des wissenschaftlich zu behandelnden Stoffes und eine ausserordentliche Vervollkommnung in der Technik, sondern ein vollständiger Umsturz der grundlegenden Prinzipien selbst stattgefunden hat. Der Theologe darf sich heute noch auf die Grundsätze berufen, welche Luther und seine Zeitgenossen aufgestellt und entwickelt haben, der Jurist schult sich an seinem Corpus iuris jetzt wie damals, die Philosophie eines Giordano Bruno steht an phantasievoller und zugleich tiefsinniger Spekulation hinter keinem der neueren Systeme zurück, die Geschichtschreibung kennt die kritischen Grundsätze, welche in einem seitdem wenig erweiterten Ausmass noch heute gelten und beginnt sogar erst in neuester Zeit in ihrer unmittelbaren volkstümlichen Wirkung sich jenem Punkte wieder zu nähern, den sie im 16. Jahrhundert innegehabt hat, in allen diesen Disciplinen hat teils eine Ausweitung unserer Kenntnisse im einzelnen, teils eine oft von äusseren Faktoren bedingte Veränderung in der Auffassung einer und derselben Materie stattgefunden — aber in den Principien ist keine wesentliche Abweichung zu erkennen. Wenn daher kaum bezweifelt werden kann, dass ein Kanzel-

redner wie Mykonius, ein Jurist wie Amerbach, ein Geschichtschreiber wie Sleidan oder Wurstisen, mit den Kenntnissen
ihrer Zeit ausgerüstet auch heute noch der wohlverdienten
Anerkennung sicher wären, so scheint dies für einen Arzt,
selbst von den Fähigkeiten eines Plater oder Bauhin, vollkommen ausgeschlossen. Ganz abgesehen von den zahllosen
neuen, das ganze moderne Leben durchdringenden Resultaten
der naturwissenschaftlichen Forschung, welche fortwährend
auch Theorie und Praxis der Medizin beeinflusst, muss man sich
gegenwärtig halten, dass auf ihrem ureigenen Gebiete zu Anfang
des 16. Jahrhunderts noch grobe Unwissenheit geherrscht hat,
um einzusehen, wie vollkommen verschieden der Gedanken-
gang eines Arztes in jener Zeit gewesen sein muss. — Das
ganze grosse Gebiet der Physiologie war noch unbekannt, die
Anatomie fing eben damals an, sich von den Fesseln einer
beengenden Tradition loszumachen. Sie war zwar in Italien
schon über zweihundert Jahre gepflegt worden, in Bologna
mussten die Gerichte laut einer Verordnung von 1442 jährlich
zwei Leichname, einen weiblichen und einen männlichen, zur
Sektion der Universität überlassen, und ähnliche Verfügungen
gab es auch in Padua, Ferrara, Pisa, später in Montpellier; [1]
aber in Prag begannen regelmässige Vorlesungen über Anatomie erst seit 1460, in Wien seit 1433 und hier wurden
in dem Zeitraum von 1404—1498 doch nicht mehr als neun
Leichen zergliedert. An andern deutschen Universitäten stand
es noch schlimmer. In Greifswalde fand die erste Sektion
1556 [2] statt, in Strassburg 1517, in Marburg 1535, in Basel
1531 [3]. Dabei war von pathologischer Anatomie keine Rede,
sondern nur von topographischer und der Wert dieser während
des 15. und im Anfang des 16. Jahrhunderts stattgehabten
Sektionen wurde wesentlich dadurch beeinträchtigt, dass man
sich nicht einer frischen, vorurteilslosen Betrachtung hingab,
sondern sich an das von dem Italiener Mondius aus dem Ende
des 13. Jahrhunderts herrührende Lehrbuch über Anatomie

---

[1] Häser, Gesch. der Medizin. 3 Aufl. 1, 745.
[2] Ebend. 746.
[3] M. Roth, Andreas Vesalius in Basel, in den Beitr. z. vaterl.
Gesch. hrg. von der histor. Ges. in B. N. F. 2, 172.

hielt, aus dem der Professor vom Katheder herab vorlas, während der Prosektor zergliederte und der Demonstrator den herumstehenden Studenten den betreffenden Teil des Innern zeigte. [1]) Von den beiden Hauptstücken der modernen Medizin fehlte also das eine den Ärzten des 16. Jahrhunderts gänzlich, das andere sollte im Laufe des Jahrhunderts erst durch ihre fähigsten Berufsgenossen zu seiner Bedeutung gelangen. Die Therapie lag vollständig darnieder; [2]) es war dies eine Folge des Mangels einer richtigen physiologischen Erkenntnis, so dass man z. B. über eine der wichtigsten organischen Funktionen, wie der Kreislauf des Blutes, ganz im unklaren blieb, obwohl einzelne Ärzte, französische und italienische, der Lösung dieses Problems nahe gekommen waren. Diesen Mangel suchte man durch genaues Studium der Schriften Galens zu ersetzen, die sich seit dem Wiederauftreten der klassischen Litteratur nur einer um so stärkeren Bevorzugung zu erfreuen hatten.

Die Chirurgie, besonders die kleinere Chirurgie, wurde hauptsächlich von den „fahrenden Ärzten", Badern, Barbieren und sogar dem Scharfrichter geübt. [3]) — Unzweifelhaft mengten sich unter diese Art der Heilkünstler eine grosse Zahl unberufener Marktschreier und viel Schwindel lief mit unter. Aber teilweise bildeten diese Leute, welche ihre Fertigkeit gewöhnlich nur einer ausgedehnten Praxis verdankten, doch eine notwendige Ergänzung zu den auf den Universitäten theoretisch aus- und oft verbildeten Ärzten, denn gerade die unbefangene Beobachtung fehlte. So erklärt es sich, dass von den fahrenden Ärzten selbst schwierige Operationen, wie z. B. rhinoplastische, schon gegen Ende des 15. Jahrhunderts ausgeführt wurden, und es ist bemerkenswert, dass, als diese Autodidakten mehr und mehr vor den Universitäts-Chirurgen weichen mussten, diese Art Operationen bis auf unsere Zeit wieder verschwanden. [4]) Darüber, wie dieser jetzt ausgebildetste Zweig der Medizin damals vielfach auch von klugen Männern

---

[1]) Häser a. a. O. 746.
[2]) Hirschel, Gesch. d. Medizin 178.
[3]) Häser a. a. O. 1, 788 ff.
[4]) Häser ebend. 1, 789.

Thommen, Universität Basel.　　　　14

angesehen wurde und wie es um die Chirurgen speciell in
Basel noch um die Mitte des 16. Jahrhunderts bestellt war,
giebt eine Stelle aus dem Plater'schen Briefwechsel teilweisen
Aufschluss.[1]) Thomas ermahnt seinen Sohn in Montpellier,
auch chirurgischen Studien fleissig obzuliegen. „Es ist gar
schön, by einem medico non ignarum esse chirurgiae. Ich sag
nit, daz du söllest lernen Har und bard schären, sunder anatomieren binden heilen emplastrern causas cognoscere cur quae-
que addatur et cur emplastrum huic vulneri non addatur. By
uns ist grosser mangell an Chirurgis; sind schier all kind,
unerfaren. Wenn inen ein schwerer Handel für kumpt, so
zittrent sy wie ein nass kalb, kratzend heimlich im kopf.
Under ougen promittunt certam salutem."

Noch stiefmütterlicher wurden Gynäkologie und Psychiatrie behandelt.[2]) Die erstere lag auch noch im Anfange
des 16. Jahrhunderts fast ganz in den Händen von Frauen,
welche natürlich einer theoretischen Schulung gänzlich ent-
behrten. Ärzte wurden nur selten zugezogen. Die Psychiatrie
litt unter dem verdummenden Glauben an den Teufel und böse
Geister. Einzelne waren zwar in der Erkenntnis schon so
weit vorgedrungen, dass sie, abweichend von Galen, der die
Leber als den Sitz der Affekte ausgegeben hatte, die Träger
derselben vielmehr in gewissen, besonders mit dem Rücken-
mark zusammenhängenden Nervencentren annahmen. Aber
auch hier ist man für lange Zeit über vereinzelte Beobachtungen nicht hinausgekommen und es ist gewiss sehr kennzeichnend für den Stand der Seelenlehre, dass selbst ein so
scharfer Beobachter und ein mit dem gesamten damaligen
wissenschaftlichen Apparat vertrauter Mann wie Plater sich
von dem Wahne der Dämonenfurcht nicht ganz hat freimachen
können.

Das also ist ungefähr der wissenschaftliche Horizont
innerhalb dessen wir uns die Basler Mediziner zur Zeit der
Wiederherstellung der Universität und auch noch geraume Zeit später wirksam denken müssen. Er wird für

---

[1]) Brief vom 30. Mai 1553 in der Briefsammlung des Frey-Grynäischen Instituts Ms. II tom. 19.

[2]) Hirschel a. a. O. 134 und 188.

Basel selbst noch deutlicher umschrieben durch den oben angeführten Brief Platers und durch den Brief eines Apothekers
an Felix Plater aus dem Jahr 1555, der sich beklagt, „wie
schwer ihm die Haushaltung sei, er habe kein Vertrieb in
der Apotheke; man ordiniere gar wenig und halte nichts auf
geschickte Ärzte, man schreibe mehr deutsche Rezepte denn
lateinische. Die Medici richten die Purgierung meistenteils
mit dem Sanet, Süssholz und anderem Narrenwerk aus. Er
wollte lieber ein Bettelvogt zu Basel sein, als ein Apotheker.
Sie kennen nichts, die Medici, denn purgieren, brauchen keine
rechtschaffenen Remedia wie zu Montpellier." Er tröstet sich
mit Plater, der die Sache wohl in einen rechten Gang bringen
werde. „Solches Schreiben erweckt mich (Plater), dass ich gedachte nach Möglichkeit vor anderen zu bestehen, auch viele
Dinge in Gang zu bringen, so dazumalen — Plater schrieb
dies 1612 — nicht bräuchlich gewesen als Klistieren und
andere Topica, allerlei dienstliche Remedia wie dann hernach
durch Gottes Hilfe beschehen." [1])

Die Geschichte der medizinischen Fakultät zerfällt sonach
in zwei Perioden, welche durch das Datum des Eintritts
Platers in die Fakultät (1557) geschieden werden. In der
ersten herrscht die an Galen sich anschliessende Lehrweise
noch unbedingt vor, in der zweiten wird dieser keiner weiteren
Entwicklung fähigen Tradition durch Plater, Zwinger und die
Bauhin der Krieg erklärt und an die Stelle einer absterbenden
Doktrin eine lebendige Empirie gesetzt. Ansätze zu einer
solchen finden wir natürlich auch schon in der ersten Periode;
so, wenn Sinckeler in dem erwähnten Gutachten von 1536
neben die Liste der Vorlesungen, welche sich bloss aus
Lektüre und Auslegung von Schriften des Galen, Hippocrates,
Dioscorides und Paulus Aegineta zusammensetzten, [2]) einen
Satz stellt, in dem er die Abhaltung einer oder zweier
öffentlicher Lektionen während des Wintersemesters und
botanischer Exkursionen während des Sommersemesters befürwortet. Diese Ratschläge blieben freilich vorläufig auf
dem Papier, obwohl Oswald Bär schon 1531 eine öffentliche

[1]) Thomas und Felix Plater her. von H. Boos 242 f.
[2]) S. Beil. IV. 3.

Sektion veranstaltet hatte. Indessen weder er noch auch
seine Kollegen und Nachfolger bis Plater scheinen sich ernstlich darum bemüht zu haben, jene für die Reform des medizinischen Unterrichtes so wichtigen Massregeln ernsthaft
durchzuführen. Der Fortschritt war für die erste Zeit also
mehr formaler Natur, indem man sich bemühte, Galens und
Hippokrates Schriften im Urtext zu studieren und in der
Auswahl derselben mit Kritik vorging.

Der vorhandene Lehrstoff wurde auf zwei Lehrkanzeln
verteilt, welche seit 1534 getrennt blieben. Die eine umfasste
unter dem Namen Medicina theoretica allgemeine Krankheits-
lehre und die jetzt als Physiologie bezeichnete Disciplin; die
andere unter dem Namen der Medicina practica die specielle
Pathologie, Therapie und Chirurgie. ¹)

Zwei Jahre, von 1532—1534, hatte Oswald Bär die gesamte Heilkunde vorgetragen. Bär ²) lebte schon seit 1510
in Basel. Er war geboren in Brixen in Tirol 1482. 1509
finden wir ihn als Schulmeister an der Lateinschule in
Schlettstadt, ³) 1510 wird er Dr. phil., 1512 Dr. med., 1513
in das Ärzte-Kollegium aufgenommen. 1520 zum Dekan gewählt bleibt er Vorstand seiner Abteilung fast ohne Unterbrechung bis 1558, obwohl er schon 1545 von seiner Lehr-

---

¹) Vgl. Fried. Miescher, Festschrift zur vierten Säkularfeier der
Universität Basel 1860: die medizinische Fakultät in B. 32. Es ist nur
sehr zu bedauern, dass sich M. zum guten Teil ganz kritiklos an die
Ath. Raur. gehalten hat.

²) Miescher a. a. O. 10 und 14 — Ath. Raur. p. 176 ff. (mit den
biograph. Angaben) und 206. — Jöcher 1, 1046. — Adam M., vitæ
Germanor. medicor. 2, 184 (mit unrichtigem Datum seines Todes 1568.
— Leu 2, 43 und Splnt 1, 107 — Iselin 1, 339.

³) Meister Ohswald Bär von Bryxen uss der Estrych ist zu
Schulmeister angenomen ein Jar lang zum suchen und wellichem teil
nit gelegt, sol er alzeit ein vierteil jors zu vor abkinden. Actum sab-
bato post Andreæ anno XVᵉ nono. — Notiz aus dem Stadt-Amt-lüt-
buch vgl. Dorlan, études historiques, in der Revue d'Alsace 1855
S. 341 Anm. Durch dieselbe wird auch das zweifelhafte Brixti in
Geering, Handel und Industrie Basels 79 Anm. 4 deutlich gemacht. —
Vgl. auch Strüver Schule von Schlettstadt. Leipziger Dissertation 1880
S. 41 und 46 Anm. J.

kanzel zurückgetreten war,[1]) welche Sinckeler,[2]) seit 1534 als Professor für Medicina theoretica tätig, übernahm. Denn auch an der medizinischen Fakultät fand ein Vorrücken der Professoren statt derart, dass die 1589 errichtete dritte medizinische Professur für Anatomie als unterste, die für praktische Medizin als höchste galt. Mit dieser letzteren war auch immer, bis ins 17. Jahrhundert hinein, das Amt eines Archiater oder Stadtarztes verbunden. Auch Bär hatte es seit 1532 inne. Er starb hochbetagt im März 1567.

Sein Nachfolger war Johann Huber,[3]) der, 1507 in Basel geboren, hier und in Schlettstadt unter Sapidus humanistische Studien betrieben hatte, 1533 nach Paris ging, dort und in Montpellier und Toulouse, wo er wegen seiner vorzüglichen Kenntnisse in der griechischen Sprache zum Rektor der deutschen Nation gewählt worden war, Medizin studierte und in Toulouse auch promovierte. 1536 kehrt er nach Basel zurück und wird 1544[4]) als Professor für Physica Aristotelis in der dritten Klasse der philosophischen Fakultät angestellt, in welcher Stellung er bis Ende 1549 verblieb.[5]) Pfingsten 1552[6]) erscheint er dann plötzlich als Professor der Medizin.

[1]) So Ath. Raur. a. a. O. und Miescher. In den Universitäts-Akten findet sich jedoch keine bezügliche Notiz.

[2]) Miescher a. a. O. 14. — Ath. Raur. p. 186 (mit biogr. Angaben) und 206. — Leu 17, 180 und Splt. 5, 524. Ganz irrig ist die Notiz Ath. Raur. p. 186, Sinck. sei schon 1532 Dekan gewesen und habe gemeinsam mit Alban zum Tor den Zürcher Konrad Gessner zum D. promoviert. Denn Gessner, der erst 1537 in der grossen Matrikel genannt wird, promoviert 1538 zum Doktor (Histor. collegii Medicor. p. 8). Und Sinckeler wird erst 1535 immatrikuliert. Hingegen ist die Angabe richtig, dass Sinckeler nur ganz kurze Zeit praktische Medizin vorgetragen und Bär 1547 vikariatsweise für ihn gelesen hat, Ath. Raur. l. c. denn im Deputaten-Ausgabenbuch erscheint er mit seinem Quartalgehalt von 25 ℔ zum letztenmal Fronfasten Cinerum 1547 — Fronfasten Crucis desselben Jahres heisst es schon Sebastiani erben. Er muss also zwischen 21. Juni und 14. September gestorben sein. Darnach sind zu verbessern Ath. Raur. p. 186 sub verbo J. Huber.

[3]) Miescher a. a. O. 15. — Athen. Raur. p. 186. — Leu 10, 336 und Splt. 3, 202 f. — Iselin 2, 855. — Jöcher 2, 1742.

[4]) Matr. fac. art. fol. 89.   [5]) Vgl. Beilage Nr. IX.

[6]) Nicht 1549 wie Ath. Raur. l. c. haben — 1550—1552 verschwindet sein Name gänzlich aus den Deputaten-Rechnungsbüchern.

Dass er sogleich den Lehrstuhl für praktische Medizin erhalten
habe, folgt einzig aus dem Umstande, dass er und nicht der
gleichzeitig mit ihm angestellte Isaak Keller definitiver Nachfolger Bärs auch in dessen Stellung als Stadtarzt wurde. Dem
Doktoren-Kollegium gehörte er übrigens schon seit 1546 [1]) an
und war als tüchtiger Arzt bekannt, wie daraus zu ersehen
ist, dass der Luzerner-Rat sich ihn zur Behandlung des schwer
erkrankten Ratsherrn Jakob Martin erbat. [2]) Er starb 1571
am 9. Mai. [3]) Bezeichnend für die Richtung der Huber und
Bär angehörten, ist es, dass Huber ausser einem Traktat allgemeinen Inhalts über die Heilkunst nichts verfasst und Bär
sogar nur Schriften theologischen Inhalts hinterlassen hat.
So weit waren diese Männer davon entfernt der Empirie irgend welche Bedeutung in ihrer Disciplin beizumessen.

Als Nachfolger des Sinckeler auf dem Lehrstuhl für theoretische Medizin wurde am 22. Febr. 1552 Isaak Keller [4])
angestellt.

Wenn diesen die lokale Überlieferung zu den bekannteren
Persönlichkeiten der Basler Hochschule rechnet, so verdankt
er das nicht etwa seinen wissenschaftlichen Leistungen, sondern
einer in grossem Massstab begangenen Veruntreuung, dessen
er sich als Verwalter des Stifts St. Peter schuldig machte.
Diese Stelle hatte er im Jahre 1571 angetreten. Bald fiel es
auf, [5]) dass er „ein köstliche Haushaltung, darinne aller Über-
fluss im Schwank gangen, geführt, ohn Unterlass liegende
Güter und Häuser alhie in der Stadt und auch ausserhalb
auf dem Land an sich erkauft, dieselbigen gebauen und mit
überflüssiger Köstlichkeit gezieret habe: — Wiewohl er nun

---

[1]) Hist. coll. Medicor. p. 8.

[2]) Ratsakten D. 73. (St. A.) Brief von Schultheiss und Rat von
Luzern an den von Basel betr. Urlaubsbewilligung für D. Johann Huber,
genannt zum Bock — 9. Febr. 1547 (Mittwoch vor Valentini).

[3]) Histor. colleg. Medic. p. 22 nicht 10. Febr. wie Ath. Raur. haben.

[4]) Geboren in Basel 1530, — 1546 immatrikuliert, wird am 26. Okt.
1547 Baccalaureus und am 28. Sept. 1550 Magister artium (Matr. fac.
phil. fol. 254 und 92). Miescher a. a. O. 15. — Ath. Raur. p. 297 mit
dem unrichtigen Datum 1551. Leu, Lex. 11, 72 und Splt. 3, 339.

[5]) Das folgende ist entnommen dem Rechnungs-Protokoll des
Petersstifts W. W. 5 und L. L. II. (St. A.)

wusste, dass er diese grossen Kosten aus den Einkünften seiner
Pfründe und aus seinem sonstigen Einkommen nicht decken
konnte, so hat doch niemand einer Misshandlung ihn bezichtigen
dürfen. Die Ermahnung ehrender Personen hat er aber jederzeit durch Plapperei eludiert." — In der Bürgerschaft aber gewann zusehends die Meinung festen Boden, dass das Stift des
Peter lüderlich verwaltet werde. Da beschloss man der Sache
auf den Grund zu gehen. Eine Kommission sollte die Ge-
schäftsgebahrung Kellers prüfen. Keller legte seine Bücher
vor und man fand alles in bester Ordnung, denn von den aufgenommenen Geldern hat er nur das angezeigt, wovon er
meinte, dass die Herren Wissen trügen und diese Summen
durch „weiss was für Exstanzen", die er aus alten Jahrrech-
nungen ausschrieb, ausgeglichen. „Hat also D. Isaak die
Sache so süss und gut fürgeben, dass die Herren Pfleger und
Kapitels-Verwandten nicht anders meinten, denn dem sei also."
Allein andere zeigten sich nicht befriedigt und beobachteten
ihn unausgesetzt. Die Sache kam endlich dadurch an den
Tag, dass die Gläubiger auf Bezahlung rückständiger Zinsen
drangen, die er einfach hatte auflaufen lassen. Jetzt wurde,
um dem gefürchteten Eingreifen des Rates vorzubeugen, schleu-
nig abermals eine Kommission, bestehend aus den beiden Pflegern
des Stifts Remigius Fäsch und Jakob Gebhardt, sowie aus
den Professoren Simon Sulzer, Ulrich Coccius, J. J. Grynäus,
Adam Henric-Petri, F. Plater, Basilius Amerbach und dem
Kapitularen Wolfgang Sattler eingesetzt, die nun trotz der
Einrede vieler Freunde des Angeschuldigten sich der grossen
Mühe unterzog alle Rechnungen genau durchzuprüfen (Septb.
1579). Es ergab sich ein Deficit von 30773 ₰, 18 β 6 ₰,
ungerechnet die Zinsen, welche das Stift zu bezahlen noch
schuldig war.[1] — In gerechter Entrüstung über diese Treu-

---

[1] Eine Zusammenstellung aus dem Jahre 1618 giebt folgende
Posten:
Summe der Schulden so zum Abtritt Dr. J. Kellers der Stift auf den
    Hals kommen und gewachsen . . . . . 30773 ₰ 18 β 6 ₰
Summe des Schadens wegen abgelöster Hauptgüter
    und Aufwachs der Sonnenkronen . . . . 17366 » 13 » 4 »
Summe der bis 1618 bezahlten Zinsen . . . . . 40194 » 9 » 8 »
                       88335 ₰ 1 β 6 ₰

losigkeit liess die Kommission den leichtsinnigen Verwalter hart an: „man hätte erwartet, dass er, ob er gleich das Stift in so hohen Schaden habe bringen wollen, doch mehr seine Ehre betrachtet haben sollte. Dann habe er zu bedenken, was grossen Schaden der hohen Schule an Beförderung der Studien hieraus erwachsen neben dem, dass zu ersorgen, dass die Herren Professores ihre Besoldungen fürderhin nicht mehr von der Stift empfangen mögen."

Am Tage nach der Rechnungsablegung erschien D. Keller mit seinem Verteidiger D. Samuel Grynäus und seinem Bruder Hans Jakob Keller abermals vor der Kommission und erklärte: Gegen die aufgesetzte Rechnung wüsste er, obwohl er daheim in seinen Büchern nochmals alles nachgesehen habe, nichts vorzubringen und sei mit derselben wohl zufrieden. Er wundere sich, wie es möglich gewesen sei, in so kurzer Zeit so grosse Summen aufzuhäufen und sehe leider ein, dass er schlecht hausgehalten habe. Er bäte um Verzeihung; wolle auch Gott den Allmächtigen von Herzen anrufen, dass er ihm sollichs auch gnädiglich vergebe, „mit mehr und ander kläglichen Worten, damit er etlichen beisitzenden Herren die Augen übertrieben hat." — Für Tilgung der Schulden setze er alles sein Hab und Gut zum Pfande ein. Man erlaubte ihm einstweilen heimzuziehen und brachte die Sache vor den Rat. D. Isaak aber, so schliesst das Protokoll, hat sich dieser Tagen geäusseret und gegen Wyl und nachmals hinaus gegen Katzental in sein Gewahrsami getan: Gott möge ihm seine Sünden vergeben!

Keller entfernte sich so eilig, dass er seine Immobilien nicht mehr hat losschlagen können. Sie wurden vom Stadtgericht versteigert (Februar 1580). Auch hierüber kam es zum Konflikt zwischen Rat und Universität, welche die Vergantung selbst an die Hand nehmen wollte. Eine Deputation, bestehend aus den Professoren Ulrich Coccius und Chr.

Lichtenhahn in den Beitr. z. vaterl. Gesch., herg. v. d. histor. u. antiq. Gesellschaft in Basel 1, 114 Anm. 3, setzt irrigerweise den ganzen Handel ins Jahr 1623. — Seine Angabe über die Höhe des Schadens mit 70000 fl stammt wohl aus Ochs 6, 478 und ist nach vorstehendem zu berichtigen.

Wurstisen, reklamierte dies als ein der Universität zustehendes Recht; erreichte aber nichts.[1] Der Erlös brachte nicht einmal $1/_{10}$ der veruntreuten Summe ein. Keller wurde durch Regenzbeschluss seiner Stelle verlustig erklärt und hierauf schlossen ihn auch die Mediziner aus ihrem Kollegium aus und verbaten sich jeden weitern Verkehr.[2] Als Kuriosum sei hier erwähnt, dass Kellers Tochter Anna, welche an den Professor[3] der lateinischen Sprache Jakob Wecker verheiratet war, als Verfasserin eines Kochbuches genannt wird, das 1600 in Amberg erschienen ist.

Der Kellerische Handel — denn ein Prozess kann diese in fast freundschaftlichen Formen sich bewegende Untersuchung, welche für die juristische Auffassung der Veruntreuung in jener Zeit bezeichnend ist, doch kaum genannt werden — hatte für die Universität manche üble Folge. Die Besorgnis der Untersuchungskommission, dass die Professoren ihre Besoldungen fürderhin nicht mehr von der Stift empfangen mögen, drohte beinahe in Erfüllung zu gehen. Es wurden nämlich die Einkünfte der sieben ordentlichen Professoren der drei höhern Fakultäten auf über die Hälfte herabgesetzt.[4] Schlimmer war noch, dass die Regenz den damals gefassten Plan der Errichtung einer dritten medizinischen Professur ganz fallen lassen musste. Man trat zwar mit den Schaffnern des Peters Stift in Unterhandlung und frug an, ob nicht die Einkünfte einiger zur Zeit unbesetzter Pfründen für Dotierung jener Lehrkanzel verwendet werden könnten. Aber diese antworteten nach längerer Beratung, als die Regenz auf eine Entscheidung drang, abschlägig (1. Mai 1580), indem sie erklärten, sie benötigten jene Einkünfte zur Tilgung der von Keller angehäuften Schuldenlast. Wenn sie sich aus dieser finanziellen Krisis herausgearbeitet hätten, hofften sie der Universität drei Stiftspfründen für den gedachten Zweck zur Verfügung stellen zu können.

---

[1] Lib. concl. fol. 63.ᵛ
[2] Histor. collg. Medicor. p. 39.
[3] Vgl. Beil. X Nr. 51.
[4] Matric. novæ societatis zum 30. Juli 1581. Es wird leider nicht überliefert wie lange das Dekret zu Recht bestand.

Und nicht genug mit dieser empfindlichen Einschränkung und dem Verlust einer Lehrkanzel hatte die Regenz sogar Kämpfe für die Erhaltung der vorhandenen Professuren zu bestehen. Denn als im Mai 1581 dem Professor für Kodex, Adam Henric-Petri wegen Nachlässigkeit im Lesen mit Enthebung von seiner Professur gedroht wurde, da warfen die Deputaten sogar die Frage auf, ob es nicht geraten sei, diese Professur ganz aufzuheben. Die Juristen könnten sich wie die Theologen und Mediziner, mit zwei Professuren begnügen, um so mehr als wegen der angegriffenen Vermögensverhältnisse des Stifts St. Peter der Ertrag der Pfründe ohnehin fast auf Null zusammengeschrumpft sei. [1]) Dieser Gefahr ist freilich die Regenz mit einem energischen Schreiben an den Rat, in welchem sie auseinandersetzt, dass die Aufhebung dieser Lehrkanzel von unberechenbarem Nachteil für die Hochschule sein würde, entgegengetreten.

Kellers Amtsdauer ragt übrigens schon in die zweite Periode der Geschichte der medizinischen Fakultät hinein. Der ersten Periode gehört noch an Alban zum Tor, [2]) geb. in Winterthur 1489. Er studierte in Basel, war einige Zeit Rektor der Schule bei St. Peter. Bei der Wiederherstellung der Universität übernahm er die Professur für lateinische Sprache, gab sie aber bald wieder auf, um in Frankreich seine wohl schon früher begonnenen Studien in der Medizin zu vollenden. [3]) 1535 ist er schon Leibarzt des Markgrafen

---

[1]) Lib. concl. fol. 66 zum 19. Mai 1581 ... propter res Petrinas vehementer accisas stipendii nulla facultas esset.

[2]) S. u. wegen der Namensform. Miescher a. a. O. — 14 Ath. Raur. p. 206 (mit biograph. Angaben) und 283 — Leu, Lex. 18, 106 — Iselin, Lex. 4, 620. — Adam M., Vitæ medicor. Germ. 2, 54 f. — Jöcher, 4, 1171 (mit einem Verzeichnis seiner Schriften). — Häser, Gesch. d. Medizin 2³, 17.

[3]) Wenn die Ath. Raur. p. 293 einer Angabe Wurstisens folgend A. z. Tor zum ersten Professor für Rhetorik machen, so kann das mit Rücksicht auf die Notiz im Ausschreiben von Oswald Bär (s. Beil. 2) nur so verstanden werden, dass A. z. Tor neben der Professur für Latein auch die für Rhetorik versah. Die Angaben bei Leu und Jöcher berichtigen sich danach von selbst. Die Angabe der Ath. Raur. p. 283 A. z. Tor habe sich erst 1535 nach Frankreich begeben, ist mit Rück-

Ernst von Baden,[1]) folgt dann einer neuerlichen Berufung
nach Basel, wo er bis 1545 an der medizinischen Fakultät
Vorlesungen hielt.[2]) — Als er aber ohne Urlaub zu nehmen
zu einer ärztlichen Konsultation zum Herzog Christoph von
Württemberg nach Mömpelgard ritt, setzte ihn der Rat ab.
Umsont wies Alban zum Tor in einem Rechtfertigungsschreiben darauf hin, dass er in den dreissig Jahren an den
niederen und hohen Schulen und anfänglich ohne Besoldung,
endlich um geringen Lohn, auch als Doktor noch um 40 fl.
gedient, die Jugend in Latein und Griechisch und in der
Arznei unterrichtet, dass er einen glänzenden Antrag des
Herzogs von Württemberg mit 150 fl. jährlich, dazu Wein,
Kohlen, Holz und Kleider auf Betreiben der Deputaten abgelehnt, wofür man allerdings das Stipendium gebessert habe,
dass er die ebenso gute Stelle beim Markgrafen Ernst von
Baden mit 200 fl. und einer lohnenden Prädikatur aufgegeben
habe, nach Basel, wo er doch nur 100 fl. bezog, zurückgekehrt sei, der Hochschule treu gedient und viele Bücher geschenkt habe und dass sein letzter unabgemeldeter Weggang
mit der Eile, die nötig gewesen sei, entschuldigt werden und

---

sicht auf die nächste Anmerkung richtig zu stellen, ebenso das Datum
seiner Rückkehr nach Basel.

[1]) Brief des Markgrafen an den Rat von Basel vom 4. Juli 1535 in
dem er schreibt, sie hätten seinem Leibarzt Alban zum Tor bewilligt den
Beginn seiner Lektur auf Michaelis zu verschieben; wegen neu einge-
tretener Hindernisse bitte er diese Frist nochmals zu verlängern bis
Georgi (1536) — Rats-Akten D. 73 (St. A.) — 1538 18. März wird ihm
von den beiden Deputaten Th. Brand und Konrad Schmitt und Rudolf
Frey, Pfleger des Stiftes St. Peter, »zur Ergötzung der getruwen Dien-
sten ... und insonderheit, damit er bei uns pliben und sich uss siner
Narung nit in frömde Dienst begeben törfe« die nächste Chorherrn-
pfründe versprochen. A. z. T. hat sich durch dieses Versprechen offenbar nicht binden lassen. (Abscheidbuch.)

[2]) Mehr lässt sich nicht sagen; welche Teile der Medizin dieselben umfasste, wird nirgends berichtet. Es ist deshalb unberechtigt,
ihn mit Ath. Raur. ausschliesslich als Lehrer der medicinæ theoreticæ
hinzustellen, dass er vollends Sinckelers »Nachfolger« nicht gewesen sein
kann, geht aus den gegebenen Daten zu Genüge hervor. 1540 wird er
als Professor für Physik angeführt (Arch. Acad. 1, 109) — doch kann
er diese Professur nur kurze Zeit, vielleicht aushilfsweise, versehen
haben. (Vgl. Beil. X Nr. 4.)

deshalb die Herren die Ungnade wieder fallen lassen mögen — er wurde nicht mehr angestellt. [1]) Nicht einmal seinem Ansuchen, die Vorlesungen bis Pfingsten fortsetzen zu dürfen, wurde entsprochen. [2]) Er starb bald darauf in Basel am 23. Februar 1549. [3])

In zum Tor kommt so recht das Princip, das diese erste Periode beherrscht und welches mit Fug das humanistische heisst, zur Geltung. Selbständige medizinische Arbeiten hat er, von einem Traktat über die Pest abgesehen, [4]) keine geliefert; aber durch Übersetzung der Schriften griechischer Ärzte sich ein nicht unbeträchtliches Verdienst erworben, indem er auf diese Weise seinen Berufsgenossen neues, wenn auch abgeleitetes Quellen-Material erschloss. Höher noch muss man es ihm anrechnen, dass er die Bedeutung von Vesals grossem anatomischen Werke, welches 1543 in Basel bei Oporin erschienen ist, sogleich erkannt und gewürdigt hat. Er veranstaltete deshalb eine deutsche Übersetzung des von Vesal besorgten Auszugs desselben, welche 1551 in Nürnberg erschienen ist. — Vesal selbst, der grösste Anatom seiner Zeit, der mit seiner Fabrica humani corporis der Opposition gegen die Galenische Lehr- und Heilmethode zuerst eine feste Grundlage gab, hatte den Druck dieses Werkes, welches auch die ersten anatomisch genauen Abbildungen enthielt, in Basel überwacht, während dieses Aufenthaltes auch eine öffentliche Sektion vorgenommen und das präparierte Skelett der medizinischen Fakultät geschenkt. Im übrigen ist er weder damals [5]) noch auch bei einem späteren flüchtigen Besuch Basels im Jahre

---

[1]) Brief des Alban z. T. vom 2. Nov. 1545 und vom 9. April 1546 aus Mümpelgard in den Ratsakten E. (St. A.)

[2]) Gasts Tagebuch, herg. von Buxtorf. S. 39.

[3]) So Pantaleon in der grossen Matrikel — Iselin — Leu. Ath. Raur. haben 1550.

[4]) A. z. T. Wie man sich von der grausamen erschrecklichen Pestilentz enthalten mög. Basel 1539.

[5]) Dies das Resultat der S. 208 Anm. 3 angeführten Untersuchung von Roth. Deshalb passt auch eine eingehendere Darstellung von Vesals Lebenslauf nicht in diesen Rahmen. Doch sei hier verwiesen auf die treffliche Biographie von M. Roth, Andreas Vesalius Bruxellensis. Rektoratsrede. Basel 1886.

1547 [1]) zur Universität in nähere Beziehung getreten. Erst Felix Plater hat seinen Grundsätzen dauernd Eingang an der Basler Hochschule verschafft.

Damit treten wir in die zweite Periode ein. Sie fasst in sich den Zeitraum der grössten, nicht wieder erreichten Blüte dieser Universität und diese Blüte hing wesentlich zusammen mit dem Aufschwunge der medizinischen Fakultät, an deren begabteste Vertreter — Plater und Bauhin — sich zugleich auch die bleibende wissenschaftliche Bedeutung der Basler Hochschule für das 16. Jahrhundert knüpft.

Von diesen beiden Männern war Plater der vielseitigere, Bauhin der genialere. Plater Felix [2]) ist geboren zu Basel im Oktober 1556. Sein Vater Thomas betrieb damals gemeinsam mit Balthasar Lazio oder Rauch eine Buchdruckerei. Später hat er sich als Leiter der Schule auf Burg wesentliche Verdienste um die Reform des Unterrichts an den Mittelschulen erworben. Felix erhielt den ersten Unterricht daheim von einem Veit Bulling aus Augsburg, der ihn auch im Lautenspiel unterwies, in dem er es, da er sehr musikalisch beanlagt war, zu einer aussergewöhnlichen Fertigkeit brachte. Er spielte später auch das Clavicord und Harfe. Mit seinen Geschwistern musste er als Kind im Geschäft helfen Papier streichen, „dass uns etwan die fingerlein bluten wollten". Später besuchte er die von seinem Vater geleitete Schule. „Mein Vater hätte mich gern befördert, dass ich baldt weit geruckt wurdt in der Schul. Tat mich bald in die vierte Abteilung, dass ich näher bei ihm war; sass allernächst an

---

[1]) Vgl. Stintzing R., epistolæ Joh. Ulr. Zasii quas anno 1547 et 1548 ad Bonifacium Amerbachium scripsit. Basel 1857. — Vesal ist Überbringer eines Briefes an Amerbach, datiert Ulm, 27. Febr. 1547 (S. 5) und am 8. April meldet Z. seine Rückkehr nach Nürnberg an des Kaisers Hoflager.

[2]) Für Plater ist vor allem einzusehen seine so unnachahmlich geschriebene Selbstbiographie, zuletzt herg. wenn auch nicht ganz vollständig von H. Boos, Thomas und Felix Plater 1878. — Seine Bedeutung als Mediziner ist gewürdigt worden von Miescher a. a. O. 35 ff. — Ath. Raur. p. 181 f. — Häser, Gesch. d. Mediz. 2³, 56 f. — Abel Burckhardt, Bilder aus der Geschichte Basels 4. Heft 1881 (Populär gehalten). — Jöcher 3, 1622. — Iselin 3, 957.

seiner Cathedra. Er fragt mich einmal, was das griechisch α
purum wär und als ich's nicht konnt sagen, schlägt er mit
einer neuen Ruten ab der Catheder über mich, vermeinend
über den Rucken zu schlagen. Als ich indem hinauf schaue,
trifft er mich in das Angesicht, dass es voller Striemen war
und blutet an ettlich Orten." — Am 29. September 1551
deponierte er gleichzeitig mit Johann Jakob Grynäus und
Samuel Grynäus, verliess aber schon am 10. Oktober 1552
Basel, um sich in Montpellier ganz der Medizin zu widmen,
„wozu er von Jugend auf Begierde und Verlangen gehabt."
Mit zwei Gefährten legte er den Ritt über Genf, Lyon und
Avignon in zwanzig Tagen zurück. In Montpellier blieb er
vier und ein halbes Jahr. Er wohnte bei dem Apotheker
Catalani, in dessen Geschäft er sich viel zu tun machte und
wahrscheinlich hat er dort Vorliebe für Mixturen, besonders
für Theriaka gefasst, die er später viel verwendete.

Die medizinische Schule in Montpellier galt damals als
eine der besten. Sie besass an Saporta und Rondelet zwei
vortreffliche Lehrer. Besonders Rondelet war ein eifriger
Gegner Galens und zählt zu den Vorläufern des Paracelsus,
insofern auch er die Notwendigkeit der energischen Forschung betonte.[1]) Diese fand in Montpellier ihre äussere Stütze
in zahlreichen Sektionen, welchen Plater gewissenhaft bei-
wohnte. Damit nicht genug, übte er sich selbst im Zergliedern von kleinen Tieren, Katzen und Hunden und seine
Wissbegierde trieb ihn sogar dazu an, „dabei zu sein, da man
etwan heimlich ein Corpus aufschneidet, auch selbst anzu-
greifen, ob mir gleichwohl anfangs solches sehr abscheulich
war. Gab mich auch aus Begierde, darin vorzutreffen und
Corpora zu bekommen, mit andern wälschen Studiosen etwan
in Gefahr. Dazu half ein Baccalaureus medicinae Gallotus,
der in seinem Haus solches pflegt zu verrichten, dazu er mich
und andere auch berief, tote Corpel, so erst den Tag begraben,
heimlich mit gewerter Hand vor der Stadt auf den Kirch-
höfen bei den Klöstern auszugraben und dann in sein Haus
zu tragen und daselbst zu anatomieren."[2])

---

[1]) Hirschel, Gesch. d. Med. 172 und 192.
[2]) Platers Selbstbiogr. a. a. O. 232—233 schildert er einen solchen
grausigen Vorgang.

Gleicher Zeit machte er fleissig Ausflüge in die Um-
gebung, auf denen er Pflanzen und Mineralien sammelte.
Auch was er von Altertümern Bemerkenswertes gesehen,
zeichnet er auf; doch erregt es seine Neugierde nicht weiter. —
Am 28. Mai 1556 wird er Baccalaureus. — Am 27. Febr. 1557
verliess er Montpellier „mit bekümmertem Herzen, denn mir
der Abscheidt aus dieser geliebten Stadt, da ich so lang ge-
wohnt, weh tat", und kehrte über Toulouse, Bordeaux, Poitiers,
Tours, Orleans und Paris nach Basel, wo er am 10. Mai ein-
ritt: „Da sah ich mit Freuden beide Münstertürme, schoss
meine Büchse ab in eines Garthäuschens Tür zwei Kugeln
und reite zum Spalentor hinein."

Am 20. September promovierte er und wurde zugleich
in die Fakultät aufgenommen, vermählte sich schon am
27. November mit Magdalena Jeckelmann, Tochter eines
Basler Chirurgen und begann solchergestalt als 21jähriger
junger Ehemann sofort sich nach einer Praxis umzusehen, die
er sich auch rasch und mit steigender Beliebtheit erwarb. —
Bald war er der gern gesehene Helfer vieler deutscher Fürsten,
besonders der Mitglieder des herzoglichen Hauses von Württemberg und der Schwester Heinrich IV. von Frankreich, Katharina.
Seiner Vaterstadt leistete er unschätzbare Dienste, besonders
in den Jahren, in welchen die Pest die Bevölkerung decimierte.
Er hat sieben solche grosse „Sterbendt" miterlebt, davon fünf
als Arzt, 1564, 1572, 1582, 1593 und 1610;[1] über den Verlauf derselben, einzelne Krankheitserscheinungen, auch über
die Zahl der Opfer hat er sich genaue Aufzeichnungen gemacht, welche sich durch feine Beobachtungen auszeichnen
und deshalb für die Geschichte der Pathologie von grossem
Wert sind. Nach dieser Seite ist überhaupt seine Bedeutung

---

[1] Im ganzen hat die Pest zwölfmal in dem hier behandelten
Zeitraum Basel heimgesucht, darunter dreimal mit furchtbarer Heftigkeit. Zu den bei Ochs 6, 522 angeführten Jahren 1544, 1552, 1560,
1564, 1577, 1584 sind noch hinzuzufügen die Jahre 1571, 1572, 1593,
1610 und 1629. In den Jahren 1564, 1610 und 1629 wurden Tausende
weggerafft. Die Zahl dieser Opfer im Jahre 1610 wird in der Histor.
colleg. medicor. p. 94 sehr genau mit 3968 anzugeben. Eine Notiz,
die vor den bei Ochs 6, 557 stehenden Angaben den Vorzug verdienen dürfte.

als Arzt vornehmlich zu suchen. Dieselbe Eigenschaft, die
ihn zu einem so anmutigen Erzähler macht, kam ihm auch
als Arzt zu statten — Anschauungsvermögen. Er war ein
trefflicher Diagnostiker, wie er denn selbst sagt: „Ich fing
auch an Kundschaft bei Bürgern und denen vom Adel zu
machen, die mich sonderlich probierten mit Überschickung
des Harns, darin ich mich also wusste zu halten, dass sich
etliche verwunderten und mich anfingen brauchen." So erklärt
es sich auch, dass wir unter seinen zahlreichen schriftstelle-
rischen Arbeiten[1] dem mit vielem Glück unternommenen Versuche begegnen, die Krankheiten nicht mehr bloss äusserlich
nach den Körperteilen, die sie ergreifen, einzuteilen, sondern
nach innerlichen Merkmalen ihrer Zusammengehörigkeit zu
gruppieren. Er teilte sie ein in functiones laesae, vitia, pro-
fluvia et retentiones.[2] Solchergestalt ist seine Praxis medica
das erste nach einer induktiven Methode angelegte Lehrbuch
der Pathologie und so überzeugend war die Macht der in
demselben angeführten Tatsachen, dass, wie mangelhaft dieser
erste Versuch einer systematischen Darstellung der Krankheitserscheinungen auch an sich sein mochte, das Werk doch
127 Jahre nach seinem ersten Erscheinen (1602) nochmals
aufgelegt worden ist.[3] Als Ergänzung veröffentlichte Plater
1614 eine Sammlung von einzelnen Krankheitsgeschichten,
aus welcher zu ersehen ist, dass er auch das Gebiet der
Psychiatrie mit ziemlich freiem Blick durchwandert hat,
indem er Störungen des Seelenlebens teilweise ganz richtig
aus solchen des physischen Organismus erklärt und dass er
sogar versucht hat, durch Leichenöffnungen den Ursachen der
Krankheit nachzuforschen. Es liegt hier die erste Spur der
pathologischen Anatomie vor.[4]

Wenn man bedenkt, dass Platers Vorgänger Huber sich
noch damit begnügt hat, einen Kommentar zum neunten Buch
Razi's, einem ohnehin schon oft kommentierten arabischen

---

[1] Seine wichtigeren Schriften sind besprochen von **Miescher**
a. a. O. 47 ff.

[2] **Hirschel** a. a. O. 182.

[3] **Miescher** a. a. O. 49.

[4] Ebend. 50.

Schriftsteller zu schreiben, so erkennt man den ausserordentlichen Fortschritt, den das medizinische Studium während Platers Wirksamkeit, welche allerdings beinahe ein halbes Jahrhundert umspannt, gemacht und nicht zum wenigsten durch ihn selbst gemacht hat. Seine Schriften sind das beste Zeugnis für den vollständigen Sieg der empirischen Forschung über eine a priori angenommene Doktrin.

Plater war seit 1571[1]) als Professor für praktische Medizin und zugleich als Stadtarzt tätig. Seine freie Zeit verwendete er auf Vermehrung seiner Kunst- und Naturaliensammlung, welche besonders in Bezug auf den zweiten Teil zu den Sehenswürdigkeiten von Basel gehörte. Wie erwähnt, hatte er schon während seiner Studien eifrig botanisiert, auch Mineralien und selbst einzelne Exemplare der Meerestierwelt, Muscheln u. dergl. gesammelt. Zwei Sendungen Naturalien hatte er nach Basel vorausgeschickt, darunter Samen von exotischen Gewächsen. Mit solchen schmückte er später seinen Garten, in dem er mit grossem Geschick Orangen- und Citronenbäume zog. Auch war er der Erste, der in Basel Kanarienvögel hielt. Schon 1595 versuchte er sich auch in der Seidenzucht.[2]) Mit nichts sozusagen hatte er seinen Hausstand begründet; zwei Jahre vor seinem Tode berechnete er die Gesamtsumme seiner Einnahmen auf 118,669 ℔ 15 β 8 ₰, das macht per Jahr rund 7000 Fr., eine für jene Zeit überaus bedeutende Summe.[3]) Er überlebte seine Frau nach einer 52jährigen glücklichen, obwohl kinderlosen Ehe nicht ganz ein Jahr und endigte sein tätiges und wohlangewandtes Leben am 28. Juli 1614.

Bedeutender noch als Plater erscheint uns Kaspar Bauhin.[4]) Er stammte aus einer französischen Refugianten-

---

[1]) Nicht 1570 wie Ath. Raur. haben.
[2]) Miescher a. a. O. 52.   [3]) Boos a. a. O. 345.
[4]) Bauhins Leben hat mit Benützung alles früher gedruckten Materials sowie auch des weitschichtigen Briefwechsels beschrieben: Hess in den Beitr. z. vaterl. Gesch. hrg. v. d. histor. Ges. in Basel, Bd. 7 111 ff. (1860.) Häser, Gesch. der Mediz. 2², 57. Seine Verdienste als Botaniker sind im Zusammenhange beleuchtet worden von Jul. Sachs, Gesch. der Botanik 35—39.

familie aus Amiens. Sein Vater, Johann Bauhin,[1]) war selbst
ein vorzüglicher Arzt, siebzehnjährig schon Leibmedicus König
Franz I. und der Schwester des Königs, Margareta von
Navarra. Da er Protestant war, nötigten ihn die ausbrechenden
Verfolgungen zu fliehen. Zweimal entging er mit knapper
Not dem sichern Verderben. Er hielt sich in England und
Belgien auf, fand eine bleibende Stätte aber erst in Basel.
1542[2]) erhielt er das Bürgerrecht und praktizierte mit solchem
Erfolg, dass er 1574[3]) auch ins Ärztekollegium aufgenommen
wurde. 1580[4]) amtet er sogar als Dekan. Er starb am 23. Januar
1582.[5]) Am 17. Januar 1560 wurde diesem sein Sohn Kaspar
geboren. Er war ein schwächliches und durch lange Krankheiten in seiner Entwicklung so zurückgebliebenes Kind, dass
er erst mit dem fünften Lebensjahr zu sprechen anfing. —
Dann aber war es, als ob die Natur ihr Versehen wieder gut
machen wollte; denn Bauhin holte das Versäumte so rasch
ein, dass er schon 1572, obwohl erst zwölfjährig, die Hochschule
bezog. Am 24. Oktober 1575 wird er Baccalaureus und das
Jahr darauf Magister artium, um sich dann mit der ihm
eigenen Energie den medizinishen Studien zuzuwenden, in
welchen er von seinem Vater schon häuslichen Unterricht
erhalten hatte. Als Knabe von 11 Jahren hatte er bereits
zwei Zergliederungen, welche Felix Plater und sein Bruder
Johann vorgenommen hatten, beigewohnt. Dieser Johann
Bauhin jun.,[6]) geb. 1541 in Basel, war einer der ausgezeich-
netsten Botaniker seiner Zeit, der als achtzehnjähriger Jüng-
ling mit Konrad Gessner einen wissenschaftlichen Briefwechsel
führte, 1566—1571[7]) als Professor der Rhetorik in Basel angestellt war, hierauf einem Ruf als Leibarzt des Fürsten
Ulrich von Württemberg nach Mömpelgard folgte, wo er 1613
starb. Er hat die Absicht gehabt, seine Kenntnisse in der

---

[1]) Miescher a. a. O. 22 mit einigen fehlerhaften Daten.
[2]) Histor. colleg. medicor. p. 42.   [3]) Ebend. p. 29.
[4]) Ebend. p. 40.   [5]) Ebend. p. 42.
[6]) Miescher a. a. O. 22. — Ersch und Gruber, Encykl. I 8,
189. — Hess a. a. O. 114. — Ath. Raur. p. 295.
[7]) 1571 wird er in das Collegium und Consilium Medicorum aufgenommen und geht bald darauf nach Mömpelgard. Histor. colleg.
Med. p. 24. Darnach zu verbessern Hess und Ath. Raur.

Pflanzenkunde in einem grossen Hauptwerk zusammenzufassen. Der Tod verhinderte ihn an der Ausführung des gross angelegten Planes. Es erschien 1619 bloss die Einleitung, welche sein Schwiegersohn Heinrich Gerler herausgab. — Die „allgemeine Geschichte der Pflanzen" liess erst viel später Graffenried drucken (1651) und sollen sich die Kosten des Werkes auf 40000 fl. belaufen haben.

Unzweifelhaft wird man es dem Einflusse des älteren Bruders zuzuschreiben haben, dass auch Kaspar von Anfang an mit besonderem Eifer sich auf Botanik verlegte. Deshalb besuchte er auch 1577 die hohe Schule in Padua, wo sich ein damals berühmter botanischer Garten befand. Von da begibt er sich 1579 nach Montpellier und noch im selben Jahre nach Paris, wo er vornehmlich den Unterricht des Chirurgen Severin Pineau geniesst, endlich nach Tübingen. Am 2. März 1581 promoviert er in Basel zum Doktor und vermählt sich am 16. Oktober mit der Tochter des württembergischen Kanzlers Vogelmann. 1583 wird er schon als praktizierender Arzt angestellt als Professor für griechische Sprache, am 6. Februar 1584 in das medizinische Kollegium aufgenommen.

An seine Person vor allen ist die Geschichte der Anatomie in Basel geknüpft. Nach der 1543 von Vesal abgehaltenen Anatomie verstrichen siebzehn Jahre, ohne dass sich einer der damaligen Ärzte in der gleichen Weise bemüht hätte und es gebührt Plater das grosse Verdienst, energisch auf eine Reform des Unterrichts in dieser Beziehung hingearbeitet zu haben. Am 3. April 1559 hielt er unter grossem Zulauf in der Elisabethenkirche seine erste Sektion ab an dem Leichnam eines Diebes, den ihm der Rat bewilligt hatte. Sie währte drei Tage. Er wiederholte diese Übung 1563 und 1571. In letzterem Jahre secierte er einen männlichen und einen weiblichen Leichnam und wahrscheinlich rührt das aus dem letzteren gefertigte Skelett, welches er der Universität schenkte, die ihm dafür 25 ℔ verehrte, und das noch im Vesalianum aufbewahrt ist, von dieser Sektion her. — Indes, Plater war zu beschäftigt, als dass er diese Übungen regelmässig hätte wiederholen können, wenn er auch für sich selbst noch öfter Zergliederungen muss vorgenommen haben, da er in der Vorrede zu seiner „Anatomie" angiebt, er habe über 300 Leichen seciert. [1] So verstrichen beinahe wieder zehn Jahre, ehe eine öffentliche Sektion stattfand. Dieselbe wurde unter Platers Vorsitz schon von dem jungen Bauhin am 28. Februar 1581 vollzogen. Sie dauerte fünf Tage und es wohnten ihr gegen siebzig Zuschauer bei und von da an werden sie häufiger. Die nächste fand schon 1584, dann 1586, 1588 (im August durch sechs Tage!) statt, alle durch Bauhin. — Soweit sind sie im Fakultätsbuch der Mediziner regelmässig als ein besonderes Ereignis erwähnt. Im Jahr 1589 wurde das anatomische Theater erbaut (s. o. S. 90) und damit hörten die öffentlichen Demonstrationen auf. Bedauerlicherweise hat der Rat es unterlassen dafür Sorge zu tragen, dass es in dem Theater auch nicht an Stoff fehle. Schon 1590 sieht sich das Ärztekollegium veranlasst, darüber in Verhandlung zu treten, ob es nicht möglich wäre, jährlich eine oder zwei Leichen aus dem Krankenhause zu erhalten, da die eines Hingerichteten nicht regelmässig verabfolgt würde; [2] Man kam jedoch zu keinem definitiven Beschluss. Erst eine auf Ansuchen der medizinischen Fakultät von der Regenz 1604 verfasste Bittschrift bewog den Rat, die Überlassung eines oder zwei Kadavers aus dem Spital zu bewilligen; doch musste man hiebei jedesmal noch die specielle Erlaubnis des Bürgermeisters und der Deputaten haben. Und auch dies wurde nur unter der Bedingung zugestanden, dass sich die Professoren verpflichten, wöchentlich 2—3 mal die Armen im Spital unentgeltlich zu besuchen und ihnen die Medikamente zu verschreiben. Diesen Besuchen hatten alle Professoren der Reihe nach jeder ein halbes oder ganzes Jahr sich zu unterziehen. [3] Indessen so schlecht hielt der Rat

[1] Gegen solche private Sektionen richtet sich ein Beschluss der medizinischen Fakultät vom 17. Okt. 1571. (Hist. coll. medicor. p. 25.) Decretum, ut si qui sunt qui cadaver in gratiam studiosorum secare volunt, publico id nomine non privato id faciant. Sumptus præstet Fiscus, stipem a studiosis collatam recipiat, honerario si potest sectorem et professorem Anatomiæ afficiat.

[2] Hist. coll. medicor. p. 58.

[3] Hist. coll. medicor. Eintragung zum Dezember 1604. — Darnach zu verbessern Miescher a. a. O. 32. — Hier sei auch des Legates

sein Versprechen, dass am 10. Juli 1607 die Mediziner den
Beschluss fassen müssen: Der Dekan mit dem Professor für
Anatomie möge sich bemühen, jedes Jahr den Kadaver eines
Verurteilten oder im Hospital Verstorbenen zu erhalten, da
entgegen den Statuten in den letzten Jahren mangels an
Substrat nicht regelmässig eine Anatomie abgehalten worden
sei. Wäre kein Kadaver erhältlich, dann solle der Anatom
ein oder zwei Tierkörper mit gleicher Sorgfalt zergliedern.
Auch habe die Sektion im Winter stattzufinden, damit sie
länger ausgedehnt werden könnte.[1] Tatsächlich musste man
auch schon 1609 seine Zuflucht zur Zergliederung von Tieren
und der anatomischen Behandlung einzelner Teile des menschlichen Körpers nehmen.

Professor für Anatomie und Botanik war eben damals
Bauhin. Die Professur war 1589 gleichzeitig mit dem anatomischen Theater errichtet und Bauhin, dessen Gewandtheit
in der Sektion und klarer Vortrag gleich bei seinem ersten
Auftreten allgemein bewundert worden war,[2] übertragen
worden. — In Universitätskreisen hatte man schon 1579, da
im Dezember des vorhergehenden Jahres sich die Zahl der
Studenten plötzlich mehrte, an die Gründung dieser dritten
Professur gedacht. Allein der böse Keller'sche Handel trat
der Ausführung dieser Idee auf ein Jahrzehnt hinaus hem-
mend in den Weg. Leider sind wir über den Verlauf der
neu aufgenommenen Unterhandlungen, die zu einem für die
Universität günstigen Resultat führten, nicht unterrichtet. Es
bestand darin, dass Bauhin, der gerade in dem Jahr 1589
einen ausserordentlichen Kurs über Anatomie unter Zugrundelegung der Tafeln Vesals und begleitet von Demonstrationen
am Kadaver gelesen hatte[3] und wegen Vakanz des Lehr-
stuhls für theoretische Medizin ersucht wurde, in seinen Vor-

der Claudia Grimella Baronin de Sales in der Höhe von 800 fl. gedacht
zum Ankauf von Medikamenten für die Armen im Spital.

[1] Histor. coll. Medicor. p. 40. Ebend. p. 92.

[2] Miescher a. a. O. 23. — Hess a. a. O. 152 ff.

[3] Hist. colleg. medicor. p. 55.... totamque anatomen in audi-
torio medico ad horam primam methodo anatomica tradidit ad tabulas
Vesalii instituit et sectionibus publicis privatisque conprobavit. Der
Kurs dauerte vom 16. Jan. bis 22. April.

lesungen fortzufahren, [1]) am 10. September von der Regenz zum dritten ordentlichen Professor für Anatomie und Botanik gewählt und am 24. vom Rate bestätigt wurde. Er eröffnete seine Vorlesungen am 15. Oktober mit der Lehre über die partes simulares. Er war verpflichtet, einmal wenigstens im Jahr eine Sektion vorzunehmen und im Frühling und Herbst je einen botanischen Ausflug mit den Studenten zu unternehmen. Dagegen wurde ihm gestattet, bloss dreimal wöchentlich zu lesen, während die übrigen Professoren viermal in der Woche lesen mussten. [2])

Damit war dem Studium des wichtigsten Zweiges der Arzneikunde eine bleibende Stätte an der Basler Hochschule gegeben worden und jeder weitere Fortschritt ermöglicht.

Bauhins Stärke war übrigens nicht die Anatomie, obwohl er auch in diesem Fache vorzügliches geleistet hat. Seine 1588 erschienene Anatomie wurde mehrmals aufgelegt; später veröffentlichte er gute Studien über Missbildungen und Zwitter; er hat ferner die erste anatomisch richtige Beschreibung der nach ihm benannten Grimmdarmklappe geliefert, welche allerdings schon lange vor ihm der Italiener Achellini († 1525) u. a. gekannt haben, [3]) und er hat endlich auf eine Vereinfachung der anatomischen Terminologie hingearbeitet, indem er alle Synonyma zusammenstellte und passendere Benennungen für einzelne Teile des Körpers einführte. [4]) Diese Leistungen werden jedoch von seinen Arbeiten auf dem Gebiete der Botanik bei weitem übertroffen. —

Als Bauhin seine Studien in diesem Wissenszweige begann, war man noch kaum recht über die Anfänge der rohesten Empirie hinausgekommen. [5]) Bauhins Lehrer Fuchs in Tübingen war Verfasser eines sogenannten Kräuterbuches, deren mehrere im Laufe des 16. Jahrhunderts von deutschen und niederländischen Pflanzenfreunden geschrieben wurden. Diese

---

[1]) Ebend. Er hielt ein Interpretationskolleg über Galeni de ossibus.
[2]) Ebend. fol. 56. Darnach zu verbessern Miescher a. a. O. 33.
[3]) Hirschel a. a. O. 172 und 174.
[4]) Hess a. a. O. 160.
[5]) Für d. folgende vgl.: Julius Sachs, Gesch. d. Botanik 1—40.

Männer beschränkten sich darauf, die Pflanzen eines oft ziemlich eng begrenzten Gebietes mit mehr oder weniger Geschick
zu beschreiben und begleiteten ihre Beschreibungen mit Abbildungen. Aber gerade in dieser auf der unmittelbaren sinn-
lichen Wahrnehmung ruhenden Betrachtung lag eine wohl-
tätige Reaktion gegenüber den, meistens auf blosses Abschreiben zurückführbaren Beschreibungen des Altertums und des
Mittelalters. Diese Beschreibungen enthielten zugleich gewöhnlich auch noch Auseinandersetzungen über den medizinischen Nutzen der betreffenden Pflanzen, denen sich im
Mittelalter oft solche über den teuflischen Charakter einer
Blume, besonders einer schönen Blume beigesellten.

Indem nun jene Männer bei der Abfassung ihrer Kräu-
terbücher von allen derartigen Nebenrücksichten gänzlich ab-
sahen, lehrten sie die Menschen sich wieder unbefangen dem
Genusse der Pflanzenwelt hinzugeben, brachen aber auch zugleich einer wissenschaftlichen Betrachtung derselben Bahn.
Denn es konnte nicht fehlen, dass dem fleissigen und denkenden Beobachter bald die Ähnlichkeit gewisser Pflanzenarten
zum Bewusstsein kommen musste, was zur Folge hatte, dass
man bei dem natürlichen Bestreben, die rasch angehäuften
Schätze von Kenntnissen einzelner Pflanzen systematisch zu
ordnen, auch nicht mehr bei der von Aristoteles übernom-
menen Einteilung der Pflanzen in Bäume, Sträucher und
Kräuter stehen blieb, sondern weitergehende Teilungen vor-
nahm und kleinere Gruppen bildete. Gestützt auf jene beobachteten Ähnlichkeiten der äusseren Gestalt kam man allmählich dahin, die Einteilung nach dem sogenannten Princip
der natürlichen Verwandtschaft der Pflanzen zu treffen, welches
damals allerdings nur instinktiv gehandhabt wurde, da es erst
dem 19. Jahrhundert beschieden war dasselbe in seiner Wirksamkeit recht kennen zu lernen.

In dieser Richtung nun zieht Bauhin die Summe der
Erfahrungen, welche seine Vorgänger gesammelt und die er
selbst noch mächtig bereichert hatte. Die naive, kunstlose
Beschreibung ist bei ihm einer knappen, formal durchgebil-
deten Charakteristik gewichen, die Pflanzen nach Gattung und
Art geschieden und gruppiert und jedes Gewächs dem ent-

sprechend mit einem Doppelnamen belegt, so dass ihm, und nicht Linné, die Einführung der jetzt allgemeinüblichen binären Nomenklatur zugeschrieben zu werden verdient.[1] — Bauhin trug sich mit dem Gedanken, sämtliche ihm bekannte Pflanzen in einem Werke zu beschreiben. Allein von demselben hat er selbst nur die Vorrede beendet (Prodromus theatri Botanici) und viele Jahre nach seinem Tode hat sein Sohn Johann Kaspar den ersten von den zwölf in Aussicht genommenen Bänden veröffentlicht. Mehr ist von dem Werke nicht erschienen, in welchem die geschichtliche Betrachtung den Höhepunkt dessen erkennt, was bei der damals befolgten Methode überhaupt erreicht werden konnte.[2] Bei der Ausarbeitung desselben war Bauhin auch von auswärtigen Gelehrten durch Zusendung von Pflanzen unterstützt worden; selbst aus Ostindien erhielt er durch den Jesuiten Johannes Terenzius solche zugeschickt. — Es gelang ihm auf diese Weise sich ein wohlausgestattetes Herbarium von über 4000 Nummern anzulegen.[3] Herbarien waren damals noch etwas Selteneres. — Das älteste in Deutschland angelegte Herbarium reicht wenig über 1560 zurück.[4] Von Basler Gelehrten besass F. Plater ein Pflanzenbuch, mit dessen Anlage er schon als Student in Montpellier begonnen hatte und über das Herr von Montaigne, der 1580 auf seiner Schweizerreise auch Basel berührte, in grosses Erstaunen geriet. So neu war ihm diese Art, Pflanzen getrocknet zu erhalten, dass er mit wenig Grund obzwar mit grosser Sicherheit Plater sogar als den Erfinder dieser Methode bezeichnet.[5] — Ausser dem Prodromus hat Bauhin aber noch ein botanisches Werk geschrieben, mit dem er der Wissenschaft den grössten Dienst geleistet hat. 1623

---

[1] Sachs a. a. O. 36.   [2] Sachs a. a. O. 35.
[3] Hess a. a. O. 161.   [4] Sachs a. a. O. 20.
[5] Montaigne M. v., Reisen durch d. Schweiz etc. 1580 u. 1581 aus dem Französ. Halle 1777 1, 144 vgl. auch Ochs 6, 406. Entre autres choses il (Plater) dresse un livres des simples qui est déjà fort avancé et au lieu que les autres fond peindre les herbes selon leurs couleurs *lui a trouvé l'art* de les coler toutes naturelles si proprement sur le papier, que les moindres feuilles et fibres y apparoissent comme elles sont .... et montra des simples qui y etoient collés il y avoit plus de vingt ans.

erschien als Frucht 40jährigen Forschens sein Pinax theatri
Botanici, „das erste und für jene Zeit vollkommen erschö-
pfende Synonymenwerk". Dasselbe war eine Notwendigkeit
geworden infolge der Verwirrung, die in Betreff der Be-
nennung einzelner Pflanzen bei den verschiedenen Botanikern
des 16. Jahrhunderts nicht bloss, sondern auch früherer Zeiten
herrschte. Dieselbe rührte hauptsächlich daher, dass die meist
ungenauen Beschreibungen der antiken Schriftsteller, besonders des Dioscorides, von den verschiedenen Gelehrten spä-
terer Jahrhunderte oft auf ganz verschiedene Pflanzen übertragen wurden, wobei man überdies von der falschen Voraus-
setzung ausging, dass diese von Plinius, Aristoteles u. a.
beschriebenen Pflanzen auch im Norden wild wachsen. Auch
war es unvermeidlich, dass bei der Beschränktheit des Ar-
beitsgebietes der Botaniker des 16. Jahrhunderts gleiche
Pflanzen verschieden benannt wurden. Indem sich nun Bauhin, der schon in Hinsicht auf die blosse Zahl ihm bekannter
Pflanzen alle seine Vorgänger überholte, die Mühe nahm
„für jede von ihm aufgeführte Species nachzuweisen, wie sie
bei den früheren Botanikern genannt wurde," schuf er in
seinem Pinax ein Hilfsmittel, sich in dem Gewirre, das er
zugleich zu beseitigen strebte, zurechtzufinden. Und so vor-
trefflich ist dieses Buch gearbeitet, dass es von fachkundiger
Seite als ein noch heute unentbehrliches Werk bezeichnet
wird. [1])

Bauhin verfasste ferner einen Katalog der im Umkreis
von einer Meile um Basel wachsenden Pflanzen (1622) und
schliesslich mag hier noch darauf hingewiesen sein, dass er
zuerst die Ende der 80er Jahre in Europa eingeführte Kartoffel lateinisch benannt und beschrieben hat.[2]) —

Bauhin war eitel: eitel auf seine Entdeckungen, eitel
auf seine Kenntnisse, eitel auf seine Stellung. Dieser Zug
seines Charakters erklärt eine Episode in der Geschichte der

[1]) Sachs a. a. O. 37.
[2]) Geering, Industrie und Handel Basels, S. 578. Über die Ab-
leitung des Namens Kartoffel vom italienischen tartuffoli, vgl. Weigand,
deutsch. Wörterb. 2.

Universität, in der er die Führerrolle übernahm[1]) und die
eben, Dank der von ihm entwickelten Energie, eine durchaus
persönliche Färbung trägt. Es war im Jahre 1598. — Bauhin war Rektor. Er beginnt seine Eintragungen in das Beschlüssebuch der Regenz mit der Erklärung, dass dieses Jahr
für die Universität eine denkwürdige Epoche bilde. Seit
ihrer Gründung seien 140 Jahre verflossen, welche durch das
Ereignis von 1529 in zwei gleich lange Perioden geteilt wurden. Mit dem nächsten Amtsjahr beginne also die dritte
Periode ihres Bestandes. So lebendig war damals noch das
Bewusstsein von der Grösse der die Reformation begleitenden
Begebenheiten, dass sie als Ausgangspunkt einer Zeitrechnung
angenommen wurden, in der selbst das Datum des hundertjährigen Bestandes nichts galt.

Als nun die Hochschule wieder eröffnet wurde, seien in
den neuen, vom Rate gegebenen Statuten einige Bestimmungen des früheren Privilegs geändert worden. Infolge davon
wären jedoch mannigfache Irrungen zwischen den Behörden
und der Universität entstanden. Das schliessliche Resultat
sei aber das gewesen, dass die Universität fort und fort an
Boden verloren habe.

Bauhin findet das bestehende Verhältnis einer Hochschule unwürdig; er ist erfüllt von den Anschauungen einer
entschwundenen Zeit, welche in den Universitäten fast selbständige, mit weitreichenden Machtbefugnissen ausgestattete
Institute erblickt hatte und er hält den Zeitpunkt für geeignet,
um einen kräftigen Versuch zu machen, die verlorene Stellung
wieder zu gewinnen. Am 12. Juli 1598 beruft er eine Regenzsitzung ein, in welcher eine eingehende Untersuchung der
bezüglichen Beschwerdepunkte im Princip beschlossen wurde.
Darauf folgte am 19. Oktober der Beschluss, alle Privilegien
aus den Archiven dem Rektor zu übergeben, der sie mit den
Dekanen durchzunehmen habe. In der Dekansitzung vom 26.
Oktober wurde aber dann die ganze Arbeit Bauhin allein
überlassen, was die Regenz am 7. November genehmigte.
Sie beschloss damals ferner, dass einige Professoren in eige-

---

[1]) Die Zeugnisse auf die sich die folgende Darstellung stützt,
finden sich im Lib. concl. fol. 92—94 und Privil. univ. Basil. p. 457—491.

nem Namen, bei ihren vertrauten Freunden in Heidelberg,
Tübingen, Freiburg anfragen sollten, wie es dort um die
„akademischen Gewohnheiten" stünde.

Der Rektor hatte seine Arbeit bald beendigt. Am 20.
Januar 1599 legte er die Beschwerdeschrift [1]) den Dekanen,
am 27. der Regenz vor. Bauhin war bei der Abfassung derselben mit der grössten Genauigkeit zu Werke gegangen.
Er hat damals eine Sammlung von Abschriften von sämt-
lichen die Universität beteffenden Aktenstücken veranstaltet, [2])
welcher er das geharnischte Motto vorsetzte: Rebus bonis
nemo offenditur nisi cui mens est mala. Er selbst hat ein Ma-
terienregister anzulegen begonnen und die Dekane beauftragt,
nochmals das Archiv zu durchsuchen, ob nichts übergangen
worden sei. [3])

Es waren hauptsächlich drei Punkte, welche in der Beschwerde zur Sprache kamen; Beeinträchtigung der Freiheit
der Akademiker betreffend Dienstleistung bei der Stadtwache,
respektive Bezahlung des Wachegeldes; Verbot der Verhaf-
tung von Universitäts-Verwandten durch die Stadtpolizei und
endlich Jurisdiktion der Universität. —

Die Schrift wurde in den beiden Sitzungen verlesen,
jedem einzelnen Senator zur Durchsicht mitgegeben, schliesslich den Fakultätsräten vorgelegt, welche aufgefordert wurden, ihre etwaigen Bedenken oder Wünsche schriftlich einzu-
reichen.

Man scheint mit dem Inhalte derselben im ganzen einverstanden gewesen zu sein.

Doch befürworteten die Juristen eine schärfere Formu-
lierung der Punkte, in welchen die Universität geschädigt sei,
sowie derer, welche kontrovers seien; die Mediziner wünschten Aufnahme einer Bestimmung, durch welche das Stadtgericht verpflichtet würde auch die Urteile des Universitäts-
Konsistoriums zur Ausführung zu bringen und schliesst sich
hierin den Theologen an, welche meinten, es wäre gut wenn

---

[1]) Sie ist leider nicht erhalten und deshalb habe ich die später
angeführten Fakultäts-Gutachten etwas ausführlicher behandelt.

[2]) Archivum Academicum Bd. I (U. A.) Vgl. Beil. XII. Nr. 3.

[3]) Lib. concl. fol. 92 zum 26. Febr. 1599.

die Juristen die Leges consistorii den legibus iudicii urbani
konform in „ein Korpus bringen würden". — Die Theologen
endlich wünschten die Einleitung etwas abgeändert. Zunächst
möge hervorgehoben werden, „die väterliche und gnädige
Schirmung, so von den G. H. der Akademie durch Gottes
Trieb bisher geleistet worden und wie die Universität ver-
hoffe, die G. H. werden das Beispiel ihrer Vorfahren nachzuahmen nicht unterlassen. In dieser Voraussicht hätten sie
(die Professoren) aus dringenden Ursachen sich bewogen gefühlt, gewisse Einträge, welche gegen ihre Privilegien geschehen sind, dem Rat schriftlich vorzulegen. Denn durch
diese Einträge käme die Universität in Verruf, als besässe
sie keine Jura und dadurch würden fremde und freie Leute
abgehalten."

Einstimmig erklärten aber die Fakultäten, dass man
zunächst die Deputaten für die Sache interessieren müsse.
Diesem Begehren wurde durch einen Regenzbeschluss vom
26. März entsprochen und drei Tage später fand die Haupt-
versammlung statt. Bauhin hielt eine grosse Rede, in welcher
er die Wünsche der Akademie formulierte, die in unzwei-
deutiger Weise auf eine Wiederherstellung der Statuten von
1460 abzielen, so wenn er daran erinnert, dass der Rat und
Bürgermeister für sich und ihre Nachkommen und die ganze
Bürgerschaft geschworen haben, die Freiheiten der Universität
zu halten, Zuwiderhandelnde in eine Busse von 100 fl. Rh. zu
verfällen, „dass auch die G. H. der Universität Vollmacht gegeben, für sich und ihre Angehörigen Satzungen zu machen,
wofern diese nur der gemeinen Wohlfahrt nicht widerstreiten
und dieselben ohne Bewilligung der Universität nicht abzu-
schaffen." Auch sei der Universität 1560 durch die damaligen Deputaten Heinrich Petri, Hans Meyer und Lux von
Brunn schriftlich augezeigt worden, dass eines E. R. Meinung
nicht sei den Schulfreiheiten etwas abzubrechen. Er hoffe
nun, dass die Universität sich auch ferner der Gunst des
Rates zu erfreuen haben werde. Dazu könne er aber nicht
unterlassen die Deputaten darauf aufmerksam zu machen, dass
die Universität verschrieen sei, als geniesse sie keine Privilegien, und dass besonders die fremden Studenten oft klagen,

sie seien wider die Freiheit bekümmert worden. Die Deputaten verlangten hierauf nach kurzer Beratung alles schriftlich, um es dem Rat vorlegen zu können und versprachen im übrigen ihre Unterstützung. Bauhin bittet um Zutritt einer Deputation der Regenz zum grossen Rat, der gewährt wird.

Am 20. April fand eine Regenzsitzung statt, in der beschlossen wurde nicht alle Aktenstücke vorzulegen, sondern bloss diejenigen, welche bei der Gründung von 1460 der Universität erteilt worden waren, ein allerdings nicht sehr glücklicher Schachzug, durch den man kaum etwas anderes bezweckt haben kann, als den Eindruck, den die Verlesung der alten Privilegien hinterlassen mochte, nicht abzuschwächen. Am 11. Mai erschien die Deputation, bestehend aus dem Rektor Bauhin, Jakob Grynäus, Felix Plater und Jakob Zwinger vor dem Rat. Nach Verlesung der Beschwerdeschrift und der Privilegien, der alle, sogar der Stadtschreiber aufmerksam zuhörten, ergriff Grynäus und nach ihm Plater das Wort. Neue Argumente wurden jedoch nicht vorgebracht. — Abends ging Bauhin zum Bürgermeister Johann Rudolf Huber um sich über den Stand der Angelegenheiten zu erkundigen. Derselbe versicherte ihn, alles ginge gut und er persönlich werde auf alle Weise die Ehre der Universität wahren und ihren Nutzen fördern. Indessen Bauhin muss seinen Bericht mit den Worten schliessen: „So war gegründete Hoffnung vorhanden, dass die Sache gut von statten gehen werde; spätere Störungen sind auf Einflüsse Übelwollender zurückzuführen, deren Namen mehreren bekannt sind, die aber des Friedens wegen unterdrückt bleiben müssen." Und tatsächlich verlief unter dem nächsten Rektor Ryff die ganze, mit solchem Eifer eingeleitete Bewegung im Sand. Im Oktober traten zwei, vom Rat und Regenz zur nochmaligen Beratung des Gegenstandes gewählte Ausschüsse in Verhandlung, welche damit endigte, dass eines schönen Tages der Stadtschreiber zum Rektor kam und erklärte, der Rat könne in den Protokollen die Beschlüsse nicht finden, auf welche sich die Regenz in ihrer Beschwerdeschrift stütze, sondern nahezu das Gegenteil derselben; wenigstens enthielten die ihnen bekannten Beschlüsse nichts der Universität Nachteiliges und das meiste

betreffe Kleinigkeiten. Auf das hin beschloss die Regens die
Sache nicht weiter zu betreiben, und der am 11. Juni 1600
abtretende Rektor begnügte sich damit, über den Stand der
Angelegenheit kurz zu berichten. [1]) An dem bestehenden
Verhältnis wurde nichts geändert und die vorwaltende Stellung
des Rates blieb ungebrochen.

Nach Platers Tode wurde Bauhin gegen seinen Willen
zu seinem Nachfolger für praktische Medizin gewählt (13.
Oktober 1614), [2]) und gleichzeitig zum Stadtarzt ernannt.
Er starb am 5. Dezember 1624. Bauhin war dreimal verheiratet
gewesen. Aus der ersten Ehe stammte bloss eine Tochter,
Anna Maria, welche 1601 (?) des Rechtsgelehrten Johann
Jakob Fäsch Frau wurde; aus der dritten, die er mit Mar-
gareta Burckardt von Basel schloss, stammte ein Sohn Johann
Kaspar und eine Tochter Maria Magdalena, welche später
den Mathias Harscher ehelichte.

Neben Plater und Bauhin, den wissenschaftlich bedeutendsten Medizinern, welche Basel im 16. Jahrhundert aufzuweisen hat, wirkten aber noch eine Reihe in ihrem Fache
mehr oder weniger hervorragender Männer, deren hier zu ge-
denken ist.

Am 10. November 1558 wurden gleichzeitig in die
medizinische Fakultät aufgenommen: [3]) Heinrich Pantaleon,
Wilhelm Gratarolus, [4]) Joh. Jak. Huggelius [5]) und Adam von
Bodenstein. Gratarolus war der Sohn eines Arztes in Ber-
gamo, geboren 1516, musste als Anhänger des Protestantismus
nach Deutschland flüchten (1549), und liess sich endlich in
Basel nieder. 1561 folgt er einem Rufe nach Marburg, kehrt

---

[1]) Lib. concl. fol. 94 f.

[2]) Datum irrig bei Hess a. a. O. 159, Okt. 5.

[3]) Histor. colleg. medicor. p. 9.

[4]) Ath. Raur. p. 174 = Miescher 17. — Leu, Lex. 9, 116 und
Splnt 2, 593. — Jöcher 2, 1137. — Iselin 2, 563. — Die Athenæ
Rauricæ haben teilweise unrichtige Daten. — Gratarolus führte ein
Wappen, welches Hist. coll. medicor. folgendermassen beschrieben ist:
Insigne seu scutum est leo in suo naturali colore in campo rubro
erectus cum tyrocnesti in altera anteriori planta, ut bis videre est
in ornatissima Basil. acad. bibliotheca in vitro et in muro.

[5]) Über Hugkel, vgl. Beil. X Nr. 38.

aber im nächsten Jahre aus Gründen, welche nicht näher bekannt sind, wieder nach Basel zurück, indem er erklärte er wolle lieber hier ohne Stipendium, als dort mit seinen 200 fl. leben. [1] — Er galt als ein geschickter Arzt. Konrad Lycosthenes verdankte ihm seine Wiederherstellung nach einem schweren Schlaganfall, der ihn der Stimme beraubte und die ganze rechte Seite lähmte. [2] Gratarolus starb an einer „epidemischen Krankheit", 16. April 1568 [3]). — Seine Schriften sind sehr zahlreich und beziehen sich auf Fragen der Hygiene; er handelt über Natur und Wirkung des Weines, über das Verhalten auf Reisen, über Witterungseinflüsse, Heilquellen u. s. w. Interessant ist auch eine seiner Abhandlungen, welche als einer der frühesten Versuche eines ausführlicheren Reisehandbuchs gelten kann. [4] Sie enthält Nachrichten über die zu jener Zeit vorhandenen Reiserouten, namentlich über die grossen Strassen, welche vom Norden nach Südosten und Südwesten die Schweiz durchschnitten.

Adam Bodenstein war der Sohn des in der Reformationsgeschichte so bedeutsam hervortretenden Andreas Bodenstein, genannt Karlstadt. Er war geboren 1528 in Kemberg, studierte in Basel, wo er 1537 an die Hochschule kommt, am 26. Oktober 1546 Baccalaureus und am 8. Februar 1548 Magister wird. [5] In ihm wohnte ein gleich unruhiger, dem Excentrischen sich zuneigender Geist, wie in seinem Vater, und diese ererbte Anlage erklärt es zur Genüge, weshalb gerade er unter den Basler Gelehrten und Ärzten sich mit besonderer Vorliebe den Doktrinen des Paracelsus anschloss

---

[1]) Hist. coll. medicor. p. 12.

[2]) Vgl. seinen eigenen Bericht hierüber. Ath. Raur. p. 174 f.

[3]) Hist. coll. medicor. p. 18.

[4]) Proficiscentium seu magnis itineribus diversas terras obeuntium medicina quibuscumque valetudinis itineribus depellendis apprime necessaria autore Guilelmo Grattarolo medico et philosopho. Coloniæ, Petrus Horst 1571. — Hoch, die ersten Posteinrichtungen in der Schweiz, Berner Taschenbuch 1884 S. 70 ff.

[5]) Seine These lautete: An elementa in corporibus mixtis per suas formas an per qualitates tantum insint. — Adamus Bodenstcini Kembergensis — VI id. febr. 1548. Theatr. virt. I.

und ihnen weitere Geltung zu verschaffen suchte[1]). Es wird bemerkt, dass er dessen Lehren zuerst in Basel vortrug. Er gab auch mehrere Schriften des Paracelsus heraus, deren einige er ins Deutsche übertrug. 1572 liess er mit Hilfe des Rates von Mülhausen den Paramirum des Paracelsus drucken.[2]) — Er selbst hat ein Wörterbuch zu den Schriften seines Lehrers verfasst[3]) und einige kleine Abhandlungen veröffentlicht, welche zeigen, dass er hauptsächlich an den alchymistischen Beisätzen in der Lehre des Paracelsus Geschmack gefunden hat. In einem offenen Sendschreiben an die Fugger will er beweisen, dass die Alchymie eine wahre Kunst sei und der Stein der Weisen gefunden werden kann. In der gleichen Richtung bewegt sich ein anderer Traktat, der von den Kräutern handelt, deren Heilkraft von gewissen Beziehungen zu den zwölf Zeichen des Tierkreises abhängig gedacht wird.

Der Fakultät gehörte Bodenstein seit dem Jahre 1564 nicht mehr an. Am 27. Januar war er wegen Veröffentlichung „verschiedener häretischer und anstössiger Bücher von Fakultät und Rat der Ärzte ausgeschlossen worden".[4])

---

[1]) Ath. Raur. p. 22 nennt ihn kurz filius (Andree) medicus Th. Paracelsi imitator atque interpres primus ob. 1577 aet. 49. Miescher a. a. O. 13 und 16 (hier mit irrigem Datum seines Ausschlusses 1563). — Eine kurze Notiz enthält Ersch und Gruber I 11, 145. — M. Adam l. c. 2, 231. — Iselin 1, 521 = Leu 4, 163. — Jöcher 1, 1157 (mit Karlstadt als Geburtsort). — A. D. B. 3, 7. — Hirschel a. a. O. 223. — Häser, Gesch. d. Mediz. 2³, 108.

[2]) Beitr. zur vaterl. Gesch. her. v. d. histor. Ges. in Basel 5, 122.

[3]) Onomasticon Basel 1574. — Gleichzeitig erschien in Berlin das Onomasticon des Leonhard Thurneysser mit grösstenteils ganz andern Wörtern. Vgl. über Thurneysser, Häser, Gesch. d. Mediz. 2³, 110 f. — Nach Bodensteins Tod erschien 1577 sein: Herrlicher philosophischer rhatschlag zu curiren Pestilentz, Brustgeschwer etc. Magnificis dominis consulibus tribunis senatui populoque Basiliensi offert A. v. B.

[4]) Hist. col. medicor. p. 13. Das Ausschliessungsdekret lautet: Ze wüssen sige menglichn: Nachdem Doctor Adam von Bodenstein etliche Jahr her einer Ehrwürdigen Facultät der Medicin zu Basel collega gsin und aber ohne wüssen bemeldter Facultet etliche Bücher, so der rechten wahrn Medicin und derselbigen Grundt zewider, in truck oncensiert ussgon lassen und sich hiemit der Theophrastischen

Aus der ablehnenden Haltung, welche das Professoren-
Kollegium gegenüber der Lehre des Paracelsus, die eigentlich
auch erst später recht wirksam geworden ist, einnahm, ist es
nachmals doch herausgetreten und die unbedingte Verurteilung
der „falschen Lehre" hat einer unparteiischeren Würdigung
Platz gemacht. Sie ist ihr hauptsächlich durch Theodor Zwinger zu Teil geworden. Indem aber die Büchercensur den Satz
durchgehen liess, in welchem Zwinger es aussprach, dass Paracelsus grosse Entdeckungen gemacht habe, die durchaus nicht
verworfen werden dürften, [1]) so kann man aus diesem Umstand unschwer auf eine Gesinnungsänderung im allgemeinen
schliessen.

Theodor Zwinger [2]) war geboren am 2. August 1533.
— Sein Vater Leonhard hat 1526 das Basler Bürgerrecht erhalten. Die Familie war ursprünglich in Bischofszell ansässig
und hiess eigentlich Speiser. Ein Johann Speiser war bischöf-
licher Verwalter im Bistum Konstanz (1452) und Leonhards
Vater Jakob war von Kaiser Max I. in den Adelstand erhoben worden (1492). Leonhard war seines Zeichens Kürsch-
ner. Er vermählte sich mit Christiane Herbster, Schwester
des Buchdruckers Oporin. Christiane heiratete in zweiter
Ehe, als Zwinger schon 1538 starb, Konrad Lycosthenes.
Oheim und Stiefvater übernahmen nun die Ausbildung Theodors,

falschn lerr anhängig gemacht, deshalben dann Er fründlichn von einer
E. F. vom sollichen sinem fürnehmen abzeston ermant und sines iura-
ments erinnert wordn, dieweil und aber gedachter doctor A. v. B. umb
alle fründliche Abmahnung nützit geben wolln — hat eine gemeine
facultas Medica sich einhelliglich entschlossn den gemeldtn Doctor
A. v. B. hinfürter für ihrn Collegam nit mer zehalten sondern das er
uss ihrer facultet und consilio ussgeschlossen sin solle. Sollichs ist
ouch zu künftiger gedechtniss durch den Universitet notariu in dises
buch ze schriben befolchen worden. Montag 27. Jan. 1564. Nicolaus
ImHoff Academiæ Basil. notarius.

[1]) R. Wolf, Biographien zur Kulturgeschichte der Schweiz 3, 120.

[2]) Miescher a. a. O. 18 — Ath. Raur. p. 208 f. (mit den biographischen Angaben) und 361 und 425. — Iselin 4, 996. — M. Adam
l. c. II, 301. — Jöcher 4, 2246 (mit Verzeichnis seiner Schriften). —
Haeser, Gesch. der Mediz. 2³. 17 und 115. Eine gute Zusammenstellung der Familienmitglieder Speiser-Zwinger bei Hagenbach, die theologischen Schule Basels 1860, S. 63. Beil. I.

dessen Talente und körperliche Anmut frühzeitig Aufmerksamkeit erregten. Er wurde in Platers Schule getan. 1548 kommt er an die Universität. In dem jungen Burschen steckte aber ein unbändiger Wandertrieb. Gegen den Willen seiner Angehörigen, ja, wie es scheint, ohne ihr Vorwissen, begiebt er sich noch im gleichen Jahr auf Reisen. Von Zürich aus richtet er einen Brief an seine Eltern,[1] in dem er sich eingangs wegen seines Wegzugs entschuldigt. Allein einer, der nicht gewandert sei, sei wie „unbachnes" Brot. Er sei guten Mutes und werde sich durchschlagen, ohne ihre Unterstützung in Anspruch nehmen zu müssen. Sein Reiseziel sei zunächst Lyon, sowohl um französisch, als auch um das Papsttum kennen zu lernen. Sein Vorsatz sei, Prädikant zu werden, und als solcher könne er das Wort des Herrn nicht recht lehren, wenn er nicht vorher die „Irrsäl" gesehen habe. Zwinger hat seinen Reiseplan auch durchgeführt. Drei Jahre blieb er in Lyon. Er musste sich seinen Lebensunterhalt schwer verdienen, indem er sich bei einem Buchhändler verdingte. Von Lyon aus ging er nach Paris. — Er trieb hier mit einem alles Mass verkennenden Eifer philosophische und linguistische Studien; er hörte vor allem Peter Ramus, den heftigen Gegner des Aristoteles. Er bekannte später, dass er ihm weder in seiner Beurteilung des Aristoteles, noch in seinen anderen Lehrmeinungen in allen Punkten hätte beipflichten können, dass er aber aus seiner Logik mehr gelernt habe, als aus den Spitzfindigkeiten aller Sophisten, die früher gelebt hätten. Er bewahrte auch später gegen die ramistische Philosophie eine mehr ablehnende Haltung, was ihn jedoch nicht hinderte, ihrem Urheber gastfrei sein Haus zu öffnen, als derselbe von Paris nach Basel flüchtete, und ihn zum Taufpaten seines eben damals geborenen Sohnes Jakob zu wählen.[2] Gleichzeitig trieb er aber auch emsig Latein, Griechisch, Hebräisch, Syrisch und selbst in die Geheimnisse der Kabbala versuchte er einzudringen.[3] Zwinger hat als gereifter Mann auf jene Zeit mit Bedauern zurückgeblickt. Er versichert, dass seine

---

[1] Gedruckt bei Buxtorf, Basler. Stadt- u. Landgesch. Heft 2, 93 ff.
[2] Ath. Raur. p. 362. — Über Jakob Zwinger vgl. Beil. X. Nr. 53.
[3] Vgl. die Vorrede zu seiner Methodus apodemica.

Reiselust seine Studien nachteilig unterbrochen habe. In Lyon habe er nicht nur nichts gelernt, sondern auch die erworbenen Kenntnisse wieder eingebüsst und in Paris sei er zwar der Gefahr der Unbildung entronnen, dafür aber in eine noch grössere geraten, indem er die Überzeugung nährte, die Bildung beruhe einzig und allein in einem Flickwerk alles Wissenswürdigen.[1])

Von Paris kehrte Zwinger 1553 nach Basel zurück. Er hielt sich aber nur kurze Zeit auf und zog bald weiter nach Italien. Der Buchhändler Peter Perna soll hauptsächlich das Zustandekommen dieser italienischen Reise ermöglicht haben.

Zwinger, der sich mittlerweile entschlossen hatte, Medizin zu studieren, bezog demgemäss die Universität in Padua, welche damals eine ebenso vortreffliche medizinische Schule besass, wie Montpellier in Frankreich. Zwinger genoss da den Unterricht des Anatomen Gabriel Fallopia († 1562), der mit dem Franzosen Jakob du Bois und dem Belgier Vesal sich in das Verdienst teilt, das Studium des menschlichen Körpers wieder erweckt zu haben,[2]) ferner des Joh. Baptista Montan,[3]) ausgezeichneten Kenners und Bearbeiters der Schriften des Hippokrates und eines der ersten, der den klinischen Unterricht einführte, des Victor Trincavella,[4]) eines tüchtigen Praktikers und guten Beobachters, u. a., welche alle grösseren oder kleineren Anteil an der Reform ihrer Disciplin hatten, die in der Zurückweisung der Galenisch-arabischen Theorien und in dem Zurückgreifen auf die alten Griechen, besonders Hippokrates, und der Anregung zu einer freien Forschung bestand. Diesen Männern verdankte Zwinger tüchtige Schulung zu seinem Beruf. Den grössten Einfluss auf den jungen Mann übte aber Bassianus Landus, Professor der Anatomie († 1562), aus. Durch ihn wurde Zwinger, sowohl durch seine Vorlesungen, wie durch private Unterredungen von der Einseitigkeit der Ramistischen Philosophie befreit, mit Aristoteles vertraut und vor allem zu einer methodischen Forschung ange-

---

[1]) In centonibus disciplinarum eruditionem omnem sitam esse mihi persuaderem, ebend.

[2]) Häser, Gesch. d. Mediz. 2³, 48.

[3]) Ebend. p. 128.   [4]) Ebend. p. 135.

leitet. Zwinger hatte das Gefühl, als müsste er seine Studien
nochmals von vorne beginnen [1]) und so blieb er denn auch
über sechs Jahre in Padua, promovierte 1559 zum Doktor
und kehrte ausgestattet mit Kenntnissen von nicht gewöhn-
lichem Umfang nach Basel zurück. — Hier wird er noch im
selben Jahr am 4. Dezember in das Kollegium und Konsilium
der Ärzte aufgenommen. Seine Freunde Basilius Amerbach
und Felix Plater vermittelten dann eine Heirat zwischen ihm
und Valeria Rüdin, durch die er in eine finanziell sorgenfreie
Stellung kam. Dieser vom Druck der äusseren Verhältnisse
befreiten Lage hat er sich mit vollem Behagen hingegeben
und sie benützt, um auch noch theologische Studien anzu-
fangen. Seine Freunde haben ihm das als eine unnütze Zer-
splitterung seiner Kräfte und Kenntnisse übel genommen. Er
hat sich aber dadurch nicht abhalten lassen, später doch noch
einen Kommentar zu den Psalmen herauszugeben und sich
auch mit Eusebius beschäftigt. 1565 übernahm er die Professur für griechische Sprache. 1570 gab er auf Beschluss
seiner Kollegen die Verordnungen der medizinischen Fakultät,
gesammelt und kritisch gesichtet, heraus, die in dieser Form
bis in die neueste Zeit herauf Geltung behielten,[2]) schuf im
nächsten Jahre den medizinischen Fiskus und gewann auf
den Unterricht Einfluss, indem er die Einführung eines Fest-
mahles nach den monatlichen Disputationen[3]) in Anregung
brachte, an dem die Professoren, der Disputant und Respondent teilnehmen sollten; der jeweilige Dekan sollte den Vorsitz führen und unter die anwesenden Tischgenossen zur Er-
leichterung der Kosten 20 sh. austeilen.[4]) In der Tat hat

---

[1]) Reintegrato studiorum curriculo veluti a meta usque ad car-
ceres redire cœpi, in der oben cit. Vorrede.

[2]) Miescher a. a. O. 19.

[3]) Dieselben bestanden bei den Medizinern seit 1575.

[4]) Miescher ebend. Hist. coll. medicor. p. 85. — Miescher irrt
aber mit der Angabe, dass die prandia menstrua 1586 wieder aufgehoben worden seien. Erstens finde ich weder unter diesem noch unter
einem andern Jahr einen solchen Beschluss erwähnt und zweitens steht
ihm die Notiz entgegen in Hist. coll. medicor. p. 81 zu 1601: De con-
viviis menstruis. Ad convivia menstrua porro duos vel tres doctores
qui extra collegium sunt vocandos esse.

diese Bereicherung des Studienprogrammes ihre Wirkung nicht
verfehlt, indem fortan diese Disputationen regelmässig abgehalten wurden.

Pfingsten 1571 gab Zwinger seine griechische Professur
auf und übernahm die für Ethik. Am 31. Mai 1580 wird er
endlich an Kellers Stelle zum Professor für theoretische Medizin ernannt. Am 11. Oktober eröffnete er seine Vorlesungen.
Er ist in dieser Stellung bis zu seinem am 10. März 1588
erfolgenden Tode verblieben. Die ganze Stadt, besonders die
Armen, trauerten um ihn als ihren Wohltäter; niemand mehr,
als Basilius Amerbach, mit dem sowie mit Plater er in inniger
Freundschaft verbunden war: „mir ist das Leben verleidet,
seitdem dieser Mann nicht mehr ist," schrieb Amerbach. [1]

Zwinger ist auch als Schriftsteller nicht ohne Bedeutung,
obwohl seine besten Arbeiten nicht gerade medizinischen Inhalts sind. Das Theatrum vitae wird immer als ein Zeugnis
seiner umfassenden Gelehrsamkeit gelten müssen. Es ist ein
Versuch einer encyklopädischen Darstellung menschlicher
Fertigkeiten, Beziehungen und Triebe, zu der die Beispiele
der Geschichte aller damals irgend bekannten Völker entnommen sind. Er selbst kennzeichnet den Zweck dieses
Werkes, indem er sagt, dass Beispiele aus der Geschichte der
Menschheit, in zwanzig Bänden zusammengetragen, der philosophischen Betrachtung in jeder Hinsicht förderlich sein
werden, möge sie sich auf Physik, Medizin, Metaphysik,
Theologie oder Mathematik beziehen. Es ist nun allerdings
richtig, dass Zwinger nicht allein den ganzen riesigen Stoff
zusammengetragen hat, sondern dass die Arbeit zuerst von
seinem Stiefvater Lycosthenes in Angriff genommen worden
war, der fünfzehn Jahre auf die Sammlung des Materials verwendete, das ihm schliesslich über den Kopf wuchs. Zudem
wurde er noch durch Krankheit aufgehalten und so übergab
er das Material Zwinger, der den Stoff gliederte und überhaupt
erst nach wissenschaftlichen Gesichtspunkten verarbeitet hat.
Es erschien das Werk 1561 und hatte sich bei den Zeitgenossen eines grossen Beifalls zu erfreuen, so dass es binnen

---

[1] Miescher a. a. O. 19.

vierzig Jahren fünf Auflagen erlebte. Für uns hat es lediglich bibliographischen Wert mehr. Bleibenden Wert hat aber seine Methodus apodemica. Seine Absicht war, allen denjenigen, welche von dem „Wanderfieber" seiner Zeit ergriffen waren, Ratschläge zu erteilen, in welcher Weise sie ihre Reisen einrichten sollten, wenn sie einigen Nutzen von denselben erwarten wollten. [1]) Das Buch ist ganz unter dem Eindrucke seiner eigenen ihm schmerzlichen Jugenderinnerungen geschrieben; er betrachtet daher auch diese Begierde, in die Fremde zu ziehen, als ein Übel, als blosse Neugierde, der er nach seinem besten Können entgegentreten will. Überaus wertvoll wird nun diese Schrift, indem er nach einer allgemeinen, vom Endzweck des Reisens handelnden Einleitung an speciellen Beispielen darzutun sucht, was unter gegebenen Verhältnissen die Beachtung des Besuchers verdient und bei dieser Gelegenheit auch das Basel seiner Zeit eingehend in topographischer und kultureller Beziehung schildert, ebenso Paris und Padua und — wieder recht bezeichnend — auch Athen.

Eigentümlich ist seinen Schriften die streng logisch-determinierende Form, in welcher sie abgefasst sind, die sie zwar übersichtlich macht, ihnen dafür aber auch alles lebendige Kolorit raubt.

Unter seinen medizinischen Schriften hat die 1610 von seinem Sohn herausgegebene Physiologia medica Bedeutung bekommen durch die in derselben enthaltene Würdigung der Lehren des Paracelsus, die wie beide zugeben, manches Gute enthalten, das beibehalten zu werden verdient, so besonders seine Arzneimittel.

Nach dem Tode Zwingers blieb die Lehrkanzel für theoretische Medizin sechszehn Monate unbesetzt. Diese Verzögerung war verursacht durch die längeren und schliesslich doch resultatlosen Verhandlungen, welche mit dem Rate von Nürnberg über die Berufung Philipp Scherbs gepflogen wurden, der Professor der Medizin in Altdorf war. Scherb, der mit

---

[1]) Methodus apodemica in eorum gratiam qui cum fructu in quocumque tandem vitæ genere peregrinari cupiunt. a. Th. Zw. Basilee 1577.

Erfolg an der philosophischen Fakultät in Basel gewirkt hatte [1]) und 1584 auch in das Ärztekollegium aufgenommen worden war, wurde trotz dringenden Ansuchens und obwohl sich der Rat ausnahmsweise sogar zu einer Erhöhung des gewöhnlichen Gehaltes erbötig zeigte, [2]) vom Rate von Nürnberg, der das Patronatsrecht über die Schule in Altdorf übte, nicht freigegeben. [3])

Man verlieh endlich am 1. Juli 1589 die Professur an Joh. Nicolaus Stupa. [4]) Dieser heissblütige Bündtner gehörte

---

[1]) Ath. Raur. p. 211 — Miescher a. a. O. 25. — Leu, Lex. 16 1293 und Splnt 5, 346. — Jöcher 4, 254. — Iselin, Splt. 2, 945 (mit Verzeichnis seiner Schriften). Scherb war geboren 1555 in Bischofszell, 1581 (nicht 80) wird er Professor für Logik. (Lib. decr. fac. art. p. 119) und vom Febr. 1581 bis 13. Aug. 1583 auch Stellvertreter des Nic. Stupa für Organon Arist. (Lib. concl. 65' und 69), — 5. Febr. 1584 Professor für Ethik an Thomas Erastus Stelle (Lib. concl. fol. 69) und am nächsten Tage auch in die medizinische Fakultät aufgenommen. (Hist. coll. medicor. p. 44) zugleich mit Kaspar Bauhin. — Dieser bezahlte 3 fl., jener 5 fl. Eintrittsgeld. Scherb erhielt als der ältere auch in der Sitzordnung der Professoren den Platz vor Bauhin. Sept. 1586 folgt er einem Rufe nach Altdorf, wo er 11. Juli 1605 (bei Jöcher irrig, 11. Juni) gestorben ist. — Er war ein beliebter Lehrer und galt als ein witziger Kopf. Wenn er übrigens keine besseren Witze gemacht hat, als die Ath. Raur. p. 213 f. verzeichneten, so wird man zugeben müssen, dass die Anforderungen des 16. Jh. in dieser Beziehung bescheidene waren.

[2]) Lib. concl. fol. 74. — Miescher a. a. O.

[3]) Schreiben Scherbs vom 27. Nov. 1588 aus Nürnberg ex hospitio. Es tue ihm leid die Berufung ablehnen zu müssen, aber er habe wenige Tage vorher dem Rate von Nürnberg erklärt, dass er zwar viele moralische Verpflichtungen gegen Amerbach und Zwinger, aber keine gegen Basel habe. Schreiben vom Bürgermeister und Rat von Nürnberg 28. Nov. 1588 (in der Basler Regenz vorgewiesen und verlesen am 12. Dzbr.) und vom Rektor und Senat von Altorf vom 15. Dzbr. 1588 (verspätet), beide ablehnend. Der Nürnberger Rat erinnert daran, dass Scherb ohne jeden Vorbehalt angestellt worden sei; er habe also gegen niemanden mehr Verpflichtungen als gegen sie. Die Briefe befinden sich in einem Sammelband, der die früher im trunco senatus academici hinterlegten Akten vereinigt. (U. A.)

[4]) Ath. Raur. p. 215 (mit den biogr. Angaben) und p. 312, 335, 392. — Miescher a. a. O. 25. — Leu 17, 721 und Splnt 5, 678 (mit teilweise unrichtigen Daten). — Iselin 4, 522. — Jöcher 4, 908. — Lutz, Bürgerbuch 1819, S. 330 Nr. 445.

der Fakultät seit 5. September 1570 an.[1]) Seit 1. Februar
1571, als er die Professur für Logik übernahm, war er mit
einer Unterbrechung von zwei Jahren an der Artisten-Fakultät
tätig.[2]) Am 10. Oktober 1575 ging er zur Professur für
Organon über. 1580 veröffentlichte er eine lateinische Übersetzung von Macchiavellis „Fürsten." Die Publikation erregte
grossen Anstoss, besonders Hottomanus geriet in heftigen
Zorn. „Ihr wisst," schrieb er einem Freunde nach Zürich,
„dass selbst in Italien der Verkauf dieser Bücher verboten
ist; so voll Schmähungen gegen Gott und Christus sind sie."[3])
Stupa hatte seinen Kollegen, den starren Calvinisten, durch
geringschätzige Äusserungen über die Verfolgung seiner
Glaubensgenossen in der Pfalz und durch andere Bemerkungen,
in welchen ein gewisser Spott über den Eifer Hottomans
durchklingt, persönlich gereizt. Hottoman reichte eine Beschwerdeschrift beim Senat ein und es war schlimm für Stupa,
dass er zu gleicher Zeit sich die Gunst seiner Kollegen —
er gehörte der Regenz seit 1. Mai an — dadurch verscherzte,
dass er in leidenschaftlicher Aufwallung einen derselben in
aller Form durchgeprügelt hatte.[4]) Inzwischen ergriff die
Aufregung über den Druck der Macchiavelli'schen Schriften
immer weitere Kreise. Sogar von Zürich kamen Gesandte
und verlangten, dass gegen Stupa, besonders wegen der an
den Bischof Christof Blaarer gerichteten Vorrede eine Untersuchung anhängig gemacht werde. Dies geschah und Stupa
wurde durch Ratsbeschluss vom 31. Dezember 1580 seiner
Stelle enthoben.[5]) — Allein Stupa war ein beliebter Lehrer

---

[1]) Stupa geb. 9. Dzbr. 1542 in Pontresina, absolviert seine Gym-
nasial- und Universitäts-Studien in Basel 1557—1569. — Jan. 1565 wird
er Mgr. art. — April 1569 promoviert er zum Doktor Med.

[2]) Für die bezüglichen Daten sind erst die Ath. Raur. erste Quelle.
In den Fakultätsbüchern habe ich nichts über ihn gefunden.

[3]) Dareste in der Revue hist. 2, 400.

[4]) Lib. concl. fol. 64.ᵛ 10. Aug. 1580 wird er quia violenter
manus atque pedes in collegio inferiore sed citra læsionem collegæ in-
tulisset, zu einer Busse von 20 fl. verurteilt. — 7. Febr. 1581 wird abermals ein Streit zwischen ihm und Coccius beigelegt, derselbe muss
nach seiner Enthebung stattgefunden haben und kann den gegebenen
Daten nach nicht als Ursache derselben angesehen werden.

[5]) Diese Tatsache ist Dareste entgangen und infolge dessen drückt

und trotz seiner aufbrausenden Heftigkeit von seinen Kollegen geschätzt und so machten die Mitglieder der Regenz [1]) im Januar 1583 einen Versuch, ihm durch ein Gesuch beim Rat seine Professur wieder zu verschaffen; dasselbe wurde abgewiesen. Bald darauf wurde er aber dann doch wieder eingesetzt (15. August). [2]) Man empfängt den Eindruck, als habe der Rat auch diese Gelegenheit gerne erfasst, um seine Oberhoheit fühlbar werden zu lassen.

Immerhin erklären diese Vorgänge den Umstand, dass, als es sich um die Neubesetzung der Lehrkanzel für theoretische Medizin handelte, der Rat Bedenken trug dieselbe diesem Hitzkopf einzuräumen. Er dachte an Bauhin. Allein da Bauhin seiner „Praktik" halber auf diese Professur verzichtete, so konnte der Rat nicht mehr anders, als Stupa, dessen Ernennung in einem besonderen Schriftstück von der Regenz befürwortet wurde, [3]) zu bestätigen (1. Juli 1589). Am 25. August begann er seine Vorlesungen, die er erst in seinem 78. Lebensjahr abgab, indem er zu Gunsten seines Sohnes Emanuel 1620 auf seine Professur verzichtete. [4]) Er hatte schon 1614 an die Regenz das Begehren gestellt, unter Umständen seinen Sohn als Stellvertreter amtieren lassen zu dürfen, war aber damit abgewiesen worden: wenn er krankheitshalber nicht lesen könne, stehe es ihm frei seinen Sohn oder einen andern zu seinem Stellvertreter zu machen; sonst müsse er sich an die Ratsverordnung halten, welche jedem Professor selbst zu lesen gebietet. Die Regenz könne von sich aus keinen Stellvertreter ernennen. Auch die Auszahlung eines Stipendiums an seinen Sohn wurde ihm abgeschlagen, weil Stipendien an solche, die ihre Studien schon vollendet haben, nicht verabfolgt werden und zudem Stupas Vermögensverhältnisse derartige seien, dass er seinen Sohn auch ohne Stipendium er-

---

er sich so aus, als ob Stupa ohne Strafe davon gekommen wäre. Ganz verkehrt ist die Geschichte bei Leu a. a. O. erzählt.

[1]) Lib. concl. fol. 67.ᵛ

[2]) Ebend. fol. 69.

[3]) Der Rat hat zuerst die Wahl nicht bestätigen wollen. — Daraufhin das an die Deputaten gerichtete Rechtfertigungsschreiben. Sammelheft C IV. (U. A.)

[4]) Lib. concl. fol. 144. Schreiben Stupas vom 18. Febr.

halten könne [1]). Am 13. Oktober 1622 ist er gestorben [2]). —
Was seine schriftstellerische Tätigkeit betrifft, so hat er sich
als Übersetzer italienischer Werke und zwar meist historischen
Inhalts hervorgetan. Er übertrug ausser den genannnten Abhandlungen des Macchiavelli J. P. Contarinis Geschichte vom
venetianisch-türkischen Krieg von 1571 und die neapolitanische
Geschichte des Pandulphus Collenutius ins Lateinische. Auch
die astronomischen Schriften des Alexander Piccolomoni hat er
übersetzt, sich selbst in mathematischen Arbeiten versucht, und
von seinen medizinischen Schriften wird ein Kompendium über
theoretische Medizin lobend erwähnt [3]). Der Lehrstuhl für theoretische Medizin war dann weit über die hier zu behandelnde
Periode hinaus von Emanuel Stupa [4]) besetzt, der in dieser Stellung erst am 26. Februar 1664 starb. Nach dem was früher
von den Verhandlungen über die Besetzung dieser Professur
mit Nikolaus Stupa 1589 erwähnt wurde, wird man kaum
fehlgehen mit der Annahme, dass die Abneigung gegen ihn
in Regierungskreisen wesentlich mit dazu beitrug, dass nach
Platers Tode 1614 nicht er, sondern abermals sein glück-
licherer Rivale Bauhin zum Professor für praktische Medizin
befördert worden ist, obwohl dieser von seiner Versetzung
nichts wissen wollte. Allerdings wird man auch nicht ausser
Augen lassen dürfen, dass Stupa damals schon ein sehr alter
Mann war, der die Mühen seines Amtes zu fühlen begann
und der deshalb zur Übernahme einer neuen Professur nicht
mehr recht tauglich erscheinen mochte.

Nach Bauhins Tode 1624 erhielt die Professur für praktische Medizin Thomas Plater,[5]) — der um achtunddreissig Jahre

---

[1]) Ebend. fol. 128.   [2]) So Hist. coll. medicor. p. 107.

[3]) Miescher a. a. O. S. 26.

[4]) Ath. Raur. p. 217 = Miescher a. a. O. S. 26. — Leu
17, 722 und Splnt 5, 679. — Iselin 4, 523. — Jöcher 4, 908·
Emanuel, geb. 13. Dzbr. 1587 in Basel, stammte aus der zweiten Ehe
des Nikolaus Stupa mit Katharina Iselin. 1603 wird er immatrikuliert
— 1605 geht er nach Genf und wird nach seiner Rückkehr 1607 Baccalaureus und bald Magister artium, studiert unter Bauhin und Plater
und wird 2. Nov. 1617 Doktor, hierauf Nachfolger seines Vaters; s. o.

[5]) Ath. Raur. p. 187. — Miescher a. a. O. S. 26. — Jöcher 3·
1623 (unrichtiges Todesdatum 4. Dzbr.). — Iselin 3, 957.

jüngere Bruder des Felix, ein Sohn der zweiten Ehe, welche
der 73jährige Rektor Thomas Plater, wahrscheinlich nicht
zum grossen Vergnügen seines Felix, mit Esther Gross ein-
gegangen war und in der ihm innerhalb zehn Jahren noch
sechs Kinder geboren wurden, Thomas als ältester am 24.
Juli 1574. Bei ihm und seinen Geschwistern vertrat Felix,
als der Vater 1591 starb, dann Vaterstelle. Unter seiner
Leitung bildete er sich zum Mediziner aus. Doch hat er
auswärtige Schulen nicht besucht. 1600 wird er Doktor der
Medizin und übernimmt nach seines Bruders Tode die Professur für Anatomie und Botanik (13. Okt. 1614). Er war
auch der Erbe der reichen Sammlungen, welche Felix, der
kinderlos geblieben war, ihm vermachte. Thomas starb am
5. Dezember 1628. In der Geschichte seiner Fakultät tritt
er so wenig hervor wie sein Nachfolger Johann Jakob von
Brunn. [1]) —

Es ist noch in Kürze auf das Verhältnis zwischen der
medizinischen Fakultät und der Stadt hinzuweisen.

Wir sind über die sanitären Verhältnisse Basels in jener
Zeit nicht unterrichtet. Man wird aber annehmen dürfen,
dass sie nicht viel besser und nicht viel schlechter waren,
als in irgend einer andern Stadt aus dem Mittelalter, deren
typisches Bild G. Freytag so anschaulich entworfen hat,[2]) enge
winklige Strassen, eingeschlossen hinter hohen Wällen, keine
Beleuchtung des Nachts, der Mist auf den Gassen, alles dumpf
gedrückt aneinander klebend, ein lebendiger Infektionsherd.
So ist denn auch Basel von den furchtbaren Pestepidemien, welche
zu wiederholten Malen Europa im Laufe des 16. und 17. Jahr-

---

[1]) Ath. Raur. p. 187. — Leu 4, 360 f. und Splnt. 1, 379
(mit teilweise unrichtigen Daten). — Jöcher 1, 1425. — Iselin 1, 568.
J. J. v. Brunn, geb. 30. Sptbr. 1591, † 22. Jan. 1660, war der Sohn des
Oberstzunftmeisters Bonaventura v. Br. und der Anna Polybia, Tochter
des J. J. Grynäus (also Enkel, nicht Neffe des Grynäus, wie Miescher
hat a. a. O. S. 26). Er studierte in Basel, seit 1613 in Montpellier, be-
reiste Frankreich, England, Belgien, Deutschland, promoviert 1615
in Basel zum Doktor, wird am 21. Juni 1625 Professor für Anatomie
und Botanik und am 20. Mai 1629 Professor für praktische Medizin.
(Lib. concl. fol. 157 und 163ᵛ.)

[2]) Bilder aus der deutschen Vergangenheit II² 1, 74 ff.

hunderts heimgesucht haben, übel mitgenommen worden. Grässlich hauste die Pest 1563/4 und 1609/10. — Als sie sich 1576 wieder zeigte, liess die Fakultät „auf Anfordern des E. G. H. W. Herren Bürgermeisters und E. E. Rats der Statt B." einen „kurzen und heiteren Ratschlag"[1]) ausgehen, „wie man sich mit göttlicher Hilf vor der Pestilentz verhüten und so einer damit begriffen ihme geholfen werden möge." — Der ungenannte Verfasser, hinter dem vermutlich Plater zu suchen sein dürfte, warnt vor Überhitzung und Völlerei, empfiehlt die Stuben und Häuser sauber und trocken zu halten, sie fleissig zu lüften und zu räuchern, sich von Gedränge und inficierten Orten fern zu halten oder dieselben doch nur mit einer Angelikenwurzel oder Zimmetstückchen im Munde zu betreten. Sehr anzuraten sei der Gebrauch von „Pestilenzpillelin" aus Aloë (2 Quentlin), Rhabarber, Myrrhen (1 Quentlin), Saffran Zitwen (1 Schrüpplin), alles gepulvert mit Citronen-, Pomeranzen- und Sauerampfersaft angemacht und zu Kugeln formiert. Für solche, die von der Krankheit schon ergriffen seien, empfiehlt er ein von „ihnen" selbst komponiertes Mittel. Dasselbe besteht aus sechsunddreissig Ingredienzien, „daraus ein Pulver zu machen. So man nun daraus ein Latwergen wie ein Theriax machen will", soll man noch weitere sechs Ingredienzien dazu nehmen. Über den Erfolg dieser fürchterlichen Mischung, die eine deutliche Vorstellung von dem Stand der Therapie in jener Zeit gibt, verlautet freilich nichts. Ferner heisst es: „derweil aber kommlicher (ist), den Schweiss zu fördern und vom Herzen in die äusseren Glieder das Gift zu treiben," so wird auch ein aus 11 Bestandteilen zusammengesetztes Theriak Schweiss-Wasser verordnet.

In einem Traktat gleichen Inhalts von 1629 wird mit Recht auch noch eine Diätetik des Geistes gegeben. Man soll sich vor allen grossen Gemütsbewegungen hüten, „welche das Herz schwächen und zur Annehmung des Gifts Ursach geben, wohl aber soll man sich gebührlicher und ziemlicher Freuden befleissen". —

---

[1]) Gegeben Nov. 1576 und gedruckt bei Henricpetri — dieses Schriftchen ist in ziemlich unveränderter Gestalt, nur die Mixturen werden aus teilweise andern Mitteln hergestellt, 1582 und 1629 nochmals in Buchhandel gebracht worden.

Noch in anderer Beziehung war der Fakultät allmählich ein Anteil an der Gesundheitspflege eingeräumt worden. Im August 1568 erwirkte sie nämlich eine Ratserkenntnis, laut welcher ihr das Recht zugestanden wurde gegen alle nicht schulmässig gebildeten Heilkünstler und Kurpfuscher, wess Geschlechtes und Standes sie auch seien, einschreiten zu dürfen. [1]

Erst damals ist also eine Forderung erfüllt worden, welche schon in Sinckelers Gutachten von 1536 auftaucht. [2]

Allerdings waren die Ärzte dabei auf die Mitwirkung des Rates angewiesen, wenn sie die grosse Zahl der immerfort von aussen zuströmenden und auch aus der Mitte der Bürgerschaft selbst erstehenden Quacksalber aus der Stadt verdrängen wollten, und es scheint, dass sich der Rat in dieser Sache nicht immer sehr eifrig gezeigt hat. [3] Denn am 6. September 1592 wurde eine Versammlung aller Ärzte Basels vom Dekan Bauhin einberufen, „wegen mehrerer Empiriker, dem Henker, einem Juden u. a. m." und in derselben Plater als Stadtarzt ersucht eine Schrift auszuarbeiten, welche den

---

[1] Hist. coll. medicor. p. 17. Aug. 1568 obtentum est a capitibus urbis, ut doctoribus medicis de facultate ius esset agendi contra omnis sexus ac sortis amethodos medentes et impostores.

[2] Vgl. Beil. IV, 3.

[3] Vgl. folgende auch in anderer Hinsicht interessante Notiz: Histor. coll. medicor. p. 25 f. zum 13. Nov. 1571. Cum tonsorum tribus contra M. Wolfgangum carnificem coram magistratu actionem institueret et in partes suas auctoritatis ergo collegium quoque medicum pertrahere videretur, quod non externos tantum verum etiam internos morbos carnificem curandos suscipere diceret, visum est senatui, ut dignus maxime sit carnifex, cui artis honestissimae usui interdicatur. At cum neque superioribus annis mulierum et empiricorum medicinam facientium cognitionem suscipere e collegii dignitate esse indicarit, multo minus nunc contra infamem personam actione instituta idiotis calumniandi dandam occasionem. Zur Erklärung mag beigefügt werden, dass die Barbiere im 16. Jh. gerade in Deutschland mehr als anderswo zugleich auch die chirurgische Praxis übten, (vgl. Häser a. a. O. 1, 480 und 2, 147) und dass es »wissenschaftlich gebildete Wundärzte bis über die Mitte des 16. Jh. hinaus fast nur in Italien gab.« (Häser a. a. O.) Ebenso bildete sich bei den Henkern, indem sie anfingen den Gefolterten die ersten Dienstleistungen zu reichen, langsam eine Tradition der Behandlung der Luxationen und bald auch chirurgischer Fälle überhaupt aus.

Deputaten überreicht werden sollte. Aber als Bauhin seinen Bericht am Ende des Schuljahrs abfasste, musste er bemerken: „gegenwärtig ruht die Angelegenheit." [1]) Ähnlich wurde am 16. März 1626 [2]) in einer Versammlung des gesamten medizinischen Kollegiums, bestehend aus elf Herren, Peter Ryff, Martin Chmieleck, Thomas Plater, Emanuel Stupa, J. von Brunn, Max Pantaleon, Friedrich Werdenberg, Hermann Obermaier, Mathias Harscher, Joh. Sereta und Georg Spörlin eine vom Decan Th. Plater verfasste Bittschrift betreffend Neuordnung der Verhältnisse der Ärzte, der Apotheker, Chirurgen, Hebammen und „anderen Gauklern, die auf den Märkten herumziehen oder sich versteckt halten", genehmigt und der Dekan beauftragt sie vor den Rat zu bringen und zu vertreten. Der Rat bestätigte am 19. April die leider nicht näher bekannten Bestimmungen.

Ferner besass die medizinische Fakultät auch ein Aufsichtsrecht über die in Basel befindlichen Apotheken. Dasselbe war ihr schon 1460 übertragen worden. Zugleich hatte man damals auch die Zahl der Apotheken auf fünf herabgesetzt [4]) und später — gegen Ende des 15. oder in der ersten Hälfte des 16. Jahrhunderts [4]) — wurde das gewinnbringende Monopol sogar in die Hände von bloss vier Konkurrenten gelegt. Das Amt eines Visitators wurde dem Stadtarzt übertragen und 1589 wurde vom Rat beschlossen, dass auch der Professor der Anatomie und Botanik jeweilen an der Visitation der Apotheken teilzunehmen habe [5]). Durch Fakultäts-

---

[1]) Histor. coll. medicor. p. 64.

[2]) Ebend. p. 111. libellum supplex de reformandis medicis pharmacopœis chirurgis obstetricibus et aliis circumforaneis agyrtis vagantibus et latentibus tam in urbe quam in agro Basiliensi.

[3]) Geering, Handel und Industrie Basels S. 247.

[4]) Ich folgere das aus der in Anm. 2 gegebenen Notiz. Dieses Monopol hat bis 1875 bestanden. Nur waren im Lauf der Zeit zu den vorhandenen vier Apotheken noch weitere vier dazu gekommen.

[5]) Histor. colleg. medica p. 56. Cum totis annis octo officinæ pharmacopœorum non forent visitatæ, a prudentissimo senatu politico visitatori ordinario Cl. D. Platero Bauhinus fuit adiunctus; quare diebus 16 et 17 octobr. totis diebus centiunis pharmacopolia quatuor nimirum Haitzmanni utriusque Humelii et Werenfelsii fuere visitata. Et sic Bauhinus visitator constitutus.

beschluss vom 26. April 1626 wurde dieser Visitations-Kommission noch ein drittes Mitglied beigegeben, das der Reihe nach den der Fakultät angehörigen Ärzten entnommen werden sollte, [1]) und die Apothekerordnung vom 28. August 1596[2]) bestimmte des näheren Form der Visitation und Kompetenzkreis der Visitatoren, „damit alle vermischte Arzneyen, die sy Composita nennen, als da sind Pillulin, Täfelin, Lattwergen u. dergl., desto vleyssiger zugericht werden, so sollen sie (die Apotheker) schuldig sein, wann sie alle und jede stuckh abwegen, abtheilen und, wie sie es nennen, dispensiren, jedes stuckh besonder zu legen und die nit vermischen, es seye dann sach, das zuvor einer von den verordneten Visitatoribus dasselbig besichtiget habe, alsdann im beysein dess verordneten Visitatoris in Würfel werffen und vermischen. Und soll der Visitator in ein buch verzeichnen, wie das diese Artzneyen uff solchen Tag und Jaar in seinem beysein seyen gemacht worden. Also kan man wissen, das die Artzneyen uss guten Stuckhen gemacht und das sie frisch seiendt auch das die Artzneyen in allen Apoteckhen gleichlich gemacht werden, weyl es zun Zeyten nit geschieht, daran dann vyl gelegen damit sich die Artzet darauff verlassen dörfften. Weyl die Artzneyen gar ungleich in den Apotheken verkoufft werden und sich der arm Mann hoch beklagt, will von nöthen sein, das sie gleich wie in anderen Stätten ein Tax haben, die in allen Apotheken gleich seye.

Es sollen die Apotheckher sonderlich Gesellen und Lehrjungen den Visitatoribus angelobt sein, damit das die Artzneyen lauth Recepten gemacht und nit wie zu Zeyten geschieht, (darauss dann leichtlich ein grosser fähler geschechen kann) von den gesellen ein Zusatz geben werden.

Die Visitatoren sollen (alle) halb Jahr wechseln. Sie sollendt auch schuldig sein die jungen Angehnden mit zu führen und Sie aller Stuckhen zu berichten."

Auf diese Weise waren den Studenten — denn diese sind doch unter den jungen Angehenden zu verstehen —

---

[1]) Hist. coll. medicor. p. 112.
[2]) Erkanntnisbuch V, fol. 63 f.

praktische Übungen in der Receptierkunde und Pharmakologie
ermöglicht.

Auch für den klinischen Unterricht war gesorgt, einmal
durch die Bestimmung der Fakultätsstatuten, die dem jeweiligen Stadtarzt es zur Pflicht machte, den Studenten den
Zutritt zum Krankenbette nach Möglichkeit zu verschaffen;[1])
ferner durch jene Ratserkanntnis von 1604, welche dem das
Krankenhaus besorgenden Arzt (s. o. S. 228) gestattete, hie
und da einen Studenten, unter dem man sich leicht einen
fortgeschritteneren Heilkünstler denken kann, beim Besuch
mitzunehmen.

In diesen vorgezeichneten Bahnen ist die Fakultät weit
über den Zeitpunkt hinaus verblieben, bis zu welchem wir ihre
Schicksale zu verfolgen gehabt haben. Ihr gebührt das Verdienst,
dass in derselben Zeit, in welcher die Medizin infolge Entdeckungen ausgezeichneter italienischer, französischer und nie-
derländischer Professoren einen grossen Aufschwung nimmt,
während auf den deutschen Universitäten eine traurige Stille
herrscht und die besten Namen, welche der Geschichtschreiber
zu verzeichnen hat, wie Crato von Kraftstein, Johann Schenk
von Grafenberg, Hans von Gerdorff, Felix Wurtz, von Männern
getragen werden, die der gelehrten Zunft nicht angehören oder
wie Paracelsus derselben geradezu den Krieg erklären, dass in
dieser Zeit einzig und allein Basels Hochschule als Pflegerin dieser
Wissenschaft auf deutschem Boden mit Ehren genannt werden muss. Diesen schönen Erfolg hat sie hauptsächlich zwei
Männern zu verdanken, Plater und Bauhin, indem sie allein
Werke schufen, welche nicht bloss Produkte einer dem Wechsel
der Zeiten unterworfenen Gelehrsamkeit, sondern aus der ewig
klaren und ungeteilten Quelle wissenschaftlicher Forschung
geschöpft sind.

Unleugbar sinkt auch sie nach Bauhins Tode von dieser
bevorzugten Stellung auf die gewöhnliche Durchschnittslinie
der übrigen deutschen medizinischen Fakultäten herab. Denn
die Führung nicht bloss in der Medizin, sondern in der Wissenschaft überhaupt geht auf lange hinaus infolge der schreck-

---

[1]) Miescher a. a. O. S. 32.

lichen politischen Zustände Deutschlands an die Fremden — Franzosen und Engländer zumal — über. Es scheint deshalb gewagt den Niedergang der medizinischen Fakultät in Basel an gewisse lokale Ursachen knüpfen zu wollen, besonders ihn aus der einseitigen Ausbeutung des heimischen geistigen Kapitals herzuleiten. [1]) Mit mehr Grund wird man diesen Niedergang der Wirkung jener grossen, das Leben des gesamten deutschen Volkes im 17. Jahrhundert beherrschenden Faktoren beimessen dürfen, deren sichtbarster Ausdruck der dreissigjährige Krieg und der damit verbundene Rückschritt in kultureller Beziehung ist. Es ist richtig, dass die medizinische Fakultät die einzige ist, an welche Berufungen aus dem Auslande nicht vorkommen. Allein zusammengehalten mit der Tatsache, dass die Medizin an deutschen Universitäten überhaupt keine namhaften Vertreter damals hatte, kann diese Selbstbeschränkung kaum als eine ganz freiwillige angesehen werden.

[1]) Miescher a. a. O. S. 29.

Sechstes Kapitel.

Die philosophische Fakultät.

———

Wenn man die Stellung, welche die Artistenfakultät nach der Reformation einnahm, vergleicht mit der, die sie vor derselben innegehabt hatte, so fällt der Vergleich gerade nicht zu Gunsten der jüngeren Periode aus. Welche Rolle hatten doch die Artisten gespielt am Ende des 15. Jahrhunderts, als in dem Kampf der Vertreter des Realismus und Nominalismus die absterbende Scholastik noch einmal die ganze Denkkraft der fähigsten Männer absorbierte und später wieder, teilweise noch ins 16. Jahrhundert übergreifend, als der aufblühende Humanismus auch nach Basel einige ausgezeichnete Schüler entsandte! Wie hoch ragen die Namen der Artisten Johann Heynlin von Stein, Heinrich Loriti, Sebastian Brant über alle ihre theologischen, juristischen und medizinischen Zeitgenossen empor! Die Fakultät stand hier wie anderwärts im Mittelpunkte der wissenschaftlichen Arbeit. — Diesen Ehrenplatz hat sie nach der Reformation nicht mehr behaupten können, sie sank zur blossen Fortbildungsschule für die drei höheren Fakultäten herunter.

Allerdings ist sie das gewesen, seitdem es Universitäten gab. Aber im sogenannten Mittelalter verband sich mit dem bloss schulmässigen Unterricht in den freien Künsten noch eine andere ungleich grössere Aufgabe, welche die philosophische Fakultät zu erfüllen hatte, und deren Erfüllung sie zugleich hoch über den Rang einer Vorbereitungsschule emporhob — die Pflege der Scholastik. Unter dieser mehr verrufenen als gekannten Scholastik[1]) versteht man aber eine eigenartige Form der wissenschaftlichen Betrachtung überhaupt, die zwar zunächst von den Artisten bei der Erörterung philosophischer Probleme verwertet wurde, dann aber auch den Gang der Untersuchung in allen andern Disciplinen beherrschte. Wie verschiedenartig die einzelnen Wissenszweige unter sich sein mochten, in dem einen Punkte — der spekulativen Behandlungsweise — berührten sie sich alle. Die reine Spekulation feierte nie wieder gesehene Triumphe und drängte die empirische Forschung vollständig zurück. Die Spekulation einigte alles, durchdrang alles und erdrückte alles, und deshalb hat im Grunde genommen das Mittelalter keine grossen Gelehrten, wenn auch grosse Denker aufzuweisen. Die philosophische Fakultät aber, welche als die Quelle der scholastischen Methode anzusehen ist, stand und steht vermöge des Übergewichtes derselben im Vordergrunde des wissenschaftlichen Interesses und die Geschichte jedes einzelnen Teiles der Wissenschaft wird, wenn er überhaupt in jene entlegenen Perioden zurückreicht, sich vielfach mit der Geschichte der philosophischen Fakultät berühren.

Ganz anders im 16. Jahrhundert.

Schon im Laufe des 15. Jahrhunderts bereitete sich der Umschwung vor. Es entwickelte sich der kritische Empirismus, d. h. das unveräusserliche Recht des Einzelnen alle Überlieferung selbst prüfen zu dürfen und dort, wo sie dieser Prüfung nicht Stand hält, Neuerdachtes und Selbstgefundenes an ihre Stelle zu setzen. Dank einer grossen geistigen Bewegung, die ihren Ursprung in Italien hatte und sich mit wachsender Schnelligkeit über die civilisierte Welt ausbreitete, die gleichmässig alle Gebiete des Wissens und des Glaubens ergriff und von der Renaissance, Humanismus und Reformation nur verschiedene Erscheinungsformen sind, erwachte jetzt ein reger Eifer für die kritische Forschung, welche die Tatsachen

---

[1]) Vgl. Kaufmann, Gesch. d. deutsch. Universitäten 1, 7 ff. und 97. Es scheint mir nicht das kleinste Verdienst dieses trefflichen Buches zu sein, dass es den im ganzen wie ich glaube gelungenen Versuch macht zu einer richtigeren Würdigung der Scholastik.

selbst, mit denen man bisher bedingungslos gearbeitet hatte,
in Zweifel zog und der blossen Spekulation auf lange hinaus
ein Ende machte. Damit war aber auch das Übergewicht
der Artistenfakultät gebrochen, das Band, welches die scho-
lastische Methode bisher um alle Teile der Wissenschaft ge-
schlungen hatte, wurde gesprengt, die Impulse, die die kritische Forschung gab, kamen jedem Teile im besonderen zu
gute und führten zu besonderen Resultaten. An diesen hat
die Artistenfakultät in eigentümlicher Fügung zuletzt Anteil
genommen, obwohl jene Bewegung auf einem ihr ureigenen
Gebiete, dem der Philologie, begonnen hat. Allein anfangs
stand die Fakultät hier wie anderwärts der neuen Richtung ablehnend gegenüber. Mit Brants Abgang verlor man allen
Zusammenhang mit den Trägern derselben und es ist bekannt, dass einer der bedeutendsten, Erasmus, zur Fakultät,
die durch ihn gänzlich in den Schatten gestellt wurde, gar
keine Beziehung unterhielt.

Später, nach der Wiederherstellung der Hochschule, trat
einer Erhebung der Artistenabteilung, die bezeichnend genug
zuletzt sich gebildet hatte, ein anderer Umstand hindernd in
den Weg. — Es war der rasche Verfall der neuen philologischen Richtung, eine Tatsache, die an und für sich sehr
merkwürdig ist. — Denn auffallend ist doch, dass jetzt, nachdem zwei Geschlechter sich damit abgemüht hatten, den
Schatz der altklassischen litterarischen Überlieferung zu ver-
mehren, kritisch zu prüfen, Verderbtes zu beseitigen, kurz
zuverlässige und reine Texte herzustellen, die Artistenfakultät
sich ausser stande zeigte, diesen aufgehäuften Reichtum richtig
auszunützen, das Material in lebendigen Fluss zu bringen
und im weitesten Umfange Bildungszwecken dienstbar zu
machen, sondern dass sie sich begnügte nur einen kleinen
Bruchteil dieses Materials zu verwenden [1]) und denselben in
den engen Rahmen grammatisch-linguistischer Übungen zu
pressen. Über diese einseitige und noch dazu ziemlich mecha-
nische Art des Studiums ist man nicht hinausgekommen.
Man las die Klassiker um ihrer Sprache, nicht um ihres In-

---

[1]) Vgl. Beilage IX.

haltes willen, befriedigte, so gut man konnte, privatim archäologische Neigungen, aber weitergehende Interessen waren nicht
vorhanden. Welche Fülle von Anregung und Forscherarbeit
in jenen oft genug kommentierten Büchern enthalten war,
blieb den Gelehrten des 16. Jahrhunderts fast gänzlich verborgen und das weite Gebiet der Altertumskunde ist von
keinem mit dem vollen Bewusstsein von dem Werte und dem
Umfange dieser Aufgabe betreten worden. Ein Kolleg wie
das Hotomans über römische Staatsverwaltung oder die historischen Vorlesungen des J. J. Grynäus stehen sehr vereinzelt
da und werden bezeichnender Weise nicht von Mitgliedern
der Artistenfakultät gelesen. Nehmen wir nun noch dazu,
dass die mathematisch-naturwissenschaftlichen Fächer, welche
heute den Stolz der philosophischen Fakultät bilden, auch im
16. Jahrhundert teils noch unbekannt waren, wie Meteorologie
und Geographie, teils von den Medizinern gepflegt wurden,
wie Botanik und Chemie, teils endlich von der empirischen
Forschung erst später berührt wurden, wie Mathematik und
Physik, so lässt es sich begreifen, dass strebsamen Köpfen
eine ausschliesslich auf den Unterricht an dieser Fakultät
beschränkte Tätigkeit für die Dauer nicht genügte und der
Übertritt aus dieser Abteilung an eine der drei höheren Fakultäten für lange Zeit durchaus gewöhnlich war.

Von denjenigen Männern aber, welche in der Fakultät
verblieben, sind die meisten gute und gewissenhafte Schullehrer, treue Handlanger im Dienste der Wissenschaft, für
uns fast nur mehr inhaltsleere Namen. Und selbst von den
wenigen, die noch für die Geschichte der Fakultät in Betracht
kommen und von welchen in der Folge allein gehandelt werden soll, sind nur zwei mit ihren Leistungen ganz im Rahmen
der Artistenfakultät geblieben, Johann Buxtorf und Sebastian
Münster. Einige haben sich Ruhm erworben durch wissenschaftliche Arbeiten, infolge deren sie als Vertreter der philosophischen Fakultät gelten können, obwohl sie ihr nicht ausschliesslich angehörten, so Taurellus, Wurstisen, Pantaleon,
Ryff. Die übrigen endlich stehen mit der Fakultät in einem
sehr äusserlichen, aber ununterbrochenen Zusammenhang, deshalb sind sie ihr zuzuweisen, wenn auch die Leistungen,

welchen sie ihre Bedeutung verdanken, anderen wissenschaftlichen Gebieten angehören — Castellio, Curio und Erast.

In diesem Sinne wird man daher wohl von einem Her-
absinken der Fakultät sprechen dürfen. Denn die Ideale,
denen sie gedient hatte, bestanden nicht mehr, neue gab es
für sie noch nicht; so sah sie sich anfangs naturgemäss auf
die kleinere ihrer früheren Aufgaben beschränkt, als Vorbildungsschule für den Besuch der drei höheren Fakultäten
zu dienen. Wie die Zeitgenossen selbst dieses Verhältnis
auffassten, mag folgender Vorfall, der übrigens schon wieder
Anzeichen einer kräftigeren Reaktion seitens der Artisten
verrät, beweisen.

Im Jahre 1587 erhob sich zwischen ihnen und den
Medizinern ein Streit über die Form, in welcher zweien
Kandidaten, die zugleich zu Doktoren der Medizin und Philosophie zu promovieren wünschten, die Abzeichen dieser Doppel-
würde verliehen werden sollten. Kurz vorher war nämlich
die Trennung der beiden Titel in einer feierlichen Sitzung
der beiden Fakultätsräte beschlossen und urkundlich verbrieft
worden.[1]) Wenn Kandidaten der Medizin fortan gleichzeitig
mit dem Doktortitel auch den Magistergrad anzunehmen be-
gehrten, so sollte dies nur mit ausdrücklicher Bewilligung der
Philosophen statt haben, obwohl — so bemerkt der Erzähler
mit unverhehlter Entrüstung — bisher immer der Grundsatz
gegolten hätte, dass wer von der medizinischen Fakultät den
Doktortitel bekäme, damit zugleich Magister artium geworden sei und Zulass habe zu allen Lehrstellen der philosophischen Fakultät so gut wie ein Magister, denn es gäbe
keinen Arzt, der nicht zugleich auch Philosoph sei. Der
Streit drehte sich anscheinend um blosse Förmlichkeiten. Die
Mediziner verlangten, dass die Verleihung des Magistertitels
„als des geringeren und dem Doktortitel sozusagen unterworfenen" zuerst und zwar auf dem tiefer stehenden Katheder
stattfinde. Die Artisten lehnten sich dagegen auf, behaupteten
die Gleichheit der Grade, die deshalb auch zu gleicher Zeit

---

[1]) Histor. coll. medicor. p. 50 und Lib. decret. fac. art. p. 126·
Sitzung vom 16. Juli und doppelte urkundliche Ausfertigung des dabei
geschlossenen Übereinkommens.

und am selben Ort vergeben werden müssten und blieben mit
dieser Auffassung trotz eines Versuches der Mediziner, das
frühere Abhängigkeitsverhältnis wieder herzustellen[1]), schliesslich doch im Rechte. [2])

Der niedere Rang der philosophischen Fakultät spiegelt
sich auch äusserlich genommen wieder in der scharfen klassen-
mässigen Einteilung mit bestimmt vorgeschriebenem Lehrplan.
Die Artistenfakultät bestand von 1536—1544 aus zwei, von
1544—1589 aus drei, von 1589 an wieder bloss aus zwei
Abteilungen. Hand in Hand mit dieser Einteilung in Klassen,
welche dem jungen Studenten die Möglichkeit nahm, ganz
frei sich selbst den Studiengang zu bestimmen, ging natürlich
die Herstellung einer Schulordnung und eines Lehrplans. Beide
sind, obwohl sie während des hier behandelten Zeitraums
mehrmals neu abgefasst wurden, in den wesentlichen Bestimmungen doch merkwürdig unverändert geblieben und so lassen
sich, was zunächst die Ordnungen der Fakultät betrifft, die
geltenden Verfügungen unschwer herausheben.

Es sind im wesentlichen folgende [3]):

Der Aufnahme in die erste Klasse ging die Depositio
rudimentorum voraus (s. o. S. 70). Dann fand oder sollte
wenigstens ordnungsgemäss die Meldung beim Rektor und
Immatrikulation innerhalb der nächsten acht bis zehn Tage
stattfinden.

Jeder der aufgenommenen jungen Leute musste sich an
einen älteren Studenten anschliessen, ihn zu seinem „Präceptor, dessen Ratschlägen er, wie denen seines Vaters folgen

---

[1]) So im Jahre 1604. Hist. colleg. medicor. p. 84. Decret um
ut qui doctor philosophiæ et medicinæ simul insigniri cupit, cum tunc
maiores labores in tentaminibus et examinibus et disputationibus sus-
tinere et ad plures horas ea, quam in unius gradus examinibus alias
fieri soleat, protrahere cogamur, ut tunc sicut philosophis ita et medicis
examinatoribus octo libras pro laboribus habitis persolvat in singulos
examinatores florenum unum, decano solidos quindecim, fisco libram
unam distribuendo.

[2]) Histor. colleg. medicor. p. 100. Die Philosophen bestehen auf
Aufhebung des Beschlusses von 1604 bei Anlass einer solchen Doppel-
promotion und dringen mit ihrem Begehren durch.

[3]) Vgl. für das Folgende Beil. VIII.

soll", und dem er mit Handschlag in Gegenwart des Rektors
schuldigen Gehorsam gelobt, wählen. Der Präceptor hat vor
allen Dingen den Studiengang seines Schutzbefohlenen zu
überwachen, ihm die nötigen Weisungen zu geben, welche
Kollegien er hören soll, auf deren regelmässigen Besuch zu
achten und überhaupt seinen Vorteil in jeder Beziehung zu
befördern.

Die Lehrer der einzelnen Klassen sollen sich einen Katalog der in denselben vereinigten Schüler machen, sich von
der Anwesenheit der Schüler durch tägliches oder mindestens
öfteres Verlesen überzeugen. Unentschuldigte oder ungenügend
entschuldigte Abwesenheit soll entweder mit Prügel oder, wenn
das des Alters des Schülers wegen nicht mehr angehe [1]), mit
einer Geldstrafe belegt werden. Jährlich sollen zwei grosse
Prüfungen abgehalten werden, am 1. März und am 1. Oktober,
an welchen der ganze Lehrkörper der Artistenfakultät teilnehmen soll. Ein Vorrücken aus einer Klasse in die nächst
höhere hängt von dem guten Ausfall der Prüfung ab. Die
Verleihung der Grade, von welchen das Baccalaureat nach
zurückgelegter zweiter, der Magistertitel nach zurückgelegter
dritter Klasse begehrt werden kann, ist nicht obligatorisch.

So lange das Pädagogium bestand, war eine vierjährige
Studiendauer, nemlich ein Jahr für die erste, je anderthalb
Jahre für die zweite und dritte Klasse, vorgeschrieben und
nach der Errichtung des Gymnasiums auf Burg (1589) wurde
die Studiendauer von sechs Semestern oder drei Jahren für
die beiden übrig bleibenden Klassen der Artistenfakultät beibehalten. Doch war so viel Freiheit gelassen, dass Ver-
längerungen und Verkürzungen derselben nichts seltenes sind.

Die vorgetragenen Gegenstände verteilten sich auf die
drei resp. zwei Klassen folgendermassen:

I. Kl. Lateinischer Satzbau und Redefiguren verbunden
mit Lektüre eines Schriftstellers in Prosa. — Lateinische
Grammatik. — Poetik unter Zugrundelegung des Virgil oder
Ovid. — Griechische Grammatik verbunden mit Lektüre eines
Schriftstellers.

---

[1]) Dieser einschränkende Zusatz steht in dem nicht aufgenommenen Entwurf der Ordnung von 1587.

II. Kl. Rhetorik. — Dialektik. — Latein. — Griechisch. III. Kl. Organon Aristotelicum. — Mathematik. — Physik. — Ethik.

Das ist die Verteilung der Lehrgegenstände, welche von einer Veränderung abgesehen an der Fakultät seit der Neugründung in Geltung war und blieb, und welche selbst durch die Errichtung des Gymnasiums im Jahre 1589 und die damit verbundene Lostrennung der ersten Klasse nicht weiter beeinflusst worden ist.

Die angedeutete Veränderung bestand darin, dass sowohl nach der Ordnung von 1540 als auch nach der von 1544 der ersten beziehungsweise der zweiten Klasse auch noch mathematische Fächer zugeteilt wurden. In der Ordnung von 1551 hat man aber diese, wie es wohl anzunehmen ist, unzweckmässige Teilung dieser Disciplin fallen gelassen und sie ganz in die oberste dritte, beziehungsweise zweite Klasse verlegt. Ganz schulmässig ist es, dass die Professoren der Artistenfakultät in der Auswahl der Schriftsteller, welche sie ihren Übungen — von Vorlesungen kann man nicht gut sprechen — zu Grunde legten, ziemlich beschränkt waren. Während bei den Vorlesungen der drei höheren Fakultäten ein öfterer Wechsel „der gelesenen Bücher" geradezu verlangt war, sorgen die Ordnungen der Artistenfakultät für eine ziemlich regelmässige Wiederkehr des Arbeitsstoffes. Diese Wiederkehr war allerdings zum guten Teil schon durch die Art der Gegenstände, wie z. B. in der Mathematik, Ethik, Rhetorik bedingt. — Für diese gab es eine Anzahl Lehrbücher, an denen man festhielt, weil sie durch keine besseren ersetzt werden konnten. In der Rhetorik wurden Ciceros bezügliche Schriften, wohl auch die Rhetorica ad Herennium durchgenommen, in Mathematik galt Euclid, in Ethik Aristoteles unbestritten. Allerdings berührt es sonderbar, dass Euclid, der Gebrauch des Astrolabiums und die Theorie der Planeten auch noch Jahrzehnte lang genügen sollten und konnten, nachdem Kopernikus sein unsterbliches Werk über die Bewegung der Himmelskörper veröffentlicht hatte.

Allein die Beschränkung erstreckt sich auch auf die alten Sprachen, in deren Wahl und Behandlung den Profes-

soren doch leicht ein grösseres Mass von Freiheit hätte eingeräumt werden können. Dafür war aber, wie schon bemerkt
wurde, kein Bedürfnis mehr vorhanden. Vielmehr bestrebte
man sich, ein Vorlesungsprogramm aufzustellen, welches sich
Jahr für Jahr regelmässig wiederholen sollte, und diese Neigung für Feststellung des Lehrplanes hat, wie es scheint, mit
dem Sinken der humanistisch-philologischen Strömung überhaupt ziemlich gleichen Schritt gehalten. Wenn es in der
Ordnung von 1540 noch hiess: es soll in der zweiten Klasse
über Schriftsteller aller Art gelesen werden, so wird diese
Freiheit in den Statuten von 1544 schon beträchtlich eingeschränkt. Für die erste Nachmittagsstunde werden vorgeschrieben die Reden des Cicero und Demosthenes und die
Werke des Livius und Thucydides. Nur für die zweite
Stunde im Griechischen war mit dem Ausdruck autor græcus
noch Wahlfreiheit zugestanden. In der Ordnung von 1551
erlischt auch diese und der autor græcus wird durch Homer
ersetzt. In der Ordnung von 1591 ist sie allerdings durch
den Zusatz, dass ausser Homer auch ein anderer griechischer
Schriftsteller gelesen werden darf, teilweise wieder gewonnen
worden. Dieselbe Richtung lässt sich auch im Lektionenverzeichnis des Pädagogiums verfolgen. Im ersten Jahre hiess
es kurzweg Grammatik und Lektüre eines Schriftstellers in
Prosa in beiden Sprachen. In der nächsten Ordnung von
1551 werden die Schriftsteller und die durchzunehmenden
Schriften schon namentlich aufgeführt: Cicero de officiis, Cä-
sars Kommentare, Lucians ausgewählte Dialoge und Herodian,
und Pantaleons Aufzeichnungen bezeugen, dass man sich im
ganzen genau an diesen Lehrplan gehalten hat.[1]) Nehmen
wir nun noch diejenigen Schriften der römischen und griechischen Klassiker hinzu, die in den anderen Fächern der Artistenfakultät benützt wurden, und bei welchen umgekehrt
die sprachliche Form gar nicht, sondern lediglich der Inhalt
in Betracht kam, also die Schriften Ciceros über Rhetorik
und ein Teil der philosophischen Werke des Aristoteles, so
dürfte damit der Kreis umschrieben sein, innerhalb dessen

[1]) Vgl. Beil. IX.

sich das von der Fakultät geleitete Studium bewegte. Er
war nicht zu weit gezogen und er ist, so viel man sieht,
nur selten überschritten worden, und mit Verwunderung
finden wir wesentliche Teile der römischen und griechischen
Litteratur übergangen. In die Werke eines Geschichtschreibers
wie Tacitus und Sallust, eines Dichters wie Horaz und Juve-
nal, in die gewaltigen Erzeugnisse der griechischen und römischen Tragiker einzudringen, blieb dem Privatfleiss überlassen.

Im übrigen war für gute Lehrbücher gesorgt. Die Dialektik des Kölner Domdekans und Schulmeisters Johann Cä-
sarius, die lateinische Grammatik Melanchthons, die griechische des Ceporin, welche beide zuerst in der Ordnung von
1551 ausdrücklich gefordert werden, waren die besten in
ihrer Art, die es auf Jahrhunderte hinaus in Deutschland gegeben hat.

Endlich noch einige Worte über die Methode des Unterrichtes. Auch sie war eine schulmässige. Für jede Klasse
waren täglich mit Ausnahme des Donnerstag [1]) und Samstag
vier Stunden Vorlesungen angesetzt. Die Professoren waren
gehalten das, was sie vorgetragen hatten, entweder in der
nächsten oder wohl auch noch in derselben Stunde abzufragen,
schriftliche Übungsaufgaben durften nicht fehlen und nur
eines erinnert wieder an die Hochschule, dass nämlich die
sogenannten Deklamationen, worunter freie Vorträge, und die
Disputationen, worunter die Verteidigung von Thesen verstanden wird, auch von den Studenten der Artistenfakultät
abwechselnd jeden Samstag abgehalten werden mussten.

Länger als für die Geschichten der oberen Fakultäten
macht sich für die Geschichte der Artistenabteilung der Mangel
einer auch nur einigermassen zusammenhängenden Überlieferung
geltend. Es wurde schon darauf hingewiesen, dass der neu
gegründeten Hochschule anfangs eine Artistenfakultät als
solche fehlte. Zwar sind, wie dies auch das Einladungsschreiben des Rektors Bär zeigt, einzelne in ihrem Rahmen
gehörige Vorlesungen gehalten worden. Aber die Professoren,
die sie hielten, bilden kein Kollegium noch Konsilium, haben

---

[1]) S. oben S. 40.

keinen Dekan an ihrer Spitze, führen keine Bücher, verfügen über keinen Fiscus, — kurz es fehlt jeder innere Zusammenhang und jede geregelte Verwaltung. — Über die Entstehung einer solchen werden wir auch nicht unterrichtet, sondern unvermittelt wird die Bildung der Fakultät zum Jahr 1536 gemeldet. [1]) Ebenso schlecht ist es anfangs mit den Nachrichten über die Verteilung des Unterrichtsstoffes auf die einzelnen Lehrkräfte,[2]) sowie vielfach mit den Nachrichten über diese selbst bestellt. Bärs Einladungsschreiben erwähnt Vorlesungen über die drei alten Sprachen, über Mathematik und Dialektik. Dieser erste Lektionskatalog ist noch sehr unvollständig, indem wichtige, später hoch gehaltene Disciplinen, wie Organon und Physik fehlten. Allein gerade über die Art und Weise, wie sich dieses Arbeitsprogramm allmählig erweitert und vervollständigt hat, erfährt man nichts. Ebenso unvermittelt tritt dasselbe uns in der Studienordnung von 1540 entgegen. Erst Pantaleons Aufzeichnungen, die mit dem Jahre 1544 einsetzen, machen diesem an Unbestimmtheiten und Unbestimmbarkeiten reichen Abschnitt von 1532 bis 1544 ein Ende.

Von den Professoren, welche innerhalb desselben an der Artistenfakultät gewirkt haben, verdienen ausser den im Ein-

---

[1]) S. oben S. 18.

[2]) Es ergeben sich für den Zeitraum von 1532 bis 1544 mit Benützung der verbesserten Angaben der Ath. Raur. folgende Ansätze:

II. Kl. *Logik.*	*Griechisch.*	*Rhetorik und Oratorik.*
1532 S. Sulzer bis (?)	1532—1536 Sim. Grynäus	1532 Alban zum Tor
1540 Artolphus		1538—1540 Hermogenes
1541 Hugobald	1538—1539 Oporin	1540 Afinius
1543—1545 Lycosthenes	1541 Oporin	1541 Oporin u. Borrhaus
	1542 Hospinian	1542 Hospinian u. Borrhaus
	1544 M. Hopper	

III. Kl. *Organon.*	*Ethik.*	*Mathemathik.*	*Physik.*
1542-1546 Lepusculus	1539—1540 Werdmüller	1532—1537 Wissenburg	1534—1544 Gemusæus
	1540—1541 Wild	1537 (?) Ardisæus	1544 Huber.
	1541—1571 Hugobald		

ladungsschreiben Bärs Genannten noch Ulrich Hugobald[1]) als Verfasser einer Geschichte der Deutschen, Johann Oporin[2]), der später als Buchdrucker einen verdienten Ruhm sich erworben hat, sowie der als Theologe bekanntere Martin Borrhaus[3]) und der nachmalige Mediziner Johann Huber[4]) hervorgehoben zu werden.

Aus dem Zeitraum nach 1544 nennt der Besten einen ebenfalls schon das Einladungsschreiben von 1532 — Sebastian Münster. Er ist auch der einzige von den dort angeführten Professoren, welche ausschliesslich der Artistenfakultät angehört haben. Denn Simon Grynäus, der über lateinische Sprache, Wolfgang Wissenburg, der über Mathematik, und Simon Sulzer, der über Dialektik Vorlesungen hielt, sind in Basel in erster Linie als Theologen bekannt, während Alban zum Tor, welcher Professor für Griechisch war, abgesehen von einer sehr kurzen Lehrzeit, sich später der Medizin zuwandte. —

Münster war geboren 1489 in Ingelheim[5]), studierte in Heidelberg und Tübingen[6]) Theologie, daneben Mathematik und besonders eifrig Hebräisch. In Tübingen war er Reuchlins Schüler. 1516 war er in den Franziskanerorden getreten, aber die reformatorische Strömung ergriff ihn und er trat bald wieder aus. 1524—1527 lehrte er an der Heidelberger Hochschule Hebräisch, gleichzeitig war er Hofprediger beim Kurfürsten von der Pfalz. Ökolampad vermittelte seine Berufung als Professor des Hebräischen nach Basel, der er noch im Sommer 1529 Folge leistete.[7]) Hier ist er am 26. Mai 1552 gestorben.[8]) — Auch

---

¹) Beil. X, Nr. 3. ³) S. oben S. 108.
²) Ebend. Nr. 13. ⁴) S. oben S. 213.

⁵) A. d. B. 23, 30—32 (L. Geiger) mit mehrfachen Litteraturnachweisen. Ath. Raur. p. 22 (mit biograph. Angaben) und p. 442 Nr. III. Die Biographie M. in der deutschen Buchhändler-Akademie 4, (1887) Heft 2, war mir nicht zugänglich.

⁶) In der Matrikel kommt jedoch sein Name nicht vor. Vgl. Urkunden zur Gesch. d. Universität Tübingen.

⁷) Ökol. Brief an Zwingli vom 3. Juli 1529 bei Hagenbach Leben u. Schriften d. Väter d. reform. Kirche, 2, 129. In der Matrikel erscheint er natürlich erst zum Jahre 1532.

⁸) Gasts Tagebuch, her. v. Buxtorf S. 9 und Matr. Theol. fol. 42. Also nicht 23. Mai, wie alle Biographen haben.

er hat, wie Mykonius, den Doktortitel niemals annehmen wollen.

Wenn heutzutage von Münster die Rede ist, so denken schwerlich viele daran, dass er nächst Reuchlin der kenntnisreichste Hebräist seiner Zeit gewesen ist und dass seine akademische Lehrtätigkeit im Unterricht in der hebräischen Sprache aufging, worüber weiter unten noch gehandelt werden wird, sondern jeder denkt unwillkürlich zunächst an seine Kosmographie. Sie hat ihn bei Mit- und Nachwelt berühmt und beliebt gemacht. Dieses Werk, welches schon zur Zeit seines Erscheinens — die erste Auflage gehört ins Jahr 1543 — berechtigtes Aufsehen erregte, ins Lateinische, Italienische, Französische und sogar ins Böhmische [1]) übersetzt, vielfach benutzt und ausgeschrieben wurde, ist der erste Versuch einer auf geographischer Grundlage aufgebauten Volkskunde. [2]) — Da das Werk des italienischen Statistikers Francesco Sansovino de governo ed administratione di diversi regni et republiche erst 1583 erschienen ist und er Münsters Arbeit wahrscheinlich gekannt hat, so gebührt das Verdienst, die erste vergleichende Land- und Völkerkunde geschrieben zu haben, den Deutschen. [3]) Und nicht bloss seiner Anlage nach war dieses Buch etwas neues, sondern es enthält auch manche neue Beobachtung und anregende Mitteilung. Münster war der erste, der allerdings mit Benutzung einer mathematischen Vorarbeit des Geographen Peter Bienewitz seinem Werke Karten einverleibte, welche mit anerkennenswerter Genauigkeit entworfen waren; [4]) er hat zuerst die Breite des Rheins gemessen und auf die Veränderungen des Vesuv seit dem Altertum aufmerksam gemacht. [5]) Bei solchen Vorzügen will es wenig besagen, dass die historischen Teile des Buches ziemlich abfallen, [6]) obwohl sich lokalgeschichtliche Notizen besonders kulturgeschichtlichen Inhalts vorfinden, die wertvoll sind. [7]) —

[1]) Vgl. Wolf, Biogr. zur Kulturgesch. d. Schweiz 2, 21.
[2]) Vgl. Dr. F. Lentner in der statist. Monatsschrift hrg. von der k. k. statist. Central-Kommission 1881 7, 345—347.
[3]) Ebend. p. 346.
[4]) Peschel, Gesch. der Erdkunde 373 und 402.
[5]) Ebend. p. 384 und 397.
[6]) Vgl. v. Wegele, Gesch. d. deutschen Historiographie S. 256.
[7]) Janssen, Gesch. d. deutschen Volkes 1, 314; 2, 579.

In die Lücke, die Münster durch Vernachlässigung der Geschichte gelassen hatte, treten nun zwei Männer ein, welche unter verschiedenen Gesichtspunkten geschichtliche Stoffe bearbeiten und von welchen jeder zum Teil Vortreffliches leistet, Heinrich Pantaleon und Christian Wurstisen.

Pantaleon [1]), sein deutscher Name ist Pantlin, war geboren am 13. Juli 1522 zu Basel, besuchte die Schule von St. Peter unter Jeuchdenhammer und Anton Wild [2]), der besonders in seinen Vater drang ihn fortstudieren zu lassen. An Rudolf Frey erhielt er einen freundlichen Gönner, der ihn in sein Haus nahm, damit er seinen Sohn in der Schule „anführe" und daheim unterrichte.

Pantlins Nachbar war damals der Buchdrucker Johann Bebel. Er bestimmte Pantaleons Vater und Frey den jungen Heinrich zu ihm in die Druckerei zu tun; sie gelte etwas und er würde deshalb doch weiterstudieren können. Allein da man ihn beim Setzerkasten verwendete und sonst durch mancherlei Arbeit in der Offizin von den Studien abzog, trat er nach einem halben Jahre wieder aus und ging nach Freiburg i. B. (1557), wo er die Schule besuchte. — Sein Gönner Frey berief ihn nach Basel zurück und gab ihm die Mittel seine Studien an der Universität fortzusetzen. Simon Grynäus war sein Lehrer und Freund. Pantaleon hebt hervor, dass er ihm mehrere Bücher geschenkt habe. Allein schon nach anderthalb Jahren trat eine neue Unterbrechung in seinen Studien ein, indem ihn ein Vetter in Augsburg Melchior Kriesstein, der dort Buchdrucker war, einlud in sein Geschäft einzutreten, und da sein Vater alt und mittellos war und wünschte, den Sohn bald selbständig zu sehen, so nahm dieser die Aufforderung an. Er überwirft sich jedoch bald mit seinem Vetter, als er ihm seinen Entschluss bei den Studien zu verharren mitteilt, und wendet sich um Rat an Xistus Birk [3]),

---

[1]) A. d. B. 25, 129. (J. Francke), wo die übrige Litteratur vollständig citiert ist. — Ath. Raur. p. 258 ff. (mit biogr. Angaben) und 271, 294 und 404. — Ich habe mich vornehmlich an seine die Prosopographie abschliessende Selbstbiographie gehalten.

[2]) Über Wild, vgl. Beil. X, Nr. 18.

[3]) S. Beil. X, Nr. 1.

der ihn ermuntert der Wissenschaft treu zu bleiben. Nach
zwei Monaten banger Zweifel verschafft er ihm einen Platz
als Dolmetsch bei einem Italiener Cäsar Delphin, mit dem er
nach Ingolstadt reitet. Dort studiert er „kommlich in den
freyen Künsten" und erfährt „etliche sonderbare Geheimniss
in der Arznei".

Als König Ferdinand im Sommer 1540 Ingolstadt berührt, schliessen sich beide seinem Zuge an und kommen nach
Wien, wo sie bis in den Herbst hinein verweilen. Bald nach
ihrer Rückkehr nach Ingolstadt bricht die Pest aus, Lehrer
und Studenten zerstreuen sich, Delphin kehrt nach Italien
zurück, gibt aber seinem Schützling so viel Geld, dass er
ein Jahr lang weiter studieren kann. Pantaleon zieht über
Nürnberg und durch das Frankenland nach Heidelberg, findet
Aufnahme im Dionysianer Kolleg und wird 1541 Baccalaureus.
Er fasst die Absicht nach Wittenberg zu ziehen, um Theologie
zu studieren. Da seine Mittel hiefür nicht hinreichen, schickt
er ein Gesuch um Unterstützung an die Deputaten nach Basel,
doch vergebens. [1] In Heidelberg war er aber auch mit Konrad Lycosthenes [2] bekannt geworden und als dieser in Basel
angestellt wurde, wusste er seinen Freund bei den Behörden
so zu empfehlen, dass die Deputaten ihn zurückberiefen.
Sommer 1542 kehrt er, indem er Anträge in Heidelberg und
nach Worms ausschlug, nach Basel zurück. Er wird ins
Kollegium aufgenommen, erhält seine Wohnung bei Hugwald
Mutius [3], der als Verfasser einer seiner Zeit beliebten Geschichte des deutschen Volkes in seinem Schüler jene Vorliebe für Sprache, Art und Schicksale seiner Stammesgenossen
geweckt haben wird, welche Pantaleon später auch als Schriftsteller bekundete, hört Vorträge über Physik und Mathematik
bei Gemusäus [4] und Vitus Ardisäus [5]. „Damit sich sein In-
genium offenbart", hält er Donnerstag und Samstag, wenn
die anderen Professoren „ruhten", auf Aufforderung des Dekans
Vorlesungen über die Satyren des Persius. 1544 wird er Ma-

---

[1] 1541 Christi Himmelfahrt. Deputatenakten im St. A.
[2] S. Beil. X, Nr. 2.   [4] Ebend. Nr. 4.
[3] Ebend. Nr. 3.   [5] Ebend. Nr. 5.

gister und am 13. Juni[1]) in die Fakultät aufgenommen als
Professor für lateinische Grammatik und Prosodie; auch erklärte er den Justin. Bald darauf vermählte er sich mit
Cleopha Kösin, einer Nichte des Bürgermeisters Theodor Brand,
an dem er einen einflussreichen Schützer gewann.

Er entfaltete eine ausserordentliche Vielgeschäftigkeit.
Am 25. Juni übernimmt er eine Stelle als Kirchendiener bei
St. Peter, die er sieben Jahre inne hatte. Gleichzeitig hielt
er, da sie ihm nicht viel zu tun gab, Vorlesungen an der
philosophischen Fakultät über verschiedene, oft wechselnde
Fächer,[2]) hört selbst Vorlesungen über Theologie und Medizin
und gewinnt noch Zeit zur Schriftstellerei der buntesten Art.
Er verfertigt Indices zu einer Anzahl patristischer Werke,
schreibt 1546 eine Komödie Zacheus, liefert als Frucht der
Lektüre der Kirchenväter synchronistische Tabellen (Chrono-
graphia ecclesie 1550), in welchen in Reihen neben einander
die Kaiser, Päpste, Concilien, Sekten und Orden aufgeführt
werden, und beginnt auch seine Übersetzertätigkeit. —

1542 Juni 2 wird er Licentiat der Theologie, 1545 in
die theologische Fakultät aufgenommen[3]). — Als Prediger zu
amtieren hatte er aber keine Lust, wohl aber „zu Zeiten mit
Gsellenschiessen auf dem Platz und Spilen seine Zeit zu vertreiben". — Er entschloss sich deshalb „fürthin Studium Theologicum zu verlassen und ein Medicus zu sein"[4]). In seinem
Heldenbuch sagt er freilich, er sei zum Pfarrer nicht tauglich
gewesen, weil er zu schnell gesprochen habe. — „Daraufhin
hat er erwachsenen Gesellen ein ganzes Jahr etliche Traktat
aus der Arznei in seiner Behausung vorgelesen und in dieser
Kunst viel wieder ins Gedächtnis gebracht, so er vorhin in
der Jugend erkundigt." Mit diesen Kenntnissen ausgerüstet
geht er über Lyon nach Valence, wo er 1551 September 21
zum Doktor der Medizin promoviert, dann weiter nach Avignon
und Montpellier und an den „Kontzeval (wohl Rontzeval?)
oder das hispanisch Gebirg, wo er mancherlei seltsam Gewächs und Getier, so in Deutschland unbekannt, erkundigt."

---

[1]) Lib. decr. fac. art. p. 93.   [2]) S. Beil. Nr. IX.
[3]) Matr. fac. Theol. fol. 42 und 43 zum Septb. 29.
[4]) Boos, Thomas und Felix Plater S. 212.

Thommen, Universität Basel.   18

In Montpellier war er mit Felix Plater zusammenge-
troffen, der sich „höchlich über ihn verwunderte; dann er nicht
wusste, dass er je in Medicina gestudiert hatte". — Seine medizinischen Kenntnisse müssen auch immer sehr eigentümliche
gewesen sein; denn Plater berichtet, man habe ihm den Spitz-
namen Doktor Giessfass gegeben, da er einer Frau als Schlaf-
mittel empfohlen habe, „sie soll aus einem Giessfass Wasser
auf den Kopf tropfen lassen in der Nacht". Andere sagten
freilich in ein Handbecken. [1])

Nach seiner Rückkehr aus Frankreich war er noch einige
Zeit an der philosophischen Fakultät tätig, wurde aber 1558
November 10 [2]) in die medizinische Fakultät aufgenommen,
der er bis zu seinem am 20. März 1595 [3]) erfolgenden Tode
angehörte. Dabei war er fortwährend regsam als Schriftsteller
und hauptsächlich als Übersetzer geschichtlicher Werke. Es
erschienen der Reihe nach Übersetzungen von P. Jovius Martin
Chromers polnische Geschichten, Nauclerus Chronik und des
Geschichtwerkes des Sleidan, die er zwar nicht ohne Vorwissen des Autors, aber doch ohne eine entscheidende Zusage
desselben anfertigte. Sleidan war mehr über diese Vorwitzig-
keit, als über die Form der Übersetzung ärgerlich [4]), denn
diese selbst ist gewandt, da Pantaleon die deutsche Sprache
sehr gut zu handhaben wusste und zwar mit einem hohen
Bewusstsein von der Ausdrucksfähigkeit derselben, wie er sich
denn in der Vorrede zu seiner Sleidan-Übersetzung sehr hübsch
folgendermassen ausspricht: „Die Welt dermassen durch der
Schreibern Gewonheit, so etwan ein Schulsack gefressen — wie
man sagt — gentzlichen lerndt, man könne nit mehr recht teutsch
schreiben, denn durch Vermischung der lateinischen und anderen
Sprachen. Dann man kann nit mehr sagen: fürfaren, ins
Werk bringen, ledig sprechen, gerecht machen, urtheilen und

[1]) Boos, Thomas und Felix Plater S. 220.
[2]) Hist. coll. Medic. p. 9. — Ath. Raur. irrig zum 19. Dzbr. 1557.
[3]) Ebend. p. 68. Ath. Raur. irrig zu 3. März.
[4]) Vgl. Baumgarten, Sleidans Briefwechsel S. 309 u. 312, Nr. 165.
Pantaleon erklärt vor der Regenz, die ihn über diese Angelegenheit
vernimmt, Sleidan habe nur geantwortet, er möchte die Übersetzung
verschieben, nicht er soll sie gar nicht machen. Die Regenz findet
keinen Grund gegen ihn einzuschreiten.

tausend anders dergleichen, sonder es muss yetz procedieren, exequieren, absolvieren, iustificieren, iudicieren und weiss nit wie heissen. Man auch die Reden genugsam geradbrechet und seltzam durcheinander gemischet, dass die der Zehend kümmerlich verstehet — dann ist es erst gut cantzleyesch. Als wann die teutsche Sprach an ir selbs unvollkommen und einer anderen bedörffe iren Mangel zu ersetzen." Von seinen selbständigen Arbeiten ist die Geschichte des Johanniterordens[1]) anzuführen. Seine beste Leistung aber ist die Prosopographie[2]) oder Teutscher Nation warhaffte Helden[3]); dieses Heldenbuch ist eine erweiterte Übersetzung der Prosopographie. Das Werk, welches in drei Teile zerfällt, von denen der erste von Adam bis Karl d. Gr., der zweite bis Maximilian I., beziehungsweise bis 1500, der dritte bis auf die Zeit des Schreibers reicht und in köstlicher Naivität mit dessen Selbstbiographie schliesst, ist der erste Versuch[4]) einer Gesamtgeschichte des deutschen Volkes, dargelegt an den Biographien seiner bedeutendsten im Krieg und Frieden ausgezeichneten Männer. In seinem dritten Teil, welcher Lebensbeschreibungen von Zeitgenossen Pantaleons enthält, die entweder auf persönlicher Bekanntschaft beruhen oder für die er sich auf mündliche Überlieferung stützte, welche er auf einer eigens zu dem Zwecke unternommenen Forschungsreise durch Deutschland sammelte (Herbst 1565), ist dieses Buch noch heute eine sehr brauchbare Quelle.

Er widmete diesen dritten Teil dem Kaiser Maximilian II., „der ihn dafür gnädig angesprochen, reichlich begabt und zum comes palatinus geordnet und ihm damit das Recht zugestanden hat poetas luareatos zu promovieren". Mit grossem Selbstgefühl trat er mit dieser Urkunde in der Hand vor Rektor und Regenz hin und beanspruchte einen öffentlichen Platz, wo er seine Promotion, die jedoch nur einmal des Jahres stattfinden durfte, abhalten könne und für seine Promovierten das Recht zwischen den Doktoren und Magistern bei öffentlichen Akten Plätze einnehmen zu dürfen. Dieses letztere wurde ihm als

[1]) Historia Johannitarum equitum Basil. 1559.
[2]) Erste Ausgabe von 1565.
[3]) Erste Ausgabe von 1566.
[4]) v. Wegele, Gesch. d. deutschen Historiographie S. 369.

den Gesetzen und Gepflogenheiten widerstreitend abgeschlagen. Förmlich, wie man damals schon war, sollten diese Laureaten keinen anderen Platz haben als die Gäste oder die magistri extra consilium [1]).

Als medizinischer Schriftsteller ist Pantaleon nur mit einem Traktat über die Pest aufgetreten (1564), der sich jedoch lediglich als eine Kompilation aus inhaltsgleichen Büchlein von früheren Verfassern zu erkennen giebt.

Dankbar muss man ihm dafür sein, dass er, als er an Stelle des abtretenden Bär das Dekanat bei den Medizinern erhielt, sich des verwahrlosten Archivs derselben annahm. Er bemühte sich die verloren gegangene Matrikel so weit als möglich in der Historia collegii Medicorum wieder herzustellen[2]) und hat mit der Anlage derselben ein Buch geschaffen, welches für uns eine Fundgrube der wertvollsten Mitteilungen über das Treiben an der Universität, zumal über Akte der medizinischen Fakultät, geworden ist. Pantaleon ist überhaupt als der eigentliche Universitätshistoriograph anzusehen. Er trug in die grosse Matrikel viele brauchbare Notizen über Angehörige der Hochschule ein, er hat ferner auch die philosophische und theologische Matrikel mit Nachrichten über die kritische Übergangszeit versehen, ein Verzeichnis der an der Artistenfakultät von 1544—1556 wirkenden Professoren angelegt, dessen genaue Angaben die der anderen, gerade in dieser Zeit spärlicher fliessenden Quellen in willkommener Weise ergänzen — kurz der Name Pantaleons ist mehr als der irgend eines seiner Kollegen mit der Geschichte der Universität Basel auf das innigste verwoben. Pantaleon ist der rechte Typus des erschreckend vielseitig gebildeten Gelehrten des 16. Jahrhunderts. Deshalb gebricht es ihm auch, wie so vielen seiner Genossen an Tiefe. Bei ihm wurzelte diese Oberflächlichkeit freilich teilweise auch in seiner Naturanlage. Er selbst schildert sich zutreffend mit den Worten: „Damit er auch neben seiner Profession und anderen Gescheften solliche Arbeit vollbringen, was er von Natur frölich, übet sich etwan mit dem Bogenschiessen oder was sonst one allen Bracht gern bey den

---

[1]) Lib. concl. fol. 48.
[2]) Miescher a. a. O. S. 17.

Burgeren. Denn er begert mengklichem zu dienen und mit
Willen niemand zu beleidigen."

Eine ganz andere Persönlichkeit ist Christian Wurstisen.[1]) Er beherrscht einen engeren Kreis, aber er beherrscht
ihn mit der Sicherheit tief eingedrungener Kenntnis und der
Freiheit einer originalen Auffassung. Beides zeigt er in der
Behandlung geschichtlicher Stoffe und wenn von Wurstisen
die Rede ist, so kann schlechterdings nur vom Chronisten
Wurstisen die Rede sein. Er hat sich mehrfach als solcher
versucht. — Gestützt auf mündliche Berichte der flüchtigen
Verwandten Colignys hat er wenige Monate nach der Barto-
lomäusnacht eine Darstellung derselben geliefert, deren geschichtliche Treue erst die neueste Forschung wieder recht
erkannt hat.[2]) In einem Sammelband hat er Quellen zur
Geschichte Deutschlands im Mittelalter veröffentlicht, von
denen einige unbekannt waren, deren Wert er aber richtig
erfasst hat.[3]) Die Frucht zehnjähriger Forschung, die sich
gleichmässig fast aller jetzt bekannten und mancher jetzt sogar hintangesetzten Hilfsmittel bediente, liegt vor in seiner
Basler Chronik. Es ist damals nur ein Geschichtswerk noch
geschrieben worden, welches sich eines gleichen sein Erscheinen
überdauernden Beifalls zu erfreuen gehabt hat, Tschudis helvetische Chronik. Aber während auch Tschudis Werk heute
für die grosse Masse der Gebildeten zu den Toten zählt und
hauptsächlich nur noch als wertvolle Quelle dient, ist Wurstisens Buch ein gern gelesenes Buch geblieben. Diesen Erfolg
dankt es der schlichten Wahrhaftigkeit der Darstellung, die

---

[1]) Vgl. über ihn Achilles Burckhardt in den Beitr. z. vaterl.
Gesch., hrg. von d. histor. Ges. in Basel N. F. 2, 359—398, eine alle
früheren Darstellungen überholende Arbeit. S. 397 f. ein Verzeichnis
von W. Schriften. Ebendort ist S. 402 ff. Wurstisens Beschreibung des
Münsters zum erstenmale herg. von R. Wackernagel. — Ath. Raur.
p. 14 (mit biograph. Angaben und Verzeichnis der Schriften) und 412.

[2]) Burckhardt a. a. O. S. 371.

[3]) Germaniæ historicorum illustrium tom. unus, Frankfurt 1585.
Zweite Auflage 1670. — Eine dritte wurde 1726 vom Münchener Bibliothekar G. C. Joannis vorbereitet und druckfertig hinterlassen. Der
Druck kam aber nicht zustande. Vgl. Archiv f. ältere deutsche Ge-
schichtsk. 2, 187 ff.

in dem Leser ein Gefühl grosser Sicherheit erweckt, und seiner lebendigen Frische, die ihn, wie nicht leicht bei einem andern Geschichtswerk, mit dem Reiz einer Erzählung gefangen nimmt. Wurstisen verbindet eine rühmenswerte Unparteilichkeit und Ernst der Forschung mit der Unmittelbarkeit eines Memoirenschreibers. Wäre er im Stande gewesen, sich von der beengenden annalistischen Einteilung frei zu machen, in deren Umkleidung er übrigens viel Geschick bekundet, so würde sein Buch kaum von einem andern seiner Gattung übertroffen werden.

Wurstisens Leben verläuft in einfachen Linien. Er war geboren in Basel am 1. Januar 1544 [1]), studierte hier Mathematik unter Acronius [2]) und Theologie, wird im Februar 1562 Magister und findet 1563 eine Anstellung als Verweser bei St. Theodor. Da indessen seine Art zu predigen der Gemeinde nicht beliebte, so nahm er, als er bei der Helferwahl übergangen wurde, 1566 seine Entlassung, ärgerlich über die Zurücksetzung, die er nicht verdient zu haben glaubte.[3])

Inzwischen war er nach dem Tode Acronius als Lehrer für Mathematik [4]) an die Hochschule berufen worden und mit Recht muss man an ihm rühmen, dass er frühe der neuen von Kopernikus aufgestellten Theorie seinen Beifall geschenkt, wenn er es auch nicht gewagt hat, sie in Basel vorzutragen. Dagegen ist allerdings so gut wie sicher, dass er auf einem zu Ende der 70er Jahre fallenden Besuch Italiens in Padua einige Vorlesungen über das Kopernikanische System gehalten und unter seinen Zuhörern, von denen die meisten über seine Darlegungen lachten, sich der junge Galiläi befunden hat.[5]) Am 5. August 1585 wurde ihm an Stelle des verstorbenen Ulrich Coccius [6]) die Professur für neues Testament [7]) über-

---

[1]) Vgl. Wegele a. a. O. 455, Anm. 8.
[2]) S. Beil. X, Nr. 6.
[3]) Vgl. Burckhardt a. a. O. 363 ff.
[4]) Aufgenommen in die Fakultät 15. Okt. 1565 (Lib. decr. fac. art. p. 111), vereidigt am 12. Novb. Matr. fac. art. fol. 98.
[5]) Burckhardt a. a. O. S. 367.
[6]) S. Beil. X, Nr. 7.
[7]) Lib. concl. fol. 71. Unrichtig ist die Notiz der Ath. Raur. (p. 33 unten), dass Wurstisen mit Häl und Brandmüller ersatzweise für

tragen, ohne dass er genötigt worden wäre, seine Vorlesungen über Mathematik abzugeben. Er war jedoch nur mehr kurze Zeit im Lehramt tätig, da er am 22. September 1586 zum Stadtschreiber gewählt wurde [1]) und als solcher ist er in noch jungen Jahren am 30. März 1588 gestorben.[2])

Wurstisens Nachfolger auf der Lehrkanzel für Mathematik war Peter Ryff.[3]) — Trotz einer über vierzig Jahre dauernden Tätigkeit als Professor und trotz der Existenz mehrerer von ihm herrührender Arbeiten mathematischen Inhalts würde auch er zu der grossen Schar der jetzt vergessenen Gelehrten gerechnet werden müssen, wenn er nicht den guten Einfall gehabt hätte, die nach seinem Grossoheim Fridolin benannte, wenn auch nicht von ihm herrührende Chronik fortzusetzen. Mit dieser die Jahre 1543—1585 umfassenden Fortsetzung hat sich Ryff ein unbestreitbares Verdienst um die zeitgenössische Geschichte erworben. Freilich stehen seine Aufzeichnungen an Umfang nicht bloss und Reichhaltigkeit, sondern vor allem auch in der Anordnung und Durchdringung des Stoffes den Mitteilungen Wurstisens nach. Doch muss man dabei im Auge behalten, dass er weder die Absicht gehabt hat, mit seinem geschichtskundigen

den in Heidelberg weilenden J. J. Grynäus gelesen habe. Denn im Lib. concl. fol. 70ᵛ ist ausdrücklich nur von Häl und Brandmüller die Rede und ebendort fol. 70 heisst es bloss: Acta sub III. *rectoratu* Chr. Urstisii procerum Academiæ iussu suscepto et *administrato* per totius anni decursum *loco J. J.* Grynæi cum is ad scholam Theologicam Heidelbergæ de novo constituendam avocatus magistratum rite sibi delatum obire non posset. Dementsprechend ist auch der Satz der Ath. Raur. p. 34 ordinarius *V. T.* exposuit zu berichtigen.

¹) Lib. concl. fol. 72.

²) Wurstisens Sohn Emanuel war nach Ath. Raur. p. 35 Stadtarzt in Biel. In den Universitätsakten wird nur seine Promotion zum Magister 14. Juli 1593 erwähnt. (Matr. fac. art. 108.)

³) Über Peter Ryff, geb. 1552 Mai 8, gest. 1629 Mai 19, seit 1586 Sptbr. 22 Professor der Mathematik (Lib. concl. fol. 72), 1587 Juni 24 Mitglied der Regenz und seit 1595 Mai 29 auf sein abermaliges Ansuchen hin auch Mitglied der medizinischen Fakultät (Hist. colleg medic. p. 69) vgl. Ath. Raur. p. 412 f. — Miescher, die mediz. Fakult. zu Basel S. 28. — Vischer in der Einleitung zu Bd. 1 der Basler Chroniken S. 13 ff. •

Landsmann zu wetteifern, noch auch seine Chronik der Öffentlichkeit zu übergeben. Aber auch so enthält sie manchen schätzenswerten und Wurstisens Buch ergänzenden Beitrag zur Kenntnis der damaligen Ereignisse überhaupt und der Begebenheiten, welche sich in und um Basel abspielten, im besonderen.

Gleichzeitig mit Wurstisen wirkte Thomas Erastus. Sein deutscher Name ist Liebler. Er stammte aus Baden im Aargau [1]) von armen Eltern, war selbst ein kränklicher Knabe, der seine rechte Hand nicht gebrauchen konnte. Aber über alle diese äusseren Hindernisse siegten sein eiserner Wille und sein Wissensdrang. Er studiert zuerst in Basel Philosophie; von hier vertreibt ihn 1544 die Pest, von der er selbst ergriffen wurde. Er zieht nach Italien, wo er in Bologna und Padua theologischen und besonders medizinischen Studien sich widmet. — Zurückgekehrt finden wir ihn seit Mai 1558 als Professor der Medizin in Heidelberg und Leibarzt des Kurfürsten von der Pfalz Friedrich III., bei dem er nicht zum wenigsten wegen übereinstimmender kirchenpolitischer Ansichten sehr in Gunst stand.[2]) Erastus war ein eifriger Zwinglianer und hasste das calvinische System weniger aus dogmatischen, als aus politischen Gründen. Vor allem bestritt er den Calvinisten das Recht, in die bürgerliche Ordnung so einzugreifen, wie sie es mit ihrem Kirchenbann taten. In den kirchlichen Parteiungen, welche anfangs der 60er Jahre und später die Pfalz zerrissen, hat er eine bedeutende Rolle gespielt durch sein energisches Auftreten gegen die Lutheraner

---

[1]) Allgem. deutsche Biogr. 6, 189 (Gass) mit Litteraturangaben. Nur würdigt G. den Erast zu einseitig als Theologen. Ferner ist die Angabe der Ath. Raur. p. 427 über Erasts Geburtsort gegen Gass in ihr volles Recht einzusetzen. Denn Bonifacius Amerbach schreibt seinem Sohne Basilius nach Bologna: Qui has tibi reddit, Thomas Luberus est Badae Helvetiorum (vom obern Baden) natus (vgl. Teichmann, Bonifacii et Basilii Amerbachiorum epistolae mutuae Festschrift 1888, S. 29). — Man wird deshalb auch an der sehr bestimmten Angabe der Athen. Raur. über den Geburtstag Lieblers 1524, Sptbr. 7 gegen Gass festhalten dürfen. — Häser, Gesch. der Medizin 2³, 113 (irrig zu 1527).

[2]) Der Kurfürst liess ihm die zweite Professur der Medizin übertragen, gab ihm ferner freie Wohnung und den ansehnlichen Gehalt von 180 fl. — Winkelmann, Urkb. d. Univ. Heidelberg 2, 116, Nr. 1032 f.

und Calviner. Als später der Calvinismus doch die Oberhand
gewann, und der Kirchenbann wenn auch in gemilderter Form
eingeführt wurde, geriet er mit dem Konsistorium sofort in
Streit und blieb, da man ihn beschuldigte, antitrinitarische Ansichten ausgesprochen zu haben, durch fünf Jahre von der
Kirchengemeinschaft ausgeschlossen. Doch hat er durch bestimmte Erklärungen von den gegen ihn erhobenen Beschuldigungen sich zu reinigen gewusst. Schliesslich mag es doch
eine auf ähnlichen Gründen beruhende Verstimmung gewesen
sein, die ihn bewog, Heidelberg zu verlassen und sich nach
Basel zu begeben (1580). Hier wurde er am 10. Januar 1581
in das Kollegium und gegen die Gewohnheit am selben Tag
auch noch ins Consilium medicorum „wegen seiner ausgezeichneten Kenntnisse" aufgenommen.[1] Im Sommer desselben
Jahres übernimmt er auch Vorlesungen über Ethik und wird
am 17. Januar des nächsten zum ordentlichen Professor für
dieses Fach gewählt,[2] starb aber schon am 31. Dez. 1583.
Er hatte sich noch in Bologna mit Isotta Catalani vermählt,
deren jüngere Schwester Lavinia, die er in Heidelberg erzog,
später die Frau des Theologen J. J. Grynäus wurde.

Erastus war ein leidenschaftlicher Parteigänger. Er
hatte dies in den theologischen Streitigkeiten gezeigt. Er
zeigte es noch stärker in der heftigen Art und Weise, mit
der er die Lehren des Paracelsus angriff. Zwinger hat manchem
Einwand in seiner Würdigung des Systems des Paracelsus
Raum gegeben; Erastus aber seinen Disputationen gegen Paracelsus viel von ihrer Glaubwürdigkeit dadurch genommen,
dass er in gehässigster Weise auch die Person des grossen
Reformators der Therapie verunglimpft und mit augenscheinlich unwahren Anschuldigungen verfolgt hat.[3] Gegen Erastus
ist auch sofort der Arzt Gerhard Dorn aus Frankfurt in die
Schranken getreten. Freilich verliert seine gutgemeinte Ehren-
rettung dadurch viel an Gewicht, dass er „alle Naturkunde
aus den ersten Versen der Genesis ableitete."[4] — Erastus
Tod erstickte alle weitere Polemik im Keime.

[1] Hist. coll. medicor. p. 40.
[2] Lib. concl. fol. 67ᵛ. Darnach zu verbessern Ath. Raur. p. 429.
[3] Häser, Gesch. d. Mediz. 2¹, 79.   [4] Ebend. S. 110.

Interessanter ist seine Stellungnahme in einer anderen
Frage. 1579 veröffentlichte er ein Buch über Hexen und
Zauberinnen, deren Vorhandensein er gegen alle Einwürfe nach-
drücklichst verteidigte. Psychologisch bleibt es ein kaum
lösbarer Widerspruch, wie derselbe Mann, der den Glauben
an Alchemie und Astrologie als baren Aberwitz brandmarkte,
von einem analogen und jedenfalls gefährlicheren Aberglauben
sich so beeinflussen lassen konnte. Dass er den Gegenstand
litterarisch behandelte, darf hingegen nicht Wunder nehmen.
Nicht bloss war der Wahnsinn des Teufelsglaubens damals allgemein verbreitet, sondern er hatte gerade zur Zeit Erástus
angefangen auch die Gelehrten lebhaft zu beschäftigen. Es
war das Werk des Dr. Med. Wier[1]) von Cleve „de præstigiis
dæmonum,‟ erschienen (1563), welches eine lebhafte litterarische
Bewegung über diesen für das Wohl der Menschheit so entscheidenden Punkt erzeugt hatte. Wier bestritt in demselben
zwar nicht die Existenz des Teufels und der bösen Geister
überhaupt, aber er bestritt, dass er im Menschen zum Schaden
anderer Menschen wirksam werden könnte und stellte die Behauptung auf, dass, wenn jene Unglücklichen, zu deren Verteidigung er seine Feder ergriffen hatte, bekannten, sie hätten
dieses oder jenes Verbrechen mit Hilfe des Teufels begangen,
sie dies nicht tatsächlich getan hätten, sondern sie stünden bei
dieser Aussage unter einem allerdings vom Teufel ausgeübten
seelischen Zwang und ihre Aussagen liefen daher auf eine
blosse Täuschung durch den bösen Geist hinaus.

Wiers Buch war der erste Versuch an die Stelle einer
niedrigen materialistischen Auffassung eine psychologische Erklärung treten zu lassen. — Dafür erhielt er von dem ange-
sehenen französischen Gelehrten Bodin, der die Ansicht Wiers
mit allen Mitteln seiner grossen Gelehrsamkeit bekämpfte,
den Titel eines „Gotteslästerers.‟ [2]) — Aber schon vor Bodin
war Erastus zur Verteidigung des Hexenglaubens auf dem
Kampfplatz erschienen. So wenig wie Bodin weiss auch er

---

[1]) Lecky, Gesch. d. Aufklärung in Europa 1, 66. Johannes
Wierus unterzeichnet er sich in einem Brief an Th. Zwinger. — Demgemäss ist der Name bei Lecky zu ändern.

[2]) Ebend. S. 69. Bodins Demonomanie des sorciers erschien 1581.

andere Beweise vorzubringen, als solche, die dem gewöhnlichen Volksglauben und gewissen Stellen der Bibel entnommen
sind. Seine Abhandlung fand übrigens vielen Beifall und wurde
1606 nochmals aufgelegt. Es entspann sich zwischen Erast
und Wier ein Briefwechsel, in welchen auch Th. Zwinger hineingezogen wurde. Erast schreibt an Zwinger, „Wier hat mir
versprochen, er wird meine Ansicht widerlegen. Gott ist mein
Zeuge, dass wenn er das täte, ich dies für die grösste Wohltat halten werde. Einstweilen habe ich ihm in der freund-
schaftlichsten Weise geantwortet und mich zu einer öffentlichen
oder privaten Disputation erboten. Wenn er unter vier Augen
mich über meinen Irrtum aufklärt, werde ich nicht zögern,
dies öffentlich zu bekennen." [1]) Zu dieser Unterredung ist es
offenbar nicht gekommen. Ob sie irgend welchen Erfolg gehabt hätte, ist zudem sehr fraglich. Glücklicherweise verteidigte Erast einen verlorenen Posten. Auch verdient hier hervorgehoben zu werden, dass dieser schreckliche Aberglauben
in Basel nie jene furchtbaren verfolgungssüchtigen Formen
angenommen hat, wie anderwärts. Die Jahrbücher der Gerechtigkeit, welche voll sind von den in dieser Zeit üblichen
grausamen Urteilssprüchen, melden nur von wenigen Hexen-
prozessen, deren keiner mit einem Todesurteil endigte Wohl
aber lesen wir, dass der Antistes J. J. Grynäus Einsprache
erhob, als man eine alte Frau wegen angeblicher Zauberei in
Riehen auf die Folter spannte (1602). [2]) Es war hier keine
Atmosphäre, in welcher Bücher wie das des Erastus gedeihen
konnten und es ist gewiss nicht zufällig, dass zwar Wiers
Buch in Basel (und Amsterdam) gedruckt wurde, während
Erastus Abhandlung auch in zweiter Auflage in Amberg erschienen ist (1606). — Sein Zeitgenosse Bauhin verachtete den
Teufelsglauben gründlich und Plater hat, auf gleichen Wegen
wie Wier wandelnd, aber mit reicheren Kenntnissen ausge-
stattet, 1614 versucht seelische Störungen auf pathologische
Momente zurückzuführen.

Erastus zeigte sich übrigens der Basler Hochschule für

---

[1]) Brief von (1564) die Paschatis. — In der Briefsammlung des
Frey-Grynäischen Institutes II 4, Nr. 93.
[2]) Buxtorf, Baslerische Stadt- und Landgesch. 2, 106.

die Freistadt, die sie ihm gewährt hatte, erkenntlich, indem
er die Zinsen einer Summe von 1600 fl. zur Auszahlung
zweier Stipendien an zwei arme Studenten nach dem Tode
seiner Frau (sie starb 1594) bestimmte; Mediziner sollten den
Vorzug haben. Die einzige Bedingung, die er stellte, war die,
dass das Stipendium nur so lange im Besitze der Basler Hochschule verbleiben solle, als Basel selbst an seiner Konfession
festhalte.[1]

Eine Freistadt im besten Sinne des Wortes war die Universität für einen Zeitgenossen des Erastus, für Sebastian
Castellio.[2]

Castellio war geboren 1515 in Saint Martin du Frèsne
bei Nantua (im Dept. Ain). — Seine Eltern waren arme
Landleute und streng katholisch. Über Castellios Jugendjahre
weiss man so gut wie nichts. Später begegnet er uns in Lyon
als Lehrer dreier junger Adeliger, die er im Griechischen unterrichtet. Von Lyon geht er nach Strassburg, wo er mit Calvin
zusammentrifft und auf dessen Verwendung hin wird er wahrscheinlich 1541 nach Genf berufen, wo er die Leitung des
collége de Rive übernimmt, welches damals ziemlich herunter-
gekommen war. Castellio, der jedenfalls schon lange vorher
das protestantische Glaubensbekenntnis angenommen hatte,
fühlte die Neigung in sich als Prediger aufzutreten. Allein
er überwarf sich mit Calvin, der es zwar noch hatte durchgehen lassen, dass Castellio das hohe Lied als ein erotisches
Gedicht aufgefasst wissen und auch seiner Erklärung von der
Höllenfahrt Christi nicht beipflichten wollte. Aber als Castellio
sich erkühnte in grosser Versammlung den calvinischen Predigern Vorwürfe zu machen wegen ihrer Herrschsucht und un-
ziemlichen Lebensweise, entzog ihm der Rat die Erlaubnis zur

---

[1] Ein zweiter gleich hoher Betrag war für zwei Stipendien bestimmt, die an Heidelberger Studenten vergeben werden sollten. Ver-
leiher war auch für diese die Basler Regenz. Bedingung war ebenfalls,
si tamen illic nostræ confessionis religio vigeat. Lib. concl. fol. 69ᵛ
und Legatarium zum Jahre 1594, p. 85. Der Vergleich der zwischen den
Hochschulen über die Verwaltung der Stiftung abgeschlossen wurde,
ist datiert vom 1. Mai 1598. — Winkelmann a. a. O. 2, 172, Nr. 1431,
vgl. auch Nr. 1443.

[2] Über ihn handelt erschöpfend J. Mähly, S. C. Basel 1862.

Ausübung kirchlicher Amtshandlungen. Daraufhin nahm er seine Entlassung und Ende 1544 oder Anfang 1545 kommt er mit seiner Familie nach Basel. Mit Frau und acht Kindern befand er sich in drückendster Notlage. Anfänglich war er ganz auf seine Privattätigkeit angewiesen; Oporin nahm sich seiner an und unterstützte ihn mit Geld. Aber das reichte doch nicht aus und Castellio sah sich genötigt Tags über als Fischer und Holzflösser den notwendigen Lebensunterhalt zu beschaffen. In der Nacht arbeitete er dann an seiner Bibelübersetzung. Er hat eine solche in lateinischer und französischer Sprache angefertigt, jede aber nach einem andern Princip. Während er nämlich in der lateinischen sich bemühte das Vulgärlatein durch ein gut klassisches zu ersetzen, führte er in der französischen oft Ausdrücke des Dialekts ein. Dabei sind kleine Verstösse nicht ausgeblieben. Die Genfer spotteten über beide Arbeiten. Hottomanus fand die französische Übersetzung geradezu lächerlich. Er wünschte vor allem eine gründliche Korrektur der Vorrede, die, wie er sagte, ein Gegenstand des Gelächters sein werde für alle Franzosen, besonders für die, die bei Hofe sind.[1] Melanchthon und Buxtorf, die keinen Grund hatten, persönlich zu werden, urteilten jedoch günstig.

1553 findet Castellio eine Anstellung als Professor für griechische Sprache. Castellio hörte aber deshalb nicht auf sich mit Theologie zu beschäftigen und so dauerte auch der Krieg zwischen ihm und den Genfern, der mit steigender Heftigkeit geführt wurde, fort. — Oktob. 1553 wurde Servet in Genf verbrannt. Diese Tat, welche sogar Bullinger mit dem evangelischen Gewissen vereinbar fand, erregte den Abscheu Castellios. Im März 1554 erschien unter dem Pseudonym Martinus Bellius eine Sammlung von Abhandlungen und Aussprüchen berühmter Männer über den Reformator in Genf und sein Werk. — Die Genfer waren wütend und natürlicher Weise lenkte sich ihr Verdacht sofort gegen Castellio, hinter dem sie den Urheber dieses Pamphlets vermuteten, und gegenwärtig giebt die Forschung den Genfern Recht. Die allgemeine Ansicht geht dahin, dass Castellio und Cölius Secundus Curio die Verfasser jenes Werkes seien. Auch mit seinem Kollegen

---

[1] Dareste, Rev. histor. 2, 8.

Borrhaus, der in der Servet'schen Sache auf Seite Castellios und Curios gestanden war, ist Castellio später zerfallen. Grund des Zwistes wurde eine Meinungsverschiedenheit über die Bedeutung des Abendmahls. Heftige Angriffe erfuhr er ferner wegen der Herausgabe und Übersetzung des Dialoge des Occhino. — Diese fortwährenden theologischen Streitigkeiten zogen ihm endlich sogar eine Rüge des Rates zu, der ihn mahnte sich nicht in Dinge zu mischen, die ihn nichts angingen.

Castellio gebührt der Ruhm in diesem Kampf mit den Genfern zum erstenmal das grosse Princip der Toleranz nachdrücklich hervorgehoben zu haben. [1]) — In dieser Beziehung ist er eine der bedeutendsten und zugleich schönsten Gestalten, die auf der reichbesetzten Bühne jener Zeit erscheinen. Kenner versichern, dass seine sprachlichen Kenntnisse allein schon hingereicht haben würden ihn zu einem bedeutenden Gelehrten zu machen. Aber das genügte ihm nicht. Er stellt diese Kenntnisse in die Dienste theologischer Forschung und gerät dabei, ohne es zu wollen, in Streit mit bestehenden Ansichten und Dogmen. Einmal in denselben verwickelt, hält er aber standhaft aus, weil er durchdrungen ist von der Überzeugung, dass er nicht seiner persönlichen Auffassung, sondern der Freiheit der persönlichen Auffassung überhaupt das Wort redet.

Castellio [2]) starb 1563 Dezember 29, indem die grossen Anstrengungen, welchen er sich in der Sorge um seine Familie ausgesetzt hatte, seine Kräfte vorzeitig verzehrten. Sein Sohn Friedrich[3]), geb. 1562, studierte in Basel Philosophie und Theologie, war der Reihe nach Pfarrer in Hüningen, Muttenz und Reinach, von wo er durch die Gegenreformation

---

[1]) Mähly u. a. O. S. 48 vgl. auch Lecky, Gesch. d. Aufklärung in Europa 2, 37 ff.

[2]) Herzog Realencyklop. f. protest. Theolog. 3², 160 f. Hier mag auch noch bemerkt sein, dass Döllinger in dem grossen Pamphlet: die Reformation und ihre Wirkungen 2, 684 Castellio als Zeugen aufruft, um seinen fundamentalen Irrtum von der im ganzen Umkreis des Protestantismus eingetretenen Verschlechterung der Sitten und Religion mit ein paar Sätzen, die er einer in die letzten Lebensjahre Castellios fallenden Verteidigungsschrift (!) entnimmt, zu erhärten.

[3]) Ath. Raur. p. 298 (mit den biograph. Angaben) und p. 300, 317, 362.

vertrieben wurde.[1]) Er wurde dann als Professor für Rhetorik
angestellt (1589), übernahm 1595 Januar 10 an Stelle des
verstorbenen Prall [2]) die Lehrkanzel für Oratorik, kehrte aber
1610 Dezember 18 zum früheren Fach zurück. 1611 begegnet
er uns als Propst im unteren Kolleg. Er starb 1613 Mai 16
an Epilepsie.

Wenn Castellio sozusagen durch die Geschichte seines
Lebens dazu geführt worden war für Freiheit der Überzeugung des Einzelnen einzutreten, eine Forderung, welche
die Freiheit der Forschung überhaupt in sich schloss, so
fasste Taurellus dieses Ziel unmittelbar ins Auge.

Nikolaus Taurellus [3]) war geboren 1547 November 26
in Mümpelgard, hatte in Tübingen die Artistenfakultät absolviert, kam 1566 nach Basel, um Medizin zu studieren,
wurde 1570 November 22 zum Doktor promoviert, und 1571
in die Fakultät und Consilium aufgenommen. Dem Lehramt
hat er aber nicht sehr fleissig obgelegen. 1576 wird ihm, da
er über ein Jahr mit seiner Frau in Kolmar verweilt hatte,
gedroht, man werde ihn, wenn er bis November des Jahres
nicht nach Basel zurückkehre, aus der Fakultät ausschliessen.[4])
1579 wurde er zum Professor für Oratorik gewählt, 1580
Mai 31 übernahm er die Lehrkanzel für Ethik, folgte aber
schon am 21. Juni einem Rufe nach Altdorf [5]), wo er als
geachteter Arzt am 28. September 1606 starb. In der Geschichte der Wissenschaft hat er sich jedoch nicht als solcher,
sondern als Philosoph Ruhm erworben. Er ist der einzige
Mann, der Basels Hochschule auch auf dem Gebiete der reinen
philosophischen Spekulation im 16. Jahrhundert vertritt. Hier
war schon im Jahre 1573 sein Hauptwerk, der Triumph der
Philosophie, erschienen.

---

[1]) Burckhardt, Gegenreformation S. 7 und 179.
[2]) S. Beil. X, Nr. 9.
[3]) Über Taurellus vgl. Überweg, Gesch. der Philosophie 3, 23
(mit Angabe der einschlägigen Litteratur) und 28 (kurze Darlegung
seines Systems). — Letztere besser bei M. Carriere, die philosoph-
Weltanschauung der Reformationszeit 1², 51 f. — Ath. Raur. p. 312
(mit den biograph. Angaben) und p. 425. — Miescher die mediz. Fak.
zu Basel S. 28.   [4]) Histor. coll. medicor. p. 31.
[5]) Ebend. p. 40 und Lib. concl. fol. 64.

Die Geister waren damals noch lebhaft ergriffen von
jener Bewegung, welche einige Jahre vorher Petrus Ramus
in Paris durch seinen verblüffenden Angriff auf Aristoteles
erregt hatte. Ramus hatte mit einiger Übertreibung behauptet,
alles, was Aristoteles geschrieben hätte, sei unwahr. Man
braucht diesen revolutionären Satz nur dem oben gegebenen
Lektionenverzeichnis der Artistenfakultät, welches jedenfalls
in seinen wesentlichen Teilen dem aller anderen Hochschulen
entsprach, entgegen zu halten, um sich eine ungefähre Vorstellung von der durch Ramus erzeugten allgemeinen Erregung
zu machen. Ramus hat jene Behauptung später wesentlich
gemildert, aber es war doch ein kräftiger Anstoss zu neuer
kritischer Prüfung der Lehrsätze des Stagiriten gegeben.
Taurellus folgte demselben. Er ist Aristoteles gerechter geworden, als Ramus, da er seine induktive Beweisführung zu
würdigen wusste. Allein dessenungeachtet meinte er doch, es
sei eines denkenden Menschen unwürdig, bei Aristoteles stehen
zu bleiben. „Sollten wir nicht denken können, wenn seine
Schriften verloren wären?" Deshalb dürfe man sich an keine
Autorität binden. Diese Freiheit der eigenen Forschung sucht
er dann in geistvoller Weise mit der starren biblischen Überlieferung, die doch auch er für unantastbar hielt und die er
später gegen die pantheistischen Ausführungen Cäsalpinis
verteidigte, zu versöhnen.

Ein Zeit- und Gesinnungsgenosse Castellios war Cölius
Secundus Curio.[1]) Curio entstammte einer vornehmen lombar-
dischen Familie. Er war der jüngste von vierundzwanzig Geschwistern, geboren 1503 Mai 1 zu Moncaliéri bei Turin,
wo sein Vater reich begütert war. Cölius, der zuerst die
Schule seines Heimatdorfes, dann die Turins besuchte, verlegte sich auf das Studium des Rechts. Inzwischen hatten
die Schriften der Reformatoren ihren Weg über die Alpen
gefunden. Cölius las Abhandlungen von Luther, Zwingli und

---

[1]) Herzogs Realencyklop. f. protest. Theol. 3², 396—400 mit reichen
Litteraturangaben. Von seinen Briefen sind einige gedruckt in C. S.
Curionis epistolarum libri duo Basilee 1533 p. J. Oporinum und ein
Brief an Basilius Amerbach in der Festschrift von Teichmann, Amer-
bachiorum epistolæ mutuæ. Basel 1888, S. 43.

Melanchthon, mit welchem er später auch in direkten brieflichen Verkehr trat. Der Eindruck, den diese Werke auf
ihn machten, war bestimmend für seinen ferneren Lebensgang.
Er absolvierte zwar seine juridischen Studien und wirkte
mehrere Jahre als ein beliebter und angesehener Rechtslehrer
in Mailand, in Pavia und Lucca. Indem er aber überall zugleich für die Verbreitung der neuen Lehre und nicht ohne
Erfolg tätig war, zog er sich dadurch den Hass und die Verfolgung der römischen Kurie zu. Mehrmals führte ihn sein refor-
matorischer Eifer ins Gefängnis und vor den dauernden Nach-
stellungen vermochte ihn weder die Gunst hochgestellter Personen wie des Herzogs von Montferrat, in dessen Hauptstadt
er sich einmal flüchtete, noch die treue Anhänglichkeit seiner
Studenten und der Bürger zu schützen. Curio beschloss endlich, dem unsichern Vaterlande den Rücken zu kehren und
wanderte nach der Schweiz aus. Die Herzogin Renée von Ferrara gab ihm Empfehlungsbriefe an den Rat von Zürich und
Bern mit und der letztere stellte ihn hierauf als Vorstand einer
Schule in Lausanne an (1542). Als er nach Italien zurück-
ging, um seine Familie abzuholen, begab sich jener merkwürdige Fall seiner Rettung aus den Händen der Inquisition, der
ebenso charakteristisch für die damaligen Zustände als für die
Person Curios ist. Es war in Pessa bei Lucca. Curio, der seine
Mahlzeit einnahm, war eben im Begriff sich ein Stück Brot
abzuschneiden, als der Barghello eintrat und ihn im Namen
des heiligen Tribunals gefangen nehmen wollte. Als aber
Curio, der ein grosser, starker Mann war, aufstand und das
Brotmesser immer noch in der Hand haltend sich dem Häscher
näherte, wandelte diesen dermassen die Furcht an, dass er
vor Curio ins Knie sank. Curio, seinen unerwarteten Vorteil mit Geistesgegenwart benützend, stieg schnell die Treppe
hinab, drängte sich unerkannt durch die Eskorte, warf sich
auf sein Pferd und sprengte davon. Nacht und Ungewitter
hinderten jede Verfolgung.

1546 kam Curio von Lausanne nach Basel. Dem Zu-
reden einiger gelehrter Freunde nachgebend, beschloss er,
dauernd sich hier niederzulassen. Von da ab lebte er unange-
fochten, der Erziehung seiner Kinder und seinen vielfältigen

Arbeiten sich widmend. Da gerade in diesem Jahre durch
den Abgang des Sebastian Lepusculus, welcher nach Augsburg
zog, eine Lehrkanzel an der Artistenfakultät frei geworden
war, so übertrug man Curio die Professur für Beredsamkeit
und Rhetorik in der zweiten Klasse, welche bis dahin Hospinian inne gehabt hatte [1]), mit einem Gehalt von 60 fl. jährlich. Sein Einkommen reichte nicht einmal hin, dass er seine
Tochter Dorothea, welche ihm während seines Aufenthaltes in
Lucca kurz vor seiner Abreise in die Schweiz geboren wurde
und die er unter der Obhut zweier Luccheser Frauen zurück-
gelassen hatte, hätte zu sich kommen lassen können. Curio
war ein überaus fleissiger Schriftsteller; dazu arbeitete er
sehr leicht und schnell, und so sind Schriften von ihm in
grosser Anzahl erhalten. Sie sind teils philologischen, teils
antiquarischen, teils theologischen Inhalts. Seine Abhandlung über römische Münzen, Masse und Gewichte war berühmt und behauptete bis zu Boekhs Forschungen, welche
alle älteren Arbeiten der Art überholten, eine gewisse Geltung. — Sein Kommentar zu Ciceros Topica fand Melanchthons Beifall.

Grosses Aufsehen erregte seiner Zeit seine Abhandlung
de amplitudine beati regni Dei. In dieser in Dialogform
gehaltenen Schrift suchte er zu beweisen, dass die Zahl der
zur Seligkeit Berufenen bei weitem diejenige der zur ewigen
Verdammnis Verurteilten übertreffe. Im Verlaufe des Gespräches
wird natürlich auch die Frage aufgeworfen, was für ein Los
diejenigen zu erwarten haben, denen die Lehren des heiligen
Evangeliums nie zu Ohren gekommen seien. Über diesen
Gegenstand waren von den ersten Zeiten des Christentums
an die Theologen einstimmig der Ansicht gewesen, dass ausserhalb des kirchlichen Verbandes kein Heil zu erwarten sei.
Selbst die ungetauft gestorbenen Kinder seien, weil auch sie
Teil hätten an der dem ganzen Geschlechte anhaftenden Schuld
Adams, der Hölle verfallen. Und dieses Dogma wurde in
ganzer Schärfe auch von den Reformatoren angenommen und
gelehrt. Nur Zwingli hatte ihm kühn widersprochen und

---

[1]) S. Beil. IX. 1549 wurde die Professur der Rhetorik ihm genommen und Pantaleon gegeben. Doch behielt er seinen früheren Gehalt.

hoffte, nach dem Tode mit den Edelsten aller Zeiten und
Völker vereint zu werden, und dieser Anschauung hatte, obgleich in etwas eingeschränkterer Form, auch Curio in jener
Abhandlung Ausdruck geliehen. Sie (die Nicht-Evangelischen)
sind nicht verurteilt, sagt er, wenn sie die Gesetze der Natur
befolgen, wenn sie einen Gott verehren, und wenn sie Nächsten-
liebe üben.[1]) — Deshalb würde auch den Juden, welche nur
einen Gott anerkennen, keine Bilder, keine Zeichen heilig
halten, keine mystische Krume Brot als Gott anbeten, noch
vor dem Weltuntergang der Eintritt in das Reich Gottes geöffnet werden.

Wegen dieser der allgemeinen Ansicht so entschieden
widersprechenden Sätze wurde Curio von seinem Landsmann
Peter Paul Vergerio lebhaft angegriffen, der ihn beim Rate
von Basel als einen Ketzer verklagte, indem er lehre, dass
die Menschen nur durch ihre natürlichen Anlagen und ohne
Christus das Heil erlangen können. Curio verantwortete sich
in einer an die Regenz gerichteten Apologie mit Würde und
ohne sich zu einem Widerruf herbeizulassen. Er erwarte, dass
man ihn nicht wegen dieser einen aus dem Zusammenhang
herausgerissenen Stelle verurteilen werde. Man möge alle seine
bisherigen Schriften durchgehen: nie sei es ihm eingefallen
die Heilsbotschaft Jesu Christi zu läugnen. Würde man Sätze
finden, welche von der gewöhnlichen Meinung der Menschen
abwichen, so müsse er darauf hinweisen, dass er kein Dogma
aufstellen, sondern bloss Erörterung habe anregen wollen. In
diesem Sinne habe er jetzt auch die Frage der Verdammnis derer,
die das Evangelium mangeln, behandelt und — fährt er mit
edlem Freimut fort — „ob ich gleich unterweylen geachtet
möchte werden, als ob ich mich etwas mehr auf den einen
Teil neiget, so ist doch meine Meinung nicht anders, denn dass
ich dem, so besseres fürbringt, zu folgen alle Zeit bereit bin." [2])
Mit Castellio, dessen Empörung über Servets Tod auf dem
Scheiterhaufen er teilte, erscheint uns also auch Curio als ein
Vorkämpfer des grossen Princips der Glaubensfreiheit.

---

[1]) C. S. C. De amplit. regni Dei bei Schelhorn Amœnitates li-
terariœ 12, 595 ff.

[2]) Schelhorn a. a. O. 612 f.

Der Angriff hatte übrigens für Curio weiter keine Folgen, da die Bücher-Censoren zu seinen Gunsten entschieden. Sie drückten zwar ihr Bedauern aus, dass das Buch überhaupt erschienen sei, doch könnten sie nicht finden, dass der Verfasser sich mit den beanstandeten Stellen gegen die kirchlichen Lehren vergangen habe. [1]

Curios Ansehen als Gelehrter stieg von Jahr zu Jahr. Er erhielt mehrere ehrenvolle Berufungen ins Ausland: von Kaiser Maximilian II. nach Wien 1565, vom Woiwoden Szapolya nach Siebenbürgen 1567, vom Herzog von Savoyen und früher schon sogar von Papst Paul IV., der dem Verfasser des Pasquillus ecstaticus, in welchem Curio seinem Spott über die Verderbnis der Kirche und viele ihrer wesentlichsten Lehren freien Lauf gelassen hatte, [2] volle Straflosigkeit zusicherte, hohe Besoldung und Aussteuer für seine Töchter, wenn sich Curio verpflichtete nicht von Religion zu sprechen. Aber Curio schlug alle diese Anerbietungen aus, treu bleibend der neuen Heimat, der er sich dankbar bezeigte für den Schutz, den sie dem Verfolgten gewährt hatte. Curio starb am 24. Nov. 1569. — Seine letzten Lebenjahre waren ihm durch häusliche Trübsale verbittert worden. Er, der seinen Kindern ein überaus zärtlicher Vater gewesen war, musste in einem Jahre vier derselben wegsterben sehen. — Drei begabte Töchter, unter diesen die reich beanlagte Angela, welche noch nicht achtzehnjährig der deutschen, italienischen, französischen und lateinischen Sprache mächtig und dem Vater beim Vergleichen der Handschriften behilflich war, raffte die Pest innerhalb dreier Wochen weg, [3] und im selben Jahre starb sein Sohn Horatio, als kaiserlicher Rat im Dienste Maximilian II., ein junger, kaum dreissigjähriger Mann, dem eine glänzende Laufbahn zurückzulegen bestimmt schien. Am 24. Oktober 1564 verlor Curio seinen zweiten Sohn Augustin, welcher 1538 in Basel geboren, hier, dann in Tübingen, in Bourges unter Duaren, in Paris unter

[1] Schelhorn a. a. O. 215.
[2] Erschien 1544 in Freiburg.
[3] Vgl. Bonnet, La famille de Curione S. 52 erzählt mit Benützung von: de quatuor C. S. Curionis filiarum vita et obitu ... cum epitaphiis. Basel 1565.

Ramus, in Pavia und Bologna studiert hatte und 1564 als
Professor für Rhetorik angestellt worden war. Unter seinen
Kollegen stand Curio besonders den Amerbachs nahe. Er ver-
sorgte Basilius mit Empfehlungen nach Italien und nahm auch
sonst an seinen Studien fördernden Anteil. Auch mit Borrhaus, mit dem er schon von Lausanne aus über seinen Traktat
de amplitudine regni Dei Briefe gewechselt hatte, und mit
Castellio war er gut befreundet.

Alle diese Männer haben unzweifelhaft das Ihrige zum
wachsenden Ansehen der Basler Hochschule beigetragen und
standen wissenschaftlich genommen auf der Höhe der Zeit.
Aber über sie alle ragt ein Gelehrter empor, dem es allein
beschieden war den Ruhm der Fakultät auch bei den nach-
folgenden Geschlechtern zu erhalten — Johann Buxtorf, Professor der hebräischen Sprache. [1])

Unter den Disciplinen, welche an der Artistenfakultät
gelehrt wurden, war unstreitig die hebräische Sprache die
jüngste. Der erste, der an der Hochschule Unterricht im Hebräischen erteilt hatte, war Konrad Pellikan gewesen,[2]) welcher
aber Basel schon 1508 verliess, 1524 zwar wieder hieher zurückkehrte, jedoch nur um zwei Jahre später einem Rufe nach
Zürich Folge zu leisten. Sehr tief wird die von Pellikan gegebene Unterweisung allerdings nicht eingedrungen sein. War
doch erst 1506[3]) Reuchlins hebräische Grammatik und Wörterbuch, welche das Studium der „heiligen Sprache" eigentlich
in Deutschland eingebürgert haben, erschienen. Nach Pellikans erstem Weggang von Basel hatte das Hebräische gar
keinen Vertreter mehr an der Hochschule bis 1523.

---

[1]) Johann Buxtorf der ältere, Rektoratsrede geh. am 4. Nov. 1879
von E. Kautzsch Basel. S. 10) sind die Quellen genannt, auf denen
diese sorgfältige Arbeit beruht. Die Angaben über Buxtorfs lexika-
lische Arbeiten auf S. 33 f. werden richtig gestellt in der Recension
der Rede im Litterar. Centralbl. 1880, 690 f.

[2]) Die Nachricht der Ath. Raur. p. 442, dass Wilh. Textor, der
1472 seine theologische Professur niederlegte, schon im Hebräischen
Unterricht erteilt habe, erscheint ganz und gar unglaubwürdig, da die
ältesten Spuren des Studiums des Hebräischen in Deutschland sich erst
in den 80er Jahren nachweisen lassen. Vgl. Geiger das Studium der
hebr. Sprache in Deutschl. S. 19 f. Übrigens tritt die Notiz in den
Ath. Raur. selbst unbestimmt auf.   [3]) Geiger a. a. O. S. 34.

In der Zwischenzeit wurde das Studium des Hebräischen
lediglich privatim betrieben, so in Amerbachs Hause, in dem
der spanische Jude Matthäus Adrianus den Söhnen des Johannes
Amerbach, später auch dem Wolfgang Capito Unterricht im
Hebräischen erteilte. Ob die Söhne Amerbachs viel gelernt
haben, mag dahin gestellt bleiben, in ihrem sonst so reich-
haltigen Briefwechsel finden sich keine Stellen, die auf grössere
Kenntnisse des Hebräischen schliessen liessen. [1]) — Capito be-
mächtigte sich jedoch der Sprache soweit, dass er später nicht
bloss Privatstunden in ihr erteilte, sondern auch eine Grammatik verfasste, welche sogar mehrere Auflagen erlebte. [2]) In
ähnlicher Weise fand auch in Ökolampad, der 1514 wieder
nach Basel gekommen war, das Studium des Hebräischen eine
Stütze, indem ihn Erasmus bei seiner Ausgabe des neuen
Testamentes zu Rate zog, sobald es sich um Verweisung auf
den hebräischen Text des alten Testamentes handelte, und indem Ökolampad in einem Index zu Hieronymus die hebräischen Worte erklärte. [3])

Mit der Übernahme der theologischen Professur durch
ihn hielt auch die hebräische Sprache wieder ihren Einzug in
der Hochschule und dass sie nicht mehr aus derselben verschwand, war abermals zum guten Teil Ökolampads Verdienst.

Er sah es als eine Notwendigkeit an, dass das Hebräische nicht mehr bloss beiläufig auch vom Professor des alten
Testamentes betrieben, sondern dass hiefür eine eigene Lehrkanzel errichtet werde. In diesem Sinne sprach er sich schon
in seinem Ratschlag[4]) aus und die gegebene Anregung ging
nicht verloren. Die hebräische Professur wurde eingeführt
und Ökolampad hatte noch das Glück eine vorzügliche Lehr-
kraft für dieselbe zu gewinnen — Sebastian Münster, welcher
mit einem Gehalt von 60 fl. angestellt wurde. Münster
war ein Schüler des Elias Levita und einer der tüchtigsten
Hebraisten [5]) seiner Zeit. Abgesehen von mehreren lexiko-
graphischen und grammatischen Arbeiten, welche zum Teil in
Anlehnung an solche seines Lehrers Levita und Reuchlins ent-

---

[1]) S. oben S. 144, Anm. 2.   [3]) Ebend. 109.
[2]) Geiger a. a. O. 118.   [4]) S. Beil. 1, § 9.
[5]) Über ihn handelt ausführlich Geiger a. a. O. S. 74 ff.

standen sind, sowie von kritischen Ausgaben einzelner Teile
des alten Testamentes mit beigegebener Übersetzung, wie des
Jesaias und des Hohen Liedes, sind seine bemerkenswertesten
Leistungen eine Ausgabe der ganzen hebräischen Bibel mit
Übersetzung und Anmerkungen, in denen zum erstenmal auch
die Rabbinische Litteratur Berücksichtigung fand, ¹) und ein
Lehrbuch der chaldäischen Sprache, das erste in seiner Art.²)

Diesem Manne verdankte mithin Basel, dass, wenn die
Verdienste der deutschen Universitäten um die Belebung des
Studiums der hebräischen Sprache gegen einander abgewogen
werden, seine Hochschule in erster Linie genannt werden
muss; ³) selbst Wittenberg steht ihm hierin nach, da Melanchthon seine Kraft und Zeit fast ganz für die Behandlung
kirchenpolitischer Fragen verbrauchte. Indessen dem schönen
Anfang entsprach die Fortsetzung keineswegs. Münsters Nachfolger Lepusculus, ⁴) Sulzer, Brandmüller und Ritter ⁵) haben,
mit Ausnahme des Erstgenannten, die über hebräische Sprache
vorhandene Litteratur nur benützt, nicht bereichert und auch

---

¹) Geiger a. a. O. 82.   ²) Ebend. S. 86.
³) Das geht hervor aus der lehrreichen Zusammenstellung die
Geiger a. a. O. S. 89 ff. gegeben hat.
⁴) Die Ath. Raur. lassen auf Münster zunächst noch Simon Sulzer
folgen (p. 442) und diesem erst Lepusculus 1556 (443). Das ist fehlerhaft,
denn die Angabe, dass Lepusculus von 1549 (bez. 1550) bis 1556 die
Professur für Griechisch inne gehabt habe, ist, wie Pantaleons Aufzeichnungen zeigen (s. Beil. IX), unrichtig. Lepusculus hat schon 1553
dem Castellio Platz gemacht. Da er nun zugleich aus dem Lektionsverzeichnis Pantaleons verschwindet, so wird man annehmen dürfen,
dass er auch damals die ausserhalb des Unterrichtsplans der drei Klassen
stehende Professur für Hebräisch erhalten habe. Dann bleibt aber für
Sulzer kein Platz. Durch die Angabe der Ath. Raur. (p. 443 vgl. auch
p. 27 und 28), dass er nach Lepusculus Tode cathedram Hebraeam *iterum*
ambiit, darf man sich nicht beirren lassen. Dagegen spricht die oben
S. 116, Anm. 2 aus dem Lib. concl. angeführte Stelle. Nicht verschweigen
darf ich, dass es in den Deputatenrechnungen zum Jahre 1552/3 heisst:
Castalio Hebraeo (!?) — 60 fl. und so öfter bis 1563. Allein diese Angabe steht ganz vereinzelt und da sie sowohl mit Pantaleons Aufzeichnungen als auch mit den Ath. Raur. in Widerspruch gerät und da ferner
diese Rechnungsbücher mit bemerkenswerter Nachlässigkeit geführt
sind, so habe ich diese Angabe unbedenklich verworfen. Erklären lässt
sich der Irrtum daraus, dass Castellio und der jeweilige Hebraist den
gleichen Gehalt (60 fl.) bezogen, und so mögen die Deputaten, für die
das Geld doch das massgebende Moment war, die Empfänger verwechselt
haben. Über Lepusculus vgl. ferner Beil. X, Nr. 15.
⁵) Sulzer war vom 18. Febr. 1578 bis 22. Juni 1585 Professor
für Hebräisch. — Über Brandmüller vgl. Beil. X, Nr. 10 und über
Ritter ebend. Nr. 16.

des Lepusculus Arbeiten beschränken sich auf eine neue Ausgabe der von Reuchlin ins Hebräische übersetzten Geschichte
des jüdischen Krieges des Josephus[1]) und einiger anderer he-
bräischer Schriften von geringem Umfang. Vor der Gefahr
einer gänzlichen Verflachung, von welcher das Studium der
hebräischen Sprache durch diesen lediglich schulmässigen Betrieb auch an der Basler Universität bedroht war, rettete es
Buxtorfs Genie.

Johann Buxtorf war der Sohn des Oberpfarrers Buxtorf
in Kamen in Westphalen, geboren am 24. Dzbr. 1564. Besuchte zunächst das Gymnasium in Hamm, von dessen Rektor
Fabricius er den ersten Unterricht im Hebräischen empfing;
dann das in Marburg. Wahrscheinlich 1584 bezog er die
Hochschule in Herborn, wo er vor allem seine hebräischen
Studien unter Piscators Leitung fortsetzte. Von Herborn geht
er nach Heidelberg und 1588 kommt er nach Basel. Hier
trat er rasch zu Joh. J. Grynäus in nähere Beziehung, der,
als er den Fleiss, den Scharfsinn und die Sittenreinheit des
jungen Mannes erkannt hatte, sich sofort dafür einsetzte ihn
für Basel zu erhalten. Er empfiehlt ihn an Leo Curio, zweiten
Sohn des Cölius, bei dem er wohnte und Hauslehrer seiner vier
Kinder war. Nach dem Tode Ritters 1588 nahm man ihn schon
in Aussicht für die Lehrkanzel der hebräischen Sprache, die
er, da er sich noch nicht gerne binden wollte, einstweilen
bloss provisorisch übernahm. — 1590 promoviert er zum Magister und wird bald darauf ordentlicher Professor. Drei Jahre
später heiratete er Margaretha, Tochter des Leo Curio, die ihm
in einer dreissigjährigen Ehe elf Kinder gebar, von denen jedoch nur fünf heranwuchsen. Der älteste Sohn Johann wurde
wie sein Vater ein vorzüglicher Hebraist. Die ihm angebotene
Professur für altes Testament lehnte er ab, ebenso auch Berufungen nach Saumur und Leyden, obwohl beide, besonders
die nach Leyden von glänzenden pecuniären Anerbietungen
begleitet waren. Als dieselbe eintraf, scheint man befürchtet
zu haben, Buxtorf könnte wegziehen wollen. Und so geschah
das Ungewöhnliche, dass die Regenz ihn bat hier zu bleiben

---

[1]) Josippus de bello Judaico im Auftrag des Henric-Petri herg.
von L. Die Vorrede ist datiert vom 24. Febr. 1559.

und gleichzeitig die Deputaten ersuchte, beim Rat auf eine
Erhöhung seines Gehaltes anzutragen. Man war einsichtsvoll
genug diesem Antrag Folge zu geben.[1]) Buxtorf starb in
Basel an der Pest 7. Sept. 1629. Buxtorf war einer der
grössten Gelehrten, welche die Basler Hochschule jemals besessen hat. Seine schriftstellerische Tätigkeit umfasste das
ganze damals zugängliche Gebiet des Hebräischen nach der
philosophischen, historischen und medizinischen Seite hin und
einige seiner Werke haben, wie sein jüngster Biograph versichert, noch heute ihren, durch keine andere seit 250 Jahren
erschienene Publikation abgeschwächten Wert. Dahin gehören
die Konkordanz zum alten Testament und seine rabbinische
Bibel. Die Forschung über die Masora d. i. die rabbinische
Gesetzeserklärung soll im ganzen noch nicht viel weiter gekommen sein, als Buxtorf sie in seinem Tiberias (1620 erschienen)
gelassen hat. Ein unvergängliches Denkmal seines Riesen-
fleisses ist das grosse talmudisch-rabbinische Lexikon, an dem
er seit 1609 arbeitete, das aber erst zehn Jahre nach seinem
Tode von seinem Sohne veröffentlicht wurde. Dieses Werk,
die Frucht dreissigjähriger Arbeit, gilt heute noch als unent-
behrlich. Indessen nicht diese, obgleich staunenswerte Leist-
ungsfähigkeit ist es, die Buxtorfs eigentümliche Grösse bedingt,
sondern die Stellung, die er im Vergleiche mit seinen Vor-
gängern zu seinem Fache einnimmt, und das leitende Princip,
das alle seine Arbeiten durchzieht. Während Münster und
seine Zeitgenossen in erster Linie doch nur die Bibel in den
Mittelpunkt ihrer Studien stellen und es vor allem ausdrücklich verschmähen die rabbinische Litteratur eingehender zu
untersuchen, weil die Beschäftigung mit derselben ihnen geradezu verderblich erscheint,[2]) ist Buxtorf von solchen Ängst-
lichkeiten frei. Ihm ist die gesamte jüdische Überlieferung
nicht nur wissenswürdig, sondern die Kenntnis derselben hält
er — und damit tut er einen grossen Schritt nach vorwärts —
um des Princips willen dem alle seine schwierigen und müh-
samen Arbeiten galten, auch für durchaus nötig. — Buxtorf

[1]) Lib. decr. fac. art. 157. Dort wird die Sache zum 25. Juni 1625
berichtet, wonach Kautzschs Angabe von 1620 zu verbessern.
[2]) Vgl. Geiger a. a. O. S. 6 ff.

war nemlich der Ansicht, Christentum, christliche Kirche und
Theologie beruhen unbedingt auf dem Wort der Schrift und
zwar im strengsten Sinne auf dem Buchstaben der Schrift.
Ihm kam daher alles darauf an die unbedingte Geltung des
Bestandes der Schrift zu erweisen und diesem einen grossen,
wenn auch seither als irrig erkannten Gedanken widmete er
seine Kenntnisse und sein Leben. Deshalb verteidigte er auch
die Ursprünglichkeit der sogenannten Vokalpunkte, eine Auffassung, die jetzt niemand mehr teilt und die schon vor Buxtorf Münsters Lehrer Elias Levita als irrig bezeichnet hatte.
— Die wissenschaftliche Kontroverse über diese Frage hat sich
jedoch erst nach Buxtorfs Tod zwischen seinem Sohn und
Ludwig Capella erhoben (1648). Buxtorfs Ansehen auf dem
Gebiete der hebräischen Sprachforschung war unbestritten.
Nicht bloss alle Gelehrten des Auslandes waren einig in seinem
Lobe, sondern die jüdischen Gelehrten selbst erkannten ihn
als den grössten Kenner einer Litteratur an, in welcher allein
heimisch zu sein sie sonst gewöhnlich behaupten.

Buxtorf, Bauhin, Amerbach und Ökolampad — das sind
die vier grossen Namen, welche die wissenschaftliche Bedeutung der Basler Hochschule, die sie im 16. Jahrhundert gewonnen hat, für alle Zeiten veranschaulichen werden.

BEILAGEN.

I.

Oecolampadii iudicium de schola.

Consul et Senatus Basiliensis.

Quam ad excolenda ingenia ad plantandas virtutes ad fovendam veram religionem adque alia innumerabilia bona paranda, quibus respublicæ mire iuvantur, non parum faciant Academie probe institute ac diligenter curate. Hinc enim ecclesiis Christi pastores ac doctores, hinc principibus et urbibus ac regnis consiliarii scribe oratores, hinc tribunalibus iudices hinc adolescentie exercende pedagogi, hinc morbis curandis medici, hinc opificibus architecti et cunctis in rebus magni industrii maximieque frugis viri tanquam ex vinario expiscari possunt. Unde haud mirum, si patres nostri maximam operam sumptumque non minorem impenderunt, ut gloriam hanc nobis commendarent et veluti insignem hereditatem relinquerent non ignari, quanto honestior quantoque beatior ille thesaurus quam ille auri et argenti. Et quoniam, ut in rebus etiam sanctissimis astu Satane bona sementis lolio clam interiecto non raro adulteratur et degenerat paulatim deficit-

Bürgermeister und rhat zu Basel.

Als dann zu erbuwung des verstands und der art, zu pflanzung der tugend, zu erhaltung der gerechten und woren religion ouch sonst vil güter dingen zu bekommen die wol uffgerichten und flissig versehene schulen nit wenig fürstands bringen dann es ie wor, das uss den selben den kirchen Christi ire hirten und leerer, den fursten stetten und konigrichen ire rhat schriber und redner, den gerichten ire richter, den jungen ire werchmeister und in somma in allen dingen die fürnempste und künstriche lüt glich als uss einem wiger und gehalter genommen und gefischet werden mögen, der ursachen es kain wunder, das unser vätter und vorfaren grossen vliss ouch nit wenigern costen angewendth haben, das sy uns dise eer lobeten und befülhen ouch die als ein fürnem eerlich erbgüt hinder in verliessen als die wol gewüsst, das sollicher schatz grosser eerlicher und richer, dann dess golds und silbers. Und diewil dann ouch in

que tandem tota nisi agricole cura subveniat, ita etiam in publicis gymnasiis multa subinde oriuntur radicesque agunt, que seminantium voluntati minime respondent. Que quum subgliscunt, nisi emendentur quam primum, non videbis, quo pacto illorum patronos ac dominos a negligentie, ut ne quid dicamus durius, vitio vindicare poteris.

Porro, cum extra controversiam sit, hactenus in omnibus fere disciplinis sive inscitia sive perfidia [1]) doctorum sive ignavia factum esse dixerimus, certe dolemus, in maximam optimorum ingeniorum perniciem partim neglectam partim impeditam sinceriorem doctrinam. Barbaries enim vanitas tum in vita tum in verbis [2]), sophistica ostentatio, imposturarum venditatio, maius tituli quam scientie studium [3]), ubi philosophie solide messis et omnigene sapiente et scientie expectabatur succrevere. Unde et de divinis rebus ridicule, de sacris prophane, de rebus scientia recta opus habentibus ambigue sensum pronunciatumque est, quanquam diu doceretur, ad veri tamen noticiam non pertinge- retur.

den heiligisten und fromsten dingen durch beschiss des Satans der güt som mit dem unkrut gefelschet und verderbt also, das es von siner güten arten abwicht und zuletzt gar abfalt, es sige dann, das ime dess buwmans sorge zu hilf komme, also ouch in den offenen gemeinen schulen, so entspringen und würzlen teglich etweliche ding die dern so sy seigen willen und gefallen nit gmeint; welche, so sy uffwachsen nit glich verbessert, magst du nit wol ersehen, in was wiss und weg du derselben schirmer und herren von dem laster der heilossigkeit — ich will nit schwerere(s) sagen — erledigen mögest.

Witer diewil es doch unzwiffelhaft ist, das bishar gar noch in allen künsten (ob das durch verbunst der glerten oder irer fulkeit beschehen, wöllend wir nit sagen, aber iedoch so ist uns das leid) die gsünder leer zum theil verachtet und zum theil verhindert und das zu grossem schaden und verderben vieler herrlichen köpfen. Dann der unverstand und barbaries, die itelkeit in leben und worten, der sophisten bracht, ouch das uffmutzen der betrügen und das man mer uff die tittel dann die kunst geachtet, sind an stat, do man einer ernd der satten philosophi und allerhand künsten erwartet, uffgewachsen. Dohar man dan von den götlichen Dingen so spöttlich, von den heiligen dingen so weltlich, von denen dingen, die einer gewüssen satten kunst nottürftig, so zwiffelhaft ghalten und geredt hat, und

---

[1]) invidia, auf dem Rand von gleicher Hand.
[2]) Tum-tum-verbis, auf dem Rand von gleicher Hand.
[3]) studium, unten auf dem Rand von gleicher Hand.

Quem ad modum igitur et reliqua, que in nostra urbe curam nostram postulant, corrigere cupimus, ita in hac causa aliquid nostra dissimulatione negligi neutiquam admittendum censemus, presertim quum non parum vereamur proventum doctissimorum virorum, qui annis non ita multum superioribus indigne tractati sunt et in contemptu fuere, magnam raritatem summa cum barbarie iusto Dei iudicio excepturum et defore qui rebus tum sacris tum prophanis administrandis idonei sint, id quod fere ante oculos etiam hodie videmus. Christus redemptor noster sua benignitate eam calamitatem amoliatur.

Age eo perventum est, ut a censoribus zelo ardentibus gymnasia notata sint tanquam Satane lupanaria ad seducenda et perdenda fetulenta floride iuventutis ingenia, ad corrumpendos bonorum ingeniorum sanos sensus et ad impia queque dogmata stabilienda pestilentes cathedre. Unde abominabiles et fastidibiles fere facte sunt schole omnes et in quibus pridem multa puerorum examina versabantur, quasi in epidimie morbo hodie vix pauculi quidam conspiciuntur, ceperuntque cum inutilibus et utilia ex equo contemni. Et idcireo consiliis circumspectorum virorum usi quecumque vel pietati vel utilitati studiosorum preiudicant e medio tolli voluimus, quecumque autem conducibilia, ut sanctius observen-

wiewol man lang gelert, man doch nie zu erkandthnuss der worheit kommen ist.

Der ursach wir glich wie ouch andere ding, die in unser statt unser sorg erforderen, sollichs zu besseren begeren, also habend wir geachtet, das wir ouch in disem handel nutzit durch unser stillschweigen zu verachten sin, besonder dieweil eben hoch(zu)besorgen, das uff den uffwachs gelerter menner, die in kürzen ioren eben unbillichen gehandlet und verachtet worden, ein grosse thüre derselben und das us rechtem göttlichen urteil kommen werde, io das ouch nit sin werden, die do die hendel gottes und ouch die weltlichen sachen füren und verwalten können, welches wir gar noch vor unsern ougen schweben sehen.. Aber Christus unser Erlöser wölle disen iamer von uns abwenden.

Es ist aber dahin kommen, das ouch die züchter und uffseher, die ouch ein ifer handt, die hohen schulen anzogen als sigend sy nüt anders daun des Satans gmeine hüser der angenden jugend herrliche gmüter zu verderben und zu verfürend die güten, gsünden verständ zu zerstoren und sigend böss vergiftet sitz die gottlosen leeren zu befestnen. Derhalben fast alle schulen abschuchlich gmacht worden und in denen bisher eben vil knaben gwont, werden ietzt gar wenig gsehen nit anders dann zu ziten eins sterben und sind also die güten nützbaren ding mit den unutzen verachtet worden. Derhalben wir mit gütem rhat wiser und fürsichtiger menner abthün wöllen, was der studierenden from-

tur, evigilabimus. Tantum abest, ut meditemur litterarum excidium sicut quidam nos traducere audent, quandoquidem illorum saliva probare nolumus: ἅλις δρυῶν satis quercuum.[1] Haud nos pœnitet facti nostri nec erubescimus. Verum nihil antiquius nobis quam ut litterarum studiosis consulamus vel ex hac admonitione nostra quam sanctam et inviolatam esse volumus facile colliquescit, quam et eo libentius invulgamus, ut quotquot volunt hac nostra liberalitate gaudere et bonis artibus vacare huc advolent.

1. Principio omnes lectiones ordinariorum gratis audire licebit, nisi quis sibi proprium magistrum conducere et præter ordinarias lectiones audire velit, quod nostrum non est, cuipiam negare. Constituimus enim professoribus stipendia, quibus contenti erunt, iusta.

Et ita in trivialibus quoque scholis curavimus, ne quid in mercedem exigatur, et sic pauperum divitumque eadem sors sit.

2. Dein convivia (et) donaria, que in conferendis vel baccalaureatus vel magisterii titulis exhibentur, abrogamus in universum. Novimus enim et in hisce pauperes fuisse oneratos quominus ad honores pro-

keit oder nütz schaden möcht; was aber güt und nütz sie, wöllend wir flissig schaffen, das das selb stiff gehalten werd. So wit ist von uns, das wir, wie dann uns (darumb wir iren geihfer und wüst nit anhangen) ettlich dargeben dörffen — die güten künst uszuruten understanden. Wir handt dises gnüg, wir wend ein besseres haben. Unser Handlung geruwt uns nüt, wir beschemmen uns deren ouch nüt. Es ist uns auch nüt liebers, dan das wir den studierenden berhaten sin konden, das ist ouch uss diser unser ermanung, die wir stiff und unbeflecht haben wöllen, offenbar, solliche wir ouch desto lieber offenbaren, dormit welche sich diser unser friggeblicheit fröwen und güten künsten obligen wöllen har zu uns kommen.

Des Ersten wurdt man alle der ordinarien lection umbsonst horen mögen, es wölle denn einer ime selbs ein eignen meister bestellen und usserhalp den ordenlichen lectionen den horen; das werden wir niemandem abschlachen. Wir haben den lesern ire besoldungen geordnet, deren sy sich benügen lossen werden. In den niederen gmeinen schülen habend wir insehens gethon, das man von niemanden nützit vorderen wirt und also die armen und richen glich ghalten werden.

2. Die mal und schenkinen so man in den baccalaureaten und magisterien bishar zu geben gewon gsin, thünd wir ganz und gar ab. Dann wir wol erkennen, das hierin die armen beschwärt, das sy zü

---

[1] Quandoquidem, auf dem Rand von gleicher Hand.

vehi potuerint, quamvis his qui
digni sunt, ubi se probe gesserint
specimenque eruditionis fecerint
tum in disputationibus tum in librorum auspicationibus, titulos per
iuratos examinatores et promotores
cum litteris fidem fatientibus assu-
mere multum approbamus, ut pro-
batorum et ignavorum discrimen
aliquid sit. Et enim ut non con-
tradicimus priscis moribus qui vir-
tutum vel indicia vel incitamenta
habent ita, que morosiora sunt vel
vanitatem quandam sapiunt, lib-
enter resecamus.

3. Similiter et eos, qui coop-
tantur primum in album universitatis, gratis recipi a Rectore et nihil
præter duos asses pendere viatori
volumus.

4. Ad hæc iuramentis quæ vel
fidei vel charitati derogant qualia
hactenus alicubi iniuncta sunt nolumus quenquam gravari; sed Rector
contentus sit data fide loco iura-
menti et conscribendum admoneat,
ne quid adtentet ulla ratione et
via, quod vel in damnum ac preiu-
dicium universitatis et gymnasii
Basiliensis cessurum existimat. Et
inquirat, quibusnam artibus vacare
velit, ut magistris in proximo
conventu collegarum commendari
queat.

5. In Theologia novum et vetus
testamentum prelegi volumus, hoc
ad graecam illud ad hebræam veritatem.

Qui in ea professione seu facultate vel testimonium diligentiae vel
dignitatem tituli assequi cupiunt,
conscribantur et principium lectio-

Thommen, Universität Basel.

denen eeren nit kommen mögen.
Jedoch denen so der wirdig sind,
wann sy sich wol ghalten und irer
kunst etwas prob und anzeig be-
wisen es sig in disputationen oder
lesung der bücher, das die den titel
durch die geschwornen und probierten verhörer und examinanten
sampt zugnüsbrief annemmen, das
loben wir, umb das under den flis-
sigen und trägen etwas underscheids
sige. Dann wie wir uns den alten
brüchen, die etwas anzöigung oder
reizung zu den tugenden handt, nit
widersetzen, also wöllend wir das-
jhenig so do etwas hessig oder der
itelkeit anhangig ist, abgeschnitten
und abthon haben.

3. Wir wöllend ouch das die so
vom ersten in die zal der Universitet angenommen uud ingschriben,
vom Rectore vergebens angnon und
dem bedellen nit mehr dann zwen
schilling bezalen sollen.

4. Zu dem wöllend wir niemanden mit eiden, die dem glouben
oder liebe nochtheilig, wie dann
bisshar an ettlichen Orten die uff-
glegt, beschweren sonder der Rector
soll sich der truw, an eids statt
geben, lossen benügen und den so
man inschribt warnen, dass er
nützit in dhein wiss noch weg, das
der universitet zu Basel schädlich
sin möcht, understande; er soll in
ouch befrogen, was er studieren
wölle, dormit in uff die nechste zu-
sammenkommung behelfen mög.

5. In Theologia wend wir das
alt Testament noch hebreischer
worheit und das nuw nach griechischer worheit lesen lossen.

Und welche in diser profession
gezügnüss ires fliss oder eer des
tittels erlangen wöllend, die sollend
uffgeschriben werden und ie einer

20

nis legant per vices suas. Dein
nonnunquam matutino tempore ver-
naculo sermone exhortentur, nonnunquam latine declament et axio-
ma quoddam sacrorum testimonio-
rum collatione in medium propo-
nant, ut ita vera prebeant ingenii
sui indicia et testimonia mereantur
si quo vel mittantur vel morentur
in ministerium verbi.

6. In Legum interpretatione hoc
cavimus, ne immodicis commentariis
professores auditorem morentur et
familiariter eis indicent, quo vel pa-
trocinandum vel causæ agendæ quam
fidelissime; ut sic quotannis cum
legibus processus iudiciarii prele-
gatur, prout norint anditoribus maxime utile. Caveantque ne quos
viros commendent et dignitate or-
nent, qui non spectate prudentie
sint et legum experientie. Malumus
enim paucissimos doctos quam multos indoctos hinc testimoniis nostris
probatos dimitti.

7. In Medica professione non
tam externa doceri volumus quam
que cognosci faciant et nostre re-
gionis hominum rationes et ut ea,
que practices sunt in tempore, et
fideliter tradant. Unus etiam ad
græcam veritatem anthorem quem-
piam prelegat.

Discipulis suis per æstatem ostendant herbas deinde et urine indicia
discernere faciant. Ad hec et quæ in
pharmacopoliis desunt, fideliter cum
discipulis tum senatui ostendant.

umb den anderen lesen. Ouch ie
zu ziten am morgen ein vermann-
nung zum volk thun in tütsch, zu
ziten ein latinsche red thün; so-
dann sollend sy etwan ein frog-
stück uss der heiligen schrifft har-
für bringen und daruff gesprech
halten, dormit sy ihres verstands
rechte anzöigung geben und zügnuss
erlangen, ob sy etwan hin geschickt
oder berüft wurden zu dem dienst
dess worts.

6. In usslegung und vorlesung
der gsatzen habend wir das fürkommen, das die leser die zuhörer
mit vil commentarien und glossen
nit hinderen sonder in einer gmein
anzöigen, wie man die hendel furen
und den lüten zu hilf kommen sige
zum truwlichisten; das ouch ier-
lichen ein gerichtlicher process
glesen werd, den sy den zuhörern
am nützlichsten sin vermeinen.
Sy sollend ouch niemanden loben
oder mit wirde begoben, er sig
dann wiss und in gsatzen erfaren.
Dann wir wellend vil lieber, das
wenig und die gelert dann vil und
die ungelert mit unseren gezüg-
nüssen von hinnen scheiden.

7. In der artzney so wellend
wir, dass man nit allein die usseren
ding leere sonder ouch die, durch
die man erkennen möge unserer
lüten gelegenheit und arten, das
sy ouch die ding so zur practic
dienen zu güter zit und truwlich
leerend. Es soll einer ein griechischen leerer truwlich lesen. Iren
jungen sollend sy sommers zit die
krüter zöigen und sy der harnen
underscheid leeren. Was ouch für
mengel in den appentecken sindt,
sollend sy irn jungen und dem rhat
mit trüwen anzöigen.

8. Grœce linguœ professores vel Demosthenem vel Homerum prelegant et non nisi optimum quemque, subinde thematum originem et proprietatem indicantes, si quid a communi grammatica insolitum.

9. Hebree lingue professor grammaticam prelegat et una aliquot versus Biblie interpretetur cum examinatione radicum declinationibus et coniugationibus adiunctis.

10. In collegio tres sint qui invigilent et quotidie aliquot epistolas accipiant, quas publice emendent. Similiter declamationem accipiant, quam pariter emendent et sic adolescentiam exerceant. Hoc autem suis vicibus faciant.

10. Unus dialecti et rhetoricis precepta ac artem cum elegantiis Valle prelegat. Alter historias naturasque rerum ex Aristotele et ex physica doceat. Tertius mathematica, ut cosmographiam, arithmetica et geometrica, ac musice principia tradat.

11. Dabunt operam, ut singulis diebus exhortationem aliquam in templis audiant.

12. Curabunt ne quis contubernalium extra collegium dormiat si quis litteris vacare voluerit, ne ocio sint dediti. Ter monitos excludant.

13. Neminem in collegium recipiant ad exercitationem suam nisi qui iam declinationes et coniugationes sciat et utrumque Latine loqui. Qui latine ignorant, addiscant in pedagogiis, que triviales scholœ vocantur.

8. Die so griechisch lesen sollend Demosthenem oder Homerum lesen und nüt dann die besten lerer. Dorin sollend sy für und für die themata ire ursprung und eigenschafften, wann sy etwas von der gmeinen grammatic sich sonderen, anzöigen.

9. Der hebreisch leser soll die grammatic lesen und allweg etwas uss der bibel usslegen und dorin die radices erluteren sampt den declinationen und coniugation.

10. In collegio sollend drig sin, di do uffsehens haben und teglich epistoln empfahen und offentlich besseren. Sollend ouch ein oration empfahen und bessren und also die jugend übend. Das soll ie einer umb den andern thün.

10. Einer soll dialectic und rhetoric sampt den zierlicheiten Valle lesen. Der ander soll historien und der dingen naturen uss dem Aristotele und philosophi leeren. Der dritt soll Mathematica Cosmographi Arithmetic und Music leeren.

11. Sy sollend sich flissen, das sy all tag ein vermannung in der kilchen hören.

12. Sy sollend sich hüten, das dheiner irer bywoner usserhalp dem Collegio lige, der do studieren wöll, darmit sy sich nit uff den müssiggäng legen. Und die so sy zum drittenmol gewarnet, sollend sy ussschliessen.

13. Sy sollend niemanden in das Collegium zu irer übung annemmen, er könne dann zuvor sine deklinationes und coniugationes und zum theil latin reden. Die nit latin kennen, leerend das forhin in den minderen schülen.

14. Duo pædagogio sunto. Unum in summa æde, alterum apud s. Petrum. In illis non doceantur nisi Latina. Qui vernaculum discere volunt, alibi discant.

15. Sint tres classe: 1ᵃ elementariorum et in lectionem adhibeantur electiores preces et precepta nove et veteris legis. 2ᵃ discat declinationes et coniugat ex Donato et elementa Graeca. 3ᵃ aliquem ex authoribus audiat Vergilium, Terentium.

16. Quam primum adulescentes congrue norint loqui, mittantur ad collegium. Quorum ingenia deplorata sunt, illi mature parentibus indicentur, ut postea operæ manuariæ vel mercaturæ adplicentur.

Oecolampad hec.

14. Diser schulen sollen zwo sin, eine im Münster die ander by Sanct Peter. Dorin soll man nüt dann latin leeren. Wer tütsch leeren will, der soll das anderschwo thun.

15. Dorin sollend drig classes oder ordnung sin. Die Erste, die das a b c leren, denen soll man geben etweliche usserlesene gebett und die gebett uss.dem alten und nüwen gsatz, darin sie leeren lesen. Die andere, die do leeren declinieren und coniugieren uss dem Donat und dann anfäng der griechischen sprach. Die dritte soll han etwan ein leerer als Vergil und Terenz.

16. Als bald die jungen können latin geschicktlich reden, soll man sy in das collegium schicken. Zu welchem dhein hoffnung ist, sollend den elteren by guter zit angezoigt werden, dormit man die zu handtwerchen oder gewerben thün möge.

Oecolampad.

Der lateinische Text des Judicinms ist in fünf vollkommen gleichlautenden Ausfertigungen erhalten und zwar: 1. im Archivum Academicum 1, fol. 64' (U. A.) 2. im Sammelheft C⁴ (U. A.) 3. Fascikel R II, A. (St. A.) 4. in Privilegia et Statuta univ. Basil. F III, 41 p. 106 ff. (Univ. Bibl.) 5. in den Antiquitates Gernlerianæ 1, 167 ff. C IV 2. (Kirchenarch.) 6. Basler-Schriften V fol. 4 Nr. 24 (Falkeisen-Bibliothek.)

Dem Druck ist Nr. 3 als älteste Ausfertigung zu Grunde gelegt. Ferner ist zu bemerken, dass in Nr. 5 und 6 neben dem Titel Oecolampadii iudicium de schola Bonifacius Amerbach hinzusetzte: sed quis scit.

Die deutsche Recension ist nur einmal überliefert (Univ. Bibl. G² II, 74). Dass eine solche überhaupt existiert hatte, wusste man in neuerer Zeit nur aus Fechters Geschichte des Schulwesens in Basel 1849, der 1, 41 f. einige Sätze derselben anführt. Seitdem war und ist derzeit noch das von ihm benützte Exemplar verschollen. Der oben gegebene Text ist einem anderen von Oberbibliothekar Dr. Sieber vor kurzer Zeit entdeckten Exemplar entnommen, das er mir dann in verdankenswerter Weise zur Verfügung stellte. Dass dasselbe mit dem von Fechter benützten nicht identisch ist, geht aus dem Fehlen des von Fechter a. a. O. Anm. 1 angegebenen Titels hervor. Seiner Schrift nach gehört jedoch auch dieses Exemplar noch ins 16. Jh. Die erste Frage, die sich nunmehr aufdrängt ist die nach dem Verhältnis der beiden Relationen zueinander. Ist der deutsche Text eine Übersetzung des lateinischen oder umgekehrt? Wer die beiden Fassungen mit einander vergleicht, wird, glaube ich, kaum lange im Zweifel darüber sein, wie er sich entscheiden soll. Unstreitig ist der deutsche Text als abgeleitet, d. h. als Übersetzung anzusehen.

Nicht bloss ist die Schreibweise im allgemeinen für die Zeit, in der unsere deutsche Sprache noch ebenso kräftig als geschmeidig war, ungemein unbeholfen (vgl. S. 1, Z. 2 ff, S. 3, Z. 9 ff, S. 4, § 2), sondern einzelne Stellen deuten geradezu auf ihre Vorlage hin (vgl. S. 2, Z. 14 und Z. 6, S. 3, Z. 18 und 27, S. 4, Z. 14, S. 5, § 4 und § 5, S. 16, § 7 u. s. w.) Manche sehen sich fast wie Interlinearversionen an, während an anderen der Übersetzer mit dem sprachlichen Ausdruck gerungen und einen Ausgleich durch Häufung synonymer Wörter herbeizuführen bemüht gewesen ist, wie gleich im Anfang. Wenn sonach für den weiteren Teil der Untersuchung nur mehr die lateinische Recension in Betracht kommt, so entsteht die weitere Frage, repräsentiert eine der angeführten Überlieferungen die Urschrift? Diese Frage muss verneint werden. Anspruch auf diesen Titel könnte füglich nur die dem Drucke zu Grunde gelegte Nr. 3 haben, da alle anderen nachweislich spätern Ursprungs zum Teil aus dem Ende des 16. Jh. sind. Allein auch Nr. 3 rührt der Schrift nach, wie Kenner versichern, nicht von Ökolampad her, um dessen Autorschaft es doch allein sich handeln kann, und die Schlussbemerkung »Oecolampadius hec« ist sehr geeignet die Meinung zu befestigen, dass wir es nicht mit dem Original sondern mit einer blossen Kopie zu tun haben. Andererseits bietet die wörtliche Übereinstimmung der zum Teil unabhängig von einander entstandenen Kopien eine Gewähr für die Überlieferung des ursprünglichen Textes. Damit treten wir an die letzte Frage heran, ist denn Ökolampad wirklich der Verfasser dieses im Original leider nicht mehr erhaltenen Judiciums?

Meine im Texte S. 11 vorweg aufgestellte Behauptung, dass dem so sei, steht zunächst im vollen Gegensatz zu der Annahme Herzogs (Leben Ökolampads 2, 174), der in dem Judicium »eine Ratsverordnung die Universität und Schulen betreffend« sehen will — wie ich glaube mit Unrecht. Der Beweis, dass die Schrift nicht vom Rate ausgegangen sein kann, ist sehr einfach. Im 16. Jh. war die Geschäftssprache, deren sich der Rat von Basel bediente, ausschliesslich die deutsche. Folglich muss, wenn die obigen Ausführungen über die Priorität der lateinischen Recension richtig sind, zugegeben werden, dass der Ursprung auch dieses Judiciums nicht *in* der Ratskanzlei, sondern ausserhalb derselben zu suchen ist. Dieser Schluss dürfte nun auch durch die folgende Analyse des Schriftstückes selbst im wesentlichen bestätigt werden.

Auf den allerdings auffallenden Titel, der aber in seiner unbestimmten Fassung weder für, noch gegen die hier vertretene Ansicht verwertet werden kann, folgt die an Anspielungen geschichtlicher Art sehr reiche Einleitung. — Ganz besonders scheint mir nun diese breit angelegte Auseinandersetzung mit einem amtlichen Erlass schwer vereinbar zumal wenn derselbe nicht urkundlicher Natur ist, sondern einen bloss vorübergehenden Zweck verfolgt. Dem tritt die Wahrnehmung zur Seite, dass in dem ganzen Schriftstück kein Ausdruck sich vorfindet, der in solchen officiellen Kundgebungen nicht nur erwartet sondern geradezu gefordert werden muss, wenn sie anders den Charakter einer Verordnung oder Erkanntnis oder dgl. beibehalten sollen. Allein nicht bloss würde man vergeblich nach irgend einem direkten Gebot oder Befehl suchen, sondern der imperative Ton erscheint überhaupt durch optative Wendungen wie perlegant, sint tres classes, doceat etc. wesentlich abgedämpft. Entscheidend dürfte der Umstand sein, dass ein Übergang von der Einleitung zu den Einzelbestimmungen, dass jener unausbleibliche Zwischensatz, der mit einer kausalen Partikel eingeleitet, einerseits die Schlussfolgerung aus der allgemeinen Vorrede zieht, anderseits mit den bekannten Wendungen: also haben wir einhellig erkannt und dgl. zu den gefällten Entscheidigungen hinüberleitet, hier fehlt. — Man könnte dies vielleicht auf Rechnung des Kopisten setzen wollen. Aber zu dieser bloss ex silentio geschöpften und deshalb problematischen Vermutung brauchen wir unsere Zuflucht nicht zu nehmen, sobald wir der Ansicht Raum geben, dass das Schriftstück von einem ausserhalb der Amtssphäre stehenden Verfasser herrühre. Dann ist der Wegfall dieser im Munde eines solchen Mannes ganz unpassenden Formel selbstverständlich, dann ist der im ganzen gedämpfte Ton der einzelnen reformierenden Bestimmungen begreiflich, dann ist auch die lange Einleitung inhaltlich und formell gerechtfertigt, formell weil ihre Abgelöstheit vom folgenden Text nicht mehr stört, inhaltlich weil sie nicht länger mehr den Charakter einer begründenden, sondern nur den einer orientierenden Auseinandersetzung trägt, an welcher grössere Ausführlichkeit nicht auffallen kann — dann endlich ist auch die Existenz der deutschen Version leicht erklärlich, indem der Rat nicht nur keine lateinischen Verordnungen ausgehen liess, sondern auch keine in fremder Sprache geschriebenen Akten annahm; sie mussten ihm in Übersetzung vorgelegt werden. [1])

Deshalb glaube ich, ist das Judicium nicht als Ratserlass, sondern als Ratschlag oder ein Gutachten, das an die Behörde gerichtet wurde,

---

[1]) Vgl. auch das in Beil. IV und 3 abgedruckte Gutachten der medizinischen Fakultät von 1536. »Dieweil den doctoribus medicinä uffgelegt ist in *teutscher* Sprach ein Verfassung zu tun.« Ebenso wurden bei den im Jahre 1599 zwischen Rat und Universität gepflogenen Unterhandlungen *zuverteutscht* gegebene Instrumente« gebraucht. Privilegia et statuta univ. Basil, p. 469.

aufzufassen. Dazu passt nun trefflich, dass die Urkunde von 1539 mit einer ganz ähnlichen ja zum Teil mit der Einleitung des Judiciums wörtlich gleichlautenden Reflexion begonnen wird. Der Annahme, dass man sich von Amts wegen wiederholt habe, wird doch wohl die vorzuziehen sein, dass der Schreiber der Urkunde den bez. Abschnitt so gut diesem ihm vorliegenden Ratschlag entnommen, wie er der Hauptsache nach das Gutachten der Deputaten vom 12. April 1538 in den Freiheitsbrief aufgenommen hat.

Diese Beziehung des Gutachtens zu der Urkunde von 1539 gestattet nun auch eine Annahme bez. der Entstehungszeit desselben aufzustellen. Wie sich aus seinem Inhalte ergiebt, entwickelt der Verfasser in knapper Form die Grundsätze, nach welchen er die Organisation der *gesamten* Universität durchgeführt wissen möchte. Folglich muss es der Zeit nach vor den Einzelgutachten von 1536 folglich auch vor der Wiedereröffnung der Hochschule entstanden sein. Denn zwischen 1532—36 verlautet von Verhandlungen in Angelegenheiten der Universität gar nichts.

Damit sehen wir uns auf den Zeitraum von 1529—32 zurückgewiesen, von dem wir freilich nicht viel wissen. Aber gerade das wissen wir dank dem Sammeleifer eines Pantaleon, dass derjenige Mann, der sich in hervorragender Weise um die Wiederherstellung der Hochschule bemüht hat, Ökolampad gewesen ist. Und nun liegt die Sache so: Wir sehen, dass das Gutachten in jener Übergangszeit entstanden ist, wir sehen, dass es, weil es nicht aus der Ratskanzlei hervorgegangen ist, nur von einem mit den Verhältnissen der Hochschule vertrauten also wohl ihr angehörigen Mitglied verfasst worden sein kann, wir sehen, dass zu den Stützen der Universität in jener dunkeln Periode Ökolampad gehört — was ist also wahrscheinlicher, als dass er es auch gewesen ist, der auf Wunsch des Rates zuerst die Frage der Reorganisation der Hochschule in umfassender Weise zu beantworten versucht hat? Und wenn ich nun auch das Gewicht jener Bemerkung von Amerbachs Hand keineswegs unterschätze und sie als das einzige Hindernis bezeichne die Schlussfolge nicht bis zu einer einfachen Bejahung führen zu können, so kann ich mir doch nicht verhehlen, dass diese zweifelnden Worte nicht strikte die Unmöglichkeit dieser hier entwickelten Annahme dartun. Hierüber übrigens weitere Vermutungen aufstellen, hiesse müssig herumphantasieren. Nur will mir scheinen, dass die ganz isolierte, gar nicht weiter begründete und selbst nicht mit Sicherheit ausgesprochene Bemerkung Amerbachs nicht genügt, um zusammengehalten mit den anderen hier beigebrachten Argumenten gleich starke Zweifel an Ökolampads Autorschaft auch in uns zu erregen.

II.

Statuten der Universität vom 12. September 1532.

Es ist merkwürdig, dass die originale Ausfertigung dieser Statuten nicht erhalten ist. Die Form, in welche dieselben gefasst wurden, schliesst allerdings die Annahme aus, dass diese Ausfertigung jemals in Gestalt einer Urkunde im engeren Sinne erfolgt wäre. Allein trotz dieses der Erhaltung nicht eben günstigen Umstandes muss doch auffallen, dass die Statuten bloss in einer gleichzeitigen Abschrift in Fascikel R. II. A. (St. A.) und in einer von derselben abgeleiteten Kopie im Schwarzen Buch fol. 211 aus dem Ende des 17. Jh. (ebendort) überliefert sind.

In Gottes und der heiligen unwandelbaren Drigheit namen Amen. Dwil nüt fruchtbareres und eerlicheres nit allein dem wort Gottes dasselbig zu erhalten, sonder ouch gmeinem nutz fürderlicher sin mag, dann das die iugent in guten künsten und leren ufwachsen und darzu gezogen werde, wie dann solches in allen universiteten und hohen schulen, als dann dise löbliche Statt Basel ouch mit einer — darinne bitzhar viel hoher verstendiger menner in geistlichen Dingen die seel belangende, ouch in weltlichen sachen, wie dann das schinbarlich am tag, ersehen und erzogen, — begabt. Wo aber, indem die iugent nit vom bösen zum guten gewysen, gepürlicher vlys und insehens durch gute gelerte menner preceptores und ordnungen uf sy beschicht, ist nit allein müe und arbeit, sonder ouch der cost so durch ire elteren uf sy gewendet vergebenlich und werden schwerlich dardurch verderpt, ir gute tag und zit irer iugent verschwendet. Das alles die Edlen, Strengen, Frommen, Vesten, Fürsichtigen, Ersamen, Wysen Hern Burgermeister und Ratt diser loblichen Statt Basel, hochwisslich bedacht, erwogen und zu hertzen gefasst. Zudem so sind sy auch die eere Gottes durch gelerte lüt diser universitet zu erhalten gneigt.

Dwil aber das one gutt ordnungen, statuten und pollicey einen schlynigen fürtrit nit haben mag, demnach so haben sy dise nachvolgende
ordnungen und statuten gesetzt, geordnet und wollen ouch ernstlich
gebietende, das dieselben also volnzogen und ierlichs von allen glidern
der universitet und sonderlich von denen, so zu regieren gesetzt, vestenklich ze halten geschworen werden.

§ 1. Item es sollen die houpter der universitet, namlich die von
den vier faculteten, alle iar uf zit und tag wie dann das von altem har
im bruch gwesen, einen Rector, der eins fromen erbern wesens, der universitet und lerenden studenten am nutzlichisten sin sy bedunckt, erwelen. Es sol ouch in solher wal dheiner, der also zu einem Rectori
erwelt wirt, sich darwider setzen, das abschlahen oder nit thun wollen.
So aber einer, der also zu einem Rectori erwellet, sich darwider setzen,
das nit annemen wolte, der sol von stunden an zwey pfund stebler
der universitet und irem fisco onablesslich ze bezolen verbunden sin.

§ 2. Item der erwellet Rector sol die zit, und er Rector ist, gwalt
haben, alle die ihenigen so in dise universitet zu studieren harkomen
und under andern Rectorn vormals nit intituliert zu intitulieren oder inzeschriben gwalt haben, dess er von einem iegclichen den er also intituliert oder inschribt — 6 β stebler nemen, und inen dise nachgeschribne
ordnung, die ein iegclicher ze halten schweren sol, vorlesen lassen. Es
sollen ouch die anderen von der Regencia die, so also zu studieren
harkomen und under inen sin werden, das sy sich intitulieren lassen,
anhalten, dann dheiner zu keiner lection, in was facultet das ioch sin
mocht, die zu hören, er sige dann zuvor durch den Rectorn intituliert, zuglassen werden soll.

§ 3. Item er, der Rector, sol ouch alle die so er also intitulieren
wirt, zum ernstlichisten und getruwlichisten ermanen, das si vlissig
studiren, iren elteren das ir, ouch ire iunge tag und gute zit nit üppenclich verschwenden und das sy der Stat Basel christenlichen reformation
und ordnung, so lang sy hie ir wonung haben werden, nit widerstreben,
sonder deren, so vil inen müglich geleben kein conspiration wider ein
Stat Basel ire burgerschaft, inwoner oder die universitet anrichten
oder darby sigen, sonder der Stat Basel ouch der universitet nutz furdern, iren schaden wenden und iren fürgenomen studiis ernstlich nachkomen thügen.

§ 4. Item es sol ouch ein iegclicher Rector alle die ihenigen so
irn angefengten studiis nit vlissig wie sich gepürt, anhangen oder nachkomen und ime angeben werden, durch den pedellen zubeschicken,
gwalt und macht haben, und sy zum truwlichisten warnen, inen zesagen,
warumb sy hiehar, das ist alleinig umb studierens willen, geschickt,
das sy demselbigen vlissig obligen und nachkomen wolten. Wo das
nit, würde er das iren eltern oder denen so sy har geschickt, schriben
müssen. Darzu wurde man sy nit promovieren ouch inen irs studierens dhein zugknuss oder kuntschaftsbrief geben.

§ 5. Item und so sich zutragen, das frombde hendel harkomen und für ein universitet gewysen wurden als wolt man sprechen, das man in geistlichen oder weltlichen sachen, wie dann wol geschehen mag, ratt von inen begert, so sol ein Rector one verzug alle die ihjenigen, so von der Regencia und ordinarien sind, durch den geswornen pedellen beschicken, inen die sach zum vlissigisten fürhalten und verer ie noch gstalt der sachen darunder handlen lassen.

§ 6. Item es sol ouch dhein burger noch hindersäss diser Stat Basel kein studenten die hie studiert und ein glid der universitet ist umb giehtig oder ongichtig schulden vor dem stattgericht allhie zu Basel mit recht fürnemen oder beclagen, sonder sol ein ieder vor und ee solhe schuld und anligen gegen dem studenten vor dem Rectori dermassen das er der Rector ine den studenten zu bezalung gemelter schulden anhalten, anzoigen. Wo es aber sach were, das über das anzeugen der student einen burger, dem er schuldig und über das ime vom Rector denselben ze entrichten ufgelegt, nit vermügen wurde, alsdann und nit ee sol ein burger mit einem studenten das stattgericht rechtlich ze ze prucken und ze üben gwalt haben. Es sol ouch ein ieder Rector, wann ein student oder glid der universitet also vor im beclagt wirt, einen zween oder mer von der Regencia sambt dem geschwornen notarien der universitet, vor denen dann die clag und was recht daruf beschehen sol, zu ime berueffen, damit dhein theil was also erteilt dannenthin leugenbar sin mög.

§ 7. Item was sachen sich zwischen den studenten zutragen, es sige frid frevel oder anders beruerent, die sollen vor dem Rectori und denen so er sampt dem notarien by ime von der Regencia haben wirt gütlich nsgetragen und nach gepur oder eins ieden verschulden gestraft werden. Wo sich aber begeben, das die Studenten gegen den burgeren oder hindersässen diser Stat Basel zu unfriden kemen, frefel oder fridpruch gegen inen begangen hetten, dann sollen dieselbigen frevel oder fridbruch vor der oberkeit diser Statt oder dem stattgericht alhie zu Basel gerechtvertiget und zu end gfürt und was alda erkant das sol statlich gehalten und volnzogen werden.

§ 8. Item wo sich ouch gefügen, das ein student von einem burger, hindersaßen oder dienstknecht alhie zu Basel an sinem lyp oder eeren, es were mit wortten oder wercken dermas anzogen verletzt oder geschuldiget wurde, das er der student solichs sins lips oder eeren notdurft nach ongerechtfertiget nit könth oder möchte lassen, so sol und wil Ein Ersamer Rhat der Statt Basel, als die oberkeit nach dem er darumb ersucht den studenten glich wie andre burgere oder hindersessen zu errettung siner eeren und warzu er recht hat, die hand bieten und ze handt haben, schuldig und gebunden sin.

§. 9. Item so ouch ein universitet etwas in gelt oder barschaft hette, darumb sol ein ieder Rector in sinem abgang denen von der

Regentz und einem nachgenden Rectori gut erbarр rechnung geben und dasselbig überlifferen.

§ 10. Item die so ordinarie ze lesen es sige in welher facultet es welle, bestelt werden, sollen, so offt und dick sy von einem Rector durch den geschwornen pedellen oder sunst ervordert werden, ze erschinen und was den studenten für bucher gelesen sollen werden, desglichen sy zu gutem anzewysen, ze beratschlagen verhelffen gepunden sin. Und welichem also durch den pedellen oder sunst us des Rectors bevelh gebotten und nit erschine und sin erliche und gnugsame verantwurtung nit darthun kan, der sol one alles widersprechen dem fisco universitatis 3 ₰ stebler von stund an ze bezalen vervallen sin.

§ 11. (Item) und vor allen dingen so sol ein nuwer angender erwelter Rector zu denen ziten als er (zu) Rector erwelt wirt, mit sambt den andern von der Regencia ernstlich, was buecher dasselb iar in allen faculteten zum nützlichisten gelesen sollen werden, beratschlagen und vorab alle die von der universitet vermanen, das sy unserer Hern christenlichen reformation und ordnung noch irem besten vermögen und dwil sy hie studieren und irr wonung haben, anhengig sigen und dero geleben.

§ 12. Item die vacantzen sollen nit mer wie bitzhar beschehen gehalten werden, dann allein zum iar III oder IV wochen und darzu alle wochen ein tag nemlichen an dem dornstag, daran mag man wol vacantz halten und nit lesen lassen. Und sollen die von der Regencia oder lectores die ernempten dry oder vier wochen zu wihenechten osteren pfingsten oder hundtstagen noch irem gevallen ussteilen und halten, doch (dass sie) uff die tag so sontag und abgeton sind, gehalten werden.

§ 13. Item welher ordinarius die stund so im benempt und ufgesetzt, nit lesen mocht oder anderer siner gescheften halp nit lesen konthe, der sol zur selbigen stund, damit die nit vergebenlich hinschliche, einen anderen, so er den wol gehaben mag, der für in und an siner stat lese, bestellen; doch so sol hierinne niemants erfart werden.

§ 14. Item es sollen ouch alle die von der universitet und so sich deren gepruchen uff dem marckt und under der schol wie andere burger und hindersassen diser Stat Basel in koifen der essenden spisen gehalten werden. Aber so einer, der also zu studieren hiehar komen und in gasts wiss hie gwesen were, wider hinweg ziehen wolte, der sol mit dem sinen im kufhuss zollfry sin und one abnemung einichs zols wider abzescheiden gelassen werden.

§ 15. Item es sollen ouch alle studenten und glider der universitet, ob sy glichwol ordinarien weren, alledwil sy hie sind studieren oder lesen, hütens wachens und dienens wie andre gest frig sin.

§ 16. Item und als sich von tag zu tag mengerley hendel, es sige von wegen der letzgen promovirens oder anders zutragen, so sol doch in solichen sachen zu allen ziten durch den Rectorn und die von

der Regentz nichts anders, dann dz Einer Ersamen Oberkheit diser loblichen Stat Basel den ordinarien und studenten lidenlich und onbe-
schwerlich sin mag, fürgenomen, und was also zu ieder zit fürgenomen
wirt und die notdurfft das erfordert, sol den geordneten deputaten für-
gehalten werden, welhe dann solichs, so es notwendig, witer hinder
sich an ein oberkeit, verer irer erkantnus darunder thun mögen pringen
sollen.

Und damit das alles wie vorstat dester statlicher es sige im
promovieren oder anderen sinen rechten fürtrit neme, so haben obge-
dacht Burgermeister und Rhat der Statt Basel einem Rectori und
denen, so zu ieder zit von der Regencia sin werden, das sy zwen
erbere mann einen zu einem notarien und den andern zu einem pedellen doch das dieselbigen zwen ouch glider der universitet sigen,
erkiesen und ordnen und inen zimliche belonung us gmeinem der universitet seckel geben mögen.

Dise hievorgeschribne ordnungen und statuten sind uff Donstag
den 12. Septembris anno 1532 durch hern doctor Osswald Bären der
artznie Doctorn und Rectorn sampt anderen von der Regentia und
glideren der universitet zu Basel dieselben zu halten geschworen worden,
bezeug ich

Caspar Schaller protonotarius civitatis

Basiliensiss.

III.

Einladungsschreiben des Rektors Oswald Bär.
1532 November 1.

Oswaldus Bärus Rector Gymnasii Basiliensis studioso iuveni s.

Si nihil, ut dicunt, in omni vita difficile magis est, quam rectum, quod sit, verumque qualibet in re tueri et medium, quum cætera circum omnia in errorem ducant, sequi, magna admiratione dignus senatus noster est maiorum vestigiis per quæ velut unam veramque vivendi viam vulgo curritur sic insistens, ut, quum depravatam religionem ab illis acceptam declinasset, cætera præclara eorundem instituta omnia summa cum veneratione servarit nec (qui barbaris mos est) ad virtutem temere grassando in vitium impegerit, late scilicet ab his dissentiens, qui quicquid maiores constituerunt tanquam sacrum amplectuntur tenentque, multo vero ab illis maxime quibus nihil quam quod sit novum satis hodie placet. Igitur ad fontes doctrinæ sacræ sic perventum nobis est, ut nihil ex omni laudabili maiorum instituto perierit, præsertim vero studia liberalia artesque bonæ maiori privilegio maiori apud nos plausu nunc coluntur. Statque suus literis honor et vere debita Musis sceptra fulgent adhuc, adhuc ordines classesque professionum sunt, adhuc tyrocinia et ab his deinde ad maiora gradus, adhuc laborum et diligentiæ testimonia tituli, iucunda studiosis premia dibtribuuntur idque sine fraude sine quæstu turpi omnia omnia certo cum fructu ac, ut in summa dicam, adhuc non nomine tantum sed re γυμνάσιον durat. Quæ quidem publice testari nihil necesse sit, nisi fama sparsa fuisset Gymnasium et studia litterarum apud nos abolita esse neque enim hæderam istam, lector bone, vino parum vendibili adornamus fucum ve tibi facimus. Experiri modo velis. Lectiones dicam, dicam professores. Vetus et novum instrumentum in sua utrumque nativaque lingua, illud Phrygio hoc Myconius edisserit pari dexteritate pari uterque fide estque pro næniis Theologicis illis in schola Christiana audire nunc

Mosen et Apostolos oraculo divina vicibus pandentes. In iure professor
Amerbachius est unus omni iuri edisserendo par satis qui ipse quoque
veterum placitis crepundia Justiniani per vices tyronum gratia præc-
legendo misce interim, dum laborum socius quod mox futurum est
aliquis adiungatur. Nos ipsi medicinam sic profitemur hactenus, ut
quum e fontibus ipsis, græcis illis principibus Hippocrate et Galeno,
purissimos latices exhibere nequiverimus ex haud procul inde fluen-
tibus rivis latina illorum translatione propinemus, ea plane spe, ut
confidamus haud ita multo post his ipsis apud nos futurum locum.
Linguas Sebastianus Munsterus, Simon Grynæus, Albanus Torinus docent,
suis quisque lucubrationibus editis tibi lector non ignoti, nihil non fa-
cientes dum consulant studiosis. Jam Mathematica θεῖον πρᾶγμα, Dialectica τὸν τῆς φιλοσοφίας θριγμὸν conatu pari pari diligentia illa quidem
Guolphangus Vuisburgus, hæc Simon Sultzerus tradunt cum solertis-
simis disciplinis solertissimi homines haud frustra contendentes. Hæc
ita quotidie procedunt, lector, horis locisque suis distributa, ut auscul-
tare singula possit hospes atque id nusquam pedem movens. Est enim
domus eadem in qua venientes commode rebus omnibus accipiuntur et
discipline nectar studiosis horis omnibus fluit. Taceo privatas interim
cum in linguis tum in disciplinis exercitationes consuetudinem et con-
versationem domesticam cum doctis, urbem puritate auræ, proximarum
Alpium flatu meridiei plagam infestam felicissime temperante pulcher-
rimoque flumine veterem novamque Basileam placidissime medias inter-
labente, saluberrimam, magno præterea divitique propter vicini Brisgoi
Elsaticique agri fœcunditatem rerum omnium proventu beatissimam,
ad hæc veteri civium humanitate mire hospitem. Quanquam quid
attinet Basileam inexhaustam tot iam annis Latinorum nunc iam etiam
Græcorum ac mox nisi fallor Hebraicorum omnis generis librorum
matrem propter egregia beneficia nulli doctorum ignotam bonis omnibus
charissimam connnendare verbis? Ades igitur lector bone, dabimus
operam, ut quæ progenitrix librorum est quæque reviviscenti vetustati
obstetricatur tam feliciter eadem domicilium — si fata sinant — Musarum
fiat. Bene Vale.

    Basileæ Cal. Novemb. anno MDXXXII.

                   Caspar Schaller
            protonotarius urbis Basiliensis sst.

L. S.   senatus consul.

IV.

Die Gutachten der drei oberen Fakultäten über die Verbesserung ihrer Lehrpläne. 1536.

Die Originale befinden sich in dem Staatsarchiv zu Basel
Fascikel R II. A.

---

1. Gutachten des Theologen Karlstadt.

Ordenung biblischer bücheren in laesung zu halten.

Die heilige Bibel sol man durchuss alt und nüw testament läsen, doch in nachangezöugten capitellen sonderbaren flyss ankeren. Die erste dry capitell Genesis von schöpfung aller creaturen, von Adams faal und sünd zusampt vom gepredigtem evangelio Christi im paradiss· Nach dem von Abrahams beruf glouben gehorsamy verheissungen wandell und läben byss in sinen todt.

Die capitell Levitici von den opferen und briesterthumb deren unverstand menigen in vil geschrifften uffhaldt und verhindert. Dessglichen die dry letzten capitel, dass man erdtrich häuser und personen schätzen und warumb Got straffen pflegt, lerne.

Deutoronomium sol mit anhebiger erforschung der anderen vorgesätzen bücheren usgelegt und erfült werden. Es soll och der läser geflissen sin daruber der Propheten dess evangelii und apostelen in teidung oder üsslegung anzuzöugen.

Der läser sol in den historien mit güter erlüterung dess volkes gottis läben und wandell tugenden und laster regiment und gemeinen nutz oder schaden vermelden und verfancklich dess glaubens crafft und wolfardt, widerumb der unglöuben entlich unglück, inbilden, derwegen das buch der Richteren und Cronica mit emsiger erinnerung zu läsen ist.

Der Psalmen und Propheten wissagung, so Christum unseren trost anlangend, soll der lerer mit traefflichem yfer usslegen. Was och Propheten und Psalmen im gesatzt anrürent oder erlüterend, soll mit nichten unangezöugt bliben.

In dem näwen testament. — Der lerer soll alle bücher durch erclären in sonders uud mit mererem verdacht das evangelium Joannis, der Apostlen geschicht, der epistell zu den Römeren zu den Corintheren und Hebreern. In disen soll weder mueh gespart noch anders erwinden.

Ordenung der interpretation in usslegung heyliger geschrifft.

Quid? Was?

Zum ersten sollend die lerer den sentenz wol ermessen und so die wörter dess sententz dunkel und schwär zu ergrunden, eroffenen, dannethin das argument, damit der heylig geist die vernunfft überwindt, mit namen anzöugen.

Quomodo? Wie geredt?

Zum anderen form und gestaldt, damit der her sinen rathschlag der welt verkündiget, trülichen offenbaren, ob die geschrifft mit einfalttigen worten reden tun oder mit den tropis schynbarlich ir red mache und erlüchte oder ob sie mit den figuren, so man schemata namset, iren sentenz ingewicklet verdeckt und verborgen hab, dess läsers empsigen fliss uffzuwecken.

Quorsum? Wahin?

Zum dritten, wahin die rede dess hern lange, welchen rath der prophet gottis gehept, was sin end sie.

Collatio. Verglichung.

Zum vierten. geschrifft mit geschrifften und geschriftlichen exemplen verglichen.

Conciliatio. Vereinparung.

Zum fünfften. Ob etwan ein geschrifft dem ussgelegten text im schin widerpräche, dass man die selbige zesammen fügte und durch ein andere geschrifft vereinbarte oder, so er die selbige nit hätt, durch die analogiam dass messigung dess gloubens zesamen knüpfe.

Accomodatio. Zufügung.

Zum sächsten sollend die lerer ire erwiste leer und der geschrifften sentenz zu kegenwertiger welt fuegen, gute sitten bestättigen, herwiderumb dess satans buw brächen, was er toch mit falscher leer oder ungerechtikeit hett gebuwet.

Disse ordenung soll dess orts gebrucht werden, da die schrifft anlasset und verursacht; dann wie obgemelte artikeln der interpretation nit sollend frembd ingedragen, also sol man sie durch farlässikeit nit übersühen.

Exercicia. Übungen.

Von übungen, durch welche alle künst baass verstanden, tiffer inwurzend und ir machte erlangend:

Alle Donstag vor- oder nachmittag sollend die lerer ein disaputation christlicher wiss fürnemen, dass ist one Zank und one gesuoch iteler ere. Der widerfechter soll uss der geschrifft reden und der antworter soll och sine antwort uss der Bibel geben und das band, in dem sich die geschrifften verpindten, zu handen nemen.

Die andere übung. — Alle, die nach gehebter lection zwifelent oder nit ires gefallens bericht empfahend, sollend fug haben ire mangell fruntlicher wise an den lerer zu bringen, bescheid von im zu nemen.

Habes optime ac doctissime Grynee quod facere me precipisti. Si non effeci quod volebas, velis quod feci. Tu interfecisses qui optimorum auctor es, sed ego stultitiam prodire meam malui quam non obsequi precipienti. Habes duplicem chartam, alteram que nullam instituti nostri rationem adfert. Utram vis, deligito aut, si magis lubet, utramque abiicito. Vale in deo patre et domino Christo feliciter.

2. Gutachten der Juristen P. Pitrellius und B. Amerbach.

Die eingeklammerten Stellen des Textes und das was in den beiden Anmerkungen steht, sind Zutaten Amerbachs.

(In nomine Christi servatoris Amen.)

Dieweil in keiserlichen rechten, die zu lernen kein ware ordnung, so man methodum nempt, vorhanden, auch dise der keiser Justinianus in siner furschribung [1] nit geleistet, deshalb ist uff gemelt furschribung hefftig zu tringen nit von noeten als die unsern zyten bruchen und consistoricn wenig gmess oder furstendig, deren auch gelegenheit unserer universitet von wegen der wenige der professorn nachzekumen nit muglich. So aber hargegen durch das lesen wie bitzher gebrucht dise disciplin nit allein ettwas verdunckelt sonder auch die anhebenden studiosi durch vilfältig furhaltung [2] der glossen und commentarien erschreckt beschwert und hinderstellig gmacht — sölchs so wyt unser verstand reichet zu besseren oder zuvorkummen beducht uns geraten, das nunhinfur novis Justinia.. eis das ist den anhebenden iungen in dem ersten iar all wochen dry tag Institutiones (Justiniani) grammatice das ist on glossen und commentarien und die ubrigen zwen tag expositiones titulorum furgelesen und mitt inen repetiert werden, daruss sy einmal des ersten anzettels der rechten, auch was in titel oder biechern der rechtens gehandlet, summarie fur ein anhub underwisen.

Demnach für das ander iar solle man genante Institutiones mit sampt den glossen furlesen all citationes so wyt glosse sich uff Pandectas Codicem Nearas und andere gemeine geschribne recht referiern, vlyssig conferiern, die iungen das sy denen vlyssig nachsuchen, anhalten.

---

[1] Et hæc quidem fuerant in prooem. Pandec.
[2] Daneben his igitur Instit. de Just. et Jur.

Und das auch dry tag in der wochen. Und die ubrigen zwen tag
solle der titel de regulis iuris, so communes locos inhalt, mit sampt
dem titulo de verborum significatione, so wytt das die zytt duldelt,
für gelesen werden dergstalt das glosse (daselb) underlassen ussge-
nomen die, so exempel anzeigen, dardurch die discipel der regeln bruch
einfeltiglich verstendigt. So dergstalt bemelt Institutiones mitt angeregten
titeln gelesen, all zytt repetiert und die iunger ettwas wyllens zu
studieren dragen, verhoffen wir das (denen) inerthalb zweyen iaren der-
mussen diser disciplin der weg uffgethon, das sy ein yeglichen proffessorn
iuris zu tutsch und welschen lauden wol verston und mitt frucht hören
mögen.

Demnach so vil die übrigen professoren so Pandectas und Codicem
lesent, beriert, sollen sy sich heflyssen die tractat und titel zu lessen
so in tütscher nation am aller bruchlichisten und der pracktick dienstlich. Wyter so ettwas zue klærung rei latine historien und alter brüchen
nutz (doch per frusto .... et aliud agentes) underlassen und zu vorab
sich ein yede matery an iren ort zu tractieren beflyssen, überflussiger
question messigen (non eadem semper inculcare sonder furderlich fur-
schritten und furgenomne titul zu geburender zyt absolvirn). Zum
letsten so soll ein yeder professor der discipeln, ob sy ettwas fragens
oder disputierens halb fürwenden wellen, uff sy nach der lection ze
warten und dessen, so er gelesen, rechenschafft ze geben schuldig und
verbunden sin.

(Bonifacius Amerbach u. doc.)
Petrus Pitrellius
(anno 1536).

3. Gutachten des Mediziners Sebastian Sinckeler.

Der Name ist durchgestrichen. Chronologisch ist er aber möglich, weil
Sinckeler 1585 ordentlicher Professor wurde (grosse Matrikel zum angegebenen Jahre und Historia colleg. Medicor. p. 7.)

Dyweil den doctoribus medicinæ von einer Eerwurdigen hoch
und wolgelerten universität Basel uffgelegt ist in teutscher sprach ein
verfassung zu thun gemeiner kunst der artznei, domit solliche hynfurtan
uff das nutzlichest und trewlichest gelesen möchte werden, ist dis ir
kurtzer begriff. Zum ersten wurdet khein geschickter nutzlicher weg
gefunden die kunst artznei zu lernen dann eben wye sie die natur in
yr selbs gefurt, das yr nachgefolgt werde.

Gibt aber dy gemein natur yre geschöpf in alle geschlecht,
under welichen des menschlich geschlecht eins ist, welchs unsers furnemen ist, wye ein mensch entpfangen wurdet, hierumb lernen wir zu
stund an den anfang der entpfengnus zu suchen. Solchs aber leret
uns Hippocrates lib. de natura hominis und lib. de genitali femine und
Galenus lib. de elementis.

Es gibt aber dy natur nit vergebens den menschlichen somen zu der geburt sonder mit und in ime dy krafft ime ein menschlichen leib zu formyren. Dis aber beschicht durch mittel der vermischung vierer qualität. Wurdet hy not sein dem medico, das er soliche wirekung der natur lerne erkhennen. Da hilfft uns Galenus de temperamentis.

So der leib gantz formyrt ist, ist er nit vergebens von der natur gemacht sonders das er lebendig wäre. Ist er nun lebendig, muss er kräffte haben, dodurch er wurcke. Hy wurdet dem medico zuston dise kräffte zu lernen uss dem Galeno: de facultatibus naturalibus.

Nun mochte der medicus ettwan beredt werden ettliche wirekung der natur khäme dahär, so es dy natur anderswo her nimpt, dwyl yr edeleste geschirr intwend beschlossen ligent, dodurch sy solich wirekung volfüret ia in weliche organa sy yre kräffte behalten hatt. Dess ein rechten gwissen grund zu finden hilfft uns Galenus in lib. de sectione corporis und lib. de usu partium.

Wofür ware es aber nutz dis alles zu wissen domit dy natur contemplyrt wurdet, von wass wegen sy soliche sorg und weissheit an den menschlichen leib gelegt hat. Ist aber ir furnemen das der mensch frid, rug in seinem leib habe, uff das das gemiet in yr fernunft recht geschaffen furfaren möge. Dweil der mensch ein her der welt von Gott gesetzt ist, so wurdt dem medico not sein, das er den friden wo der ist, das ist gesundtheit, behalte. Das leret Galenus lib. de tuenda sanitate und lib. de viribus. alimentorum. Dweil aber der menschlich leib uss natur todlich ist, muss volgen das er vil anstöss habe zu seiner zerstorlicheit. Dis aber zu erkhennen, dweil dye zum theil usswendig härkhemmen ettlich von innenwendig, helfen dem medico Hippocrates de aëre et regionibus; von inwendigen ursachen lert Galenus de locis affectis, Hippocrates de morbis qui ab extra et intra. Dweil aber das menschengemut dunckels verstands ist, kranckheiten für sich selbs zu erkhennen. wirdet demselben geholffen uss dem Galeno de morborum differentiis.

Under anderm leret Hippocrates, das dy natur gesund mache aber der artzet sey der natur diener. Soll nun der artzit der natur dienen in handtreichung der artznei, dodurch dy natur hilff hab und gesundt machen möge, stat dem medico zu wissen, ob der natur etwas zu reichen sei oder nitt. Dis leret uns Hippocrates lib. prognosticorum. Item das er betrachte, ob dy kranckheit hinder sich oder für sich faren wölle, darzu ist notwendig Hippocrates in aphorismis und Galenus de crisibus.

So aber ye der krancke hilff bedarff, wurdet dem medico not sein, das er gute erkantnuss habe deren dingen, dodurch er gesundt möge machen. Deren ist zweierlei. Die erst deren so uns dy gemein natur gibt, das lert Galenus in den ersten funf buchern de simplicibus und Dioscorides. Zum andern der kunst halben, artzneyen zu machen, hilfft uns Galenus de compositione medicinarum.

Wie man aber all medicin zur handt soll nemen, uff das sicherlich gehändelt werde, lert Galenus libro de curatione morborum und Paulus Aegineta. Dis alles angesehen bedunckt uns fast nutzlich sein die ding alle in einem compendio zusamen fassen, uff das ein iunger angonder von vilin wegen der buchere sich nit entsetze. Der halben des buchlin so Galeno zugeschriben, medicus gcheissen, der anfang sein solle, und furthin in der schulen gelesen werden zu seiner zeit dy recht samenthafte verfassung Galeni, so ars parva genent wurdet.

Anschliessend eine nochmalige Aufzählung der durchzunehmenden Bücher, welche mit der früheren übereinstimmt; nur Hippocrates de mortis acutis ist noch hinzugefügt.

Es ist aber nit gnug also dye nutzlichsten büehere allein anzeigen sonder von nöten die uff das fleissigst und zu grossestem nutz den iungen vorzulesen, welichs von wegen der älteren in griechischer sprach, darin dy gantz artznei beschriben worden, geschähen soll und zu gut den angonden als denen so griechischer nit underwisen in latyn, damit beden theilen gnug geschehe und dy ordinarii dester stattlicher furfaren. Dweil nun soliche büchere vorzulesen lange wege braucht und vil mieg und arbeit daruff gat, damit dy schulen und yre doctores etwan yrer arbeit lon entpfahen, ist unser aller demutig bitt und beger an E. G.: sye wellend ein ynsehen haben, E. G. und der gantzen gemein zu gut, und furohin nit vergunnen den erst hergeloffenen empiricis auch alten weibern etc. yren getandt und krom usszulegen, sy hetten dan zufor uff fragen so ynen uss vorgemelten der artznei bücher gnugsam, wye bei allen universitäten gewonheit, geantwortet.

Zu letzten so schon alles, so vorgeschriben, fleissig geschehen, will noch ein fal namlich der sein, darab sich vil leut beklagen: böse verlegne materi by den apoteckern, do E. G. von E. und des gemeinen nutz wegen ein einsehens geburt reformation in speciebus und der tax von iar zu iar durch E. G. verordnete zu schaffen. Es will auch, domit alle ding offenbar augenschynlich zugegen wären, von grossen nöten sein, das man von iar zu iar oder je in zweien iaren einest ein anathomy halte nach dem besten| vermögen der doctoren, so zugegen, alle theil des menschen und der selbigen würckung den discipulis medicine oder andern gelerten, so des lust haben zu sehen, anzeige, dadurch man erkennen lerne dy verletzte oder geschädigte glider von innen und ussenwendig des menschen. Darzu etwan in sommers zeit dye iungen ussfieren, dy kruter yre namen, ire wirckung denselbigen anzeigen, uff das sy nit allein der apotecken (zu vor wan sy nit darby wären) sonder der kruter somen und wurtzel vermischung geleben und den krancken raten und helfen kündten.

V.

Statuten der Universität vom 26. Juli 1539.

Original geschrieben vom Stadtschreiber Ryhiner und mit aufge-
drücktem, leider aber bis zur Unkenntlichkeit zerstörten Siegel aus grünem
Wachs im Fascikel R II A. (St. A.) — Abschrift im Erkanntnissbuch
IV fol. 169 (ebendort).

Wie die lobliche universitet der Statt Basel, so nitt das geringest
glid der kylchen, christenlich angerichtet und wie die kylchendienere
nitt der schulen verwandth sin sollend. [1]

Wir Adelberg Meyger Burgermeyster und der ratt der Statt Basel
thundt khundt und bekennend hiemitt offentlich: Als uns dann der gütig
barmhertzig Gott mitt dem liecht sines göttlichen worts gnedigklichen
heimgesucht, uns die fröliche bottschafft des heyligen evangelii zu erkennen geben, das wir uff sollichs zu dem offteren mal mitt ernst zu
hertzen gefuert ermessen und erwegen haben, dass zu erhaltung rechten
gottlichen verstands erbuwung der tugenden ia auch ze erhaltung der gerechten waren religion und sunst vil gute ding ze bekommen die

---

[1] Der Entwurf der Deputaten vom 12. April 1539 nach Ryhiners
Urschrift im Fascikel R II A im Staatsarchiv. — Wie die hoche schul
der Statt Basel christenlich angericht und erhalten werden soll.
Demnach Ein Ersamer Wyser Rath loblicher Statt Basel als der
uss sonderen gnaden Gottes *mit dem liecht* und warheit göttlicher schrifft
gnedig heimgesucht die fröliche bottschaft des heyligen evangelii erlernet
zu dem offternmol ernstlich zu hertzen gefurt und uss erfarung befunden
hatt, das die schädlichen irtungen, damit wir im Bapstumb behafftet
gewesen zum theil dahar ervolgt, das *die gottsäligen künst* durch ge-
schwindigkeyt des Satans *eintweders von der kilchen Christi, deren sy aber
am vorderisten dienstlich sin sollen, in die wältliche prachtlicheit abgefurt,
oder wo fursorg gwesen das man sich deren gottsäliglich gepruchen möchte*
der ursachen *in verachtung* und die lut von den kunsten *abzeriessen* understanden, damit wir mit unwissenheit der kunsten *widerumb in alte unverstendige blintheit ingefürt, der erkanthen warheyt beraubt* wurden, dar-

schulen, wan die vlissig versechen und christenlich angerichtet nit weuig sonder höchsten furstand bringend — dann es ye war, das in den schulen den kylchen Christi ire hyrten und leerer, den oberkeyten ire rüth und diener, den gerichten ire richter, der iugendt ire zuchtmeyster, den kranken ire artzet und in summa in allen dingen die fürnemisten und kunstrichisten lüt ufferzogen werden, darumb es kein wunder, das unsere voreltern, als die wol gewüsst, dass diser schatz grosser dann sylber und gold, so vil mug und arbeyt und costen an die schulen gelegt, damitt sy unss dise eer als ein fürnem eerlich erbgut hinder inen verliessen liebtend und befulchend. Und so aber in den schulen glich wie in anderen auch heiligisten und besten dingen durch arglistigkeyt des Satans der gutt sam mitt dem unkrut verderbt gefelscht is die gottseligen künst eintweders von der kilchen Christi — deren sy aber am vorderisten dienstlich sin sollend — in die weltliche prachtlickeit abgefuert oder wo fürsorg gewesen, das man sich deren seligklich gepruchen möchte die literas in schädliche verachtung die studierenden darvon abzerissen und uns widernmb in alte unverstendige blintheyt inzeführen und erkandther warheyt ze berauben under stadt, sollichem mitt der gnad Gottes vorzesin, die guten kunst ze furdern und ze pflantzen in sonderheit uff das unser lobliche universitet allhie zu Basel, wie sy dann hievor recht und christenlich angerichtet, also in uffwachsung kemme allen argkwons des bapstlichen hefels erlediget, die guten künst recht geprucht werdend, so habend wir mitt gutem ratth und vorbetrachtung volgende artigkell gestelt und ze halten erkandth :

§ 1. Des ersten. Diewyl die hoche schul von wegen das sy dem herren Christo die augende iugend in der heyligen schrifft und gottseligen kunsten anzeführen der kylchen und auch gemainer oberkeyt ire diener zuzebereiten schuldig nit das geringest glid der kylchen Christi, das dann niemandts weder in grosseren noch minderen facul-

umben ir Ersam Wyssheyt *sollichs mit der gnad Gottes* ze furkommen, in irer reformationordnung die schulen erlich anzurichten verheissen offentlich ussgeschriben und Rudolfen Frygen, Fridlin Ryfen des Raths und Heinrichen Rychiner Sthattschriber diser zit zu deputaten der schulen verordnet und die sachen christenlich anzerichten bevelch geben. Und so wir nun unseren gnedigen herren in disem christenlichen bevelch zu gehorsamen schuldig und willig und dan ernstlich bewegen, das man zu erhaltung göttlichen worts und warheit der schulen, darinnen die guten kunst und furnemblich die heilige schrifft erlernet, die eer göttlichen namens erbreytert und brüderliche liebe gepflanzt wirdeth, so hoch von nöten, das man deren keinerley mangeln kan, darmit dann dise lobliche universitet *recht und christenlich angerichtet, allen argwons des bäpstlichen hefels erlediget,* alle ding recht geprucht werden, so haben wir uff gefallen unserer G. H. der Rhäten volgende artigkel gestelt und denen zu geleben erkanth:

Des ersten, diewyl die hoche schul nit das kleinest glid der kilchen Christi, u. s. w. Von da ab ist der Text in den der Statuten übergegangen.

teten zu ordenlichem leser angenommen, er sye dann unserer religion und habe gemeinschafft mitt unss in dem nachtmal nnsers herren Jesu Christi. Das auch allen professoribus linguarum artium und der höcheren faculteten als iurepetitis und medicis ingebunden werde, diewyl alle künst entlich zu heyligung des namen Gottes gerichtet, das sy dann in iren lectionibus nit allein nützit lesen sollen, das zu verletzung nnserer heyligen religion dienlich sonder das sy wie dann alle Christen den namen dess herren zu heyligen, sin rych zu erwyteren schuldig nnser religion hoch commendicren und prysen thäten.

§ 2. Und darmitt hierinn dester sicherer gefaren, sollend solliche ordinarii, diewyl die von der regierung der universitet sin mussend, von herren Rector nnd Regenten der universitet nnd von unseren deputaten, die wir ine yetz geben oder in kunfftigem zuordnen werden, ieder zytt[1] sammenthafft angenommen, kein theil hinder oder one den anderen mitt niemandem entlich beschliessen.

§ 3. Sonst sollend Rector und Regenten[2] der universitet vollen gewalt haben all ander anligen der schulen und kunsten halben ze verwalten besonders uff die ordenlichen leser, darmitt ein yeder sin lectur mit bestem vleiss verseche, ernstlich acht ze haben und die sumigen nach billicheit ze straffen, darinnen auch inen kein sondere person weder von der universitet deputaten noch anderen für sich selbs kein intrag thun, sonder wie Rector und Regenten hierinn handlen darby solle es pliben on alle gefärde. Doch ob yemands lybs kranckheyt halben nit lesen kondthe, mitt demselben soll man gedult haben.

§ 4. Und ob hienach ein ordenlicher professor geschefften halben von der Statt reysen wurde, der soll nit von den deputaten sonder von dem Rector und Regenten urlob nemmen, die auch eins yeden gelegenheyt zum billichisten bedencken und die sachen anrichten sollend, damitt die zuhörer so vil yemer möglich irer lectionen nit beraupt werden. Und wo iemand one urlob hinweg reysete, den sollend Rector und Regenten der billicheit gemess straffen one intrag.[3]

§ 5. Zu dem anderen sollend die herren Rector und Regenten mitt anderen der universitet verwandthen by irer Regentz und iurisdiction, wie wir inen die hievor gegeben und sy uff den zwölfften tag septembris anno XVC XXXII ze halten geschworen hand, pliben, darzu aller faculteten professores und regenten sampt den studiosen, die umb studierens willen sich hie erhalten, ouch andere, die mitt den frygen künsten[4] umbgond und sich daruss neren wöllen, den herren Rector und Regenten diser loblichen universitet billiche gehorsame ze leisten und by der universitet als glider sich inschriben ze lassen verbunden sin.

----

[1] Entwurf: *regenten der universitet* und iren geordneten deputaten *iederzit.*

[2] Es sollent aber die herren *Rector und Regenten.*

[3] *Den sollen* sy straffen doch kein ordinarinm so yetz angenommen sines stipendiums gar oder zum theil privieren sonder in andere weg straffen. [4] Darzu *andere die mit* der heiligen schrifft oder *frigen.*

§ 6. [1]) Und diewyl die kylchendienere, wie vorstadt, in den schulen ufferzogen werden, in heyliger schrifft für und für ir übung haben mussend, so will uns gefallen, das alle kilchendienere in unser Statt Basel für ire personen, so vil die studia und gottselige kunst antrifft, doch dem dienst der kylchen in alle weg one nachteyl und unverhinderet der universitet mitt handtgegebener treuw als glidere verwandth und zugethon sin sollend.

§ 7. Damitt und aber niemands gedencken konne oder argwouen möge, als ob wir durch dise schulgehorsame den kylchendienst verhinderen oder das ministerium ecclesie[2]) der schulen underwerffen wolten und hinwiederumb nit geachtet werde, als wöltend die kilchendienere sich von der schul absonderen die schulordnung und gottseligen künst nitt lieben noch fürderen,[3]) so haben wir in bedenckung, das aller nutz der studiorum entlich zum rych Christi gezogen der kylchendienst darmitt dester stattlicher geleistet mitt christenlicher schulubung daselbst täglich ie meer erlerneth wirdeth, verner geordnet und gesetzt:

§ 8. Diewyl die Theology in der universitet die oberiste und fürnemiste profession ia auch das recht mittel ist, dadurch unss das heyl der seelen angebotten, die schäfle Christi zu der stim ires hyrten der frölichen bottschafft des heyligen evangelii geleytet und alle so der eere göttlichen namens und warheyt abzebrechen understond zu schanden gemacht werden, darumben dann dise profession den kylchen dieneren am höchsten von nöten, das da alle kylchendienere, so das wort des herren ze predigen in unser Statt Basel ordenlich berufft und erwelt werden, in diser facultet Theologorum sin sollend,[4]) darmitt dester weniger missverstand und spaltung under inen entstande, auch dise facultet dester sterker sye allen dass ze furderen[5]), das unser heyligen[6]) religion dienstlich, und ze fürkommen, was deren schädlich sin mochte, damitt alle ding zu Gottes eeren gehandlet[7]) ein recht[8]) christenliche universitet angerichtet erhalten und gepflantzt werde.

§ 9.[9]) Es soll auch dise facultas Theologica wie die anderen

---

[1]) Dieser Abschnitt fehlt im Entwurf.
[2]) *Oder* den kilchendienst.
[3]) *Geachtet werde* das die kilchendiener zu frig sin, die schulordnung nit lieben noch furderen wöltend, *so haben wir*.
[4]) *Basel* underfochend, glider der schulen und diser facultet anditores *sin sollend*.
[5]) *Sterker sye* in den schulen alles das helffen ze *fürderen*.
[6]) *Heyligen* fehlt.
[7]) *Ding* christenlich *gehandlet*.
[8]) *Recht* fehlt.
[9]) Und darumb sollen alle pfarrer sampt den ordinariis Theologie von diser facultet sin, dem decano und dem rath Theologie wie sich geburt in allen göttlichen und zimblichen Dingen zu gehorsamen besonders was do trifft die studia und gottsälige ubungen, die zu der ler göttlichen worts dienen, domit die schulleer in der Theologia mit der pratick in der kilchen dester glichstimmender erhalten werde. Es soll auch diser facultet decanus sampt dem rath Theologorum gwalt haben

faculteten iren decanum haben, wellicher decan mittsampt dem ratt
Theologorum gewalt haben sollen, alle notwendigkeyten diser facultet
anzerichten ouch ordnung ze geben, wie die schulubungen in Theologia
gehalten werden und was lectiones ein yeder diacon hören und besuochen solle.

§ 10. [1]) Und ob sich zun zyten gefügen, das der ordenlich ratt
diser facultet von mangel der graduierten personen so klein (were), das
ein decan nit noch zwo oder dryg graduiert personen by im in disem
ratt hette, dann soll der decan doch den statutis der universitet sunst
one nochteyl die uberigen pfarrherren allhie zu Basel, ob die glich nit
gradus hetten, allein in disen ratt Theologorum zu im ze beruffen und
sollich gescheft, so dise facultet und kylchendienere berüren möchten,
mitt inen usszerichten schuldig sin.

§ 11. Wann sich auch zutragen[2]) das man iemandem den gradum doctoratus in der heyligen schrifft mittheylen wurde, dann soll
der decanus alle[3]) vier pfarrherren unangesehen, obglich deren etliche[4])
gradum doctoratus nit hetten[5]) zu dem wenigisten ein oder zwey mal
zu dem examen beruffen, damitt von der facultet und den brüderen[6])
dem so promoviert werden solle, bede[7]) der leer und lebens halben, der
kylchen und der schul dester gewussere und stattlichere kundtschafft
gegeben werden möge.

§ 12. Und demnach die christenliche ubungen, die wir disputationes nennen, under den gleubigen so hoch von nöten, das man deren
nit mangeln kan, in ansehen, das in denselbigen fruntlich ersucht
ventiliert[8]) und obgelegt würdeth allen das, so die argen blöden und
einfaltigen gemüttere wider die warheit Christi gedencken und fürend,
dadurch dann die leer Christi dester bas erluteret und wider all ale-
fantzen des Satans in der gleubigen hertzen bevestiget, zudem auch
am tag, das die kylchendiener durch sollich ubungen die christenlichen
sachen gegen den vyanden der warheyt fugsam und warhafft ze ver-
tedingen nit one frucht im friden erlernen mögen, so will uns gefallen,
dass die[9]) kilchendiener die disputationes Theologie so vil inen one
nachteyl dess kilchendiensts[10]) muglich visitieren besuochen und die

---

ordnung ze geben was lectiones ein yeder kilchendiener, zu dem sy
auch ze vorderist lectiones Theologie geforlich nit versumen, hören
und besuochen sollen.
  [1]) Entwurf: *Und ob sich gefügen, das sollicher rath von mangel
der graduirten personen so klein were, das solliche ordnung dem decano
für sich selbs allein anzurichten beschwerlich oder verdechtlich, dan*
soll ein decanus Theologie die vier pfarrherren all oder etliche von
inen *ob sy glich nit die gradus hettend* zu ime nemmen und solche sachen
mit inen ussrichten.
  [2]) Und ob sich hienoch gefügen, *das.*   [3]) Die *vier.*
  [4]) *Glich* solche pfarrherren *gradum.*   [5]) *Nit* all *hettend.*
  [6]) Uff das von beden der facultet und der predicanten *dem.*
  [7]) *Bede* fehlt.   [8]) Erbuthlet.   [9]) *alle.*
  [10]) *Inen des kilchendiensts* halben.

mitt gefärden nit versumen sollen. Denn es ist keiner so gelert, er mag sich in denen noch hoch erbesseren und, wie obstot, im fryden den vyands antworten leeren. Und ob aber yemands hieran sumig, der soll darum von dem decano ratt und ordinarien facultatis Theologie zu besseren sin.

§ 13. Und ob zun zyten gemeine geschefft fürfulen, zu denen der Rector alle personen der universitet zusamen beruffte, da soll yederman erschinen, mit gefärden niemands usspliben by vermidung gewonlicher straffen. Doch wan ein pfarrher predigen oder ire diacon [1]) dess kylchendiensts halben nitt erschinen möchten,[2]) dann sollend sy entschuldiget und ungestrafft sin.

§ 14. Sunst sollend alle[3]) diener der kylchen die gottseligen[4] künst literas et studia in iren predigen mitt allem vliss und ernst furderen und prysen, damit die kilch yeder zytt[5]) ire diener so (wie offt gesagt)[6]) in den schulen erzogen werden müssen, an denen kunfftiger zyt grosser mangel zu ersorgen,[7]) dester bass gehaben und bekommen möchte.

§ 15. Zu dem dritten die[8]) gradus belangende habend wir geordnet und wöllend,[9]) das die selbigen in allen faculteten denen so darzu geschickt sind, die[10]) begerend oder die anzunemmen uss billichen christenlichen ursachen ervorderet, gegeben werden sollen, damitt under den trägen und vlissigen underscheid seye.[11]) Besonders sollend sich die, so ordinarie lesend one verner verziehen ire geburlichen gradus anzenemmen nit widoren in ansechen, das alle ordnungen, so nit wider Gott und sin heylig wort strebend, wol mögend zu Gottes eere und heyligung sines namens geprucht werden. Doch soll niemands promoviert noch zu den gradibus gelassen werden,[12]) so deren, es were mangels halb der kunsten oder erbarer sitten und guten lebens[13]) nit föhig noch wirdig sin erfunden wirdet, damit der missbruch der graduum verhütet plibe und man sich uff die gegebenen zügnussen dester stattlicher verlassen mög.

§ 16. Es ist war, das ein yede kylch iro selbs[14]) einen doctor und leerer erwelen mag, an wöllichem gewalt ouch den kylchen hiemit nutzit genommen, sonder soll inen der in alle weg fryg vorbehalten sin. Damit und aber die kylchen in sollicher waal vilicht durch wolreden oder anderen schin nit verfäle, so ist nutz und gut, das die facultas Theologica einen der sin wert ist in bysin der predicanten, wie

---

[1]) Entwurf: *Oder* die helffer.
[2]) *Möchten*, wan dann die diacon mit urlob irer pfarrherren usspliben, *sollend sy.*   [3]) Die.   [4]) *Gottseligen* fehlt.
[5]) *Yeder zyt* fehlt.   [6]) Das Eingeklammerte fehlt.
[7]) *Müssen* und ietz grosser mangel do ist ieder zit *dester bass.*
[8]) Furer *die.*   [9]) Ist *geordnet und* gesetzt.
[10]) Und deren.   [11]) *Damit bis seye* fehlt.
[12]) *Niemands* darzu *promoviert* noch zugelossen *werden.*
[13]) *Und guten sitten* fehlt.   [14]) Iren *einen doctor.*

obstat[1]), die zügknus gebe, das er wussens halb in der heyligen schrifft
wol möge von einer kylchen zu doctorn der kylchen erwölt werden.
Darumben man auch in der facultet Theologorum die gradus niemanden wirdigen[2]) versagen soll.

§ 17. Es sollen auch die herren Rector Regenten und deputaten
unser[3]) universitet hinfür[4]) gewarnet sin, das sy in bestellung der ordenlichen lesern[5]) fürnemblich[6]) die annemen, die schon ire gradus[7])
habend oder die furderlich[8]) one uffziechen anzenemmen bedacht syendt,
damitt die auditores dester verläncklicher complieren und wir sampt
der[9]) universitet des gezengks der graduum halben hienach ruwig und
uberhoben pliben.[10])

§ 18. Furer das pedagogium betreffen, sollend[11]) die herren Rector
und Regenten der universitet erstgenant pedagogium sampt all anderen
lectionen so in der universitet notwendig uff das allernutzlichest und
besserlichest von den yetz besoldeten aurichten, darzu inen unsere ver-
ordnete deputaten mit ungespartem vleiss und arbeyt beholffen sin
werden. Es soll auch von den iungen niemands in sollich pedagogium
gelassen werden, er sye dann zuvor examiniert und darzu geschickt
erfunden.

§ 19. Furer sollend die herren Rector und Regenten iemanden
von inen verordnen,[12]) so uff die minderen schulen, damitt die selben
mitt glichen lectionibus angerichtet, die ingendth christenlich und[13])
vlissig ufferzogen[14]) underwisen und auch[15]) uff die schulmeyster das ein
yeder sin vliss an der iugendt nit spare,[16]) gsechen werde, vlissig acht
haben.

§ 20.[17]) Und so man die sachen in vorgeluterter wyss christen-

---

[1]) Entwurf: *In bysin — bis obstat* fehlt.
[2]) *Wirdigen* fehlt.
[3]) *Der.*
[4]) *Hinfür* fehlt.
[5]) *Der ordinarien.*
[6]) Furderlichen.
[7]) *Die yetz gradus.*
[8]) *Furderlich* fehlt.
[9]) *Und* die universitet.
[10]) *Der graduum* ruwig plibe.
[11]) Wöllend die verordneten deputaten mit der Regentz oder wen
die darzu ordnen gern verhelffen, das sollichs mit den *yetzbesoldten
angericht* und so vil muglich erbessert, darzu von den iungen niemands unexaminiert dorinn gelassen werde.
[12]) Ouch von den *herren Rector und Regenten* der universitet ie-
mands geordnet werde der *uff.*
[13]) *Christenlich und* fehlt.
[14]) *Ufferzogen* fehlt.
[15]) *Auch* fehlt.
[16]) *Das bis nit spare* fehlt.
[17]) *Und so dan die Sachen der mossen wol und christenlich angerichtet die schul in irem furgang befurdert,* so wöllen die deputaten so
bald Gott darzu gnad gibt, der schulen ein sat corpus zu verordnen
by Eynem Ersamen Rath truwlich anhalten und, hiezwuschen allen ordinariis ire geordnete stipendia fruntlich abgericht werden, verfugen,
wie dann sich herren Rector Regenten dessen zu inen getrösten sollen.
Zu letst, so wöllen die herren deputaten in namen Eins Ersamen
Raths hierin vorbehalten haben dise ordnung ieder zit mit willen
unserer herren der Räthen gemeinen faculteten der universitet zu enderen zu erbesseren und zu meren, wie sy dann *ieder zit zu merung*

lich und wol angerichtet, die herren Rector Regenten und kilchendienere
die schulen zu uffgang befurderen bruderlich und fruntlich zusammen
sechend, diss unser ordnung gehorsamlich nachkomend, wollend wir
solches gegen in allen fruntlich und gunstigklich ze beschulden und
mitt gnaden zu erwideren nit vergessen.

§ 20. Wir wöllend uns auch hierin heytter ussgedingt und vorbehalten haben dise ordnung ieder zyt zu minderen zu meeren zu
enderen oder gar abzethund und zu erbesseren, wie wir dann sollichs
ieder zyt zu merung der eeren Gottes, handthabung unserer heyligen
religion und uffbuwung der gottseligen kunsten am besserlichisten sin
befinden und erlernen mögen.

§ 21. Dess zu warem urkundth sind diser schrifften zwo glichen
inhalts gefertiget, die eine den herren Rector und Regenten der universitet und die andere unseren brüderen den predicanten mitt unser
stat furgetrucktem secret insigel verwart geben und also ze halten erkandth sampstags den XXVI tag iulii, anno etc. XVC neun und trissge.

(L. S.)   H. Ryhiner statsschr(eiber) zu
                                          Basel.

---

der *eeren Gottes*, unserer heiligen religion und der gottsäligen künsten
am besserlichsten sin befinden. Act. sampstags den XII april, anno etc.
XVC XXXIX. — Henrichus Ryhenerus Basiliorum prothonotarius ss.

VI.

Revers des Bonifacius Amerbach mit dem eingeschalteten Anstellungs-Dekret.

(1535 Februar 8.)

Original im Staatsarchiv zu Basel geh. Reg. R. II. JJ.

---

§ Ich Bonifacius Amerbach Doctor § der keyserlicheun rechtenn
tun kund unnd bekenn offeunlich mit disem brieff, demnach die Edlen
Strengen Fromen Fürsichtigenn Ersamen Wysenn min gnedig und
günstig lieb hern Burgermeister unnd Rhat der Statt Basel mich zu
irer Statt Basel advocatenn und der hochenn schule legum ordinarien
zehenn iar nechst nacheinandern volgennde zu beydenn siten one ab-
sagenn und demnach, so lang ir ersam wyssheit mir, noch ich ineu
hinwiderumb dise bestallung einandern allwegenn ein halb iar zuvor
nit uff und abkundend, bestelt und angnomen nach besag eins brieffs,
den ich von ir ersamen wissheit habe und von wort zu wort also
lutet: § Wir Jacob Meyger § Burgermeister unnd Rhat der Statt Basel
tunt kunt mencklichem mit diesem brieff unnd bekennen uns offennlich,
das wir mit guter vorbetrachtung umb unser stett und gmeiner burger-
schafft darzu der universitet und allen, so inn keyserlichenn rechtenn
by unns zu studieren begern, nutzes unnd noturfft willenn den würdigen
hochgelerten unsern lieben getruwen hern Bonifatien Amerbach doctorn
der keyserlichenn rechtenn zu unser stett advocatenn unnd der schulenn
legum ordinarien zehen iar nechst nach einandern komende zu beydenn
sitenn one absagen und nach denselben zehen iaren, so lang wir ime
oder er uns nit, wie nachvolgt, disen diennst und bestalluug ufsagen,
bestelt unnd angnomen haben, also das er die bestimpten iaracht und
so lang er in unserm diennst plipt unns inn unser stett sachenn und
geschefftenn inn und usserhalb der Statt Basel, wo wir sinen bedörffenn
und noturfftig sind, zu den trülichistenn raten und dienen darzu die
ordennliche lection inn den keyserlichenn rechten mit ämsigen läsen

versächen unnd besorgen solle zu dem besten, inmassen das unns, ouch
den auditoribus nutzlich unnd ime erlich aye. Doch wann sich, das wir
inn eins rhatzgeschefften vermelten doctor Amerbachs inn, oder usserhalb der Statt Basel zu gebruchen noturfftig, zutragenn, das er alsdann
die lectur zu versächenn nit schuldig sonder, so lang er inn unsern
gescheftenn ist, des läsenns ledig aye. Unnd ob sich zuo zitenn gefügen,
das jemantz unserer burgern mit frömden so uit unser burger weren
zu schaffenn gewunne unnd inn solichenn sachenn vermelten doctor
Amerbachs rhat begerte, das sol vil gesagtem doctor, den unsern, gegen
zimblicher belonung wider die frömden mit rat ze thunt unnbgestrickt,
aber inn solichenn sachen von unser Statt, ob das jemants begern
und ime ze erstatten gelegenn sin wurde, one unser erloubenn ze ver-
riten nit zuglassen sin. Ob aber ein burger wider den andern unsern
burger vermeltenn doctors rhat unnd bistand begerte, dann sol er, burger
gegenn burgern mit zeteilenn, sich mässigen inn ansechen, das burger-
liche einigkeit das nit erlidenn möchte, aber hiemit, ob er zwüschenn
unsern spennigen burgern zu hinlegung irer irthungen utzit fruchtbars
inn der gute schaffenn unnd handlen möchte dasselbig mit trüwen ze
thunt frig unnd unverbottenn sin. Dargegenn unnd für soliche dienst
sollenn unnd wellen wir vilgesagtenn doctor Amerbachen als unser
Statt advocaten bemelte zit reysenns hütenns wachens etr. frig halten
unnd zudem ierlich unnd eins yeden iars besonder zweyhundert pfunt
stebler unser stett werung glich zu den vier fronvasten geteilt unnd
uff die fronvasten zu pfingsten nechst inn disem fünff und drissigisten
iare auzefachenn abrichten und bezalen lassen, also das die depntaten
der hochenn schule vermeltenn doctor Amerbach die ernempten iaracht
unnd darnach, so lang dise bestellung wie nachvolgt nit uffgesagt wurdet,
wie sy bisshar gethan, an die bestimpten zweyhundert pfund ierlich
hundert zweynzig unnd fünff pfunt, thut all fronvasten drissig ein
pfunt und fünff schilling stebler, unnd dann unser stattwechseler die
ubrigenn fünff und sybentzig pfunt ierlich uud nemlich alle fronvasten
uchtzehen pfunt und fünfftzehenn schilling usrichtenn und vernügenn.
Und ob wir vermelten doctor Amerbach inn unser stett unnd rhatzsachenn
für unser Statt Basel gebruchenn wurden, dann sollenn wir inn berittenn
machen und darzu mit futer unnd mal nagel und ysen wie ein andern
rhatzfrünt inn der Statt costenn underhalten, aber sunst dhein ritgelt
noch belonng ze gebenn nit verbunden sin. Unnd so wann sich die
bestimpten zehenn iar erlouffent und dann uns oder vilgesagtem doctor
Amerbachenn dise bestallung lenger also ze behalten nit mer gelegen
dann sol yeder teil dem andern disen dienst zum wenigisten ein halb
iar zuvor ufsagenn, damit sich yeder teil verner besorgenn möge. So
lang wir aber noch verschinung vermelter iaracht einandern nützit ab-
sagenn, sol dise bestallung by crefftenn blybenn. Unnd diewil unns
dann vermelter doctor Amerbach vermög sins gegenbrieffs dise bestallung inn allen irn puncten unnd articklen stät zehaltenn globt unnd
versprochenn, so zusagenn unnd versprechenn wir hingegen alles das

an disem brieff geschriben stat vestencklich ze haltenn unnd verzichenn uns ouch hiemit wüssenthlich allen dess, so uns oder unsern nach komen hierwider ze thunt behilfflich sin möchte, alles uffrecht erbarlich und one geverde. § Des zu warem urkhund § habenn wir disen brieff mit unser Statt anhangendem secret insigel bewart bemeltem doctor zu handenn gegebenn uff mentag den achtenden tag hornungs, als man zalt von der geburt Christi Jesu unsers einigenn heylannts tusennt fünffhundert unnd fünffunnddrissig iar. § Das ich uff § solichs bedachtenn minen gnedigen hern Burgermeistern unnd Rhat der Statt Basel glopt versprochenn unnd zugsagt, als ich ouch inn und mit crafft diss brieffs zusagen die obgeschribne bestellung inn allen und ieden artickeln war stät vest unnd getrüwlichenn ze haltenn, denen mit rhaten läsen und dienen flissigklich zegeleben und nachzekomen oue alles sperren intrag unnd widerred, darumb ich mich verziche allen dess, so mir in einich weg hiewider ze thunt behilfflich sin möchte, alles erbarlich und one geverde. § Des zu warem urkhund § hab ich vermelter Bonifatius Amerbach doctor disen brieff mit minem anhangenden insigel verwart obgesagten minen gnedigen hern zu handen gegeben uff mentag den achtenden tag hornungs als man zalt von der geburt Christi Jesu unsers einigen seligmachers tusent fünffhundert fünff und drissig iar.

Die Urkunde ist in der vorliegenden Form ein Bestätigungsbrief für die zehn Jahre vorher erfolgte Anstellung als Professor und zugleich erster Bestallungsbrief für das übernommene Syndicat. Diese Teilung des Inhalts scheint sich mir mit Rücksicht auf die Bemerkung »wie sy (die Deputaten) bisher gethan« zu ergeben, denn es ist damit ausgedrückt, dass er dies Honorar als Lehrer schon vor der Ausstellung dieses Briefes bezogen hat, dass aber die vom Stadtwechsler auszubezahlenden 75 ₰ neu hinzukommen. Dieselben entsprechen aber seinem Gehalt als Stadtanwalt.

VII.

Revers des Johannes Jeuchdenhammer.

(1537 März 15.)

Original im Staatsarchiv zu Basel geh. Reg. R. II. N.N.

Ich Joannes Jeuchdenhamer von Basel der keyserlichenn rechten Licentiat thun khund unnd bekenn offenlich mit disem brieff, demnach die Edlen Strängen Fromen Fürsichtigen Ersamen Wysen hern Burgermeister und Rhat der Statt Basel min gnedig lieb hern und von sondern gnaden, (so) sy zu mir tragen, mich mit einer chorhern pfrund inn sant Peters gstifft zu Basel gnediglich begabt und versechen, dess ich Gott und ir ersamen wissheit demütigen danck sage. Da aber die selbige prebend, wie alle andere chorhern pfrünt zu sannt Peter zu uffenthalt nutz und fürderung der loblichenn universitet zu Basel reservirt, also das die besytzere solicher prebenden, die ordenliche lectiones teglich im colegio selbs lesen, profitieren oder zu erhaltung der ordinarien ierlich in genant gelt contribuieren darzu angeregte chorhern pfründen in eignen personen besytzen, die zu keinen ziten permutieren vertuschen noch yemandem anderm dann gesagten hern Burgermeister unnd Rhat der Statt Basel als den rechten leehenhern resignieren und ubergeben solle ctr., der ursachenn ich die lichung und annemung vermelter prebenden mit guter vorbetrachtung und rechtem wussen obgesagten minen gnedigen hern Burgermeister und Rhat loblicher Statt Basel nit allein zugsagt sonder ouch einen gelerten eyde zu Gott dem almechtigen gschworen habe für das erst, die gedachten chorhern pfrund niemandem ze übergeben ze resignieren noch mit niemandem ze permutieren sonder die biss zu end miner wile selbs ze behalten, ze besitzen, ouch der stifft in allen trüwen beraten und beholffen ze sind, darzu mich in sachen christenlicher religion Einem Ersamen Rhat glichförmig ouch sunst gehorsamlich ze halten unnd ze tragen. Und ob ich aber uber kurtz oder lang diser chorhern pfrunde abzetrettenn willenns wurde, als dann sol und wil ich die niemandem anderm, dann einem Ersamen Rhat der Statt Basel als den rechten lechenhern frig widerumb resignieren und zu handen stellen one mencklichs verhindern. Zu dem andern, und das ich von sölicher pfründen wegen ein ordenliche lection in keyserlichenn rechten wie ich dann yeder zit von den hern Rector Regenten und deputaten der loblichen universitet zu Basel bescheiden würden offenthlich lösen solle und welle, so lang ich lips unvermuglicheit halben daran nit verhindert wirden. Und so lang ich soliche lection versiche, sol ich der zehen guldin reservaten an die universitet zebezalen erlassen und ledig sin. Wann sich aber gefügen, das ich lipskranckheit oder alters halben die angeregte lectur ze versechen nit vermüglich noch tougenlich und desshalben solicher lectur ledig gelassen wurde, dann sol und wil ich von vermelter miner chorhern pfründen nutzungen und inkhomen den hern deputaten studii zu erhaltung der ordenlichen läsern ierlich und eins yeden iars besonders uff sannt Martin des heilgen byschoffs tag, wie ein anderer chorher zu sant Peter, zehen rinischer guldin nemblich für yeden guldin ein pfunt funff schilling stebler gezelt one intrag und widerred ze geben schuldig pflichtig und gebunden sin und inn dem allen kein fürwort usszug noch geverde bruhen sonder dem gstrackts also nachkomen und erstatten mit solichen gedingen: Ob sich keinist gefügen das ich mich von und uss der Statt Basel an andere ort verenderen oder sunst min pfründ obstat yemandem ze resignieren oder sunst ze permutieren understünde oder in zit miner lips gsuntheit die lecturen nit versechen oder wann ich alters oder lips unvermüglicheit die ze versechen nit tougenlich, an bezalung der zehen guldin reservat sumig sin wurde, wie sich das zutrüge, das ich alsdann soliche prebende ipso facto verwurckt verloren und das die yedesvals vorstat, so bald der von mir kuntbar werden, vilgenanten minen gnedigen hern den lechenhern obstand die verner besetzen und conferieren mögen one alle mittel heimgefallen sin, an dem ich one ir Ersam wissheit nit hindern noch irren und nüt dester minder die zehn guldin, ob einiche der zit ze bezalen verfallen, bezalen und abrichten sol und wil by verbindung aller unnd yeder miner hab und gütern der gegenwürtigen und kunftigen. Hieruff so verziche und begibe ich der obgenant Johann Jeuchdenhamer mich wolbedacht und mit rechtem wüssen aller unnd yeder geistlicher und weltlicher rechten und gerichten darzu aller frigheiten gnaden indulten dispensation absolution relaxation usszügen inreden fünden listen unnd geverden, so mir oder yemant anderm von minet wegen disen brieff anzefechten den gar oder zum teil abzetriben unnd waffloss ze machen behilfflich und fürdersam sin möchten, zusampt dem rechten das gemeiner verzichung, da nit ein sondere vorgat, widerspricht alles erbarlich trüwlich unnd one geverde. Des zu warem urkhund so hab ich Johann Jeuchdenhamer mangelhalb eigens insigels mit fliss ernstlich gebetten und erbetten den fromen fürsichtigen wisen hern Theodern Branden altobersten zunfftmeister der Statt Basel, das derselb sin eigen insigell, mich aller obgeschribnen dingen ze bezügen, offenlich hieran gehenckt hat, welichs ich der gedacht Theoder Brand off bit vorstat doch mir und minen erben one schaden gethan haben bekenn. Geben und beschechen donstags den funffzehenden Tag des Monatz mertzens, nach Christi unsers lieben hern geburt gezalt funffzehennhundert syben und drissig iar.

Das Anstellungsdecret vom gleichen Datum findet sich abschriftlich im Abscheidbuch zum angegebenen Datum. Die Pfründe war durch den Tod des früheren Inhabers Nicolaus Steinmetz erledigt.

VIII.

Ordnungen und Statuten der Artistenfakultät.

————

1. Studienordnung von 1540, verfasst von Hieronymus Artolph.
(Archivum Academicum 1 fol. 108 f. Vgl. Athenæ Rauricæ p. 173.)

Baccalaureat.

Usque ad primam tyrocini lauream sesquiannus constitutus esto.

Quatuor horis studiosi cottidie lectionibus operam navent.

Lectiones linguæ, Rhetorica Dialectica Mathesis. Habentur publice professores duo, quorum prior alternis nunc authorem latinum nunc Rhetoricen doceat et intermixtis grammaticis præceptionibus, alia hora exigat, posterior græcum authorem praelegat et die Veneris a se prælecta intermixtis etiam grammaticis exigat.

Authores omnis generis maxime tamen inter latinos: Cicero, præcepta Aphtonii, progymnasmata de inventione topyca, partitiones Ciceronis.

Primo anno Dialectices isagoge, ut puta Cæsarei vel alterius, et prælegatur et absolvatur et cottidie per dimidiatam horam prælecta exigantur. Reliquo dimidiato anno prælegantur libri περὶ ἑρμενείας et primi resolutionum sex priora capita et eodem modo repetantur. Eodem dimidiato anno prælegantur species Arithmeticæ, sphæra Procli et Appiaris cosmographia et absolvantur. Prælecta vero semel in hebdomada exigantur.

Die sabbathi alternatim nunc disputatione nunc declamationibus exerceantur. Die Dominico catechismus.

Magisterium.

Alter gradus in Academia eorum est qui ad magisterium aspirant. Et his sesquianni et quatuor horarum tempus sive spatium cottidie audiendi professores præfinitum esto. Audient autem Dialecticam Rhetoricam Physicam Mathemata exactissime et si tempore angustia admittat aliquid in Ethicis.

In Dialecticis prælegantur libri posteriarum resolutionum duo et elenchorum tredecim formæ intra sesquiannum. Curabit tamen eorundem professor statim ab initio, quæ in prioribus resolutionum libris de ratione syllogismorum tradita sunt, levi bracchio attingere et perpetuo nunc ante nunc post lectionem pro temporis et auditorum ratione a se prælecta semper exigere.

In Physiologia libri physicorum quatuor de anima, de coelo et mundo et quotquot ex ordine prælegi poterunt ommissis tamen locis in quibus Aristoteles non nisi veterum opiniones confutat, et hæc quoque certo aliquo die in hebdomada semel repetantur. In Rhetoricis audiatur cottidie publicus professor latinus de inventione, topyca et partitiones Ciceronis enarrans.

In Mathesi intra sesquiannum audiantur et absolvantur ordine si fieri potest Euclidis libri sex, usus astrolabii, theoricæ planetarum. Et hæc certo aliquo die singulis hebdomadibus excgisse satis sit.

Diebus sabbati alternis nunc disputationibus nunc declamationibus exerceantur. Hi theologum prælegentem audient, si Theologicæ destinati sunt, sin minus diebus dominicis catechistam.

Mane ab hora 7 usque ad 10.

A prandio — 1 — — 6.

Supersunt ex horis 10. 11. 12 in hyeme et æstate plures.

Hæc pro temporum ratione semper mutare licet.

2. Studienordnung von 1544.
(Archivum Academicum 1, fol. 109—111.)

Diese Verordnungen tragen zwar kein Datum, allein die Bestimmung desselben ist ermöglicht durch das ihnen sich unmittelbar anschliessende Verzeichnis der vortragenden Lehrer, welches genau mit der von Pantaleon unter 1544 gegebenen Liste (s. Beil. IX) übereinstimmt und welches ich deshalb auch hier weggelassen habe.

Ad gymnasii lectiones nemo admittatur, nisi per præceptores aliosque contuberniorum incolas in cœtu studiosorum publice examinetur id quod depositionis Beani,[1] ut vocant, loco habere volumus.

Sic admissus intra octiduum aut decendium nomen det scholæ ac iuramento secundum statuta compromittat Rectori.

Eius vero nomen non recipiatur nisi præceptorem, cuius consilia veluti patris sequatur, aut elegerit et præsentem habeat aut se electum intra triduum spondeat, cui item in Rectoris præsentia obedientiam debitam ad manus polliceatur.

Lectionem nullam nisi iussus a præceptoribus et examinatoribus suis ingrediatur; commissas vero diligenter audiat et interrogatus reddat.

Huius causa examina duo quottannis habentor: primum ad kal. martias, alterum vero kalendarum octobrium tempore, quibus professores

---

[1] Gewöhnlicher ist der Ausdruck depositio rudimentorum.

omnes ordinis artium intersint, ut, si discipulorum profectum et audiant et diiudicent, examinati præceptorum sententia, si quidem probati fuerint, promoveantur maioribusque lectionibus mancipentur. Quas ubi ordine compleverint laureæ et magisterii gradibus, si quidem petierint, veluti laborum et exantlatæ militiæ testimoniis iuxta præscriptas leges exornentur.

Classes autem ordinatæ tres sunto, quarum prima primis tyrociniis, secunda laureæ et tertia magisterio inserviat.

Classibus singulis lectiones quatuor horis quatuor ac omnibus iisdem sequenti ordine pro temporis ratione et auditorum captu discernantur.

Classis prima. Paedagogii.

Septima	Nona	Prima	Quarta
Syntaxis cum schematibus et tropis ac solutæ orationis authore	Grammaticæ præcepta exacte omnia	Vergilius vel Ovidius	Grammatica græca cum authore

In hoc discipuli repetitione et redditione quotidie exerceantur cum lupo. Condendis autem epistolis et carminibus ad minus bis per septimanam.

Classis secunda.

Septima	Nona	Secunda	Quarta
Rhethorica ad Herennium	Cæsarii Dialectica aut similis	Orationes Ciceronis et Demosthenis aut Livius et Thucydides vicissim et ex Mathemata per mensem mutationem: 1. Arithmeticæ species. 2. Sphæra. 3. Cosmographiæ principia.	Author græcus

Tertia Classis.

Septima	Nona	Prima	Quinta æstate et duodecima hyeme in vespertino crepusculo
Organum Aristotelis	Physica	Mathemata	Ethica

Ab his certis horis per hebdomadam quod andivere exigatur; æquas deinde leges in declamando et disputando cum prioribus servanto.

Conclusio.

Porro in his omnibus præceptores omnes omnium discipulorum suorum nomenclaturam et catalogum habeant, quem semper aut ad minus frequenter legant et examinent. Absentes aut vapulabunt aut mulcta pecuniaria indicta emendentur nec ulli nisi certa et legitima causa parcatur.

Quos porro cessatores noverint nec dicta pœna emendare possint, Rectori et gymnasii proceribus denuncient. Denunciatos Rector et proceres aut carcere et pœna arbitraria aut a studiosorum nummero proscriptione pro delicti magnitudine puniant.

Loca sunto classis primæ in hypocausto collegii, secundæ in vaporiario Augustiniano, tertiæ in aulis collegii suis cuiusque propriis.

3. Studienordnung von 1551. (Ebendort fol. 124.*)

Zwischen dieser und der vorhergehenden Studienordnung ist im Archiv. Acad. 1, 121 ff. noch eine grössere Studienordnung ohne Über- und Unterschrift und ohne Datum abgeschrieben. Das Fehlen dieser Merkmale, sowie der Umstand, dass diese Ordnung in der von 1591 (s. u. S. 34) fast vollständig und zwar von wenigen Erweiterungen und Veränderungen rein stilistischer Art abgesehen, wörtlich wiederkehrt, haben mich veranlasst in ihr einen blossen unausgeführten Entwurf zu sehen und sie deshalb hier nicht zum Abdruck zu bringen. Eine grössere Abweichung dieser nicht aufgenommenen Ordnung von der von 1591 besteht darin, dass die erstere noch eine in drei Klassen geteilte Fakultät berücksichtigt. Die auf die erste Klasse sich beziehenden Abschnitte wurden in den Statuten von 1591 einfach weggelassen. Wenn man Justus nicht den Vorwurf machen will, diese undatierte Ordnung schlechtweg kopiert zu haben, so bleibt nur die Annahme übrig, dass dieselbe auch von ihm herrührt und zwar wäre sie dann in das Schuljahr 1587/8, in welchem Justus Dekan war, zu setzen und würde den Stand der Verhandlungen markieren, als die Universität noch hoffte das Pädagogium, d. h. die dreiklassige Artistenfakultät zu behalten (s. Fechter a. a. O. 1, 86).

Anno domini nostri Jesu Christi salvatoris unici millesimo quingentesimo quinquagesimo primo, die septembris prima habita est in senatu M. D. Rectoris Bonifacii Amerbachii deliberatio de lectionibus, certis temporibus absolvendis finiendisque in classibus facultatis Artisticæ. Ac auditis super hac re eorundem professoribus constitutum est tandem, ut absolvantur hiis spatiis.

Classis prima. — Grammatica latina Philippi Melanchthoni omni medio anno semel percurrenda est.

Cuius authores videlicet Ciceronis officia et Cæsaris commentaria, cum sint propter exempla quæ hinc petenda sunt tantum additi eademque subinde recurrant, tempus certum nullum habeaut. Nec vero nimium legatur, curandum est.

Grammatica græca Jacobi Cœporini eundem cum latina cursum teneat. Cui adiecti sunt Luciani selectiores dialogi ac Herodianus in quibus idem quod et in Latinis observandum est.

Poëtica lectio sic exponenda erit, ne multa carmina simul verum pauca eaque diligenter explicentur. Hoc modo iudicanda sunt genuina verborum significatio, item schemata rationes syllaborum carminum ac pedum cum constructione seu syntaxi, quæ cum subinde occurrant tempus definitum nequaquam observabunt.

Dialecticæ Joh. Willichii præcepta exemplis familiaribus ac plurimis declaranda sunt et si quæ clarioris doctrinæ ergo, quæ ab authore omissa viderentur, adiici possent, adolescentibus dictanda erunt inque anno absolvatur.

Quo vero pueri huius classis sua habeant exercitia, debent præceptores subinde alterius prælecta repetere et in omni septimana grammaticæ professor epistolam, pœtæ carminum rationem, dialecticæ autem disputatiunculam exigere.

Classis secunda. — Rhetorica Ciceronis quam partitiones oratorias inscripsit in anno absolvenda est allatis iis, quæ in authore ad Herennium habentur hic vero desiderantur.

Dialectica Perionii aut Cæsarii in anno finienda est expositis inceptis ita ut supra in Willichio dictum est.

Homerus sicut de pœtica lectione etiam ante dictum est enarrandus videtur.

Orationes hoc modo proponendæ sunt, ut usus præceptionum artis Rhetoricæ intelligatur. Ea præterea oratio quæ fuerit semper in manibus paulo ante ferias paschales nativitatis et caniculares finienda est etiam priusquam illæ incipiant. Si vero contingeret, ut prælegerentur dialogi Ciceronis de natura deorum, de fato . ., ad omnem mutationem unus liber exponatur.

Exercitia autem in hac classe, ut et priori, fiant alternis repetionibus; deinde die Jovis disputent ac declament prout etiam leges in facultatis libro statuunt.

Classis tertia. — Organi Aristotelis professor omittat disputationes philosophi, quibus refutat opiniones aliorum item quibus sua astruit ac comprobat præcepta. Verum præcepta illa pro oculis — sunt enim iam diu recepta — habeat. Dein nullus nullas ex interprætibus in hunc librum importet quæstiones quas non valde necessarias duxerit, tradat autem ea quæ ad artem ciusque utilissima præcepta pertinere videbuntur. Atque sic in tribus annis percurrat organum. Physici vel naturalium verum libri utiliores quique opus habent, cum aliaqui non intelligantur, explicatione prælegantur: ut sunt 4 priores de auscultatione de cœlo et mundo de generatione et corruptione de anima et meteoris servato eo quem et in organo delineavimus modo. Terminus vero sit idem qui et superioris est. Mathematum cursus, qui habet arithmeticam sphæram Euclidem compositionem cum usu astrolabii et theoricas planetarum, eodem temporo finiatur.

Ethica Aristotelis in quibus materia facilior et textus brevior est, omni sesquianno interpretari possunt.

Possunt vero et hi lectores interdum examinare suos auditores, quo videant, num intelligant explicationes, omnibus præterea Saturni diebus disputando declamandoque eos exerceant. In summa sit cunctis præceptoribus propositum studiosorum commodum, quantumque in ipsis est, eorum utilitatem promovere. Sic namque et bona conscientia deo patri rationem in die iudicii reddent et apud omnes bonos discipulos cum tempore gratiam reportabunt. Quare pro suo officio observabunt eos, quam diligenter accedant ac auscultent, quos libros habeant quid excipiant et similia quæ alligata sunt temporibus personis et locis nec de iis certæ constitutiones conficiendæ sunt.

Huldricus Coccius artium
tunc tempore decanus pro se
suisqne collegis subscripsit.

4) Studienordnung von 1591. (Ebendort fol. 127—130.)

Diese Ordnung kann entweder im Schuljahr 1587/8 oder 1591/2 abgefasst worden sein. Für diese Zeitbestimmung sind folgende Momente massgebend. Erstens ist Eingangs der Ordnung nur mehr von *zwei* Klassen die Rede. Dies war vor dem 23. Febr. 1588 nicht möglich (vgl. Fechter a. a. O. 1, 86), und zweitens sind das die beiden Jahrgänge, in welchen Justus, der als Dekan unterzeichnet, Vorstand der Artistenfakultät gewesen ist. Er war es erst wieder 1595/96. — Nun ist allerdings kein *äusserer* Grund vorhanden, der der Annahme einer späteren Abfassung der Ordnung im Wege stünde. Allein man wird doch behaupten dürfen, dass diese Ordnungen höchst wahrscheinlich unter dem unmittelbaren Eindruck der Ablösung des Pädagogiums d. h. der ehemaligen ersten Klasse der Artistenfakultät entstanden sind und die Frage kann bloss die sein: Sind sie vor dem Bezuge des neuen Gymnasiums oder nachher entstanden? Ich entschied mich für die letztere Möglichkeit und zwar in Erwägung des Umstandes, dass im allgemeinen die Gesetzgebung jener Zeit fast nie präventiver Natur ist, sondern die Regelung neuer Verhältnisse gewöhnlich erst dann erfolgt, wenn diese Verhältnisse bereits eingetreten sind.

1. De Partitione facultatis.

Facultas artium in duas classes distribuitor. Laureandorum una laureatorum altera esto. Et eos quidem qui ex ludo literario iam primum ad nos translati et in numerum studiosorum per rudimentorum (quam vocant) depositionem recepti eo usque progressi sunt, ut emendate loqui et scribere possint dialectices preterea et Rhetorices prima elementa non ignorent, laureandorum nomine intelligitor. Quod si qui vel in primis artibus laureolam adepti vel quidem non adepti sed studio et diligentia meriti sunt, eos laureatos accipito. Atque in his duobus ordinibus nisi liberalium artium magistris et qui altiorem gradum nacti sunt publice ac ordinarie docere profiterive nulli licitum esto.

2) De classe prima.

In prima hora septima matutina Rhetorica Ciceronis, nona Dialectica Cæsarii aut alterius, prima orationes Ciceronis seu Demosthenis et quarta Homerus aut alius author Græcus prælegitor.

Magistri huius ordinis in prælegendo et examinando vices mutanto omniaque ea quæ prælegerint cum suis auditoribus repetunto. Auditores ipsi ex ordine omnes diebus Jovis alternis disputanto et declamanto, illud quidem in æstate hora septima incipiendo hyeme octava, hoc vero nona matutina semper. Aestas post ferios paschales, hyems divi Michælis incipitor. Si secus faxint assium quinque mulctam numeranto aut virgis carcerove puniuutor.

His actibus præceptor eodem modo præsidento. Quod si gravi de causa impediuntur, nisi alios surrogarint, in eos pœna quinque assium statuitor.

Terminus disputationum horæ plus minus duæ, declamationum unica esto. Quod si tamen longius disputationem producere decanus vel præses volet, in amborum arbitrio positum esto.

Itaque in disputatione duæ tantum quæstiones a respondente proponuntur, contra quas plura quam tria adducere et absolvere argumenta prohibetor.

Declamationes et argumentationes suas ex memoria non scripto recitanto aut in eos tanquam, si non declamarint argumentatique sint, animadvertunto.

Qui lectionem aut exercitationem insalutato præceptore neglexerit, integrum qui serius in eam venerit, dimidiam trientem dato. Eadem pœna qui argumentati non fuerint afficiuntor. Qui styli exercitia intermiserit neque specimina suæ in hoc genere diligentiæ sta(tu)to tempore præceptoribus exhibuerit, assem solvito. Hoc qui recusarit, vel dupli pœna tenetor vel vinculis lorisve castigator. Proinde catalogi discipulorum penes præceptores sunto et negligentes observantor.

Interesse autem et hi sequentis ordinis exercitationibus coguntor. Velintve vero argumentari necne, omnibus liberum esto.

3. De secuuda classe.

Laureati iisdem horis matutinis quibus superioris classis studiosi organum et physica Aristotelis a suis præceptoribus audiunto. A prandio Mathemata quidem secunda. Aristotelis vero Ethica, ne iurisprudentiæ professio impediatur, quinta habento. Si harum lectionum aliquam sine bona magistri venia non accesserint, semissem, si tardius quadrantem solvunto. Professores singulis septimanis semel ea quæ prælegerint ab auditoribus exigunto. Porro laureati quoque alternis disputando et declamando sed sabbathi hora post prandium duodecima incipiendo exercentor. In cæteris æquum ius cum laureandis habento.

Quæstiones tamen in disputatione proponunto quatuor et suis peculiari lege constitutis mulctis obnoxii sunto.

Idem de professoribus intelligitor. Nam quibus rebus superioris ordinis magistri obligantur, iisdem et hi devincti sunto.

4. De moderatoribus classium.

Classis primæ quem quovis tempore domini de facultate prodiderint, secundæ decanus artium moderator primarius esto. Hic ut in sua classe prælectiones et exercitationes rite fiant, curato.

Collegas suos vocandi, cum iisdem de prælectionibus et aliis ad classem pertinentibus cognoscendi deliberandi atque statuendi potestatem habeto.

Collegæ inscio primario nihil innovanto, a lectionibus neminem arcento, aditum ad easdem absque primarii et facultatis artium consensu nulli danto. Emendandis excessibus et defectibus primarium pro virili iuvanto. In exercitationibus et professionibus obeundis quisque suum primarium observato, in alium ne respicito.

Quod si primarius (quod absit) in sui muneris procuratione cessatorem ageret, quisque tamen suarum rerum satagito et bonam fidem Academiæ præstato. Ni faxit culpa ne vacato.

5. De professoribus classium.

Professores artium lectiones et examina sua, si duo saltem habuerint auditores, per horæ spatium continuanto, nunquam in septimana nisi Jovis et Saturni diebus feriantor.

Ad cathedram autem in tempore non imparati accedunto. Si in auditoria sua venerint et neminem ibi repererint, ante quartam horæ partem ne abeunto.

Lectiones suas ipsi profitentur non alios in suum locum sæpius diutiusve substituunto aut negligentiæ pœnas danto. Qui peregre abiturus est cum decani consilio suam lectionem interim iuvandam cuipiam alii magistro committito, ni faxit in consilii arbitrio esto.

In disputationibus præsidem ne interpellanto et, nisi vel a decano vel præside rogati fuerint, certaminibus se non interponunto. Qui præses fuerit is obiecta argumenta diluito, decanus arbiter et sequester esto.

Alter alterum in sua doctrina apud discipulos ne repræhendito.

Si errore imbuere aliquis professorum suos videatur, privatim admonetor vel decano indicator qui ad consilium referto. Si secus faxint, pœnam a consilio facultatis expectanto.

Idem de iis qui alienos discipulos quocunque modo irritaverint et præceptoribus suis detraxerint, iudicium esto.

Professores classium circa festum Heinrici imperatoris cum superioribus facultatibus caniculares ferios incipiunto et quatuor septimanas a lectionibus vacanto. Exercitationibus tamen classium suo ordine præsunto neve in eo genere aliquid prætermittatur, operam danto. De iunioribus quoque magistris seu laureatis idoneis qui primæ classis studiosis in hisce feriis aliquod prælegant, prospiciunto. Feriae natalitiæ pridie natalem domini incipiuntor postridie epiphaniæ terminantor, paschales a Mercurii ante usque ad dominicam quasimodo post pascha duranto. Pentecostes Bachanalium et nundinarum Basiliensium tempore quaterni dies otio studiosorum et professorum consecrati sunto. Disputationes tamen et declamationes neque tunc suspenduntor.

Professorum quilibet si contemptus vel aliqua ignominia fuerit a studiosorum quopiam affectus, eum in graduum petitione — nisi sit gratiæ facta reconciliatio — impediendi et remorandi ius habeto.

6. De exactoribus classium.

Utraque classis suum exactorem habeto quem præceptores eo sabbathi die, quo defectus classium inquiruntur, legunto et in consilio sistanto.

Lectus condiscipulos suos in lectionibus et exercitationibus actibus item publicis observato. Quem emanentem aut tardius venientem deprehenderit, notato, ad examen negligentiarum vocato et quo tempore illud instituetur nomina negligentium in schæda præceptoribus offerto. Qui mala fide numero suo defunctus esse deprehensus fuerit, prima vice asses quatuor numerato, si sæpius deliquerit vinculis castigator.

7. De examinibus et promotionibus classium.

In primam classem nisi qui rudimenta more scholæ nostræ posuerit et Rectori nomen dederit, nemo recipitor.

Examina igitur singulis annis terna habentor unum calendis aprilibus, octobris alterum utrumque laureandorum promotionibus deserviens; tertium pro laureatis et magisterii insignia ambientibus iuliis fiat calendis. Examinibus iis quibus de prima et secunda classibus periculum fieri solet publice professores omnium classium intersunto, quæ vero ad lauream et magisterium spectant, decanus iuxta leges moderator.

Studiosis, priusquam ex una classe in alteram transferautur, sesquianni spatium prætinitum esto. Quod si tamen tantos progressus fecisse studiosi videantur maturius, etiam iudicio præceptorum promoventor.

8. De studiosis classium.

Studiosorum et laureatorum nullus sine privato præceptore esto. Præceptores magistri licentiati doctores sunto. Si quis inventus fuerit præceptorem non habens, lectionibus et privilegiis, dum habeat, interdicitor. Idem de eo, qui Rectori nomen non dederit suum, iudicator.

Professoris igitur auditorum suorum observantes sunto.

Discipuli præceptores suos reverentor aut graves pœnas coram decano accusati luunto. Studiosorum vestitus et incessus honestus esto, semiindutas togas caligas dissectas galeros militares seu perigrinatorios gladios oblongos ne gestanto. Qui faxit admonetor. Si non emendarit, ad nullum honoris gradum admittitor aut, si honore non ambit, a schola excluditor.

Per plateas noctu sine lumine aut cum lumine ludendi gratia ingredi inebriari deierare fornicari et in præceptores iniurium esse carceris pœna omnibus prohibitum esto. Quod si qui ex alumnis magistratus aut cæteris stipendiariis neque carceris pœna coërceri se passi fuerint vel sæpius admoniti in studiis negligentes esse perrexerint, beneficiis quibus fruuntur privantor.

Nullus aut re aut verbo alteri iniuriam facito. Sin minus pro personæ circumstantiis aut in facultatis aut Rectoris et consistorii potestate esto.

Lectiones nullas nisi quas præceptores præscripserint audiunto itaque ex una classe in alteram ne facultatis iniussu intranto.

Munus disputandi et declamandi ne recusanto. Ad disputationes et declamationes suas quisque decanum et suum privatum præceptorem rogato, ni faxit asse mulctator. Propositionum quas disputaturi sunt exemplar ad decanum ferunto aut pœna tenentor eadem.

In disputationibus laureatorum laureati, laureandorum laureandi primum argumentantor. Si tempus ferat, aliis quoque locus dator. In argumentando autem modesti sunto, ne se præsidi multo minus decano contumacius opponunto. Si faxint, pro contumacie gravitate pœnas expendunto.

Qui gradum sive laureæ sive magisterii ambiunt, annum cum dimidio quisque in sua classe complento. Qui non ambiunt non tamen ante præfinitum tempus ex una classe in aliam promoventor. Ille autem, qui eius classis, in quam a præceptoribus suis translatus est, lectiones diligenter frequentat totiesque in ea disputat atque declamat quoties illum ordo poscit et alterius etiam classis publicos actus non negligit, complens intelligitor.

Examina semestria quæ publice habentur temere negligentes octo in classe prima in secunda vero 12 assium mulctam expendunto. Quem præceptores inter examinandum deprehenderint ex scripto et non memoriter respondere ad interrogata, assem numerato. Actum publicum qui temere neglexerit semisse mulctator.

Qui in collegiis habitant secundum statuta suorum collegiorum studia vitamque instituunto, cæteri in adeundis et audiendis sacris concionibus iisdem legibus subiecti sunto.

Laureati in canicularibus feriis prælegere iussi obtemperanto aut a gradu repelluntor. Affixa publicitus scripta absque eius qui affixit consensu studiosus ante tempus refigere assium duum mulcta vetitum esto. Eadem pœna qui a ministro publico vel exactore classis ad sabbathinum conventum vocati non comparuerint, nisi veniam prius ab aliquo ex præceptoribus impetraverint, afficiuntor. Qui sæpius emanserint pro contumaciæ gravitate puniuntor.   ,

Heinricus Justus ordin. philosoph.
pro tempore decanus iussu collegii subscripsit.

		1544
	Namen der Rektoren:	*Orwald Bär*
	Namen der Dekane:	*Johann Huber*
III. **Klasse**	Physica Aristotelis	D. Johannes Huber 80 fl. 1)
	Mathemata	M. Vitus Ardysæus 52 fl.
	Ethica Aristotelis	M. Ulricus Hugwaldus 56 fl.
	Organon Aristotelis	M. Sebastianus Lepusculus 40 fl.
II. **Klasse**	Orationes Ciceronis aut Demosthenis	M. Johannes Hospinianus 2) — hora 2 60 fl.
	Rhetorica (ad Herennium)	hora 7
	Homerum	M. Marcus Hopperus 52 fl.
	Cæsarium (Logik)	M. Conradus Wolfhart 8) (Lycosthenes) 52 fl.
I. **Klasse** **(Pädagogium)**	Vergilium (Poetik)	M. Hugwaldus 4)
	Grammatica græca Cœporini (mit einem Author)	M. Severinus Erzbergus 5) — 52 fl.
	Grammatica latina (mit einem Author)	M. Heinr. Pantaleon 40 fl. 6)
	Justinum vel alium authorem cum præceptis Grammaticæ	M. Lycosthenes

Anmerkungen:

1) Successerat D. Hieronymo Gemusæo, qui mortuus est 1543.
2) Successerat D. Martino Borrhao.
3) Hic post medium annum factus est diaconus ad sanctum Leonhardum et data est lectio Justini M. Pantaleoni una cum eius stipendio (52 fl.) ita, ut pro una hora legat grammaticam cum Justino et altera hora Willichii dialecticam. M. Marco data est lectio Cæsarii.
4) *Hugwald liest* Vergilium cum grammatica.
5) *Erzberger liest über* Luciani dialogi.
6) *Pantaleon liest Grammatik und* syntaxin et prosodiam.
7) Hoc anno Augustani profectus atque in professione successit M. Hospinianus.
8) Huic in professione atque stipendio successit hoc anno Cellus Secundus Curio.
9) Huic successit in lectione et stipendio M. Ulricus Coccius, qui diaconus ad S. Albanum.

1545	1546	1547	1548	1549	1550	1551
Sphyractes	*Mart. Borrhaus*	*Sebast. Münster*	*Ulrich Iselin*	*W. Wissenburg*	*Oswald Bär*	*Bonif.Amerba*
Vit. Ardysæus	*Joh. Hospinian*	*Heinr. Pantaleon*	*Marcus Hopper*	*Seu. Ersberger*	*Seb. Lepusculus*	*Ulrich Cocci*
Ders.	Ders.	Ders.	Ders.	Ders. 12)	Marcius Hopper 60 fl.	Ders.
Ders.	Ders.	Ders. 10)	Frysius 50 fl.	Ders.	Ders.	Ders.
Ders.	Ders.	Ders.	Ders.	Ders.	Ders.	Ders.
Ders.	Ders. 7)	M. Hospinianus 60 fl.	Ders.	Ders.	Ders.	Ders.
Ders.	Ders. 8)	M. S. Curio	Ders.	Orat. Cic. Curio 60 fl.	Ders.	Ders.
				Rhetor. Pantaleon 12 fl.	Ders.	Ders. 1
Hopper 52 fl.	Ders.	Ders.	Ders.	Ders. 13)	S. Lepusculus 30 fl.	Ders.
					M. Frisius 18 fl.	Ders.
Ders.	Ders.	Ders.	Ders.	Ders.	Ders. 14)	Nysæus 20 fl
Ders.	Ders. 9)	M. Ulricus Cocelus	M. Grynæus 52 fl.	Ders.	Ders.	Ders.
Gr.l.et Just. Dial. VIII. (Pantaleon 52 fl.)	Ders.	Ders. 11)	Dial. Willichii — Ulr. Cocelus 52 fl.	Ders.	Ders.	Ders.
	Ders.					

10) Hoc anno successit M. Johannes Phrysius et ordinati 50 fl.

11) Huic successit in lectione et stipendio M. Thomas Grynæus. Sed quia ipso aptior ad græcam linguam et. M. Ulricus ad Dialecticam, priori utraque grammatica cum authoribus et M. Ulrico Dialectica data.

12) Hoc anno successit in professione Physices M. Marcus et assignati sunt 60 fl.

13) Hoc anno successit M. Lepusculus in Homero et accepit 30 fl. et M. Frysius in Cæsario et accepit 12 fl. Sic remanserunt pro ligatura librorum universitatis 10 fl.

14) In huius locum ordinatus M. Nysæus.

15) Hoc anno Vergilius est ei remissus et in eius locum M. Johannes Nysæus ordinatus habuit 20 fl.

16) Hoc anno successit M. Sebastianus Castallio et ordinati 60 fl.

17

18

19

1552	1553	1554	1555	1556	1557
Simon Sulzer	*Mart. Borrhaus*	*Ulrick Iselin*	*Johann Huber*	*Bonif. Amerbach*	
C. S. Curio	*C. S. Curio*	*Ulr. Hugwald*	*Joh. Hospinian*	*Heinr. Pantaleon*	
Ders.	Ders.	Ders.	Ders.	Ders.	—
Ders.	Ders.	Ders.	Ders.	Ders.	Ders.
Ders.	Ders.	Ders.	Ders.	Ders.	Ders.
Ders.	Ders.	Ders.	Ders.	Ders.	Ders.
Ders.	Ders.	Ders.	Ders.	Ders.	Ders.
Nysæus	Ders.	Ders.	Ders.	Ders.	
Ders. 16)	8. Castallo 60 fl.	Ders.	Ders.	Ders.	
Ders.	Ders. 18)	Ph. Bechlus 62 fl.	Ders.	Ders.	
Ders.	Ders.	Ders.	Ders.	Ders. 21)	Nysæo Fleglinus, Grynæo vero Solidus successit.
Ders. 17)	Ders. 19)	Th. Grynæus 22 fl.	Ders.	Ders. 22)	
		Ph. Bechlus	Ders.	Ders.	
Ders.	Ders.	M. Eblinger	Ders. 20)	Pantaleon	

Als *Autoren werden für dieses Jahr angegeben Herodian und Cicero de officiis.*

Hic desiit et successit Ph. Bechius.

Huic successit D. L. Philippus Bechius in lectione latinæ grammaticæ et authoris, cui ob hanc lectionem et Cæsarium assignatum est stipendium Grynæi 52 fl. Sed Grynæo relicta est lectio græca et dati 12 fl., quos Frisius ex Cæsario habuit. Item 10 fl. qui ligaturæ librorum erant destineti, ut haberet 22 fl.

20) Huic in stipendio et lectione successit D. Heinricus Pantaleon.

21) Huic successit M. Johannes Fleglinus absque certo stipendio. Nam M. Nysæo ob professionem Rhetorices sunt relicti 52 fl., ita tamen, ut ipse cum M. Fleglino de honesto pretio conveniat.

22) Hoc anno resignavit.

X.

Verzeichnis derjenigen an der Artistenfakultät beschäftigten Professoren, deren im Text gar nicht oder nur beiläufig Erwähnung geschieht.

———

Die beigegebenen biographischen Notizen sind im wesentlichen als Zusätze und Berichtigungen zu den in den Athenæ Rauricæ enthaltenen Lebensbeschreibungen anzusehen. Mich auch mit den andern Biographen auseinanderzusetzen hielt ich hier ebenso wie in den früheren Kapiteln für unnötig. Doch glaubte ich sie anführen zu sollen, da vereinzelte in den Ath. Raur. übergangene Details erwähnt werden und Nachträge zu den Litteratur-Angaben der Ath. Raur. nicht eben selten sind.

1. **Birk Xistus.** Ausführlich handelt über ihn Scherer in der Allg. deutsch. Biogr. 2, 657. Vgl. auch Gödeke 2², 345. Ath. Raur. 310 f. — Birk erhielt in Basel am 10. Febr. 1536 (Matr. fac. art. p. 87) als der erste nach der Reformation den Magistertitel. Seit 1530 war er Vorstand der Schule in Klein-Basel. 1537 wurde er Professor für Oratorik, geht jedoch 1538 nach Augsburg, wo dann erst seine erfolgreiche Tätigkeit als Schulmeister beginnt. Er hat besonders eifrig das Schuldrama gepflegt und selbst einige biblische Dramen verfasst. Über seinen »Joseph« handelt eingehend v. Weilen der ägyptische Joseph im Drama des 16. Jh. S. 39 ff.

2. **Lycosthenes (Wolfhardt) Konrad.** Vgl. Allg. deutsche Biogr. 19, 727 mit Berücksichtigung der einschlägigen Litteratur. W. geb. um 1518 in Ruffach, Sohn des dortigen Schultheissen und durch seine Mutter ein Neffe Konrad Pellikans, studierte in Heidelberg Theologie, Philosophie und Geschichte, promoviert 1539 zum Magister, kommt im selben Jahre noch nach Basel, wird 1542 immatrikuliert, 1543 Professor an der Artistenfakultät (Lib. decr. fac. art. p. 92) und Lehrer am Pädagogium. 1544 wird er zum Helfer bei St. Leonhard gewählt und

stirbt als solcher 1561 März 25. Seine Geschichte der Stadt Ruffach (Mns.) hat Münster benützt.

3. Mutius Hugwald, (Hugobald), — das ist sein rechter Name — war geboren 1496 in Wyl im Kant. Thurgau (Matr. theol. fol. 43. Mutius Wilensis, darnach zu verbessern Ath. Raur. p. 265 — v. Wegele, Gesch. der deutsch. Historiographie 258, Anm. 1) schloss sich mit Unterbrechung seiner Studien den Wiedertäufern an, wollte als Drechsler und Landmann sein Fortkommen finden, machte sich aber doch von diesen Torheiten, die übrigens im Thurgau nie stark wucherten (vgl. Nitsche, Wiedertäufer in d. Schweiz, S. 84) bald los und setzte seine Studien wieder eifrig fort, trieb Philosophie und Medizin und wurde 1535 Schulmeister auf Burg (Fechter, Gesch. d. Schulwesens 1, 45). 1539 gab er eine lateinisch geschriebene Geschichte des deutschen Volkes heraus, welche, wie er selbst in der Vorrede anführt, eine Kompilation aus den besten Geschichtschreibern, die über Deutschland geschrieben haben, sein sollte. Tatsächlich entbehrt das Buch auch jedes selbständigen Wertes. Es beginnt mit der Erzählung von der Abstammung der Deutschen von Tuisco dem Sohne Noahs und reicht bis 1539. Den chronologischen Faden für die schmucklose und trockene Darstellung giebt die Kaiser- und Königsreihe. Von 1300 an wird die Schweizerische Geschichte nicht eben sehr geschickt mit der allgemeinen Reichsgeschichte verknüpft. Das Buch wurde ziemlich rasch nach einander dreimal aufgelegt, scheint also trotz aller Gebrechen einem lebhaften Bedürfnis entsprochen zu haben. (Gegen Wegele a. a. O.) Anerkennen muss man die Bescheidenheit der Verfassers und die Absicht, die er mit seinem Buche verfolgte. Mutius ist durchdrungen von der Grösse der Aufgabe, die er sich stellte, zu deren Lösung er sich aber nicht berufen fühlt. Er will diese Lösung bloss anbahnen. 1541 Januar 4 wurde er Magister, am 27. April in die Fakultät, am 1. Mai in das Konsilium der Artisten aufgenommen, 1542 Juni 1 lässt er sich an der theologischen Fakultät einschreiben, später studiert er auch Medizin und promoviert 1561 Juli 24 zum D. Med. (Hist. colleg. medicor. p. 11). 1541 wurde er als Professor für Logik in der II. Kl. angestellt, gab aber noch im gleichen Jahre diese Professur ab und übernahm die für Ethik in der III. Kl., 1544 die für Poëtik am neuen Pädagogium, überlässt diese Professur 1551 Nysæus (Beil. IX. Und unten Nr. 23) und behielt bloss Ethik. Er starb 1571 Jan. 24. — Ath. Raur. p. 265 (mit den biographischen Angaben und Verzeichnis der Schriften) p. 332 und 425. — Jöcher 2, 1764. — Iselin 2, 860 ■ Leu 13, 500 und Splt. 4, 403. — Allg. deutsche Biogr. 23, 113.

4. Gemusæus Hieronymus, geb. 1505 in Mülhausen studiert in Basel unter Glarean Philosophie und Mathematik, dann in Italien Medizin, promoviert 1533 zum Dr. Med. in Turin. Nach seiner Rückkehr wird er 1534 zum Professor für Physik gewählt und stirbt vorzeitig am 23. Febr. 1543. Im Lektionsverzeichnis von 1540 (Archiv. Acad. 1, 109) wird er als Professor für Organon angeführt. Wenn diese Angabe überhaupt

richtig ist, so hat er diese Lehrkanzel nur aushilfsweise und auf kurze Zeit inne gehabt. Denn 1542 ist er laut Ausweis im Deputatenrechnungsbuch wieder Professor der Physik. (Vgl. auch Beil. IX, Anm. 1. Darnach zu berichtigen Ath. Raur. p. 391 — Miescher, die medizin. Fakult. zu Basel S. 15). Er galt auch als ein geschickter Arzt ohne jedoch eine Aufnahme ins Konsilium der medizinischen Fakultät anzustreben. (Histor. colleg. medicor. p. 7). Seine Schriften bestehen aus Übersetzungen und Kommentaren zu Ptolemæus, Strabo, Galen und Aristoteles. Er war vermählt mit der Tochter des Buchdruckers A. Kratander und die beiden Söhne aus dieser Ehe wurden selbst wieder tüchtige Buchdrucker. Vgl. Ath. Raur. p. 390 und 404 — Miescher S. 15. — Iselin 2, 464 = Leu 9, 279. — Jöcher 2, 915.

5. **Ardisæus Vitus** aus Graubünden, kommt 1536 nach Basel, wird 1537 in die Artistenfakultät aufgenommen (Matr. fac. art. p. 87). Vielleicht bezeichnet dieses Datum auch den Anfang seiner Lehrtätigkeit, der nicht bestimmter überliefert wird, 1542 war er jedenfalls schon im Amt (Deputatenrechnungsbuch). Er trug in der III. Klasse Mathematik vor, bis 1547. 1542 und 1545 war er Dekan der Aristenfakultät (Lib. decr. fac. art. p. 91 und Matr. fac. art. p. 89). Mehr konnte ich über diese Persönlichkeit nicht ermitteln. Vgl. Ath. Raur. p. 412, Nr. VI. — Leu 1, 331. — Allg. deutsche Biogr. 8, 558. Den zwischen Ardysæus und Wissenburg in den Ath. Raur. p. 411 angeführten Morfianus übergehe ich als nicht näher beglaubigt.

6. **Acronius Johann** aus Friesland (daher Frisius genannt), 1542 immatrikuliert, 1545 Okt. 21 Baccalaureus, 1547 Juli 6 Magister, tritt noch im Herbst desselben Jahres als Professor für Mathematik an Ardysæus Stelle (s. Beil. IX, Anm. 10), versieht von 1549 bis 1553 auch die Professur für Logik. 1547 Dzbr. lässt er sich in der theologischen Fakultät einschreiben (Matr. fac. theol. fol. 43) studiert endlich noch Medizin und promoviert 1564 Mai 2 zum Dr. Med. Er starb an der Pest am 18. Okt. 1564. Seine Kenntnis des Holländischen kam der Akademie sehr zu Statten in dem Prozess gegen David Joris (1559). In Buxtorfs Basler Stadt- und Landgeschichten ist ein Brief des Pfarrers Duncan aus Delft an Acronius über die Juristen abgedruckt. Vgl. Ath. Raur. p. 334 (mit den biographischen Angaben und Verzeichnis der Schriften) und p. 412. — Iselin, Forts. 1, 31. — Leu 1, 24 f. — Miescher a. a. O., S. 28. — Jöcher 1, 71 und Forts. 1, 176.

7. **Coccius Ulrich**, (Koch-Essig) war geboren 1525 in Freiburg i./B., studierte in Basel (1542 immatrikuliert, 1544 März 20 Baccalaureus, 1546 Febr. 24 Magister) und wird 1547 Jan. 15 als Professor für Griechisch im Pädagogium in den Fakultätsrat der Artisten aufgenommen (Lib. decr. fac. art. p. 96 und Beil. IX). Zugleich war er auch Präfekt des Pädagogiums, bis er 1555 Juni 1 auf seine Bitte dieser Stelle enthoben wurde (Lib. decr. fac. art. p. 107). Sie wurde dem Thomas Grynæus (s. Nr. 19) gegeben. Von 1548 bis 1553 war Coccius Professor für Dialektik. (Vgl. Beil. IX zu 1553 wonach zu verbessern

Ath. Raur. p. 74). 1547 hatte er auch Theologie zu studieren begonnen, wurde 1564 Dzbr. 12 zum Professor für N. T. gewählt, nahm jedoch erst 1569 Febr. 2, nachdem er schon eine 24jhrg. Dienstzeit als Pfarrer in Stadt (St. Martin und St. Peter) und Land hinter sich hatte, postulantibus reipublicæ civilis et literariæ principibus (Matr. fac. theol. fol. 44ᵛ) den Doktorgrad an. Er war vermählt mit Margaretha Merian und durch diese Ehe Schwager des Simon Sulzer, dem er bei seinen lutheranisierenden Versuchen zur Seite stand. Doch merkt man, dass es ihm da nicht recht Ernst war, sondern er steht ziemlich haltlos zwischen den beiden sich befehdenden Parteien (Hagenbach, Gesch. d. Basler Konfession S. 99 und theolog. Schule Basels S. 19). Erwähnt mag werden, dass er in Lörrach 1556 die erste evangelische Predigt gehalten hat. (Vierordt, Gesch. d. evangel. Kirche in Baden 1, 424). Coccius starb am 10. Febr. 1585 an der Wassersucht. Schriftstellerisch ist er nicht tätig gewesen. Die Ath. Raur. führen lediglich eine Ausgabe der Reden Gregor d. Gr. an, die er mit Index und Vorrede versah. Ath. Raur. p. 74 (mit den biographischen Angaben) p. 271, 280 (wo es 1547 statt 1546 zu heissen hat) und 335 wo er in der Reihe der Professoren für Logik erscheint von 1560—1562. Einen Beleg für diese Einreihung habe ich in den Universitätsakten nicht gefunden. Iselin 1, 974. — Leu 11, 152. — Jöcher, Forts. 1, 387. Er hinterliess zwei Söhne Samuel und Thomas.

8. Coccius Samuel, (geb. 1548 Dzbr., gest. 1626 Aug. 5), studierte in Basel Philosophie uud Theologie, wurde 1567 Professor für lateinische Sprache, 1573 für Dialektik am Pädagogium. Seit 1589 beschränkte er sich auf seine pfarramtliche Tätigkeit, die er schon seit seinem 18. Lebensjahre ausserhalb und innerhalb Basels Mauern (St. Peter, St. Elisabeth und St. Martin) ausgeübt hatte. Ath. Raur. p. 265 (mit den biographischen Notizen) und p. 272. — Iselin 1, 974. — Leu 11, 152.

8a. Coccius Thomas, geboren 21. Dzbr. 1556, studiert in Basel Philosophie und Medizin und promoviert 1582 Jan. 25 zum Dr. Med. Er erhielt 1584 Febr. 5 die Professur für Poetik am Pädagogium und wird zugleich Propst im untern Kolleg. 1584 Juni 29 wird er in die medizinische Fakultät aufgenommen, 1591 Aug. 14 in das Consilium derselben (Histor. coll. medicor. p. 46 und 62) 1587 April 6 wird er Professor der Dialektik in der II. Klasse (Erkanntnisbuch V, fol. 14ᵛ) und am 24. Juni in die Regenz aufgenommen (Lib. concl. fol. 72ᵛ), 1589 endlich Professor für Ethik. Er starb 1610 März 23 an einer Lungenentzündung (Histor. coll. medicor p. 93). Seine zweite Frau Elisabeth Socin wurde mit vier von sieben Söhnen im gleichen Jahre von der Pest weggerafft. Vgl. Ath. Raur. p. 269 (mit biographischen Angaben) p. 336 und 431. — Iselin 1, 974. — Leu 11, 153.

9. Prall Vincenz, (geb. 1537, gest. 1594 Apr. 28), stammte aus Hamburg, studierte in Basel, wird 1561 April Baccalaureus, bricht dann aber seine Studien ab und verdingt sich durch dreizehn Jahre bei Buch-

druckern, die freie Zeit zur Fortsetzung philosophischer und theologischer
Studien benutzend. Er wurde 1574 Diakon bei St. Peter, 1577 Jan. 27
promoviert er zum Magister (Matr. fac. art. p. 102), wird 1591 Juni als
Professor für Oratorik angestellt (Lib. decr. fac. art. p. 133), 1592 Aug. 11
in die Regenz aufgenommen (Lib. concl. p. 80). Seit 1578 Febr. 5 war
er ein gefügiger Nachfolger Thomas Platers als Rektor der Schule auf
Burg. (Lib. concl. fol. 58). — Vgl. Ath. Raur. p. 317. — Iselin 3, 108. —
Leu 14, 637 und Splt. 4, 566. — Jöcher 3, 1752. — Fechter, Gesch.
d. Schulwesens in Basel 1, 80.

10. Brandmüller Johann ist geboren 1533 April 4 in Biberach,
studierte in Tübingen (1549) (doch finde ich ihn in der Matrikel nicht
verzeichnet) und Basel (1553), wird Pfarrer in Therwyl und Allschwyl,
endlich bei St. Theodor. Als solchem wird ihm am 16. Febr. 1562 der
Gehalt um 8 ℔ Gelts und 4 ℔ Wein aufgebessert (schwarzes Buch f. 191.)
1555 wird er Aufseher im untern Kolleg, 1556 liest er vikariatsweise
über Rhetorik. 1581 Febr. 24 wird ihm die Professur für Hebräisch
übertragen (Lib. concl. fol. 64). Nach dem Abgange des J. J. Grynäus
nach Heidelberg liest er im Auftrage der Regenz gemeinsam mit dem
Mgr. Beat. Häl ersatzweise für jenen (Lib. concl. fol. 70ᵛ). 1585 Mai 2
wird ihm die censura Alumnorum anvertraut und 1586 Septbr. 22 wird
er endlich Professor für Altes Testament. In dieser Stellung verblieb
er bis zu seinem am 7. März 1596 erfolgenden Tode. Einmal hat er
eine gewisse Rolle gespielt in dem Ubiquitätsstreit, den Sulzer herauf-
beschwor und in dem er gegen ihn Partei nahm. Er weigert sich auch
die Wittenberger Konkordie 1571 zu unterzeichnen und man lässt ihn
gewähren. Er darf predigen, wie er will. Sonderbarerweise versah er
auch die Pfarrei in dem benachbarten Grenzach. [Vgl. Vierordt,
Gesch. d. evangel. Kirche in Baden 2, 16; Hagenbach, Theol. Schule
S. 19.] In dieser pastoralen Tätigkeit ging sein Leben auf. Er war
eine leidenschaftliche und rohe Natur. Sein Schwiegervater Ulrich Iselin
kam klageweise beim Rate wegen schlechter Behandlung ein und selbst
zu Tätlichkeiten gegen seine Frau und seine Kinder liess er sich hin-
reissen. Er musste sich eine amtliche Untersuchung gefallen lassen,
bei der auch gegen seine Tätigkeit als Prediger Stimmen laut wurden:
Er bringe aus Trieb seiner Affekten Dinge auf die Kanzel, die nicht
hingehören. Er habe einmal gesagt: die Liebe sei in den Predigern
erkaltet und es sei in ihnen allen der Teufel. (Kirchen-Archiv C III, VI).
— Ath. Raur. 35 (mit biographischen Angaben) und 443. Ruppeii des-
criptio vitæ ctr. J. Br. in Hexametern. Basel 1601. — Iselin 1, 596.
— Leu 4, 266 und Splt. 1, 342. — Jöcher 1, 1335.

Sein Sohn Jakob geb. 1565, gest. 1629, war von 1587 April 6
(Lib. concl. fol. 72, bestätigt vom Rat am 10. April, Erkanntnisbuch
V, 14ᵛ) bis 1589 Professor für Poetik am Pädagogium. Vgl. Ath. Raur.
p. 270. — Iselin, 1, 596. — Leu 4, 266. — Jöcher 1, 1834.

11. Afinius Johannes. Das Vorkommen einer solchen Person
unter dem Lehrkörper der Artistenfakultät wird von den Ath. Raur.

p. 283 ganz unnötigerweise in Abrede gestellt. Afinius, der wie Wurstisen angiebt aus Uri stammte, inskribierte sich 1538 an der Basler Hochschule, wurde 1540 Juni 1 in die Artistenfakultät (Matr. fac. art. p. 87) und am 12. Juni als Dekan derselben in die Regenz aufgenommen (Lib. concl. fol. 34). Im August desselben Jahres wird er zum Corregens des Augustinerkollegs erwählt (ebend. fol. 34ʳ). Nachdem dergestalt die Zugehörigkeit dieses Afinius zur Artistenfakultät überhaupt nachgewiesen ist, wird man auch unbedenklich die Angabe Wurstisens annehmen dürfen, dass Afinius vom 5. April 1540 bis zu seinem Ende 1541 erfolgenden Tode Professor für Rhetorik gewesen sei. Dazu stimmt genau das oben S. 108, Anm. 3 richtig gestellte Datum der Übernahme dieser Professur durch Borrhaus. — Vor Afinius soll nach Wurstisen ein gewisser Hermogenes die Professur für Rhetorik inne gehabt haben. Wurstisen ist ein zu gewissenhafter Autor, als dass man seine Angaben schlechtweg von der Hand weisen dürfte und so bin ich geneigt anzunehmen, dass eine solche Person allerdings existiert habe, wenn ich mich auch diesmal mit den Ath. Raur. insoferne im Einklang befinde, als ich dieselbe aus Universitätsakten nicht weiter nachzuweisen vermag. Über Wurstisens Angabe, derzufolge die Ath. Raur. den Mediziner Alban zum Tor zum ersten Professor für Rhetorik und Oratorik machen, siehe oben S. 218, Anm. 3.

12. Artolphus Hieronymus stammte aus Chur in Graubünden. Das Geburtsdatum ist nicht bekannt. 1509 wird er an der Basler Hochschule inskribiert, 1511 wird er Baccalaureus, gleichzeitig mit Bonifacius Amerbach, 1513 Magister. 1519 war er Leiter einer Burse von zwanzig Zöglingen. (Fechter, in den Beitr. z. vaterl. Gesch. 2, 192. Der Titel Doktor von sieben Disciplinen, den er ihm hier giebt, ist unverständlich.) Studiert später Medizin. Als candidatus mediciniæ wird er 1538 zum Rektor gewählt. 1540 war er Professor für Logik, starb jedoch schon im nächsten Jahre an der Pest. — Ath. Raur. p. 173, Nr. 7 und 332 Nr. 2. — Leu 1, 358.

13. Oporin Johann, geb. 1507 Jan. 25 zu Basel, gest. ebenda 1568 Juli 6. Hier soll nur insoweit von ihm gesprochen werden, als er zur Hochschule in direkten Beziehungen stand. 1533 wird er immatrikuliert und zwar als Professor der lateinischen Sprache am Pädagogium. (Vgl. Boos, Thomas und Felix Plater S. 83). 1538 und nicht 1536, wie alle Biographen haben, wurde Oporin zum Professor für griechische Sprache und zugleich zum Propst des Augustinerkollegs ernannt laut Urkunde vom 8. Mai 1538. (Orig. im U.-A.) Die bestimmenden Sätze lauten: § Wir nachgenanten § Theodor Brand oberster Zunfftmeister, Fridlin Ryff des Raths und Heinrich Ryhiner Stattschryber ... thund kund ..., das wir mit guter vorbetrachtung zu äuffnung der universitet und der studiosen wollfart den wolgelerten. . Ioannem Oporinum zu einem ordentlichen Leser angenommen haben also, das er täglich, wann nit ferie gehalten, ein stund offentlich im collegio an gewondlichen orth in einem griechischen autore, wie der jeder zit von

der Regenz deu auditoribus ... fruchtbar geachtet wirdet, lesen darzu
die bursam sancti Augustiniani, so man bisshar das Augustiner closter
genempt hat, inhaben (sol)." Beide Stellen legte er 1539 nieder. Doch
scheint er hiezu nicht — wie gewöhnlich angenommen wird — durch
ein Zerwürfnis mit der Universität, über dessen Ursache auch keinerlei
Nachrichten vorliegen, veranlasst worden zu sein, sondern durch Ge-
schäftsrücksichten. Er hat damals schon seine Druckerei eröffnet. An
der Universität vermisste man ihn aber offenbar schmerzlich und war
froh, als er neuerdings nicht bloss die Professur für Griechisch, sondern
auch die für Rhetorik und Oratorik übernahm. (Dezember 1541). Über
diese Verhältnisse unterrichtet uns folgender Eintrag im Deputaten-
Rechnungsbuch I. zum Jahre 1542: Dominus Opporinus sol 4 tag,
teglich zwo lection, in græca grammatica eine die andere in autore greco,
und die übrigen zwen tag teglich zwo stund in preceptis Rethorices
und arte conficiendorum carminum lesen und repetieren. Ita conventum
est cum eo mense decembri 1541. Davon hat er Jars 80 fl. Und wil
er uns 2 jar also dienen. Kan er darzwüschen der truckery gar sich
abthun, wol und gut. Wo nit und es uns dann nit witter gefällt, megen
wir dann die Lectiones wol verner versehen. Und wan er gen Frankfurt fart, sol er ein andern darfur im lesen anstellen. — Aber auch diesmal hielt er es nicht lange aus. Gerade ein Jahr nach seiner Ernennung bekommt er in Hospinian (s. Nr. 14) einen Nachfolger. Damit
lösten sich seine Beziehungen zur Universität vollständig. Er wandte
sich jetzt ausschliesslich der Buchdruckerei zu und mit ihr wurde er
ein berühmter Mann. — Vgl. über ihn Allgem. deutsche Biogr. 24,
381—387 mit zahlreichen wenn auch nicht vollständigen Litteraturnachweisen. Gut zu ergänzen aus der Bibliogr. univers. 32, 29. Bursian,
Gesch. d. klassisch. Philolog. in Dtschld. 1, 158. — Jöcher 3, 1084. —
Iselin 3, 723. — Leu 14, 304 und Splt. 4, 394. — Ath. Raur. p. 349.

14. Hospinian (Wirt) Johann aus Stein am Rhein, geb. 1515,
gest. 7. Juni 1575, übernimmt 1542 Dzbr. 13 an Oporins Stelle die Professur für Rhetorik und Oratorik, sowie Griechisch in der II. Kl. Ist
angenommen zum ordinario und leser græcarum literarum also, das er
wie Opporin gethan teglich zwo Stund, die eine in grammatica græca,
die ander in authore græco darzu am Donstag und Sampstag rhetoricam und prosodiam lesen, je wie im zum zitten bevolhen, nutz und
gut ist. Darum soll man im geben Jars 60 fl. — Er soll auch probst
zum Augustinern sin, das Bursall, wie man im Collegio thut, zu geben
verpunden, ouch sunst comersales anzunehmen frig sin etc. Da git man
im von sollicher probsty jars an das holz und andere uncosten ze stür
24 fl. Also wirt er ein jar von der lectur und probsty haben 84 fl. und
dazu sinen frygen sitz im closter. Doch soll er die gehold (?) und
garten in sinen costen in eren han. Ist inzogen Lucia 1542 (Deputaten-
Rechnungsbuch I.). 1546 wurde er Professor für Organon und wurde
am 10. Juli 1546 an der theologischen Fakultät immatrikuliert (Matr.
theol. p. 43). — Ath. Raur. p. 284 (mit den biographischen Angaben) p. 312

und 392. — Jöcher 2, 1725. — Iselin 2, 843. — Leu 19, 519 und
Splt. 6, 421. — Allgem. deutsche Biogr. 13, 184.

15. Lepusculus (Hæslein) Sebastian, geb. 1501 in Klein-
Basel, 1520 immatrikuliert, wird 1538 Präceptor des Alumneums, 1541
Jan. 4 Magister, 1542 Professor der Logik beziehungsweise Organon (die
Quelle für diese Notiz in den Ath. Raur. kenne ich nicht) — 1544 Jnni 13
wird er in das Konsilium der Artisten aufgenommen (Lib. decr. fac.
art. p. 93). Gleichzeitig hatte er theologische Studien betrieben, war 1536
zum Pfarrer am Spital, 1538 zum Helfer bei St. Theodor gewählt worden und gehörte seit 1542 Juni 1 auch der theologischen Fakultät an
(Matr. theol. p. 43). Er muss ein guter Prediger gewesen sein; denn
als 1546 die Stadt Augsburg von Basel evangelische Pfarrer begehrte,
ist er mit einem andern namens Guntz im Auftrage des Bürgermeisters
am 24. Sptb. dorthin verreist. Am 8. Okt. 1548 kehrte er wieder nach
Basel zurück. (Gasts Tagebuch herg. von Buxtorf, S. 59 und 79.)
Auch an dem zwischen Sulzer und Heinrich Erzberger geführten Abend-
mahlstreit hat er teilgenommen, sich persönlich zwar zu Erzbergers
Auffassung bekannt, aber mit dem Beifügen, dass wenn einer den Leib
Christi auch leiblich geniessen wolle man nicht darüber unzufrieden
werden möge, eine Vermittlung anzubahnen gesucht(Hagenbach, Gesch.
d. Basler Konfession S. 106). Nach seiner Rückkehr von Augsburg
erhielt er 1550 die Professur für griechische Sprache in der II. Kl.,
1556 die für hebräische Sprache, wurde 1560 zum ersten Helfer am
Münster gewählt und starb am 4. Sept. 1576. Ath. Raur. p. 333 (mit
den biographischen Angaben) p. 354, 392 und 443. — Iselin 3, 140 —
Leu 12, 77. — Jöcher 2, 2394.

16. Ritter Israel war Professor der hebräischen Sprache vom
22. Sept. 1586 (Lib. concl. fol. 72) bis zu seinem am 14. Febr. 1588 erfolgenden Tode. Vgl. im übrigen Ath. Raur. p. 443 f. Nr. 8. — Iselin
3, 86 — Leu 15, 311 und Splt. 5, 142.

17. Werdmüller Otto, vgl. über ihn Ath. Raur. p. 423 f. deren
Angaben ich nichts beizufügen habe, als dass es p. 424 richtig zu heissen
hat, 1538 Basileam venit. Denn laut Eintrag im Lib. concl. fol. 33ᵛ wird
er am 12. Juli 1538 in die Universität aufgenommen. Werdmüller wurde
1540 nach Zürich berufen. — Iselin 4, 859. — Leu 19, 310 f. und Splt.
6, 360. — Jöcher 4, 1896.

18. Wild Anton, Werdmüllers Nachfolger seit 4. Jan. 1541,
stirbt noch im gleichen Jahre an der Pest. Ath. Raur. p. 424. — Leu,
Splt. 6, 401.

19. Erzberger (Ārimontanus) Severin, geb. in Basel 1520
Febr. 12, gest. ebend. 1566 April 30. Dass er wirklich erst 1544 die
Professur für griechische Sprache erhalten hat, obwohl er schon 1542 Mai 16
(Lib. decr. fac. art. p. 91) zugleich mit Borrhaus in das Konsilium der
Artistenfakultät aufgenommen worden war (Lib. decr. fac. art. p. 280),
beweist auch die unter dem Titel »Aᵒ 1542 Sind ditz volgend die or-
denlichen leser der hohen Schulen zu Basel« gemachte genaue Zu-

sammenstellung im Deputaten-Rechnungsbuch I. In derselben fehlt
Erzberger, während er in der nächsten von 1545 angeführt wird:
M. Severin Ertzberger hat ein caplanei uff Burg. Me von der probsty
zu den Augustinern git man im 24 fl. Me ex gratia, so lang er probst
ist, 6 fl. Im übrigen vgl. Ath. Raur. p. 279. — Leu, Splt. 2, 168.

20. Grynæus Thomas, Neffe und Landsmann des Simon Grynäus
des bedeutenden Philologen und Theologen, geb. 1512 in Vehringen
studierte in Heidelberg und Basel, wird hier 1547 an Pantaleons Stelle
zuerst als Professor für lateinische Grammatik und Dialektik angestellt,
tauscht aber, da er für griechische Sprache mehr Befähigung zeigte,
mit Ulrich Coccius die Professur der Dialektik gegen die für griechische
Sprache. 1553 gab er diese Professur an Philipp Bech (s. Nr. 21) ab.
1555 wird er an Coccius Stelle Präfekt des Pädagogiums, aber im
nächsten Jahr erhält er einen Ruf als Pfarrer und Superintendent nach
Röteln, den er annimmt, weshalb er beide Stellen niederlegt. (Vgl.
Vierordt, Gesch. d. evangel. Kirche in Baden 1, 423.) Sein Nachfolger als Professor der griechischen Sprache war Christoph Schilling
(s. Nr. 25). Da Grynæus die Konkordienformel nicht unterschreiben
wollte, kehrte er nach Basel zurück und starb als Pfarrer von Sissach
1583 Sptbr. 28. — Vgl. Ath. Raur. p. 261 (mit den biographischen Angaben) und p. 280, Nr. 4. — Jöcher 2, 1224. — Iselin 2, 596 == Leu
9, 292 und Splt. 2, 637.

21. Bech Philipp aus Freiburg im Breisgau (Matr. fac. art.
p. 252, darnach zu verbessern Ath. Raur. 262), studierte in Basel, anfangs
von seinem Oheim Johann Gast, seit 1542 von den Deputaten mit einem
Stipendium von 20 fl. unterstützt. Dafür verpflichtete er sich siquidem
illis placeat me tam ecclesie quam inclytæ academiæ Basiliensi pro
virili parte serviturum, dum spiritus hos regit artus Witembergæ. (Deputaten-Rechnungsbuch I.) 1541 Febr. 24 wird er Baccalaureus, 1554
Professor für Logik an Acronius und Professor für griechische Sprache
an Th. Grynäus Stelle (s. Nr. 6 und 20). — Er war auch Propst und
Haushalter im Augustinerkolleg, doch wurde ihm dieses Haushalter-
amt soviel culinariam anlangt auf seine Bitten schon am 16. Febr. 1555
abgenommen, damit er seine Professur besser versehen könne. Haushalter wurde Johann Widmer, während Bech »Probst und Zuchthalter«
blieb, als solcher »Hansen Widmer die handt bieten etwau auch mit
den studiosen essen und lugen solle, wie sy huss halten, damit eine
gute Zucht erhalten werde. Das ouch sin Eefrow sich der kuchy und
des vorderen hauses halb nitt beladen, sonder den andern weg bruchen
und Hansen Widmers frow in allweg ongeirrt lassen solle.« (Erkanntnis
des Rektors Ulrich Iselin und der vier Dekane im Sammelband von
1732, Nr. 1 U.-A.)

Bech hatte bei alledem noch Zeit gefunden Medizin zu studieren
und wurde am 2. Dzbr. 1558 auch in die medizinische Fakultät aufgenommen. (Hist. coll. medicor p. 9.) Er starb am 3. Sptbr. 1560. —

Ath. Raur. p. 262 (mit den biograph. Angaben) und p. 335, Nr. 8 —
Miescher, die medizin. Fak. in Basel, S. 16. — Jöcher 1, 888. —
Leu 3, 10 und Splt. 1, 474.

22. Eblinger Johann, vgl. Ath. Raur. 271, Nr. 4. — Leu,
Splt. 2, 87.

23. Nysæus Johann, geboren in Augsburg, wann — ist bis jetzt
nicht bekannt geworden, studierte in Wittenberg und Tübingen, wo er
Magister wurde, erhält 1551 an Mutius Stelle (s. o. Nr. 3) die Professur
für Poëtik am Pädagogium und 1551 an Pantaleons Stelle die Professur
der Rhetorik in der II. Kl. (s. Beil. IX, Anm. 15). Dass er 1557 beide
Professuren mit der der Physik vertauscht habe, wie Ath. Raur. p. 166
angeben, ist nicht richtig; denn am 19. April 1557 wurde für den ab-
gehenden M. Hopper, Pantaleon zum Professor der Physik gewählt.
(Prosopogr. 3, 564, vgl. auch Ath. Raur. p. 404, Nr. 3 und 4.) Nysæus
aber wurde Pfarrer in Schopfheim, 1570 Superintendent in Emmendingen,
wo er in hohem Alter 1598 starb. (Vierordt, Gesch. d. evangel. Kirche
in Baden 1, 425, Anm. b.) — Ath. Raur. p. 266 (mit den biograph.
Angaben) und p. 294. — Jöcher 3, 958. — Leu 14, 144 und Splt. 4, 358.

24. Fieglin Johannes, geb. 1533 in Basel, gest. 1579 ebenda,
auch als Pfarrer in und ausserhalb Basel tätig. Er teilt die lutherischen
Ansichten Sulzers und muss sich deshalb von Heinrich Erzberger arge
Dinge sagen lassen. (Vgl. Hagenbach, Gesch. d. Basler Konfession,
S. 105). In der Erfüllung seiner Pflichten als Lehrer war er nicht sehr
pünktlich. Wegen 26 versäumter Lektionen wird er am 27. Febr. 1573
von der Regenz beim examen negligentiæ zu einer Geldstrafe von
52 »ursini« verurteilt, die ihm dann aber zum Beweise, dass man nur
ungern strafe, geschenkt wurde. (Lib. concl. fol. 50 und 52ᵛ.) Ein
schönes Zeichen seiner freieren Anschauung ist es, dass er Wiers Buch
de præstigiis dæmonum ins Deutsche übersetzte. Vgl. Ath. Raur. 266,
Nr. 3 (mit den biographischen Angaben) 294 Nr. 3, 312 Nr. 8 und 335
Nr. 10 — Leu 7, 457 und Splt. 2, 374.

25. Schilling (Solidus) Christoph, Ath. Raur. p. 280 Nr. 5,
Leu, Splt. 5, 363. Lutz, Bürgerbuch, S. 286 giebt seinen Tod zum
Jahre 1562 an. Dies beruht wohl nur auf einer missverständlichen
Auffassung des Schlusssatzes in den Ath. Raur.: a quo [pastoratu Riech-
ano (!)] ob vitam minus decore actam a. 1562 fuit remotus.

26. Burckardt Christoph, geb. 17. Febr. 1585, gest. 28. Nov.
1611 (so im Lib. decr. fac. art. p. 160), am 1. Dzbr. nach Lib. concl.
fol. 114ᵛ, war erst seit 18. Dzbr. 1610 Professor für Oratorik. (Lib.
concl. fol. 113ᵛ.) — Vgl. Ath. Raur. p. 318 — Jöcher, Lex. Forts. 1,
2431. — Iselin 1, 662 — Leu 4, 540.

27. Burckardt Jakob, Vetter des Vorigen laut Lib. concl.
fol. 114ᵛ, geb. 12. Apr. 1583, gest. 26. Jan. 1661. Folgt seinem Vetter
am 3. Jan. 1612 in der Professur für Oratorik, wird am 27. Juni 1612
in die Artistenfakultät und am 10. Juli 1627 in die Regenz aufgenommen.
(Lib. decr. fac. art. p. 160 und Lib. concl. fol. 114ᵛ.) 1629 erhält er

an Spörlins Stelle (vgl. über diesen Ath. Raur. p. 433), dessen Todes-
tag richtig zum 23. Oktob. zu setzen ist (Lib. concl. 164ᵛ), die Professur für Ethik. — Vgl. Ath. Raur. p. 318 Nr. 14 (mit den biograph.
Angaben) und p. 434 Nr. 16 — Jöcher, Lex. Forts. 1, 2432. — Iselin
1, 661. — Leu 4, 535.

28. Burckardt Rudolf Joh., geb. 1585 Nov. 30, gest. 28. Jan.
1657, wird zum Professor für Ethik ernannt am 18. Dzbr. 1610 (Lib.
concl. fol. 113ᵛ), in die philosophische Fakultät aufgenommen am
14. Septbr. 1611 (Lib. decr. fac. art. p. 159), Mitglied der Regenz 1612
Juli 17 (Lib. concl. fol. 116ᵛ). — Vgl. Ath. Raur. p. 432 f. — Jöcher,
Lex. Forts. 1, 2437. — Iselin 1, 661 = Leu 4, 537.

29. Chmieleck Martin, geb. 1559 Nov. 5 in Lublin in Polen,
gest. 1632 Juli 3. Den Ath. Raur. p. 336 gemachten Angaben kann
ich folgende kleine Notizen beifügen. 1592 Aug. 11 wurde er in die
Regenz aufgenommen. (Lib. concl. fol. 80.) 1612 im Januar ersucht er
um die seit zwei Jahren unbesetzte Stelle des Thomas Coccius in der
medizinischen Fakultät mit dem Bemerken, dass er schon 24 Jahre
Dr. Med. und 22 Jahre an der philosophischen Fakultät tätig sei. Er
wurde auch am 26. März in die medizinische Fakultät aufgenommen,
nachdem er seitens der Artisten die Erlaubnis zum Eintritt erhalten
hatte, da er Professor der Ethik blieb. Doch musste er sich mit 300 ₰
einkaufen. (Hist. colleg. medicor. p. 95.) Die Doppelstellung, in der er
sich befand, hatte für ihn aber unangenehme Folgen. In der Regenzsitzung vom 14. Okt. 1631 (Lib. concl. fol. 166) beklagte er sich über
den Mangel an Hörern und versicherte er werde nach Hause zurückkehren. Darauf antwortete ihm der Dekan der Artistenabteilung
Dr. Pfister (s. Nr. 30), das käme lediglich davon her, dass Chmieleck,
seit er Mitglied der medizinischen Fakultät geworden sei, den Zusammen-
künften der Artisten nicht mehr beiwohne. Deshalb erachten auch die
Artisten diese Versetzung der Professoren in andere Fakultäten als
ihr abträglich, ein Urteil, dem die übrigen Regenzialen zustimmten.
Vgl. Ath. Raur. p. 336 (mit den biograph. Angaben) und p. 406 =
Miescher, die mediz. Fak. in Basel, S. 27. — Iselin, 1, 900 — Leu
5, 246 und Splt. 1, 524. — Jöcher 1, 1882.

30. Pfister Konrad. Zu den Ath. Raur. p. 300 gegebenen
Daten habe ich nur das seiner Aufnahme in die Regenz 1630 Mai 2
(Lib. concl. fol. 165) beizufügen. — Iselin 3, 895. — Leu 14, 514 und
Splt. 4, 500.

31. Falkner Ulrich. Gegen Ath. Raur. p. 264 ist zu bemerken,
dass Falkner trotz seiner geistlichen Tätigkeit auch die Professur für
lateinische Sprache in der I. Kl. von 1566 wenigstens bis zu seiner
1580 erfolgenden Wahl zum Pfarrer von St. Leonhard versehen haben
muss. Denn sein Nachfolger

31 a. Gaius Petrus aus Freiburg i./U. leistete erst 1581 Mai 16
den Eid als Professor (Lib. concl. fol. 66) und wurde laut Lib. decr. fac·
art. p. 122 im Jahre 1583 in die Artistenfakultät aufgenommen. Das

Datum 1566 als Zeitpunkt des Amtsantrittes des Gaius richtet sich übrigens von selbst, weil G. unmöglich in diesem Jahre Professor und erst 1579 Magister geworden sein kann. Seit 1578 Mai 17 war er Propst und Haushalter im oberen Kolleg. (Lib. concl. p. 59.) Vgl. Ath. Raur. p. 264 f. — Leu 7, 20.

32. Frei (Freigius) Thomas, eifriger Anhänger des Petrus Ramus, trug einige Monate im Jahre 1570 Rhetorik vor. Vgl. Ath. Raur. p. 295 f. — Stintzing, Gesch. d. deutsch. Rechtswissenschaft 1, 441.

33. Harscher Matthias, geb. 1596 Nov. 9, gest. 1651 Apr. 16. — Ath. Raur. p. 320 (mit den biograph. Angaben) und p. 434. — Leu, Splnt. 3, 42.

34. Häl Joh. Beatus, geb. 1552, gest. 1620 Jan. 1. Ath. Raur. p. 316 f. (mit den biograph. Angaben) und p. 315. Häl war auch Propst und Haushalter im Augustinerkolleg von 1576—1578 (Lib. concl. p. 59) und hatte diese Stelle ohne Entgelt versehen.

35. Holzach Samuel, geb. in Basel 1536, gest. 1616. — Zu Ath. Raur. p. 298 ist zu bemerken, dass die Übernahme der Professur der Rhetorik im Lib. decr. fac. art. p. 119 erst zum Jahre 1581 Mai 11 berichtet wird. 1592 Septbr. 28 wird ihm vom Rektor ein Formular überreicht, an das er sich bei seinen Vorlesungen über griechische Sprache halten soll und zugleich wird ihm bedeutet, dass er sich der gewöhnlichen Aussprache des Griechischen zu befleissigen habe cum et in gymnasio ex decreto sit usus eius, cum illi præter consuetudinem *nova* placeret. (Lib. concl. fol. 80ᵛ.) 1594 Aug. 21 trägt die Artistenfakultät auf Hs. Entlassung an, da er schon alt sei, seine griechische Professur schlecht versehe und überdies ein lasterhaftes Leben führe, der Hochschule zur Schmach und der Jugend zum Ärgernis. Die Antwort der Deputaten war: dem Begehren wird entsprochen, H. soll die Hälfte seines Gehaltes, der 137½ ℔ und 12 Vrz. Korn betrug, als lebenslängliche Pension beziehen, die andere Hälfte soll zur Anstellung eines tauglichen Nachfolgers verwendet werden. Das war Friedrich Castellio (s. o. S. 286 Sammelheft C IV, U.-A.). Der Versuch eines Ratsmitgliedes mit Hilfe des Rates ihm eine Unterstützung seitens der Universität auszuwirken misslingt, Mai 1597. (Vgl. Lib. concl. fol. 89.) Miescher, Gesch. d. medizin. Fak. in Basel S. 28, führt ihn als Dr. med. an. Ich habe aber keine bezügliche Angabe in den Universitätsakten finden können. — Ath. Raur. p. 267 (mit den biograph. Angaben) p. 298 und 362. — Leu 10, 265 und Splt. 3, 178.

36. Hofmann Joh. Jak., geb. in Basel 16. Febr. 1591, gest. 1644 Sept. 1. — Vgl. Ath. Raur. p. 140 (mit den biograph. Angaben) p. 161 und 320. — Leu 10, 227 und Splt. 3, 167.

37. Huber Werner Joh., geb. in Basel 1554, gest. 1587 Febr. 13. — Ath. Raur. p. 430. — Leu 10, 336 f. und Splnt. 3, 202 f. (mit Angabe einiger Schriften.)

38. Huggelius (Hugkel) Johann aus Basel † 1564. — Vgl.

Ath. Raur. p. 281. — Leu, Splt. 3, 221. — Jöcher, Forts. 2, 2183.
— Miescher, die mediz. Fak. in Basel, S. 16 und 28.

39. Jeckelmann Heinrich aus Basel, geb. 1565 Mai 2, gest.
1633 Mai 4. Mitglied der Regenz seit 1629 Mai 3. (Lib. concl. fol. 163.)
— Vgl. Ath. Raur. p. 365. — Leu 10, 405. — Jöcher, Forts. 2, 2258.

40. Imeli Jakob von Pfaffenweiler, den ich in den Ath. Raur.
nicht erwähnt finde. Freilich beschränken sich unsere Kenntnisse über
ihn auf die Nachricht: 1542 Febr. 9. Mgr. J. J. receptus est ad pristi-
num suum locum ad consilium facultatis artium, zu deren Dekan er
am 16. Mai gewählt wird. (Lib. decr. fac. art p. 91 f. und Matr. fac.
art. p. 88.) — Leu 10, 549.

41. Justus Heinrich aus Basel, geb. 12. Dzbr. 1561, gest. 1610
Okt. 19. Der Reihe nach Professor für Poëtik, Logik, Ethik und
Organon, Altersgenosse und Jugendfreund des Ludwig Iselin. Die
während der Studienzeit zwischen beiden gewechselten Briefe sind
grösstenteils erhalten im Cod. Basil. G. I, 12 und G. I, 13. Vgl. Ath.
Raur. p. 268, Nr. 7 (mit den biograph. Angaben) p. 336, 392 und
431. — Leu 10, 652. — Iselin 2, 1015.

42. Leo Georg Joh. aus Klein-Basel, geb. 14. Febr. 1565, gest.
1610 Nov. 23. Med. und Phil. Dr. — Vgl. Ath. Raur p. 405. — Leu
12, 56 und Splt. 3, 526.

43. Lucius Ludwig (Lux), geb. 9. Febr. 1577 in Basel, gest.
1642 Juni 10. Ausführliche biographische Angaben in Ath. Raur.
p. 392—397. Lucius hat sich durch eine Geschichte des Jesuitenordens
und durch seinen Streit mit Piscator (vgl. Frank, Gesch. d. protest.
Theologie 1, 316) bekannt gemacht. — Leu 12, 405 und Splnt. 3, 632.
— Allg. deutsche Biogr. 19, 354.

44. Meyer Matthäus aus Basel, geb. 1545, gest. 1588 Febr. 14.
Er war auch Propst des Augustinerkollegs. — Die wegen Unterzeich-
nung der Konkordienformel ihm befohlene Niederlegung seiner Professur
für griechische Sprache ist richtig zum 24. April 1581 zu setzen. (Lib.
concl. fol. 66.) Vgl. Ath. Raur. p. 264 (mit den biograph. Angaben)
p. 272, 283 und 362. — Leu 13, 129 und Splt. 3, 166.

45. Müller Theobald aus Marburg in Hessen, Professor für
Poëtik. — Vgl. Ath. Raur. p. 268. — Leu, Splt. 4, 245.

46. Obermeyer German, geb. 1588 April 30 in Basel, gest.
1. Mai 1655, seit 1630 Febr. 20 Professor der Mathematik (Lib. concl.
fol. 165) ist auch Mitglied der medizinischen Fakultät, liest durch
zwei Monate für den mit Tod abgegangenen Nikolaus Stupa (Hist. colleg.
medicor. p. 109). — Vgl. Ath. Raur. p. 413. — Iselin, Forts. 2, 556.
— Leu 14, 226. — Jöcher, 3, 1007.

47. Henricpetri Jakob aus Basel, geb. 26. Dezbr. 1570, gest.
1641 März 21, Sohn des Professors Adam H. (s. oben S. 175), seit 1595
Jan. 10 Professor für Rhetorik an der II. Kl., ein unruhiger Kopf und
ein Streithahn, um dessen willen die Universität harte Kämpfe mit dem

Rat über ihre richterliehe Kompetenz zu bestehen hatte, aber ein geschickter und geschätzter Diplomat. 1610 nahm er seine Entlassung. — Vgl. Ath. Raur. p. 298, Nr. 10. — Iselin, Forts. 2, 644. — Leu 14, 451 und Splt. 4, 475.

48. Sattler Wolfgang, geb. 1579 Mai 15 in Basel, gest. 1610 Dzbr. 23. Wenige Monate vorher zum Professor für Ethik ernannt. — Vgl. Ath. Raur. p. 431. — Leu 16, 106 und Splt. 5, 309.

49. Schreckenfuchs Oswald Johann aus Württemberg geb. 1511, gest. 1579 in Freiburg i./B. In Basel von 1570—1576 Professor für Rhetorik. Seine Bücher, meist mathematischen und astronomischen Inhalts, wurden alle auf den römischen Index gesetzt. — Vgl. Ath. Raur. p. 297. — Leu 16, 474 und Splt. 5, 437. — Iselin 2, 980 — Jöcher 4, 348. Vierordt, Gesch. d. evang. Kirche in Baden 1, 504. Der in Mülhausen ansässige Schr. war sein Sohn. (Leu.)

50. Sulzer Albert aus Bern, Neffe des Antistes S. Simon, von 1563 bis 1564 Aug. 24 Professor für Poëtik am Pädagogium. — Vgl. Ath. Raur. p. 267. — Leu, Splt. 5, 687.

51. Wecker Johann Jakob auch Wentykum und Wentokum genannt aus Basel, geb. 1528, gest. als Stadtarzt in Kolmar 1586, war von 1557 beziehungsweise 1560 bis 2. April 1566 Professor der Dialektik, beziehungsweise der lateinischen Sprache am Pädagogium, seit 1558 auch Mitglied der medizinischen Fakultät. (Hist. coll. medic. p. 9.) — Vgl. Ath. Raur. p. 263 (mit den biograph. Angaben) und p. 271. — Iselin 4, 842 und Forts. 2, 1107. — Leu 19, 218 und Splt. 6, 322. — Jöcher 4, 1839. — Miescher, die mediz. Fakultät zu Basel, S. 15.

52. Werdenberg Friedrich Johann, geb. 1572, gest. 1630 Jan. 10, seit 1610 Dzbr. 18 Professor der Logik an der II. Kl., seit 1612 Juli 17 Mitglied der Regenz. (Lib. concl. fol. 116ʳ.) — Vgl. Ath. Raur. p. 337. — Leu 19, 356 und Splt. 6, 372. — Jöcher 4, 1894.

53. Zwinger Jakob aus Basel, Sohn des bekannteren Mediziners Theodor Zw., geb. 1569 August 15, gest. 1610 Sptbr. 11, seit 1595 zuerst als Stellvertreter Holzachs, dann definitiv Professor der griechischen Sprache in der II. Kl. — Vgl. Ath. Raur. p. 363 f. — Iselin 4, 996 — Leu 20, 555 und Splt. 6, 618. — Jöcher 4, 1243. — Miescher, die mediz. Fak. zu Basel, S. 28.

54. Utenhoven Karl, geb. 1536 in Gent, gest. 1600 August 1 in Köln, war Professor der griechischen Sprache in der III. Kl. der Artistenfakultät nach Friedrich Castellios Tode (s. oben S. 287), nur lässt sich leider nach den mir bekannt gewordenen Quellen die Dauer seines Aufenthaltes nicht genau angeben. Dass er erst im Frühjahr 1590 nach Basel kam, ergiebt sich mir aus der Kombination des Inhaltes des unten angegebenen Briefes des Basilius Amerbach mit dem Datum eines noch am 12. März 1590 von U. aus Köln an Samuel Grynäus gerichteten Briefes. (Cod. Basil. G. II, 34 — G.² I, 30.) Man wird wohl sagen dürfen »noch« und nicht »wieder«. Am 26. März 1592 ist er aber wieder in Köln, wie ein von U. an Ludwig Iselin ge-

richteter Brief beweist. (Cod. Basil. G.⁺ I, fol. 80.) Aber weder die Deputatenrechnungsbücher, in denen es immer bloss heisst »professori græco« noch die grosse Matrikel, noch der Lib. concl., der uns gerade hier im Stiche lässt (vgl. Beil. XII, Nr. 1), noch auch andere Akten geben Aufschluss darüber, wann er seine Stelle in Basel wieder aufgegeben hat. Seine Berufung scheint besonders eifrig von Basilius Amerbach betrieben worden zu sein, der ihm am 30. Sptbr. 1589 (Cod. Basil. G.⁺ I, 22 fol. 144) folgendes schreibt: Quod enim de professione græca et hebraea ad me perscripsisti, id Rectori academicisque ceteris doctoribus proposuimus et cum hoc tempore uterque locus vacaret (vgl. Nr. 35) nisi quod hebræam vicarius sustinet, (Buxtorf) Academicorum consensu delata tibi est græca lectura. Anschliessend giebt er ihm über dieselbe folgende Auskunft: Professionis ergo græcæ apud nos perhonorificæ ea ratio est, ut doctor singulis septimanis nisi cum feriæ sint, quæ singulis annis XI. septimanarum circiter spatio interciso durant, quater per horam publice linguam hanc ex pœta vel oratore aliquo vel historico doceat simulque etiam si postuletur grammaticæ precepta eaque ab auditoribus exigat disputationibus, cum vices eum requirunt — id fit in mense fere semel —, præsit itemque declamationibus adolescentum sed et negotiis ordinis philosophici itemque Academiæ, si hoc ab eo exigatur. Honorarium pro hisce laboribus . . . annui scilicet floreni nostrates sunt 78. Tantundem etiam hebræo persolvitur. Sed spero fore, ut brevi adiciatur augmentum pro portione stipendii non exiguum. Diese Erhöhung ist denn auch im gleichen Jahre eingetreten (s. oben S. 53, Anm. 3). Utenhoven hat aber offenbar doch noch einige Zeit gezaudert, bis er die Berufung annahm und lange hat es ihn auch hier nicht geduldet. Er war zu sehr an ein unstetes Wanderleben gewöhnt. Die Ath. Raur. erwähnen seiner nicht. Den gegebenen Daten zufolge ist seine Professur zwischen die von Friedrich Castellio und von Holzach (vgl. Ath. Raur. p. 362) einzuschalten. — Iselin 4, 809 = Jöcher 4, 1753.

XI.

Über den Zeitpunkt der Gründung des Pädagogiums.

Es handelt sich hier vor allem darum Fechters Darstellung in seiner Geschichte des Schulwesens in Basel 1, S. 46 ff., welche wie ich glaube, der allerdings ziemlich unbestimmten und lückenhaften Überlieferung nicht ganz gerecht wird und auch an einer gewissen Unklarheit leitet, zu berichtigen. Zu diesem Zwecke erscheint es mir unerlässlich die bezüglichen Quellenstellen hier anzuführen:

1. Vischer, Geschichte der Universität Basel S. 181, Anm. 44 zeigt, dass seit 1513 ein Pädagogium abwechselnd in der Löwenburse und im untern Kollegium eingerichtet war. Pädagogium bedeutet nach Vischer soviel als Unterrichtsstunden für die Anfänger.

2. Thomas Plater erzählt in seiner Biographie (Boos a. a. O. S. 83), dass er im Pädagogium græcam lectionem bekommen habe. Aus dem Zusammenhange geht hervor, dass er diese Lektur noch in den 30er Jahren erhalten haben muss.

3. Otto Werdmüller, (vgl. Beil. X, Nr. 17), liest (1539) über Herodian, Cicero de officiis, Ceporins Grammatik, Erasmus Syntax. Er beklagt sich, dass die Schüler aus dem Pädagogium vor der im angegebenen Jahre ausbrechenden Pest geflohen seien. [Freundliche Mitteilung des Hr. D. Burckhardt-Biedermann nach einer Notiz Fechters (genommen aus?)]

4. In der Ordnung für den Schulmeister auf Burg von 1540 (Fechter, S. 55) heisst es »dieweil das Pädagogium in quartam classem verordnet.«

5. Als Lehrer am Pädagogium vor 1544 nennen die Athenä Rauricä den Lycosthenes (p. 256).

6. Amerbachs Gutachten von 1540 betreffend Verbesserung der mindern Schule zählt 6 Klassen auf, weist die obersten der Universität zu, von den vier untern sagt er »inter has quatuor classes ludi puero-

rum et quod Pædagogium vocant continentur. (Freundliche Mitteilung des Hr. D. Burckhardt-Biedermann).

7. In dem Memoriale der Universität vom 1. März 1539 (Fechter, S. 50) heisst es: würdt nützlich sin ein Pædagogium anzuordnen.‹ Ebenso ist in den Ergänzungsstatuten vom 26. Juli 1539 vom ›Anrichten eines Pädagogiums die Rede. (§ 18).

Aus einer Vergleichung dieser Stellen ergiebt sich mir folgendes: das s. Z. mit den Bursen, also direkt mit der Universität verbundene Pädagogium hatte mit Schliessung der alten Universität im Jahre 1529 zu existieren aufgehört. Der Ausdruck Pädagogium gilt von da an nur mehr der letzten Klasse der Trivialschulen. (Vgl. auch Ökolampads Gutachten § 13 in pædagogiis que triviales scholæ vocantur s. auch § 14). Dieses Pädagogium war mithin keine für sich bestehende Anstalt und ebensowenig darf es mit dem Alumneum oder Collegium sapientiæ identificiert werden. Zwar sagt Fechter a. a. O. S. 47 das Alumneum sei ›auch wohl Pädagogium‹ genannt worden, allein Belege für diese Behauptung giebt er keine. Ich vermag derselben um so weniger Glauben zu schenken, als die damit im Zusammenhang stehende Annahme, dass dieses Alumneum demgemäss auch Unterrichtsanstalt gewesen sei, mir nicht genügend verbürgt erscheint. Nun führt Fechter allerdings den Lepusculus zum Jahre 1538 und den Erzberger zum Jahre 1541 als Lehrer im Dominikanerkolleg an. Aber mit dieser Lehrerschaft hat es doch seine eigene Bewandtnis. Zunächst möchte ich darauf aufmerksam machen, dass Fechters Angaben auf die bezüglichen Notizen in den Ath. Raur., wo p. 333 Lepusculus ›præceptor collegii sapientiæ apud Dominicanos‹ und p. 280 Erzberger ›Lepusculi in *schola* dictus est collega,‹ zurückzuführen sind. Zugegeben nun, dass præceptor hier mit Lehrer zu übersetzen sei, obwohl es Fechter selbst mit pædagogus, was viel mehr ›Aufseher‹ als Lehrer bedeutet auf eine Linie stellt (S. 47), und dass also Lepusculus Lehrer der Alumnaten gewesen sei, so ist, wenn man mit Fechter schola auf das Alumneum bezieht, die den Erzberger betreffende Angabe der Ath. Raur. falsch, denn 1538 waren die Alumnen schon im Augustinerkloster (s. oben S. 66). Anderseits haben wir aber gar keinen Grund jene sehr sicher auftretende Angabe der Ath. Raur. für unglaubwürdig zu halten. Dieses Dilemma löst sich wie mir scheint, sehr einfach durch die Annahme, dass im Predigerkloster neben dem Alumneum auch noch eine Trivialschule bestanden habe, die vielleicht bei der Anfangs der 40er Jahre stattgehabten Reform der mindern Schulen aufgehoben wurde. Zu dieser Annahme werden wir nicht bloss durch den Ausdruck schola, sondern auch durch eine andere von Hr. D. Burckhardt-Biedermann mir freundlichst mitgeteilte Notiz gedrängt welche lautet: 1536 Hieron. Buntzius *ludimagister* cœnobii Dominicanorum. Solche Ausdrücke können doch kaum auf etwas anderes als auf eine wirkliche Schule bezogen werden. Bei der Gründung des Alumneums aber handelte es sich nicht um Fortsetzung ›des Unterrichtes des Trivialschulen,‹ sondern darum, wie ge-

schickte Knaben, *die in allen Fakultäten studieren*, auferzogen werden
könnten. (Ochs 6, 77.) Die Alumnen waren also Universitätshörer und
haben weder mit jener Schule noch mit dem vermeintlichen Pädagogium etwas zu tun.

Ebenso unzulässig erscheint es mir, dass Fechter aus Ökolampads
Gutachten die §§ 14—16 (s. Beil. I), welche über das Kollegium handeln,
für jenes Pädagogium in Anspruch nimmt. Fechter tut meines Erachtens zunächst schon den Worten des Judiciums Gewalt an, indem
er »Collegium« ganz willkürlich mit »Pädagogium« gleichbedeutend
setzt. Mit dem Wort Collegium kann aber Ökolampad nichts anders
als die Artistenfakultät gemeint haben. Das geht schon aus der Einteilung des Judiciums hervor, welches der Reihe nach den Lehrplan
der theologischen, juridischen und medizinischen Fakultät behandelt,
der griechischen und hebräischen Sprache besondere Stellen anweist
und jedenfalls höchst unvollständig wäre, wenn nun die Vorschläge
über die Verbesserung der Artisten-Abteilung sich lediglich mit dem
untersten Kurse derselben befassen würden. Es beweist ferner gegen
Fechter der Umstand, dass der von Ökolampad entwickelte Lehrplan
(Beil. 1, § 10—13) ganz dem der zwei Klassen der Artistenfakultät entspricht und über das was das Pädagogium, respektive die I. Klasse hat
weit hinausgeht. Und nun zu dem von der Universität 1544 gegründeten
Pädagogium. Dasselbe ist dem Gesagten zufolge nicht eine ganz neue
Schöpfung. Name und auch zum Teil der Unterrichtsstoff sind ein
Erbe früherer Zeit. Aber neu ist die scharfe Gliederung des Lehrstoffes,
der teilweise erweitert, zu dem der Artistenfakultät in engere Beziehung
gesetzt wird und neu die Fixierung des Namens auf die erste Abteilung
der philosophischen Fakultät.

Wie das Pädagogium früher mit der »mindern Schule« verbunden
war, so ist es jetzt ein Bestandteil der Hochschule geworden. In
beiden Fällen scheint mir deshalb Fechter auch darin zu irren, dass
er das Pädagogium zu sehr als selbständige Anstalt behandelt, eine
Auffassung, die für die Periode nach 1544 offenbar durch Platers Darstellung geweckt und genährt wurde, der Wirklichkeit aber meines
Erachtens nicht entspricht.

XII.

Einige Bemerkungen über das benützte
handschriftliche Material.

Das benützte handschriftliche Material gehört teils dem Universitätsarchiv, teils dem Staatsarchiv, teils der Universitätsbibliothek an. In dem Universitätsarchiv befinden sich: der Liber conclusionum, die Regenzakten, das Archivum Academicum, der Liber decretorum der Artistenfakultät, die Rechnungsbücher sämtlicher Fisci und eine kleine Anzahl Pergamenturkunden.

Im Staatsarchiv die Ratserkanntnisse und Mandate, ein Fascikel (R. II A), enthaltend Aktenstücke aus dem Zeitraum 1529—1589, die Akten und die Rechnungsbücher der Deputaten. In der Universitätsbibliothek: die Universitätsmatrikel, die Matrikeln der vier Fakultäten, die grosse Briefsammlung und die Privilegia et statuta universitatis Basiliensis. Die nicht minder reichhaltige aber leider nur zum kleinsten Teil geordnete Briefsammlung des sogenannten Frey-Grynäischen Instituts bot nur geringe Ausbeute.

Meine Bemerkungen haben jedoch bloss einigen der hier genannten Quellen zu gelten.

1. Liber conclusionum.

Der Liber conclusionum ist das Sitzungs-Protokoll der Regenz und ihres Ausschusses des Rektors und der vier Dekane. Die Beschlüsse je eines Jahrganges sind zusammengestellt. Der Lib. concl. ist jedoch nicht als das unmittelbar aus den Beratungen der Regenz hervorgegangene Protokoll aufzufassen, sondern offenbar liegen ihm erste, jenen Beratungen sich anschliessende Aufzeichnungen zu Grunde, aus welchen ein mehr oder weniger ausführlicher Auszug in den L. c. überging. Ich möchte glauben, dass dieser Auszug nicht in Absätzen, sondern jeweilen am Schlusse des Schuljahrs vor der Rechnungsablage gemacht wurde. Beweis hiefür ist mir erstens die Gleichmässigkeit der Schrift in den einzelnen Jahres-Berichten, welche nirgends einen Wechsel der Feder oder der Tinte erkennen lässt, der doch zu Tage treten müsste, wenn sich die Aufzeichnungen über ein ganzes Jahr hin verteilten. Zweitens die manchen Berichten gegebene Überschrift wie: præcipuarum consultationum quarum memoriam extare interest consignatio brevis etc. oder wie decreta notatu digniora etc., und drittens das am Schlusse einzelner Jahresberichte stehende ctr.

Unter solchen Umständen kann man sich auch die sonst auffällige Tatsache erklären, dass besonders zu Anfang der zweiten Periode viele Jahrgänge im L. c. gar nicht vertreten sind. Es fehlen nämlich die Berichte 1542—46, 1548/9, 1551/2, 1553/4, 1558/9, 1560—62, 1564/5, 1567/8, 1570/1, 1573/4, 1575/6, 1589/90, 1593/4, 1603/4.

Die vorhandenen Eintragungen sind bis 1541 vom Universitätsnotar gemacht, ebenso die zu den Jahren 1602 und 1603 gehörigen, von 1549 - 1585 ist alles von Ulrich Coccius geschrieben, der Rest verteilt sich auf die wechselnden Rektoren.

Trotz dieser Unregelmässigkeiten und trotz seiner sekundären Anlage ist der L. c. eine sichere und vor allem überaus reichhaltige Quelle. Denn ausser den alle Seiten des damaligen akademischen Lebens berührenden Beschlüssen finden sich auch noch zerstreute Mitteilungen rein historischer Art, so dass man in dem L. c. füglich auch eine Universitätschronik sehen kann, deren halbamtlicher Charakter den eingetragenen Notizen erhöhte Glaubwürdigkeit giebt.

2. Die Libri decretorum und die Matrikeln der Fakultäten.

Von den Beschlüssebüchern der Fakultäten ist bloss das der Artisten vorhanden und auch dieses nicht in bester Ordnung. (Vgl. Vischer, Geschichte d. Univers. Basel S. 180, Anm. 42.) Seine Angaben müssen in den Fällen, in denen sie mit jenen des L. c. in Widerstreit geraten, unbedingt zurückstehen.

Das Beschlüssebuch der Theologen und Mediziner ist in den bezüglichen Matrikeln aufgegangen. Die Angaben der theologischen Matrikel sind ebenfalls, von dem Verzeichnis der Studenten abgesehen, sehr lückenhaft. Um so reicher sind die der medizinischen Matrikel und mit gutem Grund führt sie den Namen historia collegii medicorum. Die Genauigkeit ihrer Notizen hatte ich mehrfach zu erproben die Gelegenheit. Für die Juristen liegt bloss eine Matrikel vor, deren dürre Namenreihe nur ab und zu durch eine historische Notiz unterbrochen wird. Ein Beschlüssebuch der Juristen habe ich überhaupt nicht ausfindig machen können.

3. Archivum Academicum tom. I und Privilegia et statuta universitatis Basiliensis.

Über die Entstehung des Archivum Ac. habe ich oben S. 235 gehandelt. Die Abschriften sind mit grosser Treue angefertigt, wie aus der Vergleichung derselben mit den entsprechenden Originalien, die

ich z. B. bei einigen Ratserkanntnissen vorgenommen habe, geschlossen
werden darf. Übrigens gebot dies auch der Zweck der Sammlung,
welche später fortgesetzt wurde.

Von diesem ersten Bande aber hat man in der zweiten Hälfte
des 17. Jh. eine Copie angefertigt, welche in den Privilegia et Statuta
vorliegt. Zeitpunkt und Anlass ihrer Entstehung sind ebenso unbekannt wie der Schreiber, der jedoch auch sehr zuverlässig gearbeitet
hat. Die spätere Anfertigung ergiebt sich daraus, dass der letzte von
einer und derselben Hand abgeschriebene Act das Datum 1659 Aug. 17
trägt. Die Privilegia enthalten mithin auch mehr als der erste Band
des Archivum.

Die Anlage ist in beiden Sammlungen die gleiche. Die Anordnung der Aktenstücke ist eine rein chronologische, die Abweichungen
sind unerheblich. Zwischen zwei Abschriften wurde gewöhnlich ein
Blatt leer gelassen. Auf einigen derselben finden sich in den Privilegia
Aktenstücke — im ganzen sind es deren acht — von einem zweiten
Schreiber nachgetragen. Dieser Schreiber hat auch den ganzen Band
nochmals kollationiert, wie mehrfache von seiner Hand herrührende,
übrigens ganz unwesentliche Korrekturen und Zusätze beweisen. Da die
Nachträge nicht dem Archivum Ac. sondern andern, zum Teil verlorenen
Quellen entnommen sind, habe ich es vorgezogen, hauptsächlich die
Privilegia und nicht das Archivum meinen Citaten zu Grunde zu legen.

4. Die Rechnungsbücher.

Von diesen, die ihrer Natur nach jede eingehendere Erörterung
ausschliessen, möchte ich hier die Ausgaben- und Einnahmenbücher der
Deputaten herausheben. Bedauerlicher Weise setzen dieselben erst mit
dem Jahre 1541 ein. Besässen wir sie vollständig von 1532 ab, dann
wären alle Zweifel über den Bestand des Lehrpersonales in dem ersten
Jahrzehnt nach der Wiedereröffnung, welche jetzt teilweise unlösbar
sind, beseitigt. Allein die Rechnungsbücher sind auch nach 1541 sehr
unordentlich geführt und ihre Angaben dürfen höchstens subsidiär
verwendet werden. Jeder Versuch in das bis in den Anfang der
50er Jahre herrschende Chaos derselben Ordnung zu bringen scheint
mir undurchführbar und selbst das Gelingen würde jedenfalls den un-
geheueren Aufwand an Zeit und Mühe in keiner Weise belohnen.

Über den Wert der Ratsakten, deren amtlicher Charakter ihren
Mitteilungen einen hohen Grad von Zuverlässigkeit giebt, und den der
Briefsammlung, welcher wir eine Fülle von lebensvollen Zügen verdanken, die das starre Gefüge der Tatsachen oft wohltuend unterbrechen
brauche ich wohl weiter kein Wort zu verlieren.

Nachträge:

Zu S. 55 A. 1 vgl. jetzt R. Wackernagel, das Kirchen- und Schulgut des Kt. Basel-Stadt in den Beitr. z. vaterl. Gesch. hrg. v. d. histor. und antiqu. Ges. zu Basel. N. F. 3, 85 f.

Zu S. 283. Fr. Fischer, die Basler Hexenprozesse im 16. und 17. Jh. Basel 1840. Dass keiner der Prozesse — bezeichnend genug sind deren bloss 19 überliefert — mit einem Todesurteil endete, ist dahin zu berichtigen, dass von denselben zwei, je einer im 16. und 17. Jh. mit Hinrichtung der betreffenden Angeklagten schloss.

Berichtigungen:

S. 2 Z. 2 u. 21 v. o. lies *Wissenburg*.

S. 37 Z. 8 v. o. lies *Plater*.

S. 47 Z. 15 v. u. tilge *Buxtorf*.

S. 52 A. 2 lies *Hotoman*.

S. 82 A. 4 lies *1040*.

S. 98 A. 2 lies 208, *Nr.* 590.

S. 115 Z. 10 v. u. lies *Interlaken*.

S. 117 Z. 7 v. u. lies *Brunn*.

S. 118 Z. 5 v. o. lies *Plater*.

S. 144 Z. 9 v. o. lies *Brant's*.

S. 147 Z. 14 u. 15 v. o. lies *Sichardt*.

S. 153 A. 3 lies *Wissenburg*.

S. 161 Z. 6 v. o. lies *Ferdinands I.*

S. 166 Z. 16 v. o. lies *Zasius* statt Josius.

S. 169 Z. 3 v. o. lies *U. Iselin*.

S. 186 Z. 16 v. o. lies *Colladonius*.

S. 208 Z. 2 v. u. lies *Mondino*.

S. 237 Z. 10 v. u. lies *Justus* statt Ryff.

S. 248 Z. 7 u. 14 v. o. lies *Hotoman*.

S. 254 A. 5 lies *continuis* statt centiunis.

S. 285 Z. 16 v. o. lies *Hotoman*.

S. 292 Z. 2 v. u. lies *welcher 1538 in Sale (bei Alessandria) geboren, in Basel* etc.

Register.

(A. — Anmerkung.)